现代图书馆研究系列

图书馆
合作创新与发展

2016年卷

广州市图书馆学会　佛山市图书馆学会　肇庆市图书馆学会　主编
韶关市图书馆学会　清远市图书馆　云浮市图书馆

暨南大学出版社
JINAN UNIVERSITY PRESS

中国·广州

图书在版编目（CIP）数据

图书馆合作创新与发展 . 2016 年卷/广州市图书馆学会等主编 . —广州：暨南大学出版社，2016.11

（现代图书馆研究系列）

ISBN 978 - 7 - 5668 - 1974 - 1

I . ①图…　　II . ①广…　　III . ①图书馆工作—研究　　IV . ①G25

中国版本图书馆 CIP 数据核字（2016）第 252944 号

图书馆合作创新与发展·2016 年卷
TUSHUGUAN HEZUO CHUANGXIN YU FAZHAN·2016NIANJUAN
主　编：广州市图书馆学会等

出 版 人：徐义雄
策划编辑：冯　琳
责任编辑：何镇喜　　崔思远
责任校对：杨柳婷　李林达　　邓丽藤
责任印制：汤慧君　　周一丹

出版发行：暨南大学出版社（510630）
电　　话：总编室（8620）85221601
　　　　　营销部（8620）85225284　85228291　85228292（邮购）
传　　真：（8620）85221583（办公室）　　85223774（营销部）
网　　址：http：//www. jnupress. com　http：//press. jnu. edu. cn
排　　版：广州市天河星辰文化发展部照排中心
印　　刷：佛山市浩文彩色印刷有限公司
开　　本：787mm×1092mm　1/16
印　　张：18.25
字　　数：479 千
版　　次：2016 年 11 月第 1 版
印　　次：2016 年 11 月第 1 次
定　　价：50.00 元

共谋发展，改革创新

——打造广佛肇清云韶区域文化合作新平台

（代序）

2016 年初，广州、佛山、肇庆、清远、云浮、韶关六市政府联合制定了《广佛肇清云韶经济圈建设 2016 年度重点工作计划》，携手打造"3 + 3"经济圈，通过重点合作、互补优势等措施，加快推动以广佛肇为代表的珠三角地区和以清云韶为代表的粤东西北地区融合发展。在此契机下，广佛肇清云韶六地图书馆积极推动公共图书馆文献资源共建和服务协作，提升区域文化软实力，助力广佛肇清云韶经济圈的发展建设。

图书馆作为公共文化服务重要的部分，是社会知识、信息、文化的记忆装置和传播集散地，承担着提供社会教育、开发智力和提升公民素质的重要使命。广佛肇清云韶同属岭南文化圈，又各自具有独特的地域文化特色，在文化认同和文化资源上有着广泛的合作基础。因此六地图书馆在充分发挥自身优势的同时，开拓健全的六地合作机制，形成一体化发展合力，共同推进图书馆服务资源的整合，打造广佛肇清云韶新型区域合作平台。

2016 年广佛肇清云韶六地图书馆联合年会是六地图书馆业界的首次行业盛会，是广佛肇图书馆年会的"升级与扩容"。本次年会继往开来，以"合作、创新、发展"为主题，就图书馆管理、服务、技术、创新等多方面开展交流探索，并面向六地图书馆同行征文。本书遴选出 51 篇质量较高的论文结集出版，从管理与服务创新、阅读推广、资源建设、创客空间、职业能力研究、基层图书馆建设六大方面进行了深入探讨。六地图书馆人在工作中勤于思考，善于总结，将工作经历和理论思考融会贯通，升华提炼，积极主动地进行理论与实践研究活动，为图书馆事业发展出谋划策，体现其投身图书馆事业的满腔热情和拳拳之心。本书的出版为广佛肇清云韶公共图书馆经验分享和学术交流搭建起良好的互动平台，促进了六地图书馆学术研究的繁荣，也将进一步推动六地公共图书馆事业的发展。

展望未来，广佛肇清云韶共建经济圈将为六地图书馆事业的发展提供坚实保障。广佛肇三地图书馆仍需继续充分发挥文献资源、信息技术和人力资源等方面的优势，在深化广佛肇文化交流合作的基础上，向清云韶地区深入辐射拓展；清云韶图书馆继续立足各自的地域、文化特色，加强馆藏特色资源的开发和建设，构建与广佛肇图书馆优势互补、特色多元的信息资源体系，积极构建与完善六地图书馆服务体系，创新服务，提升效益。秉承"精诚合作，大胆创新，共谋发展"的精神，共同引导区域文化信息资源合理流动和优势互补，探索形成广佛肇清云韶六地图书馆融合发展的新模式，从而更好地保障公众的基本文化权利，满足公众的信息、知识和文化需求，使六地图书馆事业互利共荣，协调和谐，永续发展。

编　者

2016 年 9 月 30 日

目　录

管理与服务创新

志愿力量服务图书馆大型活动探析

——组织 2015 中国图书馆年会工作的几点思考

招建平①

（广州图书馆 广州 510623）

摘 要：志愿服务精神与图书馆服务理念存在较高的契合度。近年广州地区图书馆和志愿服务事业均取得较大发展，图书馆志愿服务工作成为业界新课题。本文结合 2015 中国图书馆年会志愿服务工作，围绕志愿者招募、志愿运行期阶段性管理重心、须坚持的原则及志愿服务经济价值等方面展开论述，主张通过有效调动和科学管理，使志愿力量充分服务于图书馆大型活动。

关键词：图书馆大型活动 志愿服务 志愿者

2015 年 12 月，2015 中国图书馆年会——中国图书馆学会年会·中国图书馆展览会（以下简称年会）在广州举行。志愿服务为年会的成功举办提供了重要保障，得到主办方和与会代表等方面的高度评价。现结合本次年会志愿服务的组织工作，谈谈对发挥志愿力量服务图书馆大型活动（会议）的一些思考。

1 招募工作是基本保障

志愿者招募是图书馆大型活动志愿者管理的第一个环节，也是决定该活动成功与否的重要因素。有效的志愿者招募能选拔合适的人员到相应岗位参与服务，降低后期培训成本，减少人员流失。

1.1 组织化招募

组织化招募是指依托体制展开，充分发挥行政力量的管理、渠道优势，将来自高校、机关等体制内乐于参与志愿服务的人员动员起来，为活动贡献力量的招募方式。[1] 2015 年 3 月，年会组委会成立以广州图书馆团委为骨干成员的志愿服务工作组。工作组随即展开年会志愿服务各项筹备工作。在多方面征集服务需求意见后，工作组初步确立以需求项目为志愿者管理的基础单元，以志愿者来源于高校为保障的工作运行机制。经需求分析、多方沟通，拟定以中山大学、华南师范大学、广东外语外贸大学、华南农业大学、广东农工商职业技术学院 5 所高校为志愿者主要来源单位，主要专业为图书馆学（信息管理与信息系统）、社会工作、翻译等（表 1）。在项目和志愿者来源的学校之间建立工作对接关系，充分发挥志愿者来源单位或机构的作用，为志愿者顺利开展工作提供坚实保障，确保项目任务顺利完成。

---

① 作者简介：招建平，男，馆员，广州图书馆儿童与青少年部主任。

2

表1　志愿者来源高校、专业及主要服务组别对接表

院校	专业	主要服务组别	备注
中山大学	图书馆学（信息管理与信息系统）	学术会议组、新闻中心组、开闭幕式组	
华南师范大学	图书馆学（信息管理与信息系统）	展览、场馆服务组	
广东外语外贸大学	高级翻译学院翻译专业	外宾接待组	全程一对一服务
华南农业大学	社会工作、公共管理等	后期保障组	含"图书馆之夜"接待服务
广东农工商职业技术学院	应用外语系（校礼仪队成员）	签到及指引组	

1.2　社会化招募

社会化招募是指依托社会网络和大众传播媒介展开，通过激发公众的认同、参与意识发动志愿者参与的招募方式。[1]本次年会的志愿者骨干采取社会化招募方式，通过前期岗位调研确定招募要求，制定招募计划。在"志愿时"系统①（如图1所示）等渠道发布信息发动志愿者参与（具体流程见图2）。该方式有如下特点：①自主参与。基于自愿，对志愿精神和年会服务价值有更强的认同，促使志愿者能克服各种困难参与。②机制灵活。互联网和新媒体发展迅速，易突破空间障碍，凝聚互联网志愿者力量，效率高，参与广泛。[2]社会化动员机制具有较强生命力。③公开竞争。招募程序公开，保证每位志愿者拥有足够的知情权，并通过公平竞争得到服务机会，在相应岗位发挥自己的能力。

图1　"志愿时"系统招募界面

---

　　①　"志愿时"系统是志愿者个人、志愿者组织、志愿服务项目的在线管理平台，是志愿者在线沟通交流平台，是实现"志愿者荣誉激励""志愿者组织管理""志愿者增值服务"的有效载体。参见 http：//www. 125cn. net.

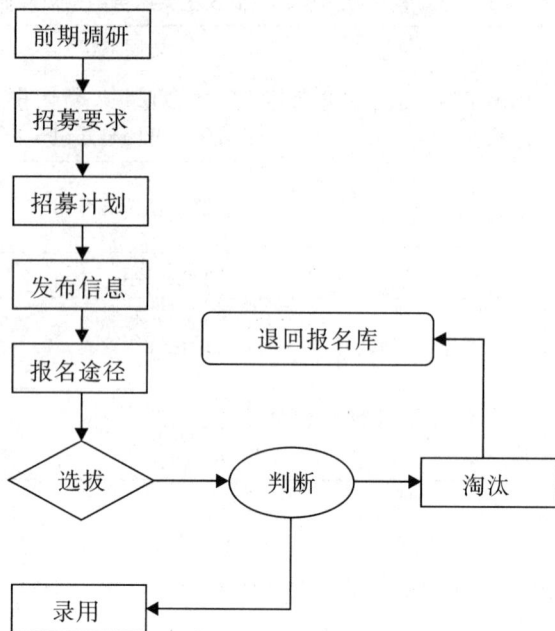

图2　社会化招募流程

　　2015 年中国图书馆年会志愿者采取组织化招募为主、社会化招募为辅的方式，既充分发挥传统组织渠道优势，又利用社会化动员，有效扩大志愿者的参与。

2　运行期各阶段的管理要点

　　志愿服务运行期分为志愿服务移入期、主运行期及移出期三个阶段，不同阶段的管理重心有所不同。

2.1　移入期

　　志愿者培训是本阶段工作重点，包括各种运行政策及岗位工作程序的认知、实践工作。年会志愿者培训主要分为两个阶段，第一阶段为理论培训，在广州图书馆举行，以课堂式授课和互动表达为主要形式，包括年会相关知识、志愿服务文化、服务须知、基础服务礼仪等课程；第二阶段为岗位培训，在年会主会场广州白云国际会议中心举行，由各项目负责人针对志愿者具体岗位进行操作性培训，包括组委会（中国图书馆学会）为志愿者作场地方位培训、代表注册系统、用餐系统、开闭幕式入场系统使用培训，广州市外事办公室为外宾志愿者作外事服务培训，嘉宾代表接待工作的承办单位作交通、住宿指引培训等。通过两阶段的系统培训，主要达到以下目标：①宣传志愿精神，为该活动培育志愿文化；②提高志愿者的综合素质和服务能力；③培养团队意识，实现共同成长。

　　此外，在志愿服务移入期，志愿者管理部门的工作还包括年会主运行期间涉及志愿者的保障、激励、考核制度的测试，志愿者人员计划、岗位分工等根据需求更新的动态调整。

2.2　主运行期

　　12 月 14—20 日为 2015 中国图书馆年会的主运行期，各项目组志愿者按照组委会的要求完成注册报到、咨询服务、展览导引、开闭幕式及分会场筹备、外宾接待等岗位工作[3]

（表2），志愿者管理部门同时完成志愿者的保障、激励、考核等工作。

表2　主运行期志愿者工作安排

项目组	12月							工作内容	人数	对接院校
	14日	15日	16日	17日	18日	19日	20日			
签到及指引组								8：00—22：00 资料分装、培训	50	广东农工商职业技术学院
								8：00—23：00 普通注册：报到、分发资料、缴费等	30	
								8：00—23：00 自助注册	10	
								8：00—23：00 特殊注册（工作会议、榜样人物、外宾等）	10	
								餐前半小时至代表用餐结束：用餐刷卡（晚餐）	12	
								7：00—10：00 年会注册	30	
								10：00—19：00 年会注册	12	
								10：00—19：00 发放发票	8	
								餐前半小时至代表用餐结束：用餐刷卡（午晚餐）	12	
								8：00—18：30 年会注册	12	
								餐前半小时至代表用餐结束：用餐刷卡（午晚餐）	12	
学术会议组								培训	35	中山大学
								下午：分会场、主题论坛（开始前1小时至结束）	25	
								下午：工作会议（清河厅）	10	
								全天：分会场、主题论坛（开始前半小时至结束）	25	
展览、场馆服务组								培训	30	华南师范大学
								全天：引导协助	12	
								上午：展览讲解	13	
								上午：场馆指引	12	
								下午：展览讲解	13	
								下午：场馆指引	17	

（续上表）

项目组	12月 14日	15日	16日	17日	18日	19日	20日	工作内容	人数	对接院校
后期保障组								培训	94	华南农业大学
								10：00—23：00 会议中心门口上车指引；机场、南站驻点；随车接机接高铁；地铁口引导；会议中心外围酒店穿梭巴士；文化考察路线	50	
								8：00—22：00 会议中心门口上车指引；会议中心外围酒店穿梭巴士；文化考察路线；"图书馆之夜"接送；散场后上车指引	50	
								8：00—19：30 会议中心外围酒店穿梭巴士；文化考察路线	50	
								8：00—11：45 文化考察路线；送机场、南站；会后会接送（广州白云国际会议中心—广州大厦）；广州大厦协助注册	50	
								跟车（广州大厦—广图—广州大厦）	10	
								送机场、南站	10	
外宾接待组								培训	21	广东外语外贸大学
								第1组（仅参加年会）：全程一对一跟进外宾会议日程，提供接送机及随身翻译服务	9	
								第2组（同时参加年会及会后会）：全程一对一跟进外宾会议日程，提供接送机及随身翻译服务	7	
								第3组（仅参加会后会）：全程一对一跟进外宾会议日程，提供接送机及随身翻译服务	7	
新闻中心组								培训	2	中山大学
								撰稿、发稿	2	
开闭幕式组								培训	51	中山大学
								舞台剧务	10	
								开幕式前1小时至会议结束：门禁5人、会场外引导6人	11	
								会场内引导、填满座位	30	
								会场内引导、填满座位	19	

2.3 移出期

服务移出期为总结表彰阶段，并作服务成果的转换。主要工作为制作感谢信、志愿服务证书；在"志愿时"系统作志愿者服务时间和表现认定；收集活动的志愿服务评价（包括活动组织方中国图书馆学会等机构和服务对象会议代表、嘉宾等）、媒体报道等材料并归档、志愿服务宣传报道、拟写服务总结等。

3 需坚持几点管理原则

3.1 协同原则

中国图书馆年会是图书馆界的年度盛事，也是一项庞杂的工程。涉及志愿者工作部门、场馆运行团队、场馆属地、志愿者来源单位等多部门的协调和配合。人员众多，工作繁杂，因此科学合理的配置、清晰明确的分工，高效便捷的组织很有必要。协同原则就是各个部门之间、正式工作人员和志愿者之间、志愿者与志愿者之间要统一思想、统一行动、协调一致、密切配合，形成工作合力，共同为年会的顺利运行提供优质、高效的志愿服务。各用人组别依据"谁使用、谁管理，谁负责"的原则对志愿者负责业务指导和岗位管理，志愿者管理部门负责志愿者激励、保障、团队建设等事宜。志愿者管理部门还需要与来源高校加强协调和沟通，共同处理好志愿者的调度调配、应急住宿、应急餐饮、交通安排等工作事项。

3.2 动态调整原则

年会志愿者人数规模大、个体差异大、工作繁重，即使事前制定了各项志愿者管理制度和方案，仍然会在运行期间无可避免出现一些突发的状况。因此要在运行期间，要随时关注志愿者的动态变化以及志愿服务的整体运行，及时处理突发状况，提升应变能力，要保障志愿服务有序运行。

3.3 以人为本原则

志愿服务行为都具有不求物质回报、服务他人的特征，因此志愿者管理要建立在尊重志愿者的基础上，坚持"以人为本"的理念，充分给予人文关怀，建立以人为本、科学高效的管理机制，充分调动和维护志愿者的热情和积极性。

4 志愿服务产生的经济价值不可忽视

从经济价值角度考虑，志愿者服务是中国图书馆年会这类国内最高级别的图书馆业界大型活动（会议）顺利举行的重要保障。

4.1 志愿服务本身具有较大的经济价值

2015 中国图书馆年会，仅 2015 年 12 月 14—20 日这一周，258 名志愿者为各岗位提供 4 824 小时志愿服务，以广州最低工资标准每小时 18.3 元[4] 计算，劳动价值折合人民币 88 279.2 元，还没计算各位骨干志愿者分别提前三个月到半年进驻筹委会办公室工作及外事翻译等专业志愿服务的附加价值。不可否认，志愿者的加盟为年会降低了运行成本。当然，组织志愿者参与图书馆大型活动（会议），主要目的并不在于节约运营成本，而在于在更大程度上开发社会资源，动员公众参与公共文化事务，有效宣传和推动图书馆事业发展。

4.2 志愿服务有利于简化活动（会议）组织机构规模[5]

2015 中国图书馆年会组委会（广州）常设工作人员只有 35 人，大批志愿者的加入能有效避免年会组织机构臃肿、运作效率低下等风险，以相对优化、灵活的组织形式为活动（会议）提供质量可控的服务，从而有效提高运作效率。

4.3　志愿服务为活动（会议）创造衍生价值

志愿者在图书馆大型活动（会议）中表现出无私的服务热情、良好的敬业精神和充满爱心的工作态度等，使广大与会代表、嘉宾产生宾至如归的感觉，从志愿服务的角度体现出活动（会议）周到的安排和接待，为活动（会议）大大加分。此外，在年会期间，以"志愿红"为文化标识推动志愿时尚的流行，年会官方网站[6]、官方微信（图3）、志愿者个体的自媒体等渠道多次发布志愿服务新闻信息，《广州青年报》[7]更是用专版详细介绍志愿者工作情况，展示年会"志愿红"风采，弘扬志愿服务精神……以上种种为年会带来的宣传效果和价值都是其他方式无法比拟的。

图3　2015 中国图书馆年会官方微信

和谐社会的发展需要"奉献、友爱、互助、进步"志愿服务精神。[8]诚然，志愿者的出色表现为 2015 中国图书馆年会增色不少，但在举办这种大型活动之后，图书馆管理人员需要继续思考志愿服务在图书馆其他领域中可以承担的角色和任务，如何把大型活动志愿服务所留下的良好精神风貌和公众参与热情延续下去，使之转化为图书馆常态化的志愿服务机制，让社会公众都有服务参与意识，共同为图书馆事业贡献力量。

参考文献

[1] 北京志愿服务发展研究会 . 中国志愿服务大辞典［M］. 北京：中国大百科全书出版社，2014.

[2] 吉·青珂莫 . 志愿者管理体系的流程分析与构建［D］. 北京：清华大学，2008.

[3] 2015 中国图书馆年会组委会 . 2015 中国图书馆年会会议指南，2015.

[4] 广东省人民政府 . 关于调整我省企业职工最低工资标准的通知，2014.

[5] 宋玉芳 . 奥运会志愿者管理研究［D］. 北京：北京体育大学，2004.

[6] 2015 中国图书馆年会官方网站［EB/OL］. http：//2015clac. gzlib. gov. cn.

[7] 图书盛会　志愿同行［EB/OL］.［2015 – 12 – 24］. http：//toutiao. com/i6231666149763842562/？tt_from = weixin&utm _ campaign = client _ share&from = timeline&app = news _ article&utm _ source = weixin&isappinstalled = 0&iid = 3322336082&utm_ medium = toutiao_ android&amp = &amp = &wxshare_ count = 4.

[8] 中央文明网志愿服务［EB/OL］. http：//www. wenming. cn/zyfw. 298.

广州图书馆优化用户体验策略探析

陆秋洁①

（广州图书馆　广州　510623）

摘　要：广州图书馆新馆服务效益显著，但也存在一些服务问题，影响了用户体验。本文分析广州图书馆读者服务存在的问题，提出优化用户体验的策略。

关键词：广州图书馆　用户体验　策略

1　读者服务效益显著

广州图书馆新馆于 2012 年 12 月 31 日部分开放，2013 年 6 月全面开放，新馆开放以来深受公众欢迎。开放 3 年多，社会服务实现新跨越，达到有效益、有特色、有影响的预定目标，展现出一流的现代化图书馆和标志性的城市窗口形象，服务效益创造国内公共图书馆界新纪录。

表 1　广州图书馆服务效益表[1]

年份	项目						
	接待公众访问（万人次）	同比增加（%）	注册读者（万人）	外借文献（万册次）	同比增加（%）	公众活动（场）	同比增加（%）
2013	427.2	29.0	39.8	568.8	146.0	470	—
2014	619.8	45.1	29.7	732.7	28.8	1 076	12.9
2015	615.4	-0.7	31.1	754.0	2.9	1 261	17.2%

2　影响用户体验的因素

广州图书馆新馆在取得良好效益的同时，也存在诸多问题，给读者带来不好的体验。读者在对新馆硬件表示肯定的同时，对新馆的服务、设施及管理等提出了改进意见与期望。新馆自开馆以来收到的读者反馈问题统计见表 2，占前五位的问题依次有找书难、占座现象普遍、噪音大、服务态度差和还书排队长。

---

① 作者简介：陆秋洁，女，馆员，广州图书馆文献流通部图书组主管。

表2　开馆以来广州图书馆读者反馈问题统计

问题	意见数量（条）	百分比（%）	合计（条）
找书难	238	44	
占座现象普遍	99	18	
噪音大	78	14	542
服务态度差	74	14	
还书排队长	53	10	

2.1　找书难

（1）馆藏信息不够准确。许多读者反映很多检索查询显示在馆的图书都未能在馆内找到。

（2）检索显示不够清晰。读者反映书目检索结果含有其他馆的信息，而且只显示索书号，未显示楼层，不方便取书。

（3）图书馆藏分布不够科学。读者认为外文书籍归类不科学，找书比较麻烦。一些在多元文化馆，一些在综合区，一些在南楼六层语言学习馆，分布太分散。还有的一套书分几个馆藏点，读者要跑几个馆藏点才能找齐一套书。

（4）图书排架不够科学。读者认为图书较乱，没有严格按索书号排列，导致找书难。

（5）图书的复本不够多。读者建议多采购一些热门书籍的复本。

（6）导读标识不够清晰。读者建议对非外借类（仅供阅览）图书使用颜色鲜明的标签标注。建议图书分类标识指引能再细分、清晰些，方便读者顺利获取所需图书。

（7）典藏图书暂未开放。读者建议开放典藏图书供读者阅读。典藏书库一直处于建库状态，无法阅览一些保存本的图书。

（8）读者不知道怎样找书。广州图书馆采用的是检索联合目录来找书，整个广州市公共图书馆的目录都能查到，但不少读者反映不知道怎样找书，或不知道按索书号找书，或只知按索书号找书，但没有看清是哪个馆就在该馆找书。这部分读者在浩瀚书海中显得非常迷茫，找书对于他们来说不是那么容易。

2.2　占座现象普遍

（1）读者素质良莠不齐。图书馆占座现象十分普遍，有相当一部分读者在座位上睡觉、玩手机、用笔记本电脑看电影。甚至有读者反映来馆阅读两小时，周边竟然发生多起占座者与新入座者的纠纷，因有些占座者离位时间超过一个半小时。建议图书馆建立有效机制，以让相关管理人员有制度可依，杜绝占座者占据座位一整天等不合理现象，保障真正需要阅读者的合理权益。

（2）桌椅配备不够，供不应求。有读者反映图书馆应多设立阅读桌椅以满足读者阅读需要，现在位子非常少，很多需要阅读的读者要坐在地上。

（3）自习室尚未开放。在旧馆自习的读者习惯使用自习室，因需登记使用，其秩序良好，学习气氛浓厚。但是2013年搬来新馆后，由于种种原因，自习室一直还没有开放。自习的读者不得不在开放的楼层寻找座位。

（4）没有及时出台行之有效的座位管理措施。读者认为广州图书馆公用物品监管条例不足，对占座、反占座行为没有相对应的处理守则与办法，只能让读者自己处理，有损读者权益，希望尽快采取办法合理监管。

2.3　噪音大

（1）读者制造噪音。有读者投诉图书馆应该是提供给大家阅览的公共场所，然而来到广州图书馆新馆就像身处菜市场，吵吵闹闹，没有以前旧馆安静。因此读者要求改善阅读环境，提供一个安静的看书环境。有读者反映大厅噪音过大，很多小孩在一楼追逐打闹，大喊大叫；一部分人在馆内大声说话、打电话。图书馆变成了旅游观光的地方，严重影响读者正常阅读。

（2）工作人员制造噪音。有读者投诉工作人员拿椅子整理书架时椅子发出的噪音太大。书架管理员整理图书时大声交谈且未注意图书轻放，制造出很大的噪声，影响读者阅读。有读者还反映某些保洁人员说话声音很大，影响读者阅读，希望加强管理教育。还有一些工作人员出入防火自动门时不注意轻声关门，发出较大的噪音。

（3）内部安静提醒标识不够显眼。有读者反映由于人流量大，场馆不可避免地略显嘈杂，期望场馆内部显眼处有标识提醒读者保持安静。图书馆"保持安静"的温馨提示牌太小，读者根本看不到。人多而杂，过于吵闹，建议限制进馆人数。

2.4　服务态度差

有读者投诉在某楼层服务台办理借书时，工作人员连书都不碰一下，本可以续借的书，她说机器有故障，让读者自己去网上续借，工作态度差。作为公共事业单位的工作人员，如果完全没有服务意识和热情，这将影响图书馆的形象。

2.5　还书排队长

有读者反映只在一楼一处地方可还书，而且还是和借书一起，这样还一本书差不多要排一个小时，感觉很不合理。还书难，特别是每到周末就在一楼排长龙，有时为了交罚款金还要再排一次长队。

3　产生问题的原因

广州图书馆作为公共图书馆，提供的是公共服务，很多服务资源的使用具有一定的排他性。图书馆资源有限，比如能借的复本被借完了，其他读者想借就借不到了。又如，图书馆的座位有限，当用户的数量多于实际的座位数时，便不能满足后来者的需求。

广州图书馆新馆坐落于珠江边上、广州城市新中轴线和珠江景观轴线交汇处的花城广场。花城广场是广州市政府着力打造的"城市客厅"，而广州图书馆正是这"城市客厅"的文化窗口。因而图书馆新馆作为旅游景点，引来观光客造成管理问题。

广州图书馆交通便利，资源丰富，环境优美，吸引了庞大的读者群体。该馆的设计接待量是 1.5 万人次/天，可实际接待量远远超过设计的接待量，工作人员超负荷工作：如 2014 年日均接待读者 2 万人次，峰值更达 4 万人次/天，而提供的座位仅仅 4 000 多个。僧多粥少，于是就引起座位之争。该馆的图书很受欢迎，有些类目的图书一借而空，而有些区图书馆明明也有相同类目的图书，却无人问津。

由于处理占座问题需要花费大量的人力、时间和精力，在执行时也需要讲究一定的方式、方法，而图书馆经常因为各种原因，往往对占座行为予以善意的宽容和默许，或者委托物业管理部门来处理。图书馆不明确的态度使读者对占座习以为常[2]，极少顾及其他人的感受。很多读者没有意识到图书馆是公共场所，图书馆的所有资源都属于公共资源，任何人都不能采用强占的手段据为已用。同时，从众心理影响并导致公共图书馆用户对占座行为的默许。当某种行为成为某些人共同的行为时，不管这种行为是否符合规范或道德，出于从众心理，其他人往往会跟着仿效。占座行为也是如此。

我国的公共图书馆起步迟、发展晚，截至 2013 年 6 月，我国大约每 44.3 万人拥有一家图书馆，与美、英、德等发达国家相比，我国公共图书馆资源差距明显：美国、英国大约每 1 万人拥有一家公共图书馆，德国平均不到 7 000 人就拥有一家公共图书馆。加之我国人口基数大，公共图书馆的相对有限资源与日益增多的阅读学习需求之间不协调，两者存在很大的矛盾。公共图书馆资源的供不应求是导致公共图书馆占座现象等诸多问题的根本原因。

4 优化用户体验的策略

4.1 解决找书问题的策略

4.1.1 建立严格的排架质量检查监督制度，缓解找书难问题

由于人力所限，广州图书馆图书上架整理工作外包给物业公司，而图书下架、图书架内标识则由馆员负责。物业公司经过优化流程，目前的在架图书错架率比较低。但是图书上架工作与下架工作脱节。一方面，部分馆员责任心不强，新书无法上架不能及时发现，待图书馆管理员（物业公司）反映为时已晚，这导致新书堆积不能上架，读者难以及时在架上找到新书；另一方面即使馆员已经将图书下架，向物业公司提出移架申请，但是物业公司经常不能及时移架，从而导致新书继续堆积。移架后，某些馆员比较懒散，没有及时更换书架标识，导致读者找书时很迷茫。鉴于此，应该建立严格的排架质量检查监督制度，由流通部门组建一个监督组，不定期对物业公司及馆员进行严格的监督，缓解找书难问题。

4.1.2 细分图书，按单面架管理图书

建议将图书细分到一个单面架，按单面架管理图书，同时做好定位管理，检索时能显示楼层及架位信息，这样可大大缓解找书难问题。

4.1.3 进行馆藏数据清点确认，提高图书检索信息的准确率

目前有部分图书能查到但找不到，不排除是因为图书乱架，不过估计有些书已经由于各种原因丢失，但数据还在。因此，有必要进行馆藏数据清点确认，提高图书检索信息的准确率。另外，屏蔽易引起误解的信息，比如"外借临存点"这些虚拟的馆藏地点。

4.1.4 完善检索界面，提供相对准确的架位信息

目前的检索界面还不够简单明了，因为是联合目录，需要不断筛选检索信息，有部分读者不会缩小范围找书，检索界面需要优化。目前的架位信息是 2015 年定位形成的，架位已经调整过多次，变得不准确。因此亟须更新，为读者提供准确的架位信息（含楼层信息）。

4.1.5 图书分布要适应读者的使用习惯

广州图书馆外文图书和中文图书混排，外文图书大都放在每个中文图书大类的后面，还设有含外文图书的多元文化馆、语言学习馆，不少读者反映书在馆内的分布太过分散，很难找。2015 年馆内进行了一次外文文献馆藏布局读者问卷调查（含网络调查和现场调查）。调查显示，外文文献按主题放置于不同楼层是否方便查找利用方面，网络调查读者和现场调查读者认为不方便的分别占 68% 和 48%。总体而言，读者认为目前馆内的外文图书按主题放置于不同楼层很不方便。在馆内中、外文报刊混合放置是否方便查找利用方面，57% 的网络调查读者认为不方便，现场调查读者为 59%，两者基本一致。总体而言，读者认为馆内中、

外文报刊混合放置很不方便。实践证明，该馆图书排架应该根据读者使用习惯进行合理的调整，这样才能方便读者查找图书。

4.1.6 图书采购应根据实际情况作调整

一方面，截至2015年8月，广州图书馆下架图书达61万册，待分配到分馆使用。另一方面，很多读者喜爱的图书常被一借而空。图书数量多，但读者的需求得不到满足，比较矛盾。建议在保证图书品种的情况下，图书馆应根据读者借阅的情况来增加复本数量。另外可以根据读者预约的信息增加图书复本的数量。

广州图书馆曾开展"你选书，我买单"活动，根据读者的阅读需求来选书，这是一项很好的举措，读者可凭广州图书馆借书证，在广州购书中心、北京路新华书店及越秀购书中心免费借阅最新最热销的图书。

4.1.7 完善图书分类标识，建设地面标识系统

广州图书馆馆舍面积10万平方米，馆藏非常丰富，但正是由于空间太大，不少读者反映标识系统不够清晰，导致找书困难。建议参照医院、美国西雅图图书馆的地面标识系统，聘请专业的设计公司建设地面标识系统，含图书分类分布信息，方便读者找书。

4.1.8 加强对读者的培训，让读者认识如何找到图书

建议对新读者开展关于如何使用图书馆的培训课程，或者制作相关视频让新读者观看，使读者快速认识如何找书。2015年，广州图书馆开展的"认识广图"读者培训活动效果比较好，培训活动围绕文明使用图书馆、服务项目及馆藏布局、读懂书目信息、自助服务技巧、图书借阅中的问题与解答、微信服务指南六大主题内容展开，形式生动活泼、辅导与体验参观相结合，让读者对图书馆有了一个整体的认识，找书借书相对容易。

4.2 解决占座问题的策略

4.2.1 出台并有效执行座位管理办法

为了建设和谐的学习环境，维护读者公平利用图书馆的权益，加强阅览空间管理，提高阅览座位的使用效率，2015年开始，广州图书馆专门设立项目组，经过较长时间的酝酿，制定了《广州图书馆阅览座位管理制度》，准备于2016年实施。

根据该制度，读者如需短时离开座位，应到服务台办理临时离座手续，领取留座牌并放置座位上，座位将保留30分钟。临时离座超过30分钟，该馆将对占座物品进行清理，方便其他读者使用；如未办理临时离座手续，该馆可以随时对占座物品进行清理。

4.2.2 建设更多社区图书馆，满足读者的需求

如果身边的社区有设施齐全、环境优美的社区图书馆，许多读者不会专程到中心图书馆——广州图书馆争座位。按照2015年5月1日实施的《广州市图书馆条例》，到2020年，广州平均每8万人可拥有一座图书馆。届时，镇街图书馆的建设落到实处，广州图书馆的座位紧张情况应有所缓解。

4.2.3 逐步完善购买服务和社会化用人机制

广州图书馆编制内的馆员职数有限，但服务量非常大，单靠馆员管理座位会力不从心。建议继续取得政府部门的支持，逐步完善购买服务和社会化用人机制。

4.2.4 利用志愿者为座位管理提供服务

广州图书馆经常会有志愿者团体到馆服务。可以利用志愿者团体对座位进行管理。

4.2.5 对读者加强宣传教育

占座行为是图书馆服务的公共性与用户需求私有性的博弈，图书馆应该制止，引导读者

文明使用公共资源，避免占而不用，造成资源浪费。图书馆可以利用自己的宣传阵地，比如网站、微信、微博、入馆知识培训等多加宣传，让读者有意识地合理利用公共资源。

4.2.6 增加阅览座位

为尽量满足读者需求，2015 年广州图书馆已经在各楼层增加了阅览座位。

4.3 解决噪音问题的策略

4.3.1 加强对公众进馆需保持安静的宣传教育

通过馆内的电子设备播放图书馆内须保持安静的视频短片或者图片标语，让读者知晓。办证时与新读者签订需保持安静的协议，同时可通过分批组织新读者观看图书馆须保持安静的视频，让他们有保持安静的意识。

4.3.2 对工作人员进行教育学习

由于部分噪音是工作人员在不注意的情况下发出的，其本人未必注意到，各管理团队有必要对自己属下的员工进行教育。比如所有出入防火安全门的员工开关门的时候务必轻声关门，图书上架人员交谈必须低声，上书、整理图书的时候注意动作要轻缓。同时对读者发出的噪音要及时制止，形成人人轻声细语的氛围。

4.3.3 制作显眼醒目的安静提醒标识

馆内现在有安静提醒标识，主要是暗花样式的，贴在柱子上不明显，数量也比较少。建议制作一批醒目的安静提醒标识，张贴在显眼的位置。

4.3.4 尽快开放自习室

广州图书馆的自习室由于存在种种困难，至今尚未开放。建议尽快与相关部门协商解决，尽早开放，让自习的读者有一个安静的环境。

4.3.5 加装隔音设备

根据平时的观察，噪音源头主要集中在少年儿童身上。周末、节假日儿童与青少年部人满为患，特别吵闹，由于图书馆的密封设计不足，噪音容易传到其他楼层。建议在该部加装一些隔音设备，减弱甚至阻断一部分噪音。

4.3.6 专门设立志愿者团队维护安静环境

培训一批得力的志愿者团体，利用志愿者专门控制读者噪音，并负责对读者进行文明引导，维持阅读秩序工作。

4.4 改善工作人员服务态度的策略

4.4.1 服务态度跟绩效考核挂钩

广州图书馆于 2015 年 7 月 1 日起实施《广州图书馆工作人员绩效考核办法（试行）》，《办法》里面含工作态度考核，具体为员工认真执行《员工文明行为规范》，对外服务部门员工热情接待读者、来访人员，礼貌待人，开展微笑服务。解答读者咨询要求，有问必答，不急慢，为读者排忧解难。有违反上述要求的，视具体情况扣分，多次违反者从重处理，扣完该项分数止。《办法》实行后，读者投诉的频次相对下降，取得了较好的效果。

4.4.2 挂牌上岗，接受公众评议

挂牌上岗是加强馆员自我管理、接受群众监督的重要渠道。一线服务部门要实现服务质量质的提升，应真正接受社会公众的评议，比如挂牌上岗、现场评议、定期的读者满意度调查。

4.4.3 常抓不懈的培训

广州图书馆是服务窗口，馆员的言行举止代表的是广州的形象。现代的图书馆不仅要有

先进的设备，还要有贴心、温暖的服务。因此，馆员文明礼仪的培训，职业精神等的培育，需常抓不懈。

4.5　解决还书等候时间长的策略

4.5.1　增加自助机的台数

周末及节假日，读者借还书的队伍排队较长，2015 年，广州图书馆已经增加了自助借还书设备，如北楼三至七层增加自助借书机共六台，一楼自助区增加了四个自助还书终端，在一定程度上缓解了排队时间长的问题。

4.5.2　利用志愿者团体辅助借还书

为解决人手紧缺的现状，可专门培训一批志愿者，用在周末、节假日增加人工借还书的窗口服务，同时可以缴纳滞纳金，进行一站式服务。

公共图书馆资源有限，服务无限。为改善用户体验，广州图书馆任重而道远。为使工作能落到实处，有必要从方方面面完善相关管理体制，如提升公共危机的处理与应对能力、健全公共服务机制等，为读者提供更优质的服务。

参考文献

[1] 广州图书馆 2014 年报 [EB/OL]. http：//www. gzlib. gov. cn/aboutus/gtnb. jsp.
[2] 艾华. 高校图书馆服务的公共性与用户需求私有性的博弈分析——以占座为例 [J]. 大学图书情报学刊，2014，32（1）：96 - 102.

一个阵地，多方助力

——广州图书馆多元文化服务新常态

詹 田①

(广州图书馆 广州 510623)

摘 要：近年来图书馆多元文化服务受到图书馆界的广泛关注。广州图书馆新馆于 2013 年全面开放以来，设立并依托多元文化馆、广州人文馆和语言学习馆三个主题馆，借助社会力量开展了一系列多元文化服务，形成本馆特色。本文以广州图书馆为例，阐述公共图书馆开展多元文化服务的作用，以及社会参与的重要性。

关键词：广州图书馆 多元文化服务 阵地作用 社会参与

1 广州图书馆推行多元文化服务的背景

2009 年，联合国教科文组织与国际图联联合签署了《多元文化图书馆宣言》。《宣言》中指出："图书馆服务应特别关注在多元文化社会中被边缘化的群体，包括当地的少数族裔、原住民群体，也包括外来的难民、非常住人口、外来工等群体。"[1]

作为中国的南大门，广州的人口和文化多元性显著。第六次全国人口普查数据显示，北京、上海和广东聚集的外国人占全国国际移民人口的 62%，其中广东所占人数超过全国的 1/3。[2]与此同时，广州也是国内外来人口集中的城市。据 2012 年广州市统计局公布的第六次全国人口普查主要数据显示，截至 2010 年 11 月 1 日零时，广州市的常住人口为 1 270.08 万人，其中 476 万人为非广州籍的外来人口，占广州总常住人口的 37.5%。[3]

外籍人士、外地人口与本地居民对于图书馆服务有不同的诉求。外籍人士既需要克服"文化冲突"，也需要不断获取其母国的相关信息，更需要适应并融入广州文化。外地人口首先要解决的是"生存问题"，需要尽快了解广州的社会环境，掌握相应技能。本地居民对世界各地的社会文化状况也充满好奇，同样需要相应的多元文化服务。广州图书馆作为政府主办的公益文化和社会教育机构，理应推行多样化的多元文化服务，为以上三类人群提供便利，也为不同文化的交流和融合创造条件。

2 广州图书馆多元文化服务的具体实践

广州图书馆于 2010 年制订《2011—2015 年发展规划》时，将"拓展多元文化服务、推进和参与多元文化交流"明确为五大发展目标之一；2016 年制订《2016—2020 年发展规划》时，又进一步明确了"拓展和深化多元文化服务，满足不同群体的多样性文化需求"

① 作者简介：詹田，女，广州图书馆馆员。

16

的具体目标。为了实现这些目标，广州图书馆在 2013 年新馆开放时建立了多元文化馆、广州人文馆、语言学习馆，由各个主题馆针对不同的读者群体，开展反映本区域特色的多元文化服务，形成多层次、全方位的多元文化服务维度。各主题馆的主要服务方向见表 1。

表 1　广州图书馆主题馆及其主要服务方向

主题馆	主要服务方向
多元文化馆	以推介各国文化为主，促进不同文化交流
广州人文馆	以推介本土文化为主，保护并传承当地文化
语言学习馆	提供外语及中文（粤语）的学习交流平台

2.1　多元文化馆服务实践

多元文化馆以推介各国文化为主，促进不同文化交流；力求成为国内外群体了解各国多元文化资讯的窗口，成为广州市开放性的对外公共文化交流平台。

多元文化馆以各国领事馆、广州国际友好城市图书馆等机构的赠书为基础，划分美国、德国、法国等多个国家主题区，入藏国内及海外出版的相关中外文专题文献。文献围绕文化、文学、艺术、历史、地理等学科类型，涵盖汉语、英语、法语、德语等多个语种，力图向公众展现各个国家及地区独特的文化风貌。

以多元文化特色资源为依托，多元文化馆积极推进与广州国际友好城市图书馆、驻穗领事馆、其他社会机构及团体的合作，于 2013 年推出"多元文化馆·环球之旅"品牌项目。项目以各国文化为主题，举办展览、讲座、广图真人书、悦读分享会等一系列活动。迄今该项目已围绕墨西哥、加拿大、法国等国家开展过 16 个系列百余场文化活动。

2.2　广州人文馆服务实践

广州人文馆以推介本土文化为主，保护并传承当地文化，是专门提供地方人文专题服务和开展广府文化研究的品牌基地。广州人文馆还专门设立了"广州之窗"城市形象推广厅，为居住在广州的外地、外籍人士在广州的生活提供便利，也为他们了解广州的传统文化提供渠道。

广州人文馆入藏广州地区政治、经济、历史、文化、地理等图书、报刊、音像资料和电子出版物，收藏岭南学者、本地专家和社会知名人士的专著及藏书；收藏家谱及相关文献，同时与美国犹他家谱学会合作，可让读者查询美国犹他家谱学会收藏的胶卷目录。"广州之窗"城市形象推广厅设有城市资讯免费赠阅架，展示最新广州资讯，同时配有多媒体互动设备，可便捷查询广州相关的电子资源。

广州人文馆于 2014 年启动"刘斯翰先生诗词系列讲座"，至 2016 年 6 月共举办 26 期，吸引了众多诗词爱好者的参与；今年 5 月，广州人文馆与中山大学历史人类学研究中心粤剧粤曲文化工作室合作举办"粤剧粤曲大家谈"系列活动，重点带领读者欣赏传统粤剧粤曲。"广州之窗"城市形象推广厅则于 2015 年推出了"广州味道"互动体验活动，读者可亲身参与粤剧脸谱绘制等项目，体验广州传统文化。

2.3　语言学习馆服务实践

语言学习馆是存储各类语言学习资料的特色主题馆，帮助外地及外籍人士学习普通话及粤语，快速融入当地社会，帮助本地居民学习外语知识、加强外语交流能力、了解外国语言资讯、为外语考试做准备。

语言学习馆提供多语种的语言学习书籍、期刊及外语音像资料，涵盖本土粤语学习与研究，汉语对外教学，以及英语、日语、法语等多个语种的学习资料。语言学习馆还配备多台电脑终端，可供读者访问本馆的语言学习资料库、视频点播以及网上语言学习系统。

语言学习馆开展"广图英语角"活动，从"听""说""学""论"四个方面为英语爱好者和外籍人士提供交流的平台。与此同时，由于粤语是广泛流通于珠三角、港澳地区的方言，为普及粤语知识，帮助外来人口更好地融入广州，语言学习馆还于 2015 年 1 月推出了"广图粤语角"活动。

3 广州图书馆多元文化服务的新常态

3.1 阵地作用成为常态

广州图书馆三大主题馆的服务特色在于满足广州多元化人口结构的不同文化诉求，从空间、资源、活动三个维度打造多元文化服务阵地。三个维度的作用层层递进、相互配套，将多元文化服务整合在一个框架内，发挥整体效用。

（1）空间阵地。多元文化馆、广州人文馆、语言学习馆三大主题馆是广州图书馆为推行多元文化服务着力打造的主题空间。不同的空间侧重不同的服务群体，拥有不同的主题氛围，不仅为开展服务提供了硬件支持，也便于图书馆将多元文化服务的目标落实到具体的主题区域，由各个区域分别承担多元文化服务的某项具体内容。

（2）资源阵地。公共图书馆服务的基础是文献资源，开展多元文化服务也需要配备相应的馆藏资源。广州图书馆为各个主题馆配置了与其服务对象、服务范围、服务功能相符的专门馆藏资源，比如多元文化馆侧重各国文化主题文献、语言学习馆藏有多语种的外语音像资料、广州人文馆则藏有家谱特色资源。三个主题馆都形成了各自的馆藏特色。

（3）活动阵地。公共图书馆开展的文化活动是传统文献服务的延伸，也是图书馆的服务特色和吸引力所在。广州图书馆各个主题馆以自身的空间和馆藏资源为依托，开展反映本区域特色的品牌活动项目，比如多元文化馆的"环球之旅"活动，语言学习馆的"广图英语角"活动，广州人文馆的"广州味道"活动。不同的活动项目按照不同的频率持续开展，不仅满足了不同人群的文化需求，同时有利于巩固受众对图书馆的忠诚度。

3.2 社会参与成为常态

广州图书馆作为公共文化机构，在资源建设、活动开展等各个方面都得到了社会的支持，在多元文化服务领域也不例外。广州图书馆三大主题馆的服务在很大程度上都依赖各类社会机构，以及各个领域的专家或普通市民所贡献的力量。

3.2.1 社会力量参与资源建设

在资源建设层面，多元文化馆与广州人文馆的文献基础就是社会捐赠。多元文化馆的前身为外文书刊室，在 2013 年新馆开放之初就藏有友好城市、各国驻穗领事馆、其他国际社团赠书近 8 000 册。2013 年新馆开放后，设置各国图书专架，又陆续收到各国驻穗领事馆赠书。此外，广州图书馆还与广州诸多国际友好城市的图书馆建立了合作关系，与韩国光州、法国里昂等城市图书馆持续开展书刊交换。

广州图书馆是广州市征集地方文献资料的工作机构之一，广州人文馆为此特设广州名人藏书专区，收藏岭南学者、本地专家和社会知名人士的专著及藏书，现已入藏欧初、王贵忆、刘逸生刘斯奋家族、姜伯勤、"南粤风华一家"、蔡鸿生等专藏；设广州文献区常年公开收集有关广州的书籍、报刊、会议录、文件汇编、手稿及音像资料等各类文献；设家谱查询中心收集有关家谱的各类文献。

3.2.2　社会力量参与活动开展

在活动开展层面，当地文化教育机构、相关政府部门、外国驻穗机构等在多元文化活动方面的参与度较高。同时也有越来越多的专家学者、外籍人士为活动贡献力量。以多元文化馆为例，2013 年 7 月至 2015 年 7 月，无偿参与活动的个人达 114 人次，其中外籍人士约 80 人次；参与多元文化馆活动的社会机构有 40 余个，其中约 1/3 为各个国家的驻穗领事馆。广州人文馆的"刘斯翰先生诗词系列讲座"由中国古典文学研究专家刘斯翰先生主持创建，专门分享中国古诗词。语言学习馆的"广图英语角"等活动则得到了广东外语外贸大学、暨南大学、新东方培训学校等高校、教育机构的支持。

经过三年的探索和实践，广州图书馆的多元文化服务形成了特色。一方面集中打造专门的空间、资源和活动，形成了多元文化展示、交流的平台和阵地；另一方面吸纳社会力量，形成了公众参与、服务公众的多元文化服务模式。广州图书馆将加强多元文化服务的辐射作用，比如在外籍人士居住和工作集中的社区、国际学校等区域开展图书馆服务的说明推介会，举办语言学习、中国或广州文化风俗介绍等活动，让公共图书馆的多元文化服务深入社区"接地气"，发挥更广泛、更深层次的作用。

参考文献

［1］ IFLA/UNESCO Multicultural Library Manifesto ［EB/OL］．［2016 – 06 – 17］．http：//www.ifla.org/node/8976.

［2］ 李庆．城市外籍人口管理研究——以广州为例 ［J］．城市观察，2013 （3）：138 – 147.

［3］ 黄俊鹏．广州市外来人口管理制度研究 ［D］．吉林：吉林大学，2013.

电子阅览室桌面虚拟化模式的选择与实现

——以广州图书馆为例

梁陶钧①

（广州图书馆　广州　510623）

摘　要：由于电子阅览室规模不断扩大，维护量同步上升，使用传统的维护模式已经不能适应。一项快速发展又能减少维护工作量的热门技术——桌面虚拟化进入了管理员的视线。本文对桌面虚拟化及其模式进行论述，并就不同模式的优缺点，电子阅览室需要如何选择桌面虚拟化的模式，以及桌面虚拟化在电子阅览室的实现进行探讨。

关键词：电子阅览室　桌面虚拟化　操作系统

1　电子阅览室使用桌面虚拟化的优势

电子阅览室是现代图书馆的重要组成部分，在信息技术不断发展的背景下，其地位越发突出。1998 年第二次公共图书馆评估定级，全国大部分省、地级公共图书馆和经济发达地区半数以上的县级图书馆基本实现了业务管理自动化，建立了电子阅览室或多媒体阅览室。而到了 2013 年第五次公共图书馆评估定级时，全国县以上公共图书馆平均拥有电子阅览室终端已达 33 台[1]。在一些发达地区的省、市一级公共图书馆，终端数更是超过百台。如广州图书馆，搬迁新馆重新开放电子阅览室后，有 181 台 PC 机供读者使用，到 2016 年增加到 301 台。

在越来越多的终端设备投入使用的同时，桌面部署与设备维护对成本控制、可管理性、安全性、合乎规范性以及业务连续性等方面的压力不断加大[2]。传统的部署（例如使用 ghost 软件安装系统）和维护（还原卡或者还原软件还原系统）方式并不能很好地解决这些问题。而能实现桌面 PC 操作系统和应用环境的集中控制和集中管理的桌面虚拟化，是有效而简便的一种解决方案。

关于桌面虚拟化的定义，其中一种广泛的定义是：将桌面或者客户端操作系统与原来的物理硬件进行分割，实现更灵活的使用[3]。另一种详细的定义是：桌面虚拟化可为每位用户提供一个独立的虚拟机来进行桌面计算，所有的桌面虚拟机在数据中心进行托管并统一管理，用户可以通过任何终端设备，不受时间和地点的限制，登录到服务器中调取属于自己的桌面环境，同时能够获得完整 PC 的使用体验[4]。本文使用的是广泛的定义。

2　桌面虚拟化方式的选择

据笔者观察，现在多数情况下，都会单一地把使用瘦客户机当成桌面虚拟化。但是，桌

①　作者简介：梁陶钧，男，广州图书馆助理馆员。

20

面虚拟化并不是只有唯一的实现模式，它应该包括终端服务、虚拟托管桌面、刀片式 PC、操作系统映像流、远程操作系统启动、应用流或应用虚拟化以及虚拟容器等不同的模式[2]，而且，每种模式都有其优势和劣势。

面对众多的桌面虚拟化模式，电子阅览室该如何选择？首先要对读者平时在电子阅览室的行为习惯做分析，要区别于管理员平时使用的服务器的虚拟化；其次，要从总拥有成本考虑。总拥有成本是指从产品采购到后期使用、维护的总的成本。

读者在电子阅览室的行为主要有：浏览网页、观看视频、网络社交、查找和下载网络资源、在线学习、软件技能练习（包括 Photoshop、Flash、CorelDRAW、会声会影、After Effects 等对显卡、声卡需求较高的软件）等。这些行为对于终端的 CPU、显卡、声卡、网卡和硬盘有较高的使用需求。

表 1　桌面虚拟化模式比较

	终端服务	虚拟托管桌面	刀片式 PC	操作系统映像流	远程操作系统启动	应用流或应用虚拟化	虚拟容器
应用执行	服务器	服务器	服务器	客户端	客户端	客户端	客户端
应用数据存储	服务器	服务器	服务器	服务器	服务器	客户端或服务器	客户端或服务器
完整的 Windows 应用支持（包括 VoIP 和富媒体）	部分（厂商专门提供）在某些情况下，还需采用定制的硬件	部分（厂商专门提供）在某些情况下，还需采用定制的硬件	部分（厂商专门提供）在某些情况下，还需采用定制的硬件	有	有	有	有
面向 Microsoft Windows XP、Windows Vista 和 Windows 7 的完整支持	部分（厂商专门提供）	部分（厂商专门提供）	部分（厂商专门提供）	有	有	有	有
离线移动选项	无	无	无	无	无	有	有
典型的客户端	终端台式机、笔记本电脑	终端台式机、笔记本电脑	终端台式机	台式机	台式机	台式机、笔记本电脑	台式机、笔记本电脑

从表 1 看，对于富媒体和 Windows 支持不完整的终端服务模式、虚拟托管桌面（VHD）模式和刀片式 PC 模式的桌面虚拟化并不适合用于电子阅览室。而应用流或应用虚拟化模式

因其虚拟化主要是针对应用或者应用软件方面，其在软件兼容性、部署、灾难恢复和业务连续性方面都存在问题，不能适应电子阅览室使用人群的广泛性与保障电子阅览室运行的稳定性。虚拟容器模式则是一项比较新的模式，技术、管理工具和 IT 流程都不完全成熟，所以现在也不能算是一项适合的选择。虽然操作系统映像流模式和远程操作系统启动模式都不支持离线移动选项，但图书馆有稳定有线连接，这就成了非必要选项。因此，操作系统映像流模式和远程操作系统启动模式都是比较适合的选择。

表 2   操作系统映像流模式在总拥有成本中的特征与优势

管理任务	特征	优势
服务器部署	使用普通 PC 服务器或虚拟机	服务器成本低
网络部署	到达终端有百兆网速	网络部署成本较低
硬件	使用 PC 机	不需要额外的硬件投资需求
软件	在应用软件安装使用方面与普通 PC 机完全相同	使用现有的操作系统和应用软件
软件安装和配置	集中管理用户环境（操作系统＋应用）	一次安装可多点复制
用户环境授权		灵活用户环境授权且立即生效
		可以实现分组管理
用户环境恢复	可后台管理端或用户主动的系统恢复	立即恢复
满足用户计算能力需求	保留 PC 机所有性能	可提供足够的计算能力
削减用户硬件升级投资	提供充足的用户环境	延长现有计算机的生命周期
总拥有成本 TCO（从产品采购到后期使用、维护的总的成本）	以上所有的特性	更低的总拥有成本

从表 2 可以发现拥有较低的服务器成本、网络成本和维护成本的操作系统映像流模式，相比于传统管理模式在总拥有成本上有较大优势。甚至，与其他桌面虚拟化模式对比，操作系统映像流模式也拥有最低的总拥有成本[5]。同时，操作系统映像流模式还有快速部署、快速升级、快速恢复等优势。

综上所述，操作系统映像流模式是一个比较适合现阶段图书馆电子阅览室使用的桌面虚拟化模式。广州图书馆现在应用的就是操作系统映像流模式的桌面虚拟化。

3   桌面虚拟化的实现

3.1   桌面虚拟化部署

操作系统映像流模式的桌面虚拟化系统安装部署非常简单方便，只需要在服务器上安装好服务器端程序，建立用户定制的操作系统镜像文件，然后将所有客户端的开机启动顺序改为从网络启动即可管理，不需要逐一安装客户端代理软件。如果客户端与服务器端不在同一

22

个网段内，则还需要在交换机内做好相关的通信配置。

（1）服务器配置。广州图书馆使用了一台虚拟机作为服务器，其中分配了 1 颗两核 2.4GHz Xeon 的 CPU，8G 内存，300G 存储空间，1 张千兆网卡；安装了 Windows 2008 R2 64 位操作系统。

（2）客户端配置。广州图书馆客户端使用的硬件大多数为联想启天系列 PC 机，兼有部分惠普 PC 机；在操作系统方面，有 289 台为 Windows 7 的 32 位操作系统，有 12 台为 Windows XP 操作系统。首先，需要在客户端的 BIOS 中设置启动模式为网络启动；然后，网络启动模式要选择 PXE（预执行环境）。

（3）交换机配置。由于广州图书馆的服务器端与客户端不在同一个网段内，所以在三层交换机做了相关配置，服务器端所在的 vlan 与客户端所在 vlan 可路由通讯，服务器与客户端间的 PXE（涉及的协议端口分别为 UDP 67、UDP 68、UDP 69、UDP 4011）可顺利转发通讯；所有客户端连接的交换机端口全部设置为边缘端口（此为华为交换机的配置，Cisco 交换机中则需要打开 portfast 功能）。

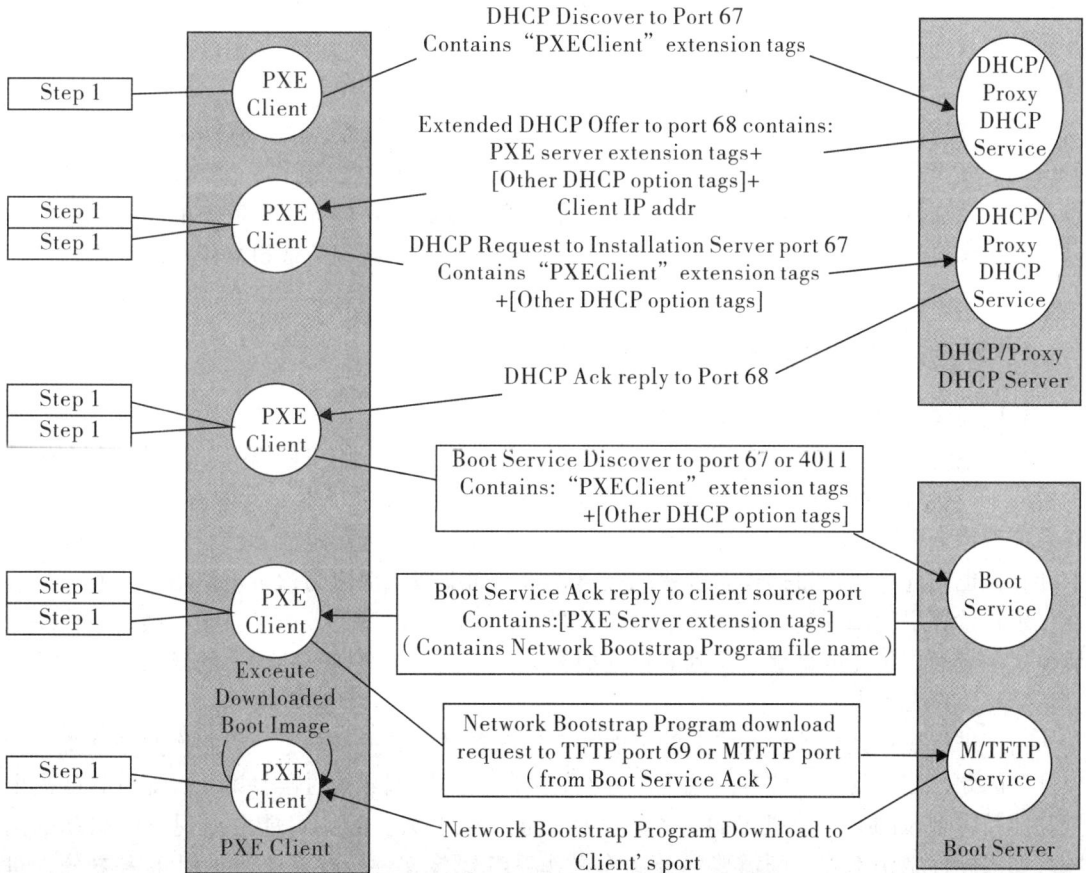

图 1　PXE（预执行环境）客户端的启动过程

（4）操作系统镜像文件的制作。首先，找一台客户端设置成硬盘启动并使用光盘安装操作系统，并安装好其他所需要的程序与完成相关配置；然后，安装桌面虚拟化的客户端程序，并通过程序将系统的镜像文件上传到服务器端。

（5）客户端操作系统的部署。对于第一次部署操作系统的客户端机器，需要做如下操作：第一，在服务器端，登记每台客户端网卡的物理地址，并配置好客户端的 IP 信息与所需使用的操作系统镜像文件；第二，在客户端，做好 BIOS 配置后，通过客户端程序把客户端机器的硬盘修改为桌面虚拟化产品的专有分区模式；第三，重启机器，即可完成部署。

3.2　日常维护

使用操作系统映像流模式的桌面虚拟化，对于客户端机器的日常维护很简单。

（1）还原。在服务端设置每次还原，客户端就可以在下次启动时还原为初始配置时操作系统，这点与安装还原软件或还原卡的传统维护模式类似。对于多数情况下，软件或者系统问题可以通过重启解决。若未能解决，还可以通过服务器端命令客户端重新加载镜像文件（类似于重装系统），然后重启客户端，即可解决，整个过程需时 1～3 分钟。

（2）更新。首先，要找一台客户端机器完成更新（包括系统更新或者更新应用程序）；其次，上传更新到服务器端，服务器端形成更新的节点（不形成新的镜像文件，只做增量存储）；最后，为需要更新的客户端选择配置新的节点，并重启客户端机器即可完成更新。

（3）多用途配置。广州图书馆电子阅览室除了要为读者提供计算机使用服务外，还需要提供计算机技能的培训，因此，不同的培训和读者服务之间有不同的软件需求。为此，可以通过更新形成不同的节点，对于客户端有需求变更时，可以通过服务器端更换节点配置迅速完成部署。

（4）多系统配置。广州图书馆有 12 台机器为视障人士服务，由于软件需求，只能使用 Windows XP 系统。按照前文所说的操作系统镜像文件的制作方法制作一个 Windows XP 的操作系统镜像文件，然后分发给供视障人士使用的客户端机器。同样，在需要的时候也可以通过更换操作系统镜像文件达到快速更换客户端机器的操作系统以完成机器用途的变更。

4　扩展利用与不足之处

4.1　扩展利用

操作系统映像流模式的桌面虚拟化所拥有的优势，也可以用于检索机、读报机和介绍馆舍用的工控机等。如广州图书馆还有 127 台其他供读者使用的机器，其中有 67 台是使用操作系统映像流模式的桌面虚拟化。另外，对于一些快要到报废年限或者已经到报废年限的老旧计算机也同样可以通过操作系统映像流模式的桌面虚拟化部署为检索机使用，从而降低成本，延长计算机使用周期。对于读报机和介绍馆舍用的工控机等，也可以通过操作系统映像流模式的桌面虚拟化的部署，达到简化维护升级，强化应对突发事故能力的目的。

4.2　不足之处

由于进行操作系统映像流模式的桌面虚拟化部署时要通过一台客户机制作操作系统镜像文件，因此，当需要使用的客户端机器有不同品牌、不同型号的时候，第一次配置时就需要把其他品牌型号的客户端机器的相关驱动程序也先安装好，否则可能会出现无法启动的问题；如果硬件结构不同，则需要另外制作操作系统镜像文件，在升级维护时也需要分别进行，从而会增加一些时间成本。

5　结语

桌面虚拟化在发展、在前行，再配合其他虚拟化技术的进步，相信它一定能在图书馆及其他行业中得到更广泛的应用。如现在很多模式的桌面虚拟技术都对多媒体的支持不足的问题[6]，在配合使用现在得到很多厂商大力研发的硬件虚拟化，特别是显卡虚拟化技术后，必然会得到极大改善。

但是在现阶段，鉴于读者使用需求、采购成本限制，以及越来越大的维护工作量，笔者认为图书馆还是应该选择一些技术相对成熟、性价比较高的桌面虚拟化模式使用，在减低总拥有成本的同时，也能让读者获得一个更佳的使用体验。

参考文献

[1] 李丹，申晓娟．从评估定级看我国公共图书馆事业发展 20 年 [J]．图书馆杂志，2014 (7)：4 -12，23.

[2] 英特尔™．了解桌面虚拟化白皮书 [EB/OL]．[2016 - 08 - 17]．http：//www. docin. com/p - 619397930. html.

[3] 黄华．桌面虚拟化技术的现状及未来发展研究 [J]．福建电脑，2009 (9)：38 - 39.

[4] 付婷波．基于 VMware View 图书馆桌面云的设计与实现 [J]．图书馆理论与实践，2014 (6)：96 - 98.

[5] Principled Technologies，Inc. Total cast of ownership for various computing models，2007.

[6] 姜昌金，陶桦，黄琦，等．桌面虚拟化技术在校园网环境的应用 [J]．实验技术与管理，2011，28 (5)：103 - 105.

公共图书馆与城市形象传播案例分析

谢燕洁①

（广州图书馆　广州　510623）

摘　要：本文通过对广州图书馆、苏州图书馆、温州图书馆、洛杉矶公共图书馆、伦敦公共图书馆的服务项目进行案例分析，表明公共图书馆与城市形象传播之间有着密切的联系。公共图书馆应在政府的政策要求及相关支持下，积极与其他文化机构和社会组织合作，借助自身资源与服务优势，通过各种类型的项目，扩展城市形象的传播范围，增强城市形象的传播效果。

关键词：公共图书馆　城市形象　案例分析

1　城市形象与城市形象传播

1.1　城市形象

继凯文·林奇（Kevin Lynch，1960）在他的著作《城市意象》（*The Image of the City*）中提出城市形象是"一个公众印象，是多个印象的综合"[1]后，许多学者也研究并阐释了城市形象的内涵。

而本文采用的城市形象定义为：城市形象是"一个城市的内部公众与外部公众对该地区的内在精神、综合实力、各种行为、外显表象和未来发展前景的具体感知、总体看法和综合评价。"[2]

1.2　城市形象传播

城市形象传播是"包括政府、企业、市民等在内的城市形象传播主体，利用各种接触方式与公众所进行的互动交流过程"。其中，"大众传媒对城市形象的构建左右着公众对城市形象的评价"，而"其他各种能够与公众产生直接或间接信息接触的渠道，也都对城市形象形成有着重要影响。"[3]

公共文化机构是"向社会提供公共文化产品和公共文化服务的公益性文化单位"[4]。可见，作为公共文化机构的公共图书馆，能够与公众产生直接或间接信息接触，对城市形象形成与城市形象传播也有重要影响。本文通过案例分析，探索公共图书馆与城市形象传播的关系问题。

26

---

① 作者简介：谢燕洁，女，广州图书馆馆员。

2 公共图书馆与城市形象传播的案例

2.1 案例选择标准

本文中公共图书馆与城市形象传播的案例选择，基本遵循以下标准：①已有的、已形成的城市形象；②政府有城市形象传播相关规划、方案或号召等；③公共图书馆按照政府相关规划、方案或号召等的要求，利用自身资源与服务优势，采取一定的传播方式，参与城市形象传播；④图书馆的参与在城市形象传播中有一定传播受众，取得一定传播效果。

2.2 广州图书馆：《广州大典》

2.2.1 《广州大典》项目介绍

《广州大典》是一部旨在系统搜集整理和抢救保护广州文献典籍、传播广州历史文化的大型地方文献丛书[5]。《广州大典》由中共广州市委宣传部、广东省文化厅策划并组织研究编纂，广东省立中山图书馆、中山大学图书馆、广州图书馆（广州大典研究中心）等参与编纂。

2005年4月30日，《广州大典》编纂工作正式启动[6]。编纂人员用十年时间汇集了纵跨上下2 000多年历史共4 064种文献，珍稀版本众多，编成520册。

2015年4月30日，《广州大典》出版完成，广州大典研究中心在广州图书馆正式成立揭牌。广州大典研究中心将承担广州文献的收集、整理、编纂和研究工作，持续、广泛地调研和收集与广州有关的国内历史文献档案、海外出版文献等，承担广州文献的整理、复制和数字化等工作，拟定全市古籍研究保护工作的总体规划和工作规范，组织实施古籍收藏、保护状况普查和相关申报工作，出版文献典籍再生性保护成果[7]。

2.2.2 广州图书馆参与城市形象传播

广州市是"千年古城"，同时不断努力推进"世界文化名城"建设。

《广州大典》编纂被列为广州市"十一五""十二五"重点文化工程，2007年被全国古籍整理出版规划领导小组评定为支持项目[5]。

《广州建设文化强市培育世界文化名城规划纲要（2011—2020年）》[8]中将"继续精心组织《广州大典》编纂出版工作"作为"打造城市文化形象，擦亮历史文化名城品牌"的具体举措。

时任广州市市长陈建华在2014年10月举办的"全国古籍保护工作会议"的发言中指出："《广州大典》具有独特的城市形象宣传价值，为广州历史文化的传播与弘扬提供了有效途径。"[9]

广州图书馆积极参与《广州大典》的编纂，提供智力、人力、文献资源等支持，还为大典编纂完成后的出版、展览、宣传提供场地等多方面支持。此外，广州图书馆还为后续研究设立专职部门，构筑了广州学术研究的新平台，为广州培育世界文化名城提供一条重要和可行的途径。可见，广州图书馆通过《广州大典》项目，助力传播广州千年古城、世界文化名城的城市形象。

2.3 苏州图书馆："中文信息共享平台"

2.3.1 "中文信息共享平台"项目介绍

苏州图书馆"中文信息共享平台"[10]又称"文化苏州"，主要包括以下内容：苏州名人数据库、古城风貌、吴文化研究、吴地文化、苏州地方戏曲、文博天地、吴门医派、地方文献剪报数据库八部分和《民间文艺中的民间故事》《江苏谚语》《江苏歌谣》三本书的内容。

其中：①苏州名人数据库收集介绍了古代苏州状元、古代苏州名人、当代苏州名人、苏州籍院士等。②古城风貌包括苏州古城风貌、苏州的老照片、古典园林、文化场所等。收集介绍了苏州的城垣、小巷、古桥、古井等资料及老照片、图书馆、博物馆、纪念馆等文化场所和园林、景区、古镇、寺庙等旅游资源。③吴文化研究介绍吴文化的研究内容、动态、机构、研究成果。④吴地文化包括吴地工艺、吴地音乐、吴门书画、歌舞艺术和特色文化等。⑤苏州地方戏曲包括中国昆曲、苏州评弹、苏剧、苏派滑稽、苏派锡剧等内容。⑥文博天地包括苏州地区的各色博物馆介绍、考古挖掘、精品文物。⑦吴门医派包括吴门医派介绍、中医古籍介绍、中医名人等。⑧地方文献剪报数据库是有关苏州地方新闻剪报的全文数据库。

从"中文信息共享平台"的内容可见，在文化苏州数字资源的建设中，苏州图书馆主要利用其数字图书馆平台，而具体信息来源还需得到其他文化机构的支持。

2.3.2　苏州图书馆参与城市形象传播

苏州是历史文化名城，也是吴文化发祥地。

《苏州十大文化工程初步方案》中将"加快文化资源数字化，推进博物馆、图书馆、表演艺术类数字化建设"[11]作为文化数字化工程建设的具体措施之一。可见，政府相关部门为苏州图书馆通过"中文信息共享平台"建设，继承和发扬苏州吴文化，传播苏州历史文化名城形象提供政策支持。

在《苏州市非物质文化遗产保护条例》《苏州市公共文化服务办法》《（苏州）市政府办公室关于推进现代公共文化服务体系建设的实施意见》中，也都有关于图书馆加快文化资源数字化，传播苏州历史文化名城形象及吴文化的要求。

苏州图书馆"中文信息共享平台"项目，通过地方特色数字资源的建设，发挥图书馆对城市传统文化的传承作用，为公众提供苏州文化相关资源的获取途径，有助于苏州历史文化名城城市形象的传播。

2.4　温州图书馆：特色图书馆

2.4.1　特色图书馆项目介绍

温州图书馆结合地方的经济优势，于2001年、2004年先后创建鞋与服装专业的特色图书馆"中国鞋都图书馆"与"温州服装图书馆"[12]。

2005年底温州图书馆新馆落成之际，温州图书馆将"中国鞋都图书馆"与"温州服装图书馆"的资源重新进行整合，合并成立了"特色图书馆"[13]。

特色图书馆拥有近百种国内外顶级专业书籍、期刊，以及上千册意大利、法国、日本、韩国等国家的服装款式、面料、设计手稿等精美时尚书刊[12]，为公众提供全方位的信息咨询、资料检索、图书借阅、鞋业设计、专业培训、多媒体制作等服务。

2.4.2　温州图书馆参与城市形象传播

温州市是中国鞋都。作为中国鞋革业的发祥地之一，温州在南宋时就有皮鞋业的"专业户"。明朝成化年间，温州鞋靴因做工精巧而被列为贡品。20世纪20年代，温州鞋革业相当发达，出现了制革街、皮鞋街和皮件街，形成了手工鞋革业的完整体系，还同东南亚国家建立了贸易关系。新中国成立后，鞋革业得到进一步发展，皮鞋成为温州名品，获得过众多的全国第一。

2001年，中国轻工业联合会授予温州"中国鞋都"称号[14]。2006年，温州市政府将皮鞋行业作为市"名牌培育、质量提升"工作试点。2007年，温州市政府又将鞋革业列入改造提升的重点传统产业，以加快鞋革业升级换代，构筑以质取胜、以强取胜的新格局[15]。

温州图书馆先后与温州职业技术学院、温州大学联手创建了鞋业和服装业的"教学科研基地"，由高校定期组织相关专业的学生在馆内进行现场授课，使图书馆成为学生的第二课堂和企业未来设计中坚的孵化场[13]。特色图书馆通过服务地方支柱产业来促进地方经济发展，成为连接企业和文化的桥梁、国内外信息汇集的窗口，是国内目前规模最大的特色馆之一[12]。

温州图书馆结合地方的经济特色，利用自身优势，联合社会力量，传播温州中国鞋都的城市形象，助力温州经济社会发展。

2.5　洛杉矶公共图书馆：Hollywood Regional Library[16]

2.5.1　Hollywood Regional Library 项目介绍

Hollywood Regional Library 是洛杉矶公共图书馆（Los Angeles Public Library，LAPL）的一个分馆，也是其重要的馆藏资源中心之一。

Hollywood Regional Library 分馆内有用以收藏影视行业及好莱坞支持者的相关资料的特别收藏室，还有影视行业及好莱坞相关书刊、未发表的电影和电视脚本、档案资料、影视海报、表演节目单等，这些特色馆藏有效地展示了好莱坞的历史和现实[17]。

2.5.2　洛杉矶公共图书馆参与城市形象传播

洛杉矶政府网站上公布的洛杉矶城市发展相关文件"Garcetti Series 2013 - Present"的第六项专门指出要"support for the film industry"，即支持影视业发展[18]。计划中指出，影视和娱乐业是洛杉矶这个创意大都市最重要的行业之一，给城市创造了产值和就业机会，因此相关部门必须为影视和娱乐产业发展提供各种有利条件。

洛杉矶公共图书馆的分馆 Hollywood Regional Library 的资源，展示了好莱坞影视发展的历史和现实，成为洛杉矶市民和游客了解好莱坞及洛杉矶影视娱乐文化，感知洛杉矶创意大都市城市形象的窗口，与城市其他部门、其他文化景观一起，助力洛杉矶城市形象的传播。

2.6　伦敦公共图书馆：London Room

2.6.1　London Room 项目介绍[19]

London Room 设在伦敦公共图书馆中心馆，是伦敦公共图书馆的历史和人口特色资源的馆藏地。London Room 藏有大量的关于伦敦金融城（City of London）和埃尔金、米德尔塞克斯、诺福克、牛津的二手资料以及原始资料。资料的类型包括书籍、日记、手稿、地图、照片、纪念品、市政档案等。其中人口资料包括人口普查数据、出生、婚姻、死亡等统计数据以及公墓、家庭历史等。

这些资料陈列在伦敦公共图书馆中心馆，允许在馆阅览而不外借，电子化的资料则可以在伦敦公共图书馆网站上查阅。

2.6.2　伦敦公共图书馆参与城市形象传播

英国伦敦有着悠久的历史文化积淀，又是现代文化繁荣的大都市，是世界上最具文化活力的城市之一。

伦敦政府官网总结伦敦充满文化活力的二十个文化现象，涉及伦敦的博物馆、美术馆、世界文化遗产、语言、音乐、节日、表演、电影、时装、书店、图书馆、档案馆等多个方面。[20]

伦敦公共图书馆设立关于城市历史文化的专门馆藏室，收集与城市历史文化相关的各种类型文献资源，记录并集中展示伦敦城市的历史文化，向公众传播伦敦富有文化活力的城市形象，和城市文化等部门一同，推动伦敦城市形象的塑造与传播。

3 总结

通过对选取的五个案例进行分析可知，公共图书馆与城市形象传播之间有着密切的联系。一座城市随着其历史、文化、经济等方面的不断发展，以及有意识的塑造，逐渐形成有自身特色的城市形象。公共图书馆借助其资源与服务的优势，在政府相关规划、方案或号召及相关财政支持下，积极与其他文化机构和社会组织合作，通过各种类型的项目，尤其是特色资源收集与建设如修撰地方文史书籍，建设特色数字资源、特色馆、特色空间等，对城市形象进行文化传播。公共图书馆面向公众开放，免费提供资源与服务，这使公共图书馆在参与城市形象传播中能够有效扩展城市形象的传播范围，扩大城市形象传播的受众，增强城市形象的传播效果。总体而言，公共图书馆是城市形象传播的重要力量之一，公共图书馆应有意识并积极在政府的政策要求及相关支持下参与城市形象传播。

参考文献

[1] KAVARATZIS M. From city marketing to city branding：towards a theoretical framework for developing city brands [J]. Place branding, 2004, 1 (1)：58 – 73.

[2] 周朝霞. 多维视角的城市形象定位、设计及传播 [M]. 北京：经济科学出版社，2006：23 – 30.

[3] 苏永华. 城市形象传播理论与实践 [M]. 杭州：浙江大学出版社，2013：21 – 24.

[4] 金家厚. 公共文化机构绩效评估及其机制优化 [J]. 重庆社会科学，2011 (11)：21.

[5] 广州图书馆. "《广州大典》：千年古城的根和魂"编纂成果展 [EB/OL]. [2015 – 08 – 14]. http：//www. gzlib. gov. cn/exhibition/online/online_ picshow. do? id = 406601.

[6] 广州图书馆. 《广州大典》出版座谈会 4 月 30 日在广州图书馆隆重举行 [EB/OL]. [2015 – 08 – 14]. http：//www. gzlib. gov. cn/aboutus/news/newsDetail. do? id = 406573.

[7] 《广州大典》4 月 30 日首发 [N]. 信息时报，2015 – 09 – 20.

[8] 中共广州市委办公厅. 广州建设文化强市培育世界文化名城规划纲要（2011—2020 年）[EB/OL]. [2016 – 07 – 24]. http：//www. gzedu. gov. cn/gov/GZ04/201102/t20110224_ 12268. html.

[9] 陈建华. 传承历史文献典籍 推动城市文化建设 [J]. 图书馆论坛，2014 (11)：1 – 4.

[10] 苏州图书馆. 中文信息共享平台 [EB/OL]. [2016 – 07 – 24]. http：//www. suzhouculture. cn/.

[11] 苏州市文化广电新闻出版局. 苏州十大文化工程初步方案 [R/OL]. [2015 – 09 – 20]. http：//www. zfxxgk. suzhou. gov. cn/sjjg/szswhgbxwcbj/201311/t20131112_ 304194. html.

[12] 谢智勇. 向着全方位、多元化的公共文化服务方向——温州市图书馆改革和创新实践 [A] //褚树青. 城市图书馆研究：第三空间思辨 [M]. 北京：国家图书馆出版社，2013：68.

[13] 温州图书馆. 本馆简介 [EB/OL]. [2015 – 06 – 30]. http：//www. wzlib. cn/gywt/201008/t20100807_ 81218. htm.

[14] 中国温州. 中国鞋都 [EB/OL]. [2015 – 06 – 30]. http：//www. wenzhou. gov. cn/art/2011/8/3/art_ 10481_ 174306. html.

[15] 中国皮革网. 中国鞋都——浙江温州 [EB/OL]. [2015 – 06 – 30]. http：//www. chinaleather. org/ Pages/News/20130625/123679. shtml.

[16] Los Angeles Public Library. Frances Howard Goldwyn – Hollywood Regional Library [EB/OL]. [2016 –

07 - 24〕. http：//www. lapl. org/branches/hollywood.

〔17〕 Los Angeles Public Library. Collection Information for the Frances Howard Goldwyn Hollywood Regional Library 〔EB/OL〕. 〔2016 - 07 - 24〕. http：//www. lapl. org/branches/hollywood/collections.

〔18〕 Los Angeles . Garcetti Series 2013 - Present 〔EB/OL〕. 〔2016 - 07 - 24〕. https：//www. lacity. org/garcetti - series - 2013 - present.

〔19〕 London Public Library . London Room - Local History & Genealogy Research 〔EB/OL〕. 〔2016 - 07 - 24〕. http：//www. londonpubliclibrary. ca/about - my - library/library - collections/london - room - local - history - genealogy - research.

〔20〕 Mayor of London. 20 Facts about London's Culture 〔EB/OL〕. 〔2016 - 07 - 24〕. http：//www. london. gov. uk/priorities/arts - culture/promoting - arts - culture/20 - facts - about - london - s - culture.

公共图书馆读者活动的实践与思考

——以"明德修身讲堂"为例

谭 婧①

（广州市白云区图书馆 广州 510410）

摘 要：读者活动是图书馆工作的重要组成部分。广州市白云区图书馆自 2014 开始，推出了"明德修身讲堂"系列活动，以社会主义核心价值观引领白云区文化建设，经过两年发展，已打造成白云区本土文化活动名片。今年该讲堂开始转型升级，利用"创新—合作—发展"思维，创新服务形式，提升了读者"粉丝"的黏度及活跃度，讲座在"品牌化"围城中成功突围。

关键词：明德修身讲堂 公共图书馆 读者活动

1 "明德修身讲堂"开展的背景

读者活动是图书馆的生命，现代公共图书馆由传统的知识提供者逐渐转变为知识服务者。读者活动既是图书馆履行教育职能的重要途径，也是丰富读者文化生活的有效载体。近几年，为推动学习型社会的构建，推动广州市白云区社会主义核心价值观宣传教育，让知识主动"走出去"服务更多的人，白云区图书馆以阅读推广为重点，着力打造特色品牌文化活动。2014 年由白云区委宣传部牵头，我馆积极承办了"明德修身讲堂"系列活动。经两年发展，明德修身讲堂吸引了一大批"明德粉丝"，成功成为白云区的品牌讲座。近年来，广州市积极建设"图书馆之城"，推行并实施《广州市公共图书馆条例》，推进书香羊城全民阅读建设。在此契机下，白云区政府对公共图书馆事业的发展日益重视，财政投入也逐渐加大。白云区图书馆大力推进"明德修身讲堂"系列活动的转型与发展，丰富服务内容，优化服务手段，提升了品牌效应，扩大了白云区图书馆的社会影响力，公共服务事业呈现出前所未有的良好发展趋势。公共图书馆"平等、免费、全民共享"的发展理念日益清晰。

2 "明德修身讲堂"的活动定位与内涵

"明德修身讲堂"以社会主义核心价值观引领白云区公共文化建设，以"自由、平等、公益"为服务理念，坚持最广泛的公益性，具有较强的导向性，主题鲜明，形式多样，内容丰富。

2.1 内容紧扣社会主义核心价值观

白云区图书馆紧紧把握培育和践行社会主义核心价值观这一主题，注重深入开展中华传

---

① 作者简介：谭婧，女，广州市白云区图书馆馆员。

统美德教育、礼仪教育、诚信教育等，通过对中华民族深厚历史文化传统的宣传，提升人们对传统文化的认同感，把核心价值观所倡导的良好品德转化为人们的日常行为习惯，教育引导人们从日常点滴做起，养成好品德、好习惯。

2.2 结合传统节日，传承优秀传统文化

中华优秀传统文化积淀着中华民族最深沉的精神追求。传统节日是中华优秀传统文化的体现，也是传承中华优秀传统文化的主要途径。"明德修身讲堂"结合传统节日组织开展主题实践活动，积极引导孩子们从小培育对中华优秀传统文化的认同感。如中秋节期间举办"赏中秋花灯，听《火龙传说》"，春节举办"学民俗、扬美德"春节民俗文化系列讲座，清明节开展"缅怀革命先烈诗歌朗诵会"，端午节举办"我们的节日——结缘端午，粽情民俗"等。这些讲座让读者更深入地了解传统节日的文化内涵，增强对中华民族传统文化的认同感。

2.3 立足白云，弘扬本土优秀文化

"明德修身讲堂"作为白云区重点打造的文化品牌，坚持立足白云，重点宣传本土的优秀文化，挖掘本土传统文化的亮点。结合白云区本土的特色文化活动，邀请本土知名作家、行业专家到白云区图书馆为青少年读者举办专题讲座。如邀请白云区作家协会常务副主席黄剑丰主讲《火龙传说》讲座，白云区历史文化研究专家梁桂明主讲《白云区的由来及名胜古迹》讲座等。这些文化讲座让大家深入地了解白云区的深厚历史文化传统，加强了民众对白云区本土文化的认同感和归属感。

2.4 适合读者需求，形式多样，趣味性与艺术性相结合

由于白云区的外地来穗人员较多，读者整体文化素质参差不齐，白云区图书馆因地制宜、因人制宜地开展适合读者需求的讲座。2014年"明德修身讲堂"第一课针对来穗人员子弟举办"少年儿童交通安全及应急处理讲座"；针对大众欢度佳节的需求，在春节前举办"学民俗、扬美德"春节民俗文化系列讲座；2016年针对老年人的健康需求，开展"送健康进社区——中医养生保健知识讲座"；2016年针对未成年安全知识匮乏举办安全知识系列讲座等，通过一系列的讲座让青少年在寓教于乐中获得知识，接受传统文化的熏陶，树立友爱互助的精神，培养一定的人文素养与艺术素养。

3 "明德修身讲堂"的运作机制

读者活动是沟通图书馆和读者的重要桥梁，读者活动的数量和质量已成为考核白云区图书馆工作业绩的重要指标。白云区图书馆成立专项活动组织小组，建立了运营机制，从策划、组织实施到宣传与反馈，做到精心、精细、专注，保证了活动的服务效益与实施质量，为活动的可持续开展提供了保障。

3.1 精心策划，保证活动的服务效益

白云区图书馆着力打造"明德修身讲堂"的品牌，首先是精心选题，保证受众人群的参与度。阅读是每一个人最基本的文化权利，读者活动首先应重视服务的普遍性、全民性。该讲堂以"免费、公益、自由"原则，内容广泛而丰富，集"休闲、文化、学术"于一体，让每一个人都能在这里找到自己的兴趣点，引起更广泛的共鸣。同时，突出针对性，提供个性化读者服务：针对青少年开展以学科知识、艺术及人文素养为主题的知识性讲座，针对老年人则开展以健康知识为主题的讲座。其次是活动形式多元化。整个系列活动并不局限于讲

座，而是多种形式并举，包括诗歌朗诵会、手工制作、阅读故事分享会等。通过整合多方面的优秀艺术人才资源，使活动具有趣味性、互动性、艺术性。再次是充分利用资源。一方面充分利用馆内的软硬件资源，将活动与阅读推广工作相结合，向读者推出与活动主题相关的馆藏资料，为读者多角度地获取相关知识提供便利；另一方面加强对社会资源的利用，加强社会化合作[1]，利用"明德修身讲堂"这一平台开展公益服务，扩大知识传播和社会影响。如与广州城市学院国学院联合成立国学培养基地；2016 年与广州民航子弟学校联合在清明节期间举办"缅怀革命先烈诗歌朗诵会"等。

3.2　精细组织安排，保证活动的实施质量

为了保证活动实施质量，白云区图书馆对活动进行了精细的组织安排。一是宣传渠道与组织方式多样化。一方面通过官网、微信公众号进行宣传与接受读者报名；另一方面与各大学校联合，通过学校平台进行宣传推广，采取校园报名方式宣传组织。二是建立读者积分制度，提升读者黏性。2014 年 9 月白云区图书馆开始推行读者积分制，读者参与活动可获得相应的活动积分，凭积分可兑换小礼品或其他活动的参与权，从而提高读者参加活动的持续性，稳固了"明德粉丝"的队伍规模。三是合理安排活动时间，适当控制活动规模，严格管理活动考勤。在某些活动中，为了保证活动的质量，需限定活动参与的人数，提倡活动的小型化、精品化。四是引入志愿者服务，提升活动服务水平。在活动组织中，如场地布置、设备提供、现场服务以及后续工作服务中引入志愿者。来自不同专业、不同社会背景的志愿者在展示自身的价值同时，也弥补了图书馆服务的各种不足，在一定程度上提高了图书馆读者活动的服务水平[1]。

3.3　专注做好宣传与反馈，为活动的可持续开展提供保障

加强宣传，是提高"明德修身讲堂"知名度与影响力的重要一环。图书馆每月月初提供"明德修身讲堂"活动安排宣传单，供读者自由取阅，了解活动信息。同时，利用《白云时事》等媒体和白云区图书馆官网、微信公众号进行活动预告与现场转播。另外，伴随着白云区图书馆分馆建设的推进，在"总分馆"体制下，"明德修身讲堂"活动的宣传与组织走入社区，走进街、镇，实现该系列讲座资源共享以及服务的互动互联。

读者的兴趣取向和参与热情，直接决定了活动的实施效果。因此，建立群众评价和反馈机制十分必要。"明德修身讲堂"主要通过两种方式来进行：一是实时反馈，二是定期评估。针对特殊大型活动场合，通过"实时反馈"，即以问卷调查的方式向参与读者征求对本场活动的内容、主题和形式的个人看法和意见建议。另外，通过"定期评估"选择一批经常参加活动的忠实粉丝，对活动情况进行定期追踪，开展质量评估，从而使"明德修身讲堂"做到与时俱进，不断满足读者群众的各种需求，打造稳定、活跃、高效的粉丝群。

4　"明德修身讲堂"的转型与发展

在图书馆的众多服务形式中，读者活动以其特有的优势能够吸引社会公众的广泛参与，越来越多的公共图书馆已然把读者活动作为吸引读者和对外服务的重要业务。目前，公共图书馆读者活动越来越呈现出追求系列化、品牌化的趋势[2]。面对以上趋势，"明德修身讲堂"从品牌化的围城中突围，再次找到自己独特的存在价值，快速转型，"苟日新，日日新，又日新"，经几年的发展摸索出了一条适合自己的"创新—合作—发展"之路。

4.1 创新是关键

2016年4月"明德修身讲堂"开始策划转型，为进一步突出活动的人文价值，推动自主创新精神，白云区文明办牵头，区图书馆精心策划，将"爸爸妈妈上学去——明德修身讲堂"升级改版为"开讲了，少年"，并以沙龙形式设置了畅谈文学分享阅读快乐的"阅读分享书友会"；以音乐鉴赏及分享、手工制作、漫画绘制、电影故事分享等为内容的"艺术小天地"；以青少年及家长、老师为主讲嘉宾的"少年说"；以国学诗歌诵读、国学才艺、国学礼仪为内容的"国学经典诵读分享会"等一列主题活动，形式更新颖，内容更丰富。同年6月18日"开讲了，少年"举办了盛大的启动仪式，邀请了《月亮粑粑》的主创开展创作分享会，"明德修身讲堂"以崭新的姿态和形式面向白云区市民。

4.2 合作是基础

转型后的"明德修身讲堂"更加注重搭建广阔的合作平台，如邀请白云区作家协会、白云区文联联合开展白云区阅读分享书友会，以分享新作为契机，扩大阅读的感染力、吸引力、影响力，促进全民阅读；与各大学校、各文化相关单位以及著名艺术家合作，培育科学素养及人文精神。近期，白云馆邀请《月亮粑粑》舞台剧创作者钟小刚举办创作分享会，音乐家不平凡的创作经历激励了无数的观众；与文化馆合作举办非遗文化传承班系列活动，流程规范，并制作精美的学员证、结业证书和优秀学员证书，高规格的文化活动让市民参加热情高涨，反响热烈。从2016年8月开始，白云馆将与区域内各大学校联合开展"少年说"活动，让学校推荐优秀的学生、家长走进图书馆成为主讲嘉宾，分享读书与学习心得，分享家庭教育经验；与广州城市职业学院联合开展国学经典学习系列活动，传播国学火种。未来，白云区图书馆将不断探索更广泛的社会化合作[1]，加强与专业机构及社会团体的合作，搭建共赢的平台，如后期将策划联合广州市健安应急培训中心联合打造安全知识培训基地，开展定期的系统的安全知识教育等，争取为公众提供资源更丰富，服务更加到位、内容更细致、知识更专业的公共文化服务。

4.3 发展是目的

通过自我创新提升内涵，通过多方合作融入更多资源，通过"明德修身讲堂"QQ群、微信群等，建立起交流园地，努力打造一支稳定的读者群体，将图书馆打造成集学习空间、社交空间、创意空间、展示空间、娱乐空间于一体的第三空间。今后，公共图书馆读者服务活动将逐步走进学校、社区、军营等，通过这种延伸性的主动服务，扩大图书馆的影响力，使图书馆更具吸引力，让更多的公众了解图书馆，走进图书馆，利用图书馆。同时，这些服务价值效益的显现将使白云区政府对图书馆的社会文化价值的认识有新的、质的提高，从而带动政府对图书馆投入的持续加大，保持白云区图书馆读者活动的持续发展。

5 "明德修身讲堂"的效应与思考

"明德修身讲堂"内涵丰富，立足白云，定位清晰，一直以来以社会主义核心价值观引领白云区文化建设，经多年的发展形成了一套有效的运作机制，保证了活动的质量与效益。两年来，该品牌效应不断辐射。据统计，2014年参加活动人数为28 120人次，2015年达到77 100人次，与2014年相比增加了近2倍，可见2014年年底"明德修身讲座"转型升级以来，读者活动的参与度更高。2015年举办该系列活动36场，参加人数1 010人；2016年上半年仅举办20场，参加人数已达980人，可见读者活动吸引了一大批固定参加活动的"明德粉丝"，初步建立稳定的读者队伍，推动了知识的传播，扩大了图书馆的影响力。白云区图书馆在各区域纷纷打造品牌讲座，坚持"创新—合作—发展"的理念，以创新为关键，以合作为基础，以发展为目的，不仅推动该系列讲座"品牌"的转型升级，也推动了该系列读者活动的持续发展。"明德修身讲堂"这一文化活动品牌的形成与发展，也给我们一定的思考与启示。

5.1 尊重并提倡读者的主导性，注重读者的参与

在当代社会，公共图书馆日益成为人们的综合性文化活动场所，日益成为人际交流和文化服务的第三空间。人们的文化诉求日益多样化，已经不满足于到图书馆读书、阅报、听讲座这类相对被动的文化服务，提供主动服务读者活动，并且更加注重读者主导性。注重读者的参与，这是顺应时代发展，满足不同文化需求的要求。实践证明，转型后的"明德修身讲堂"，如以访谈形式的"少年说"以及沙龙形式的"阅读分享书友会"颠覆了"以图书馆为主"的活动方式，成功创立了"让读者自主"的运作模式。有效地调动了群众的文化创造热情，推动他们成为文化活动的主角，让他们充分享受公共文化发展的成果。

5.2 坚持创新，加强合作

"明德修身讲堂"的发展模式是推动读者活动的可持续发展模式[1]。更新理念、整合资源，让群众在平等、自由、广泛的文化参与中享受文化成果是公共图书馆的工作职责。"明德修身讲堂"坚持理念创新，实现内容和形式上的双重突破，升级后的"明德修身讲堂"内容更丰富，形式更新颖；而整合资源，精选合作伙伴，拓展更广泛的社会合作是实现文化资源配置最有效的方式，突破了活动成本因素的制约。实践证明，"明德修身讲堂"的发展模式体现了"自由、平等、公益"的图书馆理念，推动了读者活动的可持续开展。

5.3 正视读者活动的潜在上升空间，建立相对稳定的读者队伍[3]

"明德修身讲堂"成为巩固扩大读者队伍的有效载体。白云区图书馆高度重视如何留住读者，吸引更多读者，提高图书馆的凝聚力等问题。近几年来，"明德修身讲堂"系列读者活动，不断关注读者需求的变化，加大力度提高馆藏资源，保障开放时间，设立专项活动经费，在此基础上提供更多多元化与个性化的服务，近年来，逐步发现并有意识地培养了一批忠实粉丝群体，引导他们发挥宣传带动作用，形成了一批读者积极分子和志愿者队伍，推动该活动迈上了新台阶，为公共图书馆进一步探索品牌活动的可持续发展提供了新的借鉴与启发。

参考文献

[1] 王晶锋. 公共图书馆读者活动可持续发展的研究——以深圳市宝安图书馆为例 [J]. 河南图书馆学刊，2014 (2)：11 - 13.

[2] 曾婧. 公共图书馆在读者活动中引入志愿者的思考——以重庆图书馆为例 [J]. 河北科技图苑，2013 (5)：80 - 85.

[3] 首都图书馆联盟. 对公共图书馆开展读者活动的思考 [EB/OL]. [2016 - 07 - 13]. http://www.bjdclib.com/dclib/gydt/meitibaodao/2013/201309/t20130927_ 143593.html.

浅谈网络直播在公共图书馆中的实现

王智刚①

（广州市增城区图书馆　广州　511300）

摘　要：当前网络直播迅速发展，深受广大用户喜爱，为公共图书馆的多样化服务发展带来新契机。本文简单论述了网络直播在图书馆服务中的积极作用和意义，介绍 P2P 流媒体技术的优越性，并对图书馆如何搭建直播平台提出几点建议。

关键词：网络直播　图书馆　P2P 技术

网络直播吸取和延续了互联网的优势，利用视频方式进行网上现场直播，可以将产品展示、相关会议、背景介绍、方案测评、网上调查、对话访谈、在线培训等内容现场发布到互联网上，利用互联网的直观、快速、表现形式好、内容丰富、交互性强、地域不受限制、受众可划分等特点，加强活动现场的推广效果。现场直播完成后，还可以随时为读者继续提供重播、点播，有效延长了直播的时间和空间，发挥直播内容的最大价值[1]。

网络直播因其具有便捷、互动性强等优点迅速成为产品发布会、电子竞技直播等活动的重要传媒，吸纳大量互联网用户，深受观众喜爱。它是继报刊、广播、电视之后发展并占有重要地位的新媒体。

1　互联网时代的公共图书馆问题

公共图书馆作为一种物理实体，其服务大多局限于建筑物内，与互联网适用性的矛盾日渐明显。首先，互联网的便捷性为用户提供足不出户便能迅速、全面、大量地搜索各类信息的功能，用户只需一部可上网的电脑，便能通过互联网搜索各类信息。与到公共图书馆寻求信息服务相比，用户不仅不需要走到周边或近或远的公共图书馆，也无须使用公共图书馆相对复杂的信息检索功能。其次互联网阅读、移动阅读迅速兴起，对公共图书馆传统服务带来强力冲击。

虽然公共图书馆在信息服务领域仍具有不可替代的地位，但互联网在信息传播、信息检索、贮藏信息载体等方面也展现了公共图书馆不可比拟的优势，当前互联网成为大多数人获取信息资源的第一渠道。因此，为顺应时代发展，公共图书馆必须充分利用互联网技术实现服务转型和创新。

---

①　作者简介：王智刚，男，广州市增城区图书馆馆员。

2 公共图书馆服务的多样化变化

在现今社会中，公共图书馆若只有阅读、外借、文献资源检索等传统服务，远远不能满足当代人对知识、信息和文化的多样性需求。在以读者需求为发展导向的公共图书馆理念中，公共图书馆必须开展多样化服务才能更好地发挥其社会职能。

据笔者了解，在我国几乎所有省市级的公共图书馆都会开展多样化的服务，例如定期举办公益讲座、公益展览、学术交流会、学术报告会、座谈会及免费青少年兴趣班等活动，在充分利用图书馆场地资源的同时，发挥公共图书馆的公益性质，照顾各类读者的需求，为广大读者提供免费而高质量的服务，这些多样化的服务深受读者喜爱。例如，在 2015 年，广州图书馆举办的公众活动就达到了 1 261 场，平均每天超过 3 场[2]。可见，致力于开展多样化服务，是当代公共图书馆发展的必然选择，只有这样，才能更好地发挥公共图书馆的社会职能，丰富和充实公共图书馆的服务功能。

开展多样化服务，是在社会激烈竞争下的必然选择。公共图书馆面对经济、科技、信息、文化、教育等领域的飞速发展，必须提供相应的知识服务，同时应该借助这些领域的创新力量来实现服务转型，赢得社会的认同，提高自身在市场经济下的竞争力。网络直播是图书馆新兴的利用互联网技术实现跨区域展现、推广活动的重要技术，也是为服务更多读者出现的另一种图书馆多样化服务。肇庆图书馆是最早使用网络直播服务的公共图书馆之一，该馆大力推展公共图书馆创新服务，支持馆内服务进行转型，已成功多次将网络直播应用到讲座、会议、学术交流会等活动上。

3 网络直播在公共图书馆中的应用

网络直播的核心就是利用网络实现实时传输音频、视频等数字信息到每个终端，用户只需要在搭建好的网络直播平台上就可以在远端收看正在进行的活动实况。这样，网络直播可以给受到活动场地限制较大的一些公共图书馆活动如讲座、学术交流会等带来新的契机，读者不仅不需要到现场参与活动，而且还不受时间的限制，在空闲的时间可以回看录制好的活动视频。

3.1 网络直播在公共图书馆中发挥的作用及意义

网络直播在现实生活中应用十分广泛，同样的，网络直播也能在公共图书馆各类业务中实现无可代替的价值。

3.1.1 网络直播能给公共图书馆带来的价值

（1）公共图书馆可以更好地应用互联网平台给读者提供更多的服务体验。网络直播需基于互联网平台搭建，而搭建好的互联网平台不仅可以提供网络直播服务，也可以提供信息资源检索、电子书网络服务、读者论坛及交流区等新型图书馆服务，方便读者使用图书馆资源，给读者带来与传统图书馆服务不一样的体验。

（2）方便读者不到图书馆就能参与图书馆的活动，让图书馆成为真正的数字化图书馆。网络直播不仅只有传送实时音频、视频信息的用途，一个好的网络直播平台能实现主播与观众的实时互动，主播直播的内容、观众希望表达的观点、主播与观众的交流都能通过平台进行，实现所有活动环节都在线上进行。

（3）公共图书馆真正成为城市文化中心，而不仅是一个建筑。虽然建筑实体是公共图书馆一个非常重要的因素，但公共图书馆的价值体现在其内涵上，即公共图书馆是某地区的文化和信息中心，具体体现在为读者提供文化与信息服务上。网络直播无论在文化传承还是信息传播上，都具有非常大的价值。

（4）公共图书馆可以借互联网的便利提供更好的服务，而不是像现在任由互联网抢走图书馆的读者。虽然公共图书馆与互联网的矛盾日渐明显，但后者也为前者带来具有重大意义的发展理念。

3.1.2 公共图书馆可以进行网络直播的内容

（1）讲座直播。图书馆公益讲座中观众人数受到了场馆座席数量和时间的限制比较大，许多有兴趣参与的读者或没有空闲时间到馆或到馆后因座席满座而放弃参与讲座活动。而通过使用网络来直播讲座，读者不仅可以在家同时参与到讲座中，没空闲时间参与的读者还可以回看录制好的讲座视频，而不至于错过精彩的讲座。

（2）活动直播。将直播应用到图书馆活动如书画展、猜灯谜、青少年兴趣活动等，可以多角度、全方位地展示活动内容，更好地将活动推广出去，使更多的读者了解图书馆的活动，营造图书馆活跃的文化氛围。

（3）每日导读、图书馆实况、温馨提示等直播。将读者希望了解的图书馆实时信息推送到直播平台上，不仅可以使读者了解图书馆动态，并且对图书馆的推广也有非常大的帮助。

3.2 如何搭建网络直播系统

目前，传统 C/S 架构中，服务器必须向每个用户发送数据，流媒体数据量大，C/S 架构的系统无法适用于大量用户的流媒体数据传送，因此，绝大多数网络直播都采用另外一种架构的流媒体数据传送系统——P2P 流媒体直播。P2P 流媒体直播是最新发展起来的一种网络流媒体广播方式，它利用 P2P 的原理来建立播放网络，从而达到节省服务端带宽消耗、减轻服务端处理压力的目的。这套系统要求的电脑硬件配置要求并不高，只要有一台电脑，加一台 DV 摄像机或摄像头，就能做直播了。它具有带宽消耗小、对服务器依赖少、用户接收到的数据质量高等优点。

基于互联网的流媒体直播系统包含三个核心部分，直播源、流数据网络传输和回放。公共图书馆应围绕这三个核心搭建一个有特色、适用于图书馆读者的网络直播平台。

（1）直播源，即进行视频、音频信号的收集工作，并把原始信号初加工成适合网络传输的格式，硬件需求一般是 DV 摄像机、摄像头、麦克风等输入设备。

（2）流数据网络传输是直播系统的基础也是最重要的部分，直播系统是否搭建成功主要体现在这一环节上，它决定了用户接收到的流数据质量及用户规模。它的作用是将收集到的直播源数据进行处理再将流数据传送到每个节点上。它需要的硬件一般有一台服务器、网络等。基于 P2P 网络的流媒体直播系统对服务器配置要求并不高，因此不需要搭建一台价格高昂的服务器，一台普通的微型计算机即可满足需求。而重要的是服务器软件的选择，它必须满足对服务器 CPU 消耗小、带宽消耗小、支持大量用户同时在线等需求。

（3）回放是用户接收到流数据后进行解码、播放等工作。用户通过网络，获取流数据，使用浏览器或播放器观看直播。如今，大多数公共图书馆都有专属的数字图书馆网站，可以利用已搭建好的数字图书馆网站建立一个网络直播平台，不仅可以方便在馆注册过的读者，同时对数字图书馆的推广也有重要作用。

4 总结与展望

4.1 总结

本文提出在互联网时代，公共图书馆在服务转型的过程中可引入网络直播技术，以实现更广泛、更便捷的图书馆多样化服务。并简单论述了如何搭建一个针对公共图书馆的网络直播系统。P2P 流媒体直播架构，它有带宽消耗小、对服务器依赖少、用户接收到的数据质量高等优点，应成为公共图书馆网络直播系统架构的首选。

4.2 展望

由于时间仓促，个人水平有限，本文只简单地论述了网络直播在实现公共图书馆服务转型中能够发挥的作用，对于 P2P 流媒体直播技术的理解还不够全面，对于搭建适用于公共图书馆的网络直播系统未深入到技术探讨上，研究无论是在广度还是深度上都可以继续下去。结合个人的经验和了解，笔者认为在现实中公共图书馆在应用网络直播的过程中，应注意以下三个方面：

在平台搭建或选择商业网络直播平台方面。虽然搭建一个图书馆特有的网络直播平台更能满足图书馆自身和读者的需求，但是搭建工作消耗不少时间和人力物力，而现有的一些商业化网络直播平台无论是技术上还是用户量上基本可以满足大多数公共图书馆的需求，若选择这些平台，图书馆不仅能在短时间内实现网络直播，也能同时省下不少资源。因此，图书馆应该根据自身情况来选择搭建特有的平台或选择市面上现有的平台。

在直播内容方面。图书馆直播的内容代表整个图书馆的，因此，在直播内容上，图书馆一定要反复检查和审阅，避免直播错误、虚假、敏感的内容。

在与读者互动方面。直播平台不应该只是单向的传送数据信息的平台，因此直播平台上应建立能与读者互动的功能。无论是主播还是图书馆工作人员，在直播的同时要重视与读者的双向交流，对读者提出的问题和建议应及时给予回应，关心读者对于直播内容和质量的体验和感受，与读者建立长久而稳定的互动关系。

参考文献

[1] 百度百科. 网络直播 [EB/OL]. [2016 – 07 – 20]. http：//baike. baidu. com/link? url = F4Bq4g1OeX3p – 3VoPzgXjYQ1gL2OS55CJ – TePEQrf0YB7siznPy4RILkOV1HST9RwEzpFaErAa7GiIw7vfab7K.

[2] 广州图书馆. 广州图书馆 2015 年业务发展统计表 [EB/OL]. [2016 – 07 – 20]. http：//www. gzlib. gov. cn/statistics/12324. jhtml.

高校图书馆学习共享空间互动服务质量提升对策

赵 莘①

(广东轻工职业技术学院图书馆 广州 510300)

摘 要：本文介绍了国内外高校图书馆学习共享空间互动服务概况，分析影响图书馆学习共享空间互动服务质量的要素。针对目前高校图书馆学习共享空间互动服务存在的问题，提出从影响互动服务质量的四大要素入手，协同提升学习共享空间互动服务的质量。

关键词：学习共享空间 互动服务 影响因素 服务质量

高校图书馆的学习共享空间通过整合人员、技术、设施、资源等多种要素，借助实体和虚拟两种空间环境，为学生、教师和科研人员的学习、研究提供协同与交互式的学习氛围，成为图书馆与读者进行多维互动交流的最佳平台。

瑞姆·库哈斯对信息时代的图书馆作了这样的界定：图书馆不再仅仅是有关书本的文化机构，而是所有新旧媒体共存、互动的场所。也就是将真实的图书馆空间和虚拟的网上空间纳入同一建筑规划之中，并且使之形成共存与互动的关系[1]。这一论述既精辟地总结了图书馆空间的内涵，也引申出图书馆空间环境下的各种互动关系。

在学习共享空间环境下，图书馆开展多项与读者的互动服务并取得明显效果，提升了图书馆的形象。然而，相关研究发现，目前国内高校图书馆的学习共享空间虽然在软硬件方面得到较大程度的发展，但在与读者的互动方面依然存在不足。本文在分析高校学习共享空间互动服务开展现状的基础上，以理论联系实际，围绕影响学习共享空间互动服务的四大要素，提出基于学习共享空间环境，提升图书馆与读者互动服务质量的对策。

1 高校图书馆学习共享空间互动服务概况

1.1 国外高校图书馆学习共享空间互动服务现状

近年国外高校掀起学习共享空间建设热潮。《2016 年美国图书馆状况报告》[2]指出：提供学生合作空间是近 90% 的高校优先发展的重点。美国和加拿大的大部分大学图书馆已建设或正在筹建学习共享空间，其中以美国的埃默里大学、杨百翰大学和加拿大的皇后大学、圭尔夫大学等为代表。在欧洲，以英国谢菲尔德大学、桑德兰大学为代表的高校也建立了学习共享空间。在学习共享空间环境下，图书馆与读者的互动成为开展空间服务的核心。以加

① 作者简介：赵莘，女，广东轻工职业技术学院图书馆副研究馆员。

41

拿大皇后大学 Stauffer 图书馆的学习共享空间为例，在继承并改良信息共享空间的基础上，创立极具特色的学习共享空间，并将该校应用技术中心、信息技术服务中心、学习策略发展中心、写作中心以及图书馆这五个部门的服务和人员进行重组和整合，所有服务人员集中在一起办公，为读者提供一站式的学习辅导，五个部门的人员交叉协作，共同围绕学生学习开展互动服务；五个部门又拥有相对独立的服务向导和在线协助系统，既可以为学生提供一站式学习保障，又可以有针对性地解决读者的个性化需求，与读者之间形成积极而良性的多层次互动关系[3]。

1.2 国内高校图书馆学习共享空间互动服务现状

在国内，空间构建成为我国各大高校图书馆变革的重点。清华大学、武汉大学、上海交通大学、中国人民大学、首都师范大学、上海交通大学、南京航空航天大学、南京理工大学等都构建了功能齐全的学习共享空间。以首都师范大学图书馆的学习共享空间互动服务[4]为例，学习共享空间于 2010 年启动建设，2012 年开放使用。它充分发挥人才优势，融合各类资源，借助实体和虚拟融合的空间环境，开展了一系列读者互动服务。比如，2012 年联合学生处成立"学业指导中心"，设立"就业指导/毕业设计指导"主题书架，启动就业咨询台和辅导项目，开展毕业论文写作、就业攻略及其他相关的主题讲座，实现与读者在实体空间的多维互动。该馆还利用学习共享空间的良好环境，开展了一系列的阅读推广活动，通过推荐优秀书目、开展主题读书活动、社交媒体推广阅读等，实现了与读者的良好互动。

1.3 影响图书馆学习共享空间互动服务质量的要素

在学习共享空间环境下开展互动服务的要素主要包括人员、资源、设施、技术这四个方面。四个要素通过相互整合与协作，支撑学习共享空间环境下学生的各种学习交流活动。

"人员"是学习共享空间互动服务中最活跃的要素。馆员、读者、指导教师、技术人员、其他协同人员、学生助理等的相互沟通与交流，成为图书馆学习共享空间互动服务开展的基础。目前，无论是国内还是国外，高校图书馆基于学习共享空间的互动服务主要依靠各互动主体借助实体和虚拟两种空间环境来实现，互动内容主要包括：一般性图书馆服务（如馆藏流通、书籍预约、目录检索、馆际互借和文献传递），参考咨询服务，信息推送，课程学习指导，信息素养课程，个人与小组协同研讨活动，网络社区、微博、微信等社交网络平台的互动服务。

"资源"是学习共享空间互动服务开展的保障要素。这里的资源既包括实体馆藏的纸质资源，也包括虚拟空间的资源。各互动主体借助丰富的信息资源进行沟通与互动，从而使学习共享空间成为一站式学习的统一体，为知识的共享、挖掘和思想的交流碰撞创造良好的环境。

"设施"是学习共享空间互动服务开展的基础要素。布局合理、功能齐全和引人入胜的空间布局与设施配置是学习共享空间充满生机与活力的关键。各类功能不同的研讨室、休闲区、多媒体室及网络环境、打印复印设施的配置等为读者提供多元的互动空间。实践证明：实体环境布局合理、舒适、优雅、无障碍，能够激发读者参与学习、相互沟通与交流的热情。

"技术"是学习共享空间互动服务开展的支撑要素。从 Web 2.0 技术到 Lib 2.0 的互动社区型技术，具有开放性、参与性、共享性和互动性等显著特征，从立体、交叉和多维的角度为图书馆和读者的互动提供了最好的技术支撑。

尽管我国高校图书馆学习共享空间互动服务取得了较好的成绩，但与发达国家相比，依然存在差距。孙玉玲[5]、熊太纯[6]及王迪、司莉[7]等对中国科学院、"985"及"211 工程"院校图书馆的学习共享空间调查发现：在设施建设方面，尽管多数图书馆构建了学习共享空间，但许多图书馆"换汤不换药"，只是将传统图书馆的实体空间稍加改变，空间布局单调、灵活性欠缺，无法有效吸引读者主动参与空间的互动；在虚拟空间建设方面，没有针对读者的个性化需求和群体交流采取有效的推广策略，资源推广以揭示和整合为主，没有充分利用实体和虚拟平台采取全方位立体模式予以揭示，也没有采取有效的对策吸引读者参与到资源的推荐及建设；在技术应用方面，尽管竭力推广新媒体技术，但对社交网络平台的宣传和推广形式偏离读者需求；在互动主体方面，互动服务的开展以图书馆员主动服务为主，但由于缺乏有效的激励机制，读者主动交流意愿不高，参与度不足。

2 提升学习共享空间互动服务质量的对策

2.1 打造实体与虚拟协同、多元、可持续发展的空间设施和环境

首先，学习共享空间要充满吸引力，在空间基础设施建设方面，打造实体与虚体协同发展的空间环境。实体空间是指学习共享空间环境下各种功能不同的空间布局和各类软硬件设施。实体环境的布局合理、舒适、优雅、无障碍，能够极大地激发学生参与学习、沟通与交流的热情。因此，要激发学生参与实体空间互动的积极性，必须在空间的设计布局方面有所创新和突破。目前学习共享空间设计的新趋势包括：开放与共享；营造舒适、宜人的学习共享环境；在实现各种功能的同时，加入自由、动态的设计元素；空间设计应在空间采光、空间色彩、声音环境、家具形式、陈设艺术、绿色生态设计等方面达到功能与形式的完美结合。

其次，在虚拟平台的构建方面要注重多元化与可持续性。在平台建设中，应为每个读者提供个性化的服务空间，包括选择个人的专业需求偏好，订阅感兴趣的文章、书签以及发布读书心得等，或利用博客等与好友进行学习、科研方面的互动与沟通。此外，应创建社区群组服务，按照读者的专业需求偏好聚合为互动交流的群组，如学术研讨小组、读书及书评小组。在群组中，读者可以与相同专业或相同兴趣爱好的其他读者相互讨论，分享和交流知识，实现知识的协同和创新。通过个性化需求和群体交流的双向满足，增强读者对学习共享空间利用的黏性。

2.2 采用虚实融合双重模式，立体化推广资源服务体系

采用实体空间和虚拟空间融合的模式，线上线下同时开展活动，全方位宣传、展示各类资源，吸引读者互动和参与。上海交通大学图书馆在进行阅读推广主题活动时，充分发挥学习共享空间的作用，不仅建设了专门的阅读网站进行活动宣传，同时开展了实体空间的宣传展示活动，包括举办主题书展和专题讲座、播放专题影视，通过制作巨幅海报、宣传散页等形式集中宣传。此外，还通过上海交通大学图书馆微博和上海交通大学微博、BBS 等社交平台进行实时的信息播报，并借这些平台开展微博荐书和微博评书等活动，增强活动的展示度，实现与读者之间的互动。通过这一系列活动，图书馆不仅更好地推广了纸质资源和电子资源，而且有效地吸引读者参与资源建设，进一步增强了图书馆在学校和师生中的影响力和号召力。[8]

2.3 大力宣传新媒体技术平台，互动形式和内容应"接地气"

新媒体技术平台由于具有深度交互性和开放性，突出人的主体性，在学习共享空间的互动服务中发挥着越来越重要的作用。笔者曾经在新浪微博中，以"大学图书馆"或"学院图书馆"为关键词，以"机构认证"加以限制，经过筛选后发现，使用实名且被公众熟知的高校图书馆微博有 390 多家。尽管开通微博的高校图书馆数量众多，但高校中真正利用图书馆微博服务的学生仅占学生总人数的 25% 左右，且在这部分学生中，参与互动的更是少

之又少。[9]为了更好地利用社交网络,图书馆应该多维度、多途径宣传和推广新媒体技术平台。例如,可以通过网站设置专栏、专题活动推介、校园广播、学生社团、学校官媒、图书馆粘贴通知或"扫一扫"即有奖等方式,全方位吸引学生关注和加入。

图书馆利用社交网络进行互动的形式、内容以及语言表达等必须"接地气"。自 2015 年 5 月广东轻工职业技术学院图书馆的官方微信平台开通以来,笔者对相关发布主题进行统计后发现:读者最关注的是与个人学习或生活密切相关的通知或动态报道。比如,2016 年第六届"读书月"期间发布的"2015 年轻院'泡馆王'揭晓"的动态报道,发布 5 分钟就有近 500 人进行关注。原因是该报道的内容与学生实际生活密切相关,他们都是图书馆活动的参与者,标题也激起了他们强烈的好奇心。再看东莞职业技术学院图书馆的官方微博,由一名中文专业的馆员专职运营,其文学功底深厚,创新了一系列深受青年读者喜爱的特色栏目,例如早安心语、午后茶、微分享等,语言风趣幽默,吸引不少读者参与互动,并时常转发热门话题,如"深大校长章必功:不准歧视我的学生"吸引无数学生参与讨论。由此可见,图书馆要想更好地利用社交媒体参与互动,必须充分调查读者的需求及关注点,互动的质量和有效性才能够提高。

2.4 采取有效激励机制,激发读者参与互动的积极性

在学习共享空间环境下,要激发读者参与互动的积极性,就要建立有效的激励机制,从物质和精神两个层面满足读者的需求和利益动机。广东轻工职业技术学院在"第六届读书月"期间,利用实体共享空间举办"21 天阅读挑战书""一分钟阅读微视频征集""镜头里的书与人——摄影比赛征稿""图书馆电子资源利用大赛""国学达人挑战赛"等活动,设置了丰富奖品,还为踊跃参与活动并获得良好名次的读者颁发证书,从物质和精神两大层面吸引读者参与活动;在虚拟共享空间,通过积分或头衔奖励的方式鼓励读者参与虚拟社区或社交网络平台的互动,读者提供有价值的内容即可获得积分或头衔;对社区活跃度高或提供较多有价值的资源的读者予以关注,通过官方网站、社交媒介或海报等方式宣传他们的内容,以此表明图书馆对他们劳动成果的重视,当他们的积分或头衔积累到一定程度时,图书馆给予他们一定的物质奖励。

参考文献

[1] 应李. 现代图书馆实体空间和虚拟空间的共存与互动 [J]. 图书馆,2003 (4):18 – 20.

[2] 2016 年美国图书馆状况报告(高校图书馆部分)[EB/OL]. [2016 – 06 – 13]. http://blog. sina. com. cn/s/blog_ c2cb001d0102wsam. html.

[3] 卢志国,马海栋. 学习共享空间:图书馆创造大学的无缝学习环境 [J]. 图书馆学研究,2009 (2):52 – 56.

[4] 陈进,顾萍,郭晶. 高校图书馆服务创新案例精编 [M]. 北京:海洋出版社,2015:107 – 116.

[5] 孙玉玲,陈朝晖,赵瑾,等. 基于 IC 的图书馆读者互动服务研究——以中国科学院国家科学图书馆 IC 为例 [J]. 图书馆建设,2010 (11):63 – 66.

[6] 熊太纯. 图书馆互动服务现状与 SOLOMO 的应用 [J]. 情报资料工作,2014 (2):75 – 78.

[7] 王迪,司莉. "211 工程"高校图书馆学习共享空间的调查分析 [J]. 图书馆论坛,2014 (1):22 – 26.

[8] 陈进,顾萍,郭晶. 高校图书馆服务创新案例精编 [M]. 北京:海洋出版社,2015:80 – 87.

[9] 刘莹. 高校图书馆利用微博拓展读者服务初探 [J]. 图书馆工作与研究,2012 (6):121 – 124.

移动云计算环境下数字图书馆
协同服务机制探究

苏慧红　杨海啸[①]

（广州大学　广州　510006）

摘　要：随着无线通信及移动设备的发展，图书馆通过云端、移动设备将收集的大量数据服务于用户。然而，在网络环境下，移动设备的数据转移存在着缺陷。本文提出在移动及云计算的环境下数字图书馆利用协同机制提供信息服务，将图书馆对资源的服务与移动主机及个人云联合起来，形成无缝连接的协同工作组，促进资源的共享，提高用户的使用效率。

关键词：数字图书馆　云计算　移动服务　协同机制

引言

经济发展和科技的进步以及城乡一体化的趋势，推动着图书馆注重科技创新。通过移动通信连接因特网从数字图书馆获取信息资源实现区域图书资源共享[1]，以及 M. Stephen 对云计算在图书馆中的应用的思索和展望，为数字图书馆的区域协同服务带来了更深层次的可触摸性。[2]

无线或蜂窝网络技术的进步，使人们利用移动设备在数字图书馆上浏览信息获取知识的方式越来越普遍，使更多的用户获得知识共享。同时，云计算在网络技术、存储技术和应用技术的虚拟化等技术上的特点也给数字图书馆的区域协同服务带来更大的推动力。

云计算打破了传统移动终端系统中 WAP 单一协议的方式，不受数字平台高成本的限制，使得数字图书馆在移动、云环境下更方便用户使用。但是，在移动环境下它的服务还是存在以下缺陷：

（1）频繁断线。虽然越来越多的无线通信基站已建成，但因建筑结构或材料造成的信号微弱、断线仍然频繁出现。因此，数据传输时间要尽可能地缩短，避免断线导致数据重发而增加传输的成本。

（2）带宽狭窄。在有线通信环境中，无线连接的宽度较低，随着用户的增加，数据传输量大，对通信带宽形成巨大压力。而且，移动设备的存储空间常常爆满，必须删除一些文件来存储新数据。

（3）屏幕尺寸小。因为移动设备被设计为便于携带，所以大部分都被设计成小屏幕，小屏幕显示的信息很少，大规模数据被拆分成很多小的文件或片段才能传输完。而且，小屏

45

① 作者简介：苏慧红，女，广州大学图书馆馆员；杨海啸，男，广州大学工作人员。

幕上的图像和多媒体分辨率低，用户难以拖动屏幕滚动条浏览页面后面的内容，导致资源浪费。

有效的协同机制的缺乏，使得大量的数字资源只能在固定场所浏览，不适合现在的社会生活环境，难以提供有效的资源共享环境服务。针对这种问题，本文在移动云计算环境下论述它们的协同机制，以期能够推动数字图书馆跨区域服务及优势互补的合作建设，实现服务的高水平发展。

1 现状分析

许多学者对数字图书馆提供资源，利用云空间为用户提供信息存储空间作了一系列研究并取得一些成果。Michael 等学者认为图书馆的数据可以存储在云端的基础设施上，信息数据不再需要在本地存储、维护和备份，节约 IT 基础设施和管理上的成本能够让更多的用户共享信息。[3] 还有学者指出移动数据管理是数字图书馆协同机制及移动计算应用程序的关键[4]，它通过互联网提供应用，可以提高移动通信系统的计算能力，被视为延长移动系统电池寿命终极解决方案。

然而，因为一些应用程序在移动设备内存上通常占用大量空间，造成移动设备内存不够，执行任务不流畅，故此，创建手机虚拟云计算平台可以克服移动设备空间不足的问题。在移动云计算环境下数字图书馆信息的服务包括以下类型：一种是基于点播的短信服务，简称 SMS。基于短信的信息服务，提供用户需要的信息，但是它很难提供按需查询。另一种是基于浏览的 WAP（无线应用协议）移动图书馆站点服务，它提供按需查询，但是信息少，信息资源的内容匮乏。许多学者从云计算的特点来思考能否通过同一主题等信息资源语义联系，从大数据中提取事件，找出语义关系的信息资源服务于用户。[5] 用户通过移动设备可实时查询、延迟查询信息。其中，实时查询能够立即将查询传输给数字图书馆服务器，数字图书馆立即将查询结果返回给移动设备。而延迟查询是用户在不需要立刻获取下载信息以及离线的情况下，数字图书馆服务器将信息传输到个人云空间或电子邮件存储以解决繁忙时的网络弊端。

预取策略的研究也引起了学者的关注，王涛等学者认为它能够克服移动通信的限制，可以提高移动主机上对信息的浏览体验，不需要较多的下载时间，还可以基于该用户正在浏览的内容之间的语义链接，缓存信息在数字图书馆服务器端，当需要的时候，移动设备可以预取相关的数据和信息缓存的结果从而直接快速回应用户的需要。[6] 然而，预取策略会增加数据传输的成本而不为用户所追求。

2 协同机制

为了满足用户的信息需求，应构建一个包含数字图书馆、移动设备和云空间的协同机制。在移动云计算环境下，它集数字图书馆服务器、移动主机和个人云空间于一体形成数字图书馆信息服务系统，实现数字图书馆服务器、移动设备和用户更加快捷、实时的沟通，有效解决沟通难的矛盾，为用户提供方便、快捷、高效率的沟通渠道。在协同情况下，因个人云空间长期在线，它能够成为数字图书馆服务器和移动设备之间的桥梁，用户可以访问他们的信息资源；而数字图书馆服务器包含有一个或多个数字库，可以进行文献资源的存储、数据的查询、历史日志的下载和推送服务，数字图书馆服务器将信息资源通过有线或无线传输给移动设备或上传到云端，或者云服务将所需的资料信息传输到数字图书馆服务器。由于云计算不间断地工作，无论移动主机在线或离线，移动设备提交的查询和预取的信息都能接收数字图书馆服务器或个人云空间中的访问信息数据，如下图所示：

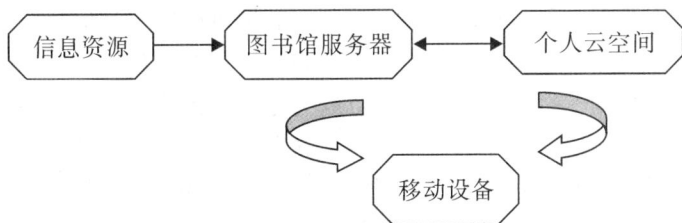

图书馆服务的协同机制图

协同机制的实施涉及三个方面问题：用户认证、安全和隐私。在数字图书馆服务器、个人云空间和移动主机之间进行信息访问都需要认证，通过验证，可实现个人云空间、数字图书馆的数据与移动主机的有机联系。宋戈、魏志鹏认为云端资源数据要注意安全，如云端服务的协议和接口、云端行业标准、云端资源管理体制等的问题，他们指出云计算技术能够消除信息孤岛，实现多种资源的全面共享，还能够实现网络虚拟环境下最大化的资源共享和协同。[7] 而且，在协同机制下，在不同账户间，认证应该是一致的，即相同的用户名和密码。

在协同机制下，信息资源的服务方式可分为两种类型：被动信息服务和主动信息服务。在被动信息服务方面，如用户发送一个"下载"或"查询"信息资源的命令到数字图书馆服务器，数字图书馆服务器处理查询并发送应答信息返回给用户。在查询处理期间，数字图书馆可以连接用户的个人云空间获取用户的个人资料，或者接收用户命令，然后将执行结果返回移动主机或个人云空间，使用户获取查询信息。在主动信息服务方面，数字图书馆服务器根据用户的个人资料采取两种方式建立用户档案处理用户的查询：一种方式是提供需要给用户填写并提交，另一种是根据用户的历史数据查询并下载信息，并且分析用户的需要。前者的方法可以由用户提供，而后者的方法将使用文本挖掘技术。文本挖掘是分析历史数据，并利用数据挖掘技术来挖掘用户的需要，它可以在个人云空间上执行，能及时更新用户的存档。

协同机制的构建，结合了云计算的优点（如大容量存储和在线特性）和移动计算的优点（如移动和宽信号覆盖），又能提高数字图书馆的信息服务效率，使用户的工作更加方便。它能不受时空的限制而持续工作，也不像资料下载及信息传输会因为互联网连接的自动终止而停止，即使移动设备处于脱机状态下，数字图书馆服务器还可以提供用户所需的信息，在数字图书馆服务器端的代理可以将报告结果传输给移动设备或他们的个人云空间，或通过短信、微信传输给用户。

3 数据管理

3.1 图书馆的数据管理

数字图书馆信息数据的量是非常大的，它们包括元数据、高速缓存数据、历史下载数据、查询数据、预取数据以及存储于私有云空间的数据和访问的认证数据，它们被存储在数字库服务器中。其中元数据是描述信息资源的数据，如标题、作者、出版地、研究机构、出版时间和参考文献。元数据可以帮助用户了解和识别信息的内容，搜索用户需要的信息资源。在高速缓存数据管理方面，由于数字图书馆经常接到类似的信息需求，频繁的查询结果可以在数字图书馆服务器端缓存信息服务的响应时间，当高速缓存数据太大时，需要进行清理。在历史下载数据管理方面，移动设备上的历史数据可以用于加快数据的查询和下载信息的访问，如浏览缓存数据，移动设备不提供清理服务。在查询数据管理方面，查询服务的数据管理可以分为按需数据和点播数据。按需数据为通过查询或订阅用户的需求进行一对一服务的方式，而点播数据是指数字图书馆服务器根据发布新信息资源的变化，选择单一模式或多模式供给用户。当用户发现有趣的信息资源，他们往往下载到自己的固定/移动设备或个人云空间，以便需要时提取。在预取数据管理方面，在线阅读或浏览过程中，用户可以在移动主机上选择预取的信息数据提高信息浏览的流畅度，然而，他们预取策略的存在会增加数据传输的成本。

3.2 云存储资源管理

云计算可以为用户提供更多的存储空间和计算能力，不需要浪费时间和通信费用；用户通过移动设备进行无线或有线网络的连接来访问这些数据，不需要在固定场所就能获取信息。正如范敏、张亮所指出的图书馆将图书信息资源搬入云端，建立信息资源的云服务目录，提升图书馆网络信息管理与服务的水平，降低管理与服务的成本。[8]

云系统还能依据用户的资源获取请求，动态分配计算资源，它的处理节点以结构化覆盖网络的形式组织在一起，每个节点建立本体索引以加速数据访问，一个全局索引通过在覆盖网络中选择和发布一个本地索引分配来建立。如果移动设备的存储空间足够大，用户可以选择数据的子集存放在云端与移动设备同步。除了管理元数据外，还负责对移动设备服务器进行远程管理及负载调配，既记录了数字图书馆的信息资源用法，又反映了用户信息需求的变化。[9]

随着无线通信和移动设备的发展，数字图书馆对资源信息的服务已经进入我们的日常生活中。然而，数字图书馆服务仍然存在一些缺陷，如大的数据不太适合于移动设备和无线通信传输。而通过建立一个协同机制可以促进知识共享，通过移动设备及云计算、数字图书馆的服务可以更加方便用户使用。该机制将不会因互联网断开连接而影响连续工作，用户可以向数字图书馆服务器发布当前任务或发送信息资源到个人云空间，使执行的信息任务能够有效地完成。数字图书馆服务器充当云服务的提供者，存储的数据和下载的信息可以集成存于云空间中。

参考文献

[1] 李东来. 我国图书馆事业进入整体协同发展新时期 [N]. 光明日报, 2009 - 12 - 07 (6).

[2] BARBARA D. Mobile computing and databases—a survey [J]. IEEE, 1999, 11 (1)：108 - 117.

[3] KOTZ D, GRAY R S, NOG S, et al. Agent TCL：targeting the needs of mobile computers [J]. Internet computing, IEEE, 1997, 1 (4)：58 - 67.

[4] Michael G. 图书馆学新技术思想研究 [J]. 图书馆杂志, 2010 (4)：2 - 5.

［5］SUN Y, BIE R, YU X, et al. Semantic link networks：theory, applications, and future trends ［J］. Internet technology, 14（3）：365 – 377.

［6］王涛，姚世红，徐正全，等．云存储中面向访问任务的小文件合并与预取策略［J］．武汉大学学报（信息科学版），2013（11）．

［7］宋戈，魏志鹏．基于云计算的图书馆建设与服务发展［J］．图书与情报，2011（1）．

［8］范敏，张亮．云计算在数字图书馆中的应用与瓶颈问题［J］．现代情报，2012（2）．

［9］ONWUBIKO C. Security issues to cloud computing ［A］//ANTONOPOULOS N, GILLAM L. Cloud computing, computer communications and networks ［M］, 2010：271 – 288.

基于供给侧的公共图书馆服务改革

——以佛山市图书馆为例

曾思敏　陈思源[①]

（佛山市图书馆　佛山　528000）

摘　要：本文阐述了佛山市图书馆基于供给侧的改革，借助信息技术，创新图书供给的方式和服务，采取了一系列倡导全民阅读的举措，成功提高了服务质量和效率，实现了服务效益的整体跃升。佛山市图书馆基于供给侧的改革说明，即使在电子书发展迅速的今天，公共图书馆的创新服务仍有很大的发展空间。

关键词：供给侧　改革　公共图书馆服务

利用优质的环境、多样的服务和良好的体验，吸引人们使用公共文化设施、享受公共文化服务，实现更多有效供给，促进人民欣赏水平的提高，带动"需求侧"的改进[1]，这是公共图书馆的使命。信息技术的发展为信息需求和信息传递带来翻天覆地的变化，近年来电子书的兴起，直接影响了纸质书的销售和阅读，书商经营惨淡，书店门可罗雀，公共图书馆的发展更是举步维艰。面对新形势下的挑战，公共图书馆该如何改革创新、提升服务的问题引人深思。在这样的背景下，佛山市图书馆基于供给侧的改革，借助信息技术，创新图书供给的方式和服务，采取了一系列倡导全民阅读的举措，成功提高了服务质量和效率，实现了服务效益的整体跃升。佛山市图书馆以"资源为基，技术为翼，服务为王"的工作思路，全面深化供给侧改革，从年龄层和影响范围出发，建设读者满意的图书馆，提升了图书馆的影响力和满意度。

1　联合各图书馆，资源共建共享

县市级与中小型公共图书馆的经费占政府总投入的比例小，图书馆馆藏量与人均藏书量低，服务覆盖率不足，利用率不高，且各馆馆藏存在不同程度的重合。在提倡资源共享的大趋势下，这种状况已经不能满足现代图书馆的发展与公众的信息文化需求。因此，为了提高各图书馆的利用效率，实现佛山市众多分散公共图书资源的互联共享，佛山市联合图书馆由佛山市图书馆牵头应运而生。

佛山市联合图书馆践行公益、自由、平等的核心价值与服务理念，充分保障和实现民众均等享受阅读权利，通过打造"统一标识、统一平台、统一资源、分级建设、分级管理、分散服务"的联合图书馆体系[2]，推动佛山地区图书馆资源的共建共享，联合图书馆之间

---

①　作者简介：曾思敏，女，佛山市图书馆软件设计师（工程师）；陈思源，男，佛山市图书馆系统架构设计师（高级工程师）。

均可通借通还。

实现通借通还的关键是数据标准的一致和同步。佛山市图书馆的主要做法是：若加盟成员馆的信息化管理系统还没建成，则直接使用佛山市图书馆的图书自动化系统即可；若加盟成员馆已有信息化管理系统，则要先考虑数据迁移。在实施的过程中，曾出现数据不统一的问题。例如，读者把书全部归还至某一成员馆，移步到另一成员馆执行借书操作失败，系统仍显示该读者的借书数目已达上限。通过技术员的排查分析，得知这是数据存储方式的缺陷引起的。佛山市图书馆的图书自动化系统使用了分布式的数据存储，该技术具有高可靠性、高可用性和高存储效率，且具有易于扩展的优点，但是如果在极短时间内进行跨馆操作，就会出现同时修改数据导致冲突的漏洞。佛山市图书馆经过反复的研究与测试，最终优化了数据同步机制，降低该类事件的发生概率。

佛山市图书馆从 2014 年底开始应用 RFID 技术进行信息化管理。RFID 标签在图书馆的应用，通常使用的频率有高频或超高频，两者各有优缺点，不同图书馆会根据实际情况进行选择。对于已经使用 RFID 技术的成员馆，由于选择的频率不一致，这给实现通借通还带来新的挑战。现在佛山市图书馆正在解决标签之间干扰、读写设备兼容等问题，计划在 2016 年内实施。成功解决此问题后，佛山市联合图书馆将首创国内同时使用多种 RFID 标签的图书管理系统。

截至 2015 年底，佛山市联合图书馆已发展至 78 家成员馆，包括市公共图书馆 1 家，区（县）公共图书馆 5 家，街镇图书馆 21 家，社区村居图书馆 10 家，学校图书馆 6 家，其他类型成员馆 3 家，自助图书馆 29 家，馆外新书借阅点 3 家，同时把各分馆孤立分散的馆藏信息都统一起来，实现了佛山市内的读者借阅"一卡通"。短短几年间，佛山市联合图书馆的读者量和借阅量都有了飞跃。至 2015 年，办证量从刚联合时的 33 724 个提高到571 571 个，文献借阅量由 681 936 册次提高到 3 011 457 册次。具体数据详见下表。

佛山市联合图书馆建设情况表

年度	成员馆数量（个）	办证量（个）	文献借阅量（册次）
2009	14	33 724	681 936
2010	23	63 295	852 560
2011	31	108 848	1 135 629
2012	41	262 055	1 932 179
2013	51	346 979	2 403 230
2014	61	456 910	2 425 056
2015	78	571 571	3 011 457

2　汽车图书馆，家门前的流动服务体系

佛山市总面积 3 797.72 平方公里，常住人口 735.06 万人，异地务工人员约占 28%，达210 万，偏远村居、社区的文化设施稀缺，基层群众的阅读需求及图书馆服务远远得不到满足。

为突破现有公共图书馆以馆舍为阵地提供服务的桎梏，满足基层群众，特别是困难群体、特殊群体对"阅读"的普遍诉求[3]，国内首家 RFID 移动智能图书馆——汽车图书馆，

由此产生。佛山市图书馆的汽车图书馆以市图书馆为中心，流动汽车为载体，采取常年设点停靠借阅，逐步建立临时试点，固定服务点的方式，将服务的触角延伸到佛山市各行各业、各生活区域，特别是实体图书馆覆盖不到的区域，将有限的图书资源无限流动起来，以培养群众的阅读兴趣，满足基层群众的需求。

佛山市图书馆的汽车图书馆是将 RFID 自助终端设备、智能监控设备、宣传及服务窗口等几个部分集成在一辆 12 米汽车大巴上，配置 3 000 多册纸质图书和自助借还书机、门禁监控及电子读报机等设施。车内采用 4G、Wifi 等无线上网技术，与中心图书馆互通互联，为读者提供自助办证，自助借还，阅读电子报刊，还有展览、讲座、少儿活动等多样化服务。

汽车图书馆每次出车前，需统计分析服务点的历史借阅情况与阅读需求，有针对性地及时调整车内书籍的类别及数量。汽车图书馆每半个月更新一次出车的服务点和行程表，为城市边缘甚至远离城市中心的职工、退休人员、残障人士等群体，提供就近利用公共资源的机会，扩大图书馆服务延伸范围。现全佛山市服务点已建 78 个，开展上门服务 626 次，行程达 42 280 公里，开通读者证 64 040 个，借还图书 155 679 册，服务人数超过 30 万人。

 # 当移动遇上智能

国内首家RFID移动智能图书馆 / 智能图书馆+传统汽车图书馆

- 自助办证
- 自助借还
- 阅读电子报刊
- 与中心图书馆互通互联

图 1　汽车图书馆简介图[4]

3　电视图书馆，便捷的家庭图书馆

老年读者、边远乡镇的读者和残障读者，到图书馆借阅图书、阅读报刊、听讲座、看展览、使用电脑或手机电子数字设备等有许多不便之处。一些年轻读者也因为生活节奏的加快，无暇到图书馆。为了让群众能接收佛山市图书馆的最新资讯，享受更便捷的服务，电视图书馆通过数字电视高清互动平台与现有的信息资源相融合的方式，为群众带来一种全新的文化传播形式。

佛山群众家中只要能接收到有线数字电视的信号，即可足不出户享受图书馆的多元化服务。电视图书馆除了提供借阅状态和借阅历史的查询、续借、书目检索、新书速递等图书馆传统服务以外，还提供了最新的馆情速递、公益活动预告及回顾、精品视频等独家资源。系统确保全网安全，运行稳定，且操作界面与图书馆网站风格匹配，简单直观，易于理解和操作。

电视图书馆作为有线数字电视的一个专题栏目存在，需要符合有线数字电视运营的要求，内容必须有趣，且与观众的黏合度高。精品视频根据不同年龄层分类，有获得 2014 年全国十大特别受百姓喜爱之"终身学习活动品牌"殊荣的南风讲坛、承载佛山历史的佛山记忆，还有动漫寓言、百科知识等深受小朋友热捧的共享资源。为了吸引读者的兴趣，它把每周一次给小朋友讲故事的活动——"蜂蜂故事会"录制并转换为视频，呈现在电视屏幕上。能看到自己和其他小伙伴"上电视"，小朋友们和家长都感觉非常奇妙。

电视图书馆从 2015 年 8 月份推出，累计提供各类信息 528 条，其中视频 282 条，新书推荐 90 本，资源容量达 705G。借助有线数字电视网络覆盖面广、用户通达率高、带宽容量大、维护成本低的优势，打破了馆内读者和馆外读者的藩篱，扩展了图书馆的辐射范围，突破了信息资源的地域和时空限制，并有效解决了有限的信息资源与无限的读者信息需求之间的矛盾，满足了读者个性化的需求。

图 2 电视图书馆的操作界面

4 掌上阅读，玩转图书馆公众号

佛山市图书馆新馆于 2014 年 12 月底落成，由于新馆地处佛山新城，受周边交通、设施不甚完善等客观原因制约，工作日读者人流量明显下降，与周六日读者人流量形成鲜明对比。为改善此现状，结合退休老年人群体日常时间较充裕、老年人使用智能产品越来越频繁的特点，佛山市图书馆一方面以微信公众号为载体，推出掌上阅读；另一方面在工作日开展长者数字阅读体验活动，为退休老年人开设培训班，讲解信息产品和资源的使用方法与技巧，培养读者阅读习惯。

多媒体中心作为佛山市图书馆挂牌的"公共电子阅览室"，按照文化部、财政部印发的《"公共电子阅览室建设计划"实施方案》精神，以保障群众基本文化权益为宗旨，将老年人等弱势群体列为重点服务对象。为满足老年读者的数字化体验学习需求，顺应信息技术日新月异的潮流，以培养老年读者信息素养为重点，培训手机功能、手机阅读、网络数据库的使用为着力点，多媒体中心为退休老年人开设培训班，讲解如何使用佛山市图书馆的微信公众号，进行在线阅读和收听等。

图3　在线数字阅读

　　该培训计划在 2015 年开展了 10 期，以良好的体验和简易的操作引起了老年读者的兴趣。由实践分析总结可知，每次约 16 名长者的培训班，至少配备 1 名讲师和 5 名工作人员。读者人数与工作人员比例超过 3∶1 的面对面讲解，则在 1 小时内是无法完成教学任务的。该活动得到了长者们和乡镇居委的一致好评，2016 年将继续举办 10 期。

5　自助微支付，便捷缴费服务

　　2011 年 10 月，佛山市联合图书馆 28 家成员馆正式推出二代身份证免押金书刊借阅服务。无论居民来自何地，仅凭二代身份证即可免费借阅书刊，不收任何费用，且在任何一家成员馆均可平等享受此项服务。此项服务消除了以往交押金借书的门槛限制，实现了无障碍、零门槛的资源共享，是一项惠及普通民众的创新举措。

　　但是当读者超过约定还书时间时，佛山市图书馆将收取小额违约金。读者每天可以享受 3 张 A4 纸免费复印或打印服务，超出规定数量则须缴纳每张 0.1 元的工本费。佛山市图书馆采取人工收费的方式，不仅不便于读者交费，而且需消耗大量人力，效率低下，导致在还书的高峰期出现拥堵，降低了服务质量。同时，人工操作也存在漏洞。如何快速、高效地解决小额支付问题，成为提升图书馆服务质量急需解决的问题。

　　微支付技术是为小额、快速、便捷支付而设计，引入自助微支付技术，在减小工作人员劳动负担的同时，也使读者可以享受到方便快捷的服务和体验，极大地提高了图书馆的服务效率和管理水平。

　　从业务上划分，微支付分两类，一种是违约金，另一种是复印或打印费用。微支付的服务人群主要是具有移动设备的，且支持支付宝或微信支付的读者。读者可选择两种方式进行小额支付：

　　（1）读者可移步到服务台，让工作人员查询违约金额，或输入复印打印的充值金额，服务台的屏幕会生成相应的二维码。

（2）读者可自动缴费或充值，移步至上网机或检索机，选择并点击界面上缴纳违约金或充值按钮，设备屏幕上会生成唯一的二维码。

读者只需打开手机里的支付宝或微信应用，使用"扫一扫"，对准二维码，即可完成支付。支付成功后，图书自动化系统将同步清除该读者账号所欠的违约金，或在该读者账号下存入相应的小额现金用作复印打印费。具体流程如图4：

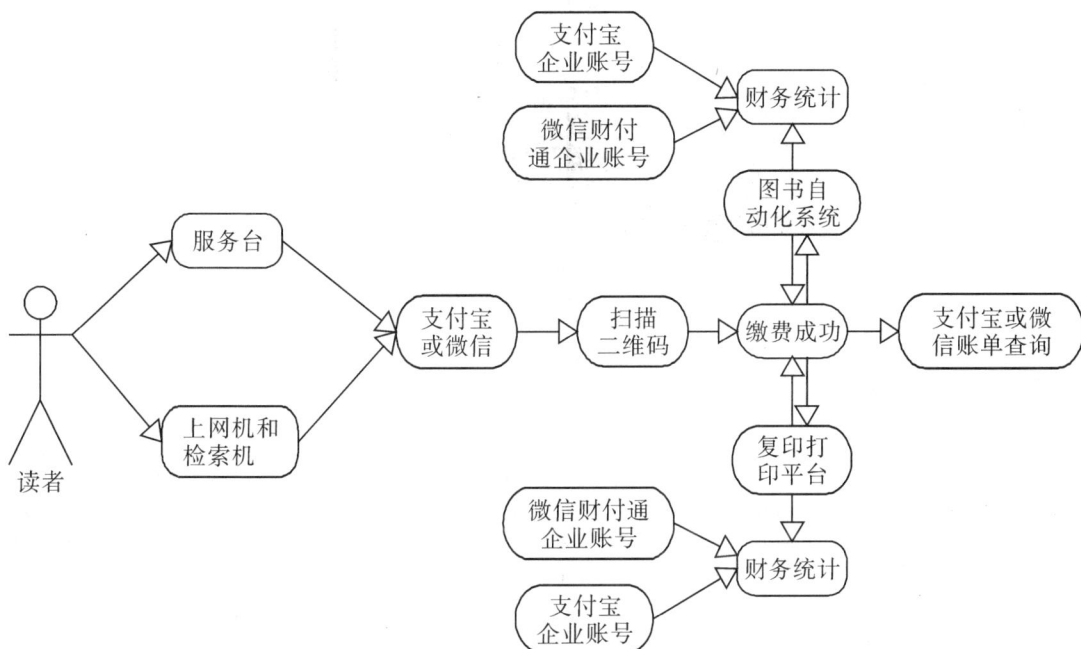

图4 微支付的流程图

该项目由佛山市图书馆自主研发，已完成需求分析和系统设计，处于系统实现阶段，实现了支付宝和微信接口开发，下一步将与图书自动化系统集成。该项目的难点在于培养读者的支付习惯，以及无纸化的财务审计。公共图书馆是由国家中央或地方政府管理、资助和支持的，旨在为社会公众提供免费服务。涉及违约金和复印打印充值，必须给读者清晰的说明与指引，因此在后续的测试与宣传推广阶段，需要下一番功夫。该项目已在多个省级图书馆普遍使用，既减轻了工作人员的工作量，又提高了读者的满意度，佛山市图书馆善于借鉴经验，因地制宜，构建可持续发展的服务模式。

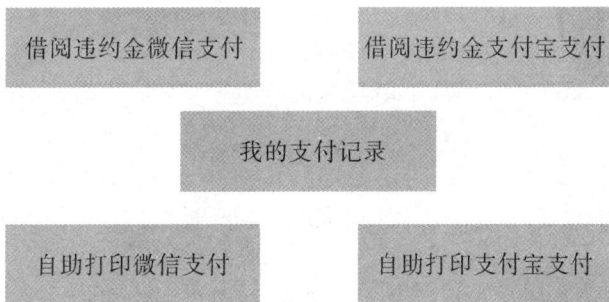

图5 自助微支付界面1

55

请确违约金是否正确再扫码缴费

序号	费用记录号	费用描述	日期	地点	费用
1	FS00101481773	滑雪大冒险·专著	20160408	佛山市图书馆	0.01
2	FS00101001309	弗洛格生气了·专著	20160408	佛山市图书馆	0.01
3	FS00101001310	弗洛格生气了·专著	20160408	佛山市图书馆	0.01
4	FS00101468283	弗洛格无聊了·专著	20160408	佛山市图书馆	0.01

违约金:0.04元

当前订单号：ZF5U888888888820160527152619745

返回

图6 自助微支付界面2

在基于供给侧的改革下，佛山市图书馆通过创新服务方式，丰富服务内容，规范业务管理，提升服务质量，使现今佛山市图书馆持证读者人数超过 57.1 万，办证率达到 11.9%，远超我国公共图书馆办证率（1.47%）①。在大数据背景下，佛山市图书馆借助信息技术，提供了一个免费的、全方位的、精准服务的书香社会，为公共图书馆倡导全民阅读提供了参考价值。

参考文献

[1] 推进供给侧改革探索服务新模式 ［N］. 安徽日报，2016 - 03 - 21（8）.

[2] 王惠君. 构建公共图书馆服务体系 促进和谐社会发展 ［J］. 图书馆论坛，2006（1）.

[3] 屈义华，张妍妍. 佛山市公共图书馆服务体系建设——以佛山联合图书馆建设为例 ［J］. 图书馆，2014（5）.

[4] 佛山市联合图书馆 2015 年阅读报告 ［EB/OL］. http：//www. fslib. com. cn/CPS/InFoManage/InfoDeail. aspx？infoID = 2860.

---

① 数据来源：http：//www. fsonline. com. cn/2016/0423/193222. shtml.

文化融合视角下图书馆服务新探索

——以佛山市图书馆为例

张惠梅①

（佛山市图书馆　佛山　528000）

摘　要：本文阐述城市新移民、文化融合的概念，分析佛山市新移民文化融合的影响因素，以佛山市图书馆为例，探讨图书馆推进新移民文化融合的服务策略。

关键词：城市新移民　文化融合　图书馆　服务策略　佛山

1　研究背景

随着城市化、市场化以及经济全球化进程的推进，新移民不断增多已经成为我国大中城市的普遍现象。部分城市的新移民已经占到常住人口的1/2以上，他们对城市的建设和发展起着不可或缺的重要作用，城市新移民问题已成为国内"移民"问题研究的一个全新领域。[1]在中国的社会情境中，新移民问题本质上就是一个社会融合的问题，而文化融合对新移民的社会融合起着至关重要的推动作用。公共图书馆是城市文化的重要组成部分，在新移民的文化融合中担当着重要的角色。至2015年底，佛山市登记在册的新市民逾457万，已超过389万的户籍人口。[2]作为一个日益壮大的群体，影响佛山新移民文化融合的主要因素是什么？图书馆在管理及服务方面又有哪些新的策略和措施？这是本文重点探讨的问题。

2　相关概念的界定

2.1　城市新移民概念及构成

国内学术界对"城市新移民"的概念及构成有多种表述，存在着一定的分歧[3]，而国外西方发达国家把在城市化过程中由于各种原因移居城市的人口统称为"城市移民"，各种学术研究也是围绕着移民现象而展开。近年来，随着我国经济的快速发展、城市化的加快以及人民生活水平的提高，城市外来人口呈现出不少新的特征。[4]因此，本文综合多位学者的研究，从城市发展的角度，对城市新移民这一概念和构成重新加以界定，既能与国际接轨，也考虑了国内相关研究的延续性，以促进移民研究向精细化、全面化发展，同时也有助于图书馆在服务大众的同时，多关注新移民群体的文化需求。

城市新移民是指迁移至一个新城市中，在城市居住且使用城市设施连续超过180天，或者一年之内不连续居住，但累计超过180天的人，并在本城市有长期工作和生活下去的趋势或意愿的特定群体。它主要包括外来人口的全部、流动人口和本地居民的一部分（如下图

---

① 作者简介：张惠梅，女，佛山市图书馆副研究馆员。

所示）。[5]其概念关键点在于，需使用城市各类设施且居住时间超过 180 天以上的人群，在概念和内涵上更加广泛。

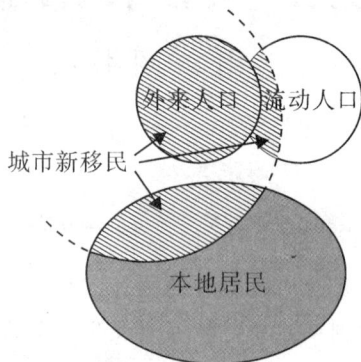

城市新移民迁移图

综合马德峰、郑志锋、马西恒[3][5][6]等人的观点，本文认为城市新移民的构成在广义上应包括以下八类：

（1）外来务工人员。没有城市户口，以"居住证"作为在城市居住、生活的凭证；多数来自经济不发达地区；在身份、价值观等方面有别于城市居民。

（2）本地农民转为城市居民。这是指城市化进程中离开了土地和农业生产活动、居住地变成了城市，户口即将或已经成为城镇户口，开始从事非农产业的那些居民。

（3）外来经商人员。即从事商业活动的外来人员，由于拥有一定的资本和商业关系，他们融入城市的速度一般比较快，虽没有本地户口但有长期工作、生活下去的打算。

（4）新就业的大学生。随着大学生就业形势和城市用人制度的改变，多数大学生短期内不能取得城市户口，但选择在城市工作、生活并有长期居住下去的愿望。

（5）外籍人员。随着我国改革开放的深入进行，城市的外籍投资者、企业家、专家、留学人员等与日俱增，他们显然也属于广义上的新移民。

（6）机关和企事业单位人员。由于人才引进或工作调动等，虽然已经取得移入地的户籍，但进入新的城市工作、生活，也有个适应和融入的过程，也属于新移民的范畴。

（7）亲属团聚的人群。以上各类型中来自省内、省外以及境外，前来与亲属团聚的父母、子女、配偶、亲戚等人群。

（8）养老定居人群。发达的大中城市在金融、商贸、交通、环境、人文以及城市设施、功能等方面有着得天独厚的优势，吸引了一些相对落后的中小城市的人来定居养老。

2.2 社会融合与文化融合

社会融合是个体和个体之间、不同群体之间或不同文化之间互相配合、互相适应的过程，并以构筑良性和谐的社会为目标。[7]文化融合指具有不同特质的文化通过相互接触、交流沟通进而相互吸收、渗透、学习并融为一体的过程，既包括国内文化融合，也包括国际文化融合。张文宏、雷开春在《城市新移民社会融合的结构、现状与影响因素分析》一文中指出，影响城市新移民的社会融合的因子包括心理、身份、文化和经济，而且体现出了心理融合、身份融合、文化融合和经济融合程度依次降低的倾向。[8]对新移民来说，在心理和身份这两方面的融合度相对较高，比如很多城市已经将新移民群体统称为"新市民"，并相继

58

出台各种政策加大人文关怀的力度。而融合度相对较低的文化融合和经济融合状况，则反映出一个城市文化的多元化、包容性以及城市生活成本迅速增长所带来的社会融合障碍。经济融合难的原因相对复杂，在此不作讨论，而文化融合却可以通过城市文化功能加以提升，因为文化是新移民融入一座城市的桥梁，文化融合对缓解、消除社会排斥起到积极的推进作用。

3 影响佛山新移民文化融合的主要因素

3.1 语言隔阂及思想观念的差异

语言是文化的重要载体，是人们生存和沟通的主要方式之一。由于佛山本地居民以讲粤语为主，新移民语言沟通上的困难会造成心理上的隔阂，又因来自不同地方，必然会在思想观念、生活习俗和文化价值体系等方面与本地居民产生较大的差异。尤其是劳务型移民，文化素质不高，思想保守，加上职业和心理上的自卑，使得其对文化的作用认识不清，一些本地居民的隐性歧视也令他们尊严受挫，缺乏对佛山的认同感、归属感，较少能感受到文化带来的精神愉悦。

3.2 文化权利得不到有效的保障

2008年，中国图书馆学会正式发布了《图书馆服务宣言》。宣言明确了图书馆以公益性服务为基本原则，以实现和保障公民基本阅读权利为天职，保障全体社会成员普遍均等地享有图书馆服务，在服务与管理中体现人文关怀，致力于消除弱势群体利用图书馆的困难，为全体读者提供人性化、便利化的服务。[9]但有部分新移民对佛山的人文历史、文化服务了解不多，文化权利意识也相对淡薄，缺乏文化需求表达的自信，而且部分外来务工人员较低的收入也限制了他们在文化休闲等方面的消费，基本文化权利得不到有效保障。

3.3 参与社区文化活动的途径有限

由于目前佛山大部分地区在城市社区文化建设的发展模式上还是以政府推动为主，新移民参与社区组织的文化、教育活动的主动性相对不高，语言、心理上的隔阂也影响了部分新移民参与商讨社区文化活动的意愿；社区文化设施功能单一，文化活动大多流于形式，缺乏创新力度，共性多于个性，也缺乏对新移民的吸引力；一些社区较为偏远，教育、培训、文化服务等机构和公共交通等生活设施难以集中配套完善。这些因素都制约了佛山新移民文化需求多样性的满足。

4 推进城市新移民文化融合的服务策略

4.1 以理念先行保障新移民基本文化权益

21世纪以来，我国图书馆理论界掀起了图书馆理念研究的热潮，普遍均等、以人为本、免费开放、平等包容、知识自由等基本理念得到了广泛认同。佛山市图书馆积极践行以上理念，建设和完善佛山市联合图书馆服务体系，在业界率先推出"凭二代身份证免押金借阅书刊"的服务，加大智能图书馆、数字图书馆、电视图书馆的建设与推广，并以自助图书馆、读书驿站、街区自助借还机和移动智能图书馆等多种形式打造"15分钟阅读圈"，多措并举地把书籍和服务免费送到地理位置相对偏远的社区、学校、企业等，让更多的新移民无障碍、零门槛走进图书馆，平等、自由地使用图书馆的各类公共文化资源。目前，佛山市的智能图书馆已如雨后春笋般进入了休闲购物中心、居民社区、工业园区、金融中心、文化站、大型企业及公园等，大大提高了新移民获取图书馆资源与服务的便利性，新时期图书馆的服务理念得以彰显。

4.2 以项目管理、服务活动化促服务转型

在当今的数字时代，人们的阅读行为正随着知识载体和传播方式的变化而发生巨大的改变，图书馆的资源不再具有独特性、稀缺性，图书馆传统的服务方式已不能满足读者日益增长的需求。基于此，佛山市图书馆积极探索"项目管理"[10]和"服务活动化"[11]的新理念，以项目管理为抓手，将服务融于活动中，一大批富有创意、形式新颖的活动项目脱颖而出。仅 2015 年，全年开展阅读推广、社会教育、公益慈善、艺术欣赏等多种活动 980 余场，与 2014 年同比增长 134%，平均每天 3 场活动，总人流量已突破 142 万，日均接待读者超 4 000 人，并创造了单日最高人流量 4 万多人的记录。近千场服务活动的开展，既大大地提升了服务效能，也为新移民创造了更多参与文化活动的机会。

4.3 以读书乐园做少儿心智成长的课堂

少年儿童是一个家庭的未来和希望，少儿服务在公共图书馆所占比重越来越大。佛山市图书馆特别打造了色彩丰富、设施独特的少儿读书乐园，各类丰富多彩的少儿活动深受广大市民尤其是新移民子女的喜爱。如"蜂蜂故事会"，通过听、说、看、画、玩、演等多种寓乐于教的活动形式来推广亲子阅读；"故事王大比拼"活动吸引了十多所学校、幼儿园，约 4 万名学生及家长的踊跃参与，成为 2012 年广东省未成年人思想道德建设工作创新范例；"少年儿童阅读银行"旨在培养少儿良好的阅读习惯，同时也为小朋友们留下值得永久珍藏的童年阅读和成长的轨迹；玩具图书馆则是佛山地区第一个提供玩具和主题游戏活动的公益场所，在玩具类主题活动中提高儿童的阅读能力，2015 年开馆仅 9 个月就开展活动 150 场，服务阅读家庭 1 500 个。

4.4 以关怀弱势群体来诠释城市的温暖

"移民二代"的城市融合比起他们的父母更难，身份意识影响着融合，城市胸怀也影响着融合。因此，自 2009 年起佛山市图书馆就针对异地务工子女举办为期 1～2 周的文化艺术夏令营，以多元化、趣味性的活动引导异地务工人员的子女在夏令营中增长知识、寻找快乐，进一步增强他们对佛山的归属感和热爱之情。营员人数从最初的 200 人逐年攀升至 2015 年的 6 000 余人，受到了社会各界的广泛关注。"'筑梦佛山'异地务工人员子女阅读夏令营"还被选作 2015 年中国图书馆学会青少年阅读推广委员会的优秀阅读推广案例。在服务视障读者方面，"盲人亲友游园会""面对面朗读""视障读者定向出行""流动无障碍影院""盲人诗文朗诵比赛"等系列活动以及其他各类专项活动的开展，传递着城市的关怀。春节期间的"佛山市文化共享工程服务异地务工人员——文化年货带回家""网络书香过大年"等活动，将数字资源延伸到偏远的镇街、社区以及工业园区等，为留守的异地务工人员献上丰富的文化大餐。

4.5 以地方特色文献资源增强心理认同

馆藏地方历史文化资源的宣传，可以使新移民更多地了解佛山悠久的地方历史文化。佛山市图书馆为此打造了"佛山文史展厅"服务品牌，常年举办具有佛山浓郁地方特色的展览和沙龙活动，如"佛山市非物质文化遗产图片展"，用图片与文字向市民展示了佛山市的国家级"非遗"项目和行通济、佛山木雕、粤曲星腔、乐安花灯会、八音锣鼓柜等省级"非遗"项目的精彩瞬间；又如"'我们的节日·佛山'传统节日文化系列活动""发现佛

山之美系列活动"等，让图书馆成为新移民了解佛山的重要窗口。在举办展览和沙龙的同时，还经常带领读者一起走进本地的企业、艺术家工作室以及博物馆、美术馆参观，进一步了解佛山文化的源流及其发展状态，以提升新移民对佛山地方文化的认同感和自豪感。"佛山文史展厅"还积极开发本地读者资源举办佛山民间收藏家征集活动，让读者自办佛山门票展、票证展、利是封展、陶瓷展、地契展等，这些极具佛山地方特色的藏品深受广大读者欢迎。

4.6 以"参与式设计"提升活动的参与度

在注重用户参与和体验的时代，图书馆不但应是文献、活动的提供者，还应是活动的合作者、平台的提供者。为积极拓展社会资源，加强图书馆活动组织的力量，佛山市图书馆探索了"参与式设计"新理念，读者成为活动的策划设计者甚至组织者，而图书馆工作人员则更多地扮演协调者、配合者的角色。"南风学堂"公益培训活动就是由读者参与课程设计并担任培训老师，为市民免费提供思想、艺术、文化、生活等方面的培训，逐渐形成了"养生堂""理财经""口才课""摄影圈"等固定系列课程。"慢生活俱乐部"也是由读者进行 DIY 个性化生活主题场景设计，如园艺、美食、编织等，图书馆配合做每期的专题图书推荐，使读者大众能够在阅读之余，分享品质生活，体会生活的美好。"新书借阅点"则引导读者直接从书店借阅自己喜爱的新书参与馆藏资源建设。

4.7 以差异化服务满足不同群体的文化需求

图书馆在为大众服务的同时，也应兼顾不同移民类型，提供差异化、个性化、精细化服务。如针对老年移民群体，佛山市图书馆长期以报刊借阅部为主阵地，开展多个创新型的老年读者服务系列活动项目。如"晚晴读书乐园"系列，包括"报人说报""佛山本地作家与您面对面""老年故事会"等活动；"敬老月系列"，包括"孝老爱亲"亲子活动、"乐享晚晴"文体活动、"及人之老"名医义诊服务、"银龄普法"维权活动等。全年还分主题举办"书香茶韵品茗会"系列活动，吸引了越来越多的老年读者到图书馆来读书、看报、弹琴、吟诗、挥毫、下棋、品茶、品石、品联，让图书馆成为老年读者的开心基地和精神家园。在多媒体服务方面，通过"耆英畅游数字乐园活动"邀请老年读者听 HiFi、看 3D 影视、学用微信等，以跟上现代生活新潮流。

4.8 以文化空间再造促图书馆的服务升级

"第三文化空间"是现代公共图书馆发展的一个方向。佛山市图书馆新馆于 2014 年底建成并试开放，与旧馆相比，新馆从空间布局、环境设计、馆藏建设、多元化活动的开展等，都强化了公共图书馆在学习、交流、创意、竞赛、展示、上网、娱乐、休闲的功能，力图通过图书馆这一小社会，让读者获得更多的精神愉悦。为了使室内外的空间得以充分利用，佛山市图书馆出台了"公共空间对外预约免费使用""读者定制·文化活动"等措施，广邀读者和社会团体共同开展"文学现场""艺术现场""公益展览"等各类公益文化活动。各类主题音乐会备受读者欢迎，"佛山市图书馆新年音乐会"现已升格为全市性的大型活动。佛山市图书馆还引进中央电视台的"春运说吧""两会说吧"服务模式，通过"佛图说吧"给读者提供更多自由表达心声的空间，并把读者录制、确认的音视频资料长期保存，以供读者随时查阅、回味。

4.9 以志愿服务做文化融合的助推器

志愿服务是和谐社会建设和新移民文化融合过程中有力的助推器。佛山市图书馆的志愿服务无处不在，新移民志愿者承担着服务的宣传、推广，展览的布置、导览以及阅读辅导、文化艺术培训、图书整理、读者管理等工作，既创新了图书馆文化志愿服务的发展方式，促进了志愿服务的专业化和常态化，也增强了新移民的文化自信和归属感。如"蜂蜂故事会"发展和壮大了"故事爸爸妈妈"讲故事志愿团体；"阅读温暖——佛山视障读者关爱行动"衍生出了基础朗读者、电影志愿者等多种志愿者类型；"佛图群英会"吸收了来自 12 个国家的数十名国际友人担任英语类活动的嘉宾主持，建立起一支充满激情的外国人志愿者团队，在为广大读者搭建具有国际视野的文化看台的同时，也为外国友人融入佛山营造了良好的文化氛围。

5 结语

本文以文化融合为切入点，分析了佛山新移民文化融合的瓶颈因素，有助于图书馆人充分认识到融合的难度和重要性，并采取更加扎实有效的政策、措施，以加快佛山新移民城市融合的进程。以文化方式塑造公共服务平台，以文化活动消弭社会隔阂，以文化创造提升新移民的自我肯定和精神愉悦，促进社会认同感、归属感和城市精神的发展，正是图书馆的力量之所在。[12]

参考文献

[1] 新华网. 中国学界启动"城市新移民"项目破解城乡"冷漠"关系 [EB/OL]. [2009 - 07 - 29]. http://news. xinhuanet. com/politics/2009 - 07/29/content_ 11792178_ 1. htm.

[2] 佛山市登记在册新市民逾 457 万 [N]. 南方日报，2016 - 02 - 14.

[3] 马德峰，李凤啸. 近十年来我国城市新移民问题研究述评 [J]. 学术界，2010 (11)：220 - 226.

[4] 叶尔肯拜·苏琴. 文化资本视野下的城市新移民 [J]. 经济研究导刊，2010 (23)：86 - 87.

[5] 郑志锋，华晨，贺俏毅. 城市移民对杭州都市区的影响及其规划对策 [A] //生态文明视角下的城市规划——2008 年中国城市规划年会论文集 [C]，2008.

[6] 马西恒，童星. 敦睦他者：城市新移民的社会融合之路——对上海市 Y 社区的个案考察 [J]. 学海，2008 (2)：15 - 22.

[7] 张学东. 社会支持视角下流动儿童的城市融合 [J]. 河北青年管理干部学院学报，2009 (2)：25 - 27.

[8] 张文宏，雷开春. 城市新移民社会融合的结构、现状与影响因素分析 [J]. 社会学研究，2008 (5)：117 - 141.

[9] 中国图书馆学会. 图书馆服务宣言 [J]. 中国图书馆学报，2008 (6)：5.

[10] 屈义华. 谈项目立馆 [J]. 国家图书馆学刊，2012 (4)：12 - 16.

[11] 范并思，吕梅，胡海荣. 公共图书馆未成年人服务 [M]. 北京：北京师范大学出版社，2012：138.

[12] 刘忱. 丰富农民工城市文化生活——以文化融入促进社会融入 [J]. 中国职工教育，2011 (12)：23.

论公共图书馆音乐类活动的拓展

——以佛山图书馆为例

曲 艺①

（佛山市图书馆 佛山 528000）

摘 要：公共图书馆要提高社会效益与读者满意度，读者活动是非常关键的要素。本文以佛山市图书馆音乐活动为例，论述公共图书馆音乐类活动的实施和拓展。

关键词：公共图书馆 音乐类读者活动 佛山

随着国内图书馆新馆建设的展开，许多图书馆的硬件环境有了很大的改善。如何利用良好的硬件设施，提高图书馆利用率，增强民众的图书馆意识，成为图书馆人需要深思和亟待解决的问题。改变传统单一的文献借阅服务模式，创新图书馆服务方式，成为各地图书馆新馆建设与发展的内在驱动力。2014年底佛山市图书馆新馆建成开放以来，面临着附近交通不便、配套设施不完善、读者结构变化等问题。在此背景下，图书馆创新性地提出"服务活动化"的理念，以活动展现服务，以活动提升服务。据不完全统计，2015年佛山市图书馆全年开展各类读者活动逾1 000场，平均每天3场活动，总参与数达83万人次。图书馆融合馆藏资源，开展各类音乐类活动，也为图书馆新馆读者量的维持做出了贡献。新形势下图书馆音乐活动的策划与开展，存在着一定的前景，因此有必要进行认真的探讨和研究。

1 佛山市图书馆音乐类活动开展情况综述

佛山市图书馆新馆音乐类活动的开展，已经有过多年的探索，积累了一定的经验。目前的活动以中小型为主，内容比较丰富。

1.1 常年举办的各种小型音乐活动

佛山市图书馆常年举办的音乐类活动包括：音乐知识讲座，如"奥地利音乐教育"讲座、"综合艺术的魅力——经典歌剧选段欣赏""带上音乐去旅行——欧洲800年音乐穿越之旅"；纯音乐欣赏类活动，如2016年"致爱，母亲"专场音乐会，"秋艺"鉴赏音乐会；也有室外广场开展的音乐鉴赏会，如"诗歌音乐欣赏会""户外音乐交流会"。

1.2 春节期间开展的线上音乐活动

线上音乐活动主要为库客数字音乐数据库体验。2015年、2016年春节期间分别开展了"数字音乐图书馆体验活动新春篇""佛图新春乐享不停"等系列活动。新春期间，图书馆读者多、工作人员少的矛盾十分突出，开展活动相对有一定的难度。于是，在系列活动中，2015年的"库客新年音乐会"、2016年的"维也纳新年音乐会"等线上活动应运而生。活

63

---

① 作者简介：曲艺，女，佛山市图书馆馆员。

动充分结合馆内数字资源，利用网络直播的方式做在线欣赏，不需要耗费较多人力，就达到了参与人数较多的效果。

1.3 为爱乐者开展的现场音乐交流活动

2015 年开展的"佛图音乐现场——户外音乐交流会"是一个很新颖的实例。活动参照国内这几年兴起的"草莓音乐节""草地音乐会"等音乐表现形式，利用图书馆新馆广场举办，为非专业音乐爱好者搭建了音乐交流欣赏的平台，受到读者的一致称赞。佛山图书馆2016 年将要开展"Good Music"器乐课堂，不同于社会上的器乐课堂以提高音乐学习者演奏技巧的主旨，"Good Music"器乐课堂活动的主旨是音乐交流、音乐讨论，邀请经验丰富的教师或音乐人讲解、介绍各类乐器的学习特点，为儿童、青少年及家长指点如何选择乐器，交流、分享乐器学习中的问题。

1.4 配套展览活动

配套展览活动包括实物、图片展览，如"维也纳新年音乐会"常识小型展览，"Good Music"乐器展览、"Good Music"音乐资源展等。

2 音乐活动开展的经验

图书馆各类音乐活动属于群众文化活动的范畴，理应遵循群众文化活动组织开展的基本规律。下文试图从音乐活动的项目确立、策划、组织实施和宣传等几个方面入手，探讨佛山市图书馆音乐类活动的一些经验，以及各种改进的可能性。

2.1 项目确立把握到位，为活动开展打下了良好的基础

基层群众文化活动项目确立的程序与步骤，主要包括以下几个方面：群众文化需求调研，本地区文化资源论证，操作方实际能力的认定，对活动内容和方式的设计，完成简易方案的编写，主办单位审查批准等[1]。佛山市图书馆在音乐活动开展方面取得的经验，得益于对这些方面的重点把握，其中，最主要体现在前三个方面。

2.1.1 读者需求调研充分

开展读者活动，要做好读者需求的调研，了解读者需要什么类型的服务，以便针对读者的需求制定符合读者趣味的活动。在工作中，佛山市图书馆特别注重加强与读者的沟通，以及对读者意见的反馈。这样做，一方面获得了读者需求情况，从而能够站在读者的角度谋划活动的开展，大大提高了读者对活动的参与度与支持度；另一方面，在不断地沟通与反馈中，提高了读者的满意度，树立了图书馆良好的人文环境形象。在平时的工作中，工作台放置了"读者留言簿"，并在服务区醒目位置设有一面"读者留言墙"，让读者畅所欲言写下了关于举办音乐类活动的想法和创意。在举办音乐活动的现场，积极征询读者的意见。2016 年"佛图新春乐享不停"系列活动中，还设置了网页专栏，制作发布了《2016 读者音乐需求调查表》，收集市民对音乐类音像资料及书刊、活动场地及形式等需求的服务建议，为图书馆年度音乐活动提供了宝贵的读者需求参考。佛山市图书馆也做过专门的读者满意度问卷活动，如 2015 年在本馆微信公众号上做了"最满意的佛图服务项目·全民点赞"活动。

2.1.2 活动资源准备充足

佛山市图书馆对开展音乐活动的资源，做了全面的梳理。图书馆新馆有报告厅、读者沙龙、蓝光影碟欣赏区、HiFi 音乐欣赏区，为开展音乐讲座、现场交流、音乐欣赏提供了场地设施保障。下一步，还将建成音乐馆、录音室等音乐专区，将为读者打造 VIP 的音乐欣赏

专区、音乐发烧友也可以在录音棚录制自己的音乐专辑。馆藏有音像资料 1 万多盒，声乐、民乐、西洋乐、戏曲品种丰富、内容齐全，还有专门的音乐数据库——库客数字音乐图书馆。图书馆新馆设计藏书 300 万册，各类音乐书籍的典藏也很丰富。

新馆近两年举办的音乐类活动非常注重馆藏资源的推介。除通过 2015、2016 年的新春音乐活动推介数字音乐资源外，还开展了"音乐云 CD 借阅机"、"Good Music"音乐资源展等活动，重点推介馆藏资源。与社会上的音乐类活动相比，图书馆的活动也不乏自身的亮点和特色。

2.1.3　组织管理能力储备充实

（1）人力资源支持。佛山市图书馆人才济济，104 名馆员中，大专以上学历者 102 人，其中有高级职称者 16 人、中级 55 人、初级 16 人。音乐活动的方面人力资源，有音乐学、声乐、作曲、主持等专业的人员 4~5 人，其中有中国传媒大学、中国音乐学院等大学的毕业生。佛山市图书馆有多年策划组织活动的经验，众多活动能有条不紊地实施，跟图书馆长期以来的积累是分不开的。

（2）社会团体支持。佛山市图书馆利用自身的条件，如场地资源、馆藏图书等，吸纳社会力量共同开展读者活动，多年以来实践不断。社会团体的支持，发挥了群策群力的作用，让图书馆的活动从策划立意到组织实施，都得到了很好的保障。以新馆音乐活动为例，2016 年初佛山市图书馆与一家热心公益的文化机构商议，于暑期在馆内开展器乐课堂、小型器乐展览等活动。佛山市图书馆 2016 年还牵头组建了佛山阅读联盟、音乐主题读书会。佛山市图书馆将与社会机构开展更深入的合作，通过吸纳社会力量开展阅读活动，邀请市民自主策划、组织相关的读书活动，增加市民参与阅读活动的主动性和积极性。

好的开始等于成功的一半。有了读者、资源、管理者等各方面的基础，图书馆音乐活动项目，比较容易就得到了大家的支持，几乎每场音乐活动，都是读者满座，欢乐不断。

2.2　项目策划精益求精，为活动组织实施提供了坚实的保障

"策划"在《辞海》做计划、打算解释。在实践层面上，策划是应用科学的思维和方法对社会组织的整体活动或某一方面的活动进行系统科学分析构思，谋划和设计，以期达到最佳的效果。任何一项活动的开展都离不开策划，它是开展活动的先行条件，对整个活动的实施有举足轻重的指导作用。群众文化活动策划，是活动组织实施的基本依据，能确保活动的有序有效，为活动的组织实施提供明确的工作方向，为活动特色的形成提供丰富的创作空间[2]。佛山市图书馆在音乐活动的策划上也费了不少心思。

2.2.1　重视活动策划的立意

图书馆音乐类活动在立意上，应该找到独特的视角，区别于文化馆、艺术培训机构的音乐类活动。文化馆、艺术培训机构的音乐类活动一般以艺术培训为主，而佛山市图书馆的音乐类活动，主要侧重于文化艺术知识普及、非专业爱乐读者之间交流及讨论、音乐资源推荐等方面，形成了错位发展。

2.2.2　重视活动的丰富多样性

图书馆的读者范围，包括了社会各年龄段、各阶层。而图书馆音乐资源，也具有一定的多样性。二者兼备的结果，使佛山市图书馆在活动的组织策划过程中，能够以各类读者需求为线索，进行大胆假设、小心求证，因此，策划的活动千姿百态，具有丰富多样性，皆能获得读者的参与和支持。

2.2.3 提升读者参与活动的积极性

将适当的奖励纳入活动策划的范畴，是提高读者参与积极性的一种行之有效的方法。例如向参与活动的读者发放印有图书馆标志、图片、位置的精美书签，不但是阅读奖励，还宣传了图书馆。新馆音乐的活动中引入了一定的奖励机制。例如，在音乐类讲座中设置讲师与读者互动环节，互动读者可获赠小纪念品；在小范围的音乐欣赏活动中，为读者送上咖啡、茶水；在节日期间专门举办读者互动有奖活动，如微信互动有奖活动，宣传推送音乐专题的新资讯，通过限时抢答的方式，幸运读者可获授下载权限量版的音乐专辑曲；举办入群有奖活动，鼓励市民加入 QQ 群与我们互动，按主题要求提出建议者择优录选并赠送音乐 CD 碟等等。另外，设立了"佛图音乐驿站"QQ 群和音乐读书会微信群，鼓励市民加入 QQ 群、微信群与我们互动，提升读者参与音乐活动的积极性。

2.3 组织实施过程严谨，确保活动任务顺利完成

在音乐活动组织实施过程中，佛山市图书馆注重有效调配使用人财物资源，对每一个环节严格把关，让整个活动有条不紊地实施，确保活动任务顺利完成。

2.3.1 制定整个活动的详细流程

在一个活动中，要做什么工作、工作的先后顺序都须环环相扣，每一个步骤都将影响活动的开展。在音乐活动开展过程中，佛山市图书馆注重制定流程，细化到每一个环节，有效保证了活动顺利实施。活动主持人还周密考虑，模拟预测活动中可能出现的各种意外状况，并提前谋划发生意外情况时的应对措施。

2.3.2 制定详细的人员分工

只有每一项工作落实到责任人，才能保证活动的每一项工作都有人尽心尽力地完成。佛山市图书馆近几年实行项目化管理体制，一般由项目负责人制定好初步的项目人员分工表后，召集参与项目活动的成员开现场会议，大家在会议上就活动的流程、人员的工作进行讨论，群策群力共同就将要举办的活动进行讨论，会后一般会成立该活动的讨论组或 QQ 群以方便活动参与人员及时传递活动信息。项目化管理科学、缜密的做法已深入到佛山市图书馆员工的日常工作中，也有效保证了图书馆读者活动的顺利开展。

2.4 广泛开展活动宣传，使图书馆发挥更大的社会效益

归根结底，公共图书馆的读者活动，目的是宣传图书馆，吸引更多读者了解图书馆、走进图书馆，提高图书馆的综合社会效益。基于这个目的，活动的宣传也很重要。宣传的途径有多种，有纸质媒体宣传、视听媒体报道宣传、网络宣传等。根据多年举办活动的经验，我们发现，制作活动宣传海报张贴在图书馆醒目位置，以及制作简易宣传单张放在图书馆的服务台让读者自行取阅，是非常有效的宣传途径。

在纸质媒体宣传、视听媒体宣传方面，因为图书馆资金有限，耗费大量财力、人力去做报纸、电视媒体的宣传是不现实的。然而，只要找到新闻媒体的焦点、热点问题，让报纸、电视媒介主动宣传图书馆是不难的。佛山市图书馆近期开展的"3D 打印小创客"活动，因为内容涉及社会关注热点"公益创客"等内容，佛山珠江时报、广州日报等媒体主动宣传报道。此外，佛山市图书馆与广东广电网络有限公司佛山分公司合作，在佛山有线电视上设立了《电视图书馆》栏目。通过"电视图书馆"，读者足不出户就可以查询自己在图书馆借阅的书籍、还书时间信息，还可以通过电视图书馆栏目看到图书馆的各类活动信息。

在网络化社会，通过微信公众号了解一个单位的活动，近年来也成为人们习惯使用的一种方式。佛山市图书馆将微信作为发布信息的重要途径，2015 年共发送图文信息 499 条，

总阅读量达 31.2 万，累计关注人数达 2 万人。2016 年佛山市图书馆强化了微信公众号的宣传管理工作，制定了到 2016 年底微信关注人数达到 4 万人的目标。现在，做活动先在佛山市图书馆公众号微信宣传已成为馆员的一种意识。参与活动的很多读者也是通过图书馆微信公众号了解活动信息的，图书馆的一些关注度较高的读者活动，即使不上头条，读者留言量也有上千条。例如佛山市图书馆公众号 2016 年 6 月 15 日发的"夏日里欢乐的音乐 Party……约吗？"读者点击量就有 1 300 多次。

3 对佛山市图书馆持续开展音乐活动的思考

佛山市图书馆新馆的音乐活动，虽然开展时间不足两年，但广受读者欢迎，有持续开展的必要性。总结近两年佛山市图书馆开展的音乐类活动，虽然有一定规模和示范性，但由于开展时间尚短，品牌效应并没有形成。另一方面，受馆内人才等因素制约，开展活动组织起来有一定难度。要让音乐类活动更加持续深入地开展，应当树立品牌意识、进一步吸纳社会团体和社会资源。

3.1 确立活动的品牌意识

品牌，是给拥有者带来增值的一种无形的资产，其载体是用以和其他竞争者的产品或劳务相区分的名称、术语、象征、记号或者设计及其组合，增值的源泉来自消费者心智中形成的关于其载体的印象。一个好的品牌会给商家带来很大的商品效益。公共图书馆的读者活动也是如此，品牌化的活动，参与人数多，也会吸引社会力量参与，容易达到较好的活动效果及宣传作用。活动品牌的形成需要时间的积淀，更需要活动的组织者认真积极的组织活动，为活动逐渐积累人气，促使活动长期化、品牌化。佛山市图书馆新馆音乐馆、录音室等音乐服务区即将装修，建成后将为读者打造 VIP 音乐欣赏专区及音乐记录区。下一步，佛山市图书馆将整合目前已有的音乐类项目活动，结合音乐服务区建设，推进音乐欣赏、音乐交流、音乐推荐等个性化音乐品牌活动。

3.2 借助中枢组织建设，整合各种社会资源

为更好地贯彻实施中央和省、市关于构建现代公共文化服务体系的意见精神，2016 年佛山市文化系统开展中枢组织试点建设。总体思路是：探索公共文化机构运营管理的创新体制机制，充分发挥其在政府与社会之间的桥梁纽带作用，承担组织联盟、业务统筹、展示平台、信息中心、孵化基地等职能，引领和服务基层文化机构和文化类社会组织，通过项目化、社会化和专业化的运作方式，提供公共文化产品与服务，促进社会文化力量的发展壮大，构建"政府主导、社会参与"的公共文化建设新格局。

4 结语

佛山市图书馆是佛山市有名的窗口单位，在吸引社会关注上本身有着一定的优势。同时，佛山市图书馆在 2016 年被纳入了全市中枢组织建设试点单位。为贯彻枢纽型文化机构建设要求，佛山市图书馆 2016 年成立了佛山阅读联盟，通过吸纳社会力量，开展阅读活动，共同推进全民阅读。佛山阅读联盟组建目前已组建了 28 个主题读书会、由主题读书会组织相关的各类型读书活动，增加市民参与阅读活动的主动性和积极性。佛山阅读联盟·音乐主题读书会已经组建，我们有理由相信，音乐读书会这一平台将会吸引更多社会上的人、财、

物等资源开展活动，佛山市图书馆音乐类的活动内容将更加丰富，活动质量将进一步提升，活动将更加蓬勃的发展！

参考文献

［1］于群，冯守仁．文化馆（站）业务培训指导纲要［M］．北京：北京师范大学出版社，2012：127 - 128.
［2］于群，冯守仁．文化馆（站）业务培训指导纲要［M］．北京：北京师范大学出版社，2012：134.

高校图书馆微信公众平台功能应用研究

罗舒乔①

（佛山市图书馆 佛山 528000）

摘　要：本文对国内高校图书馆基于微信公众平台功能开展的信息服务现状进行调研与分析，剖析高校图书馆微信服务功能应用方面存在的问题，就实现微信功能与图书馆信息服务的有机融合提出建议。

关键词：高校图书馆　微信公众平台功能　移动信息服务

前言

Web 2.0 时代信息聚合，开放共享的互联网应用深刻地影响着人们的交流方式。在此基础上，腾讯推出的为智能终端提供即时通信服务的免费应用程序——微信[1]自 2011 年诞生以来，便以用户关系为核心迅速建立起强关系社交平台，成为中国智能手机用户主要的通信和社交工具。2012 年，微信公众平台正式上线，为政府、企业、媒体、机构等提供自媒体服务，通过推送文字、图片、音乐、语音、视频等信息，与关注用户进行"一对一""一对多"等形式丰富的互动交流，最终实现推广营销的目的。[2]

作为一种新型的信息传播与分享技术，微信因其操作便捷、互动性强、注重用户体验等优势受到了年轻用户的热烈追捧。截至 2016 年 5 月，微信注册用户突破 9.27 亿，86.2% 的用户在 18 ～ 36 岁之间，用户平均年龄仅为 26 岁。[3]在此背景下，以微信为载体的信息服务在高校图书馆得到了迅速普及和广泛应用，微信成为高校图书馆继博客、微博后的又一个自媒体平台。

然而，目前国内高校图书馆微信服务发展至何种程度？如何把微信的及时性、互动性、共享性等优势充分融入图书馆信息服务当中？这些问题在高校图书馆广泛应用微信服务的同时，应得到系统总地总结和不断地思考。

1　调研概述

1.1　调研目的和对象

为了研究和剖析高校图书馆微信服务现状，并就构建和提升高校图书馆微信公众平台功能提出相关建议，本文通过文献调研，整理出国内 20 个较早开通微信服务的高校图书馆公众号，并以此作为研究样本进行功能调研与分析。

---

① 作者简介：罗舒乔，女，佛山市图书馆馆员。

69

1.2 调研方法和内容

本研究采用内容分析法，通过三个步骤对高校图书馆微信服务进行功能调研：第一步，查找并关注20个高校图书馆微信公众号作为调查样本，收集消息内容（笔者于2016年6月1日至30日期间，登陆微信手机客户端，通过"添加朋友"→"查找公众号"→以"院校的全称或简称+图书馆"为关键字进行搜索，如"清华大学图书馆""广外图书馆"，如检索结果不唯一，只取其官方微信号）；第二步，根据功能特征将高校图书馆微信公众号"一对多"信息服务的消息内容进行分类整理，发现并讨论存在的功能障碍；第三步，针对第二步中发现的问题与不足提出建设性的解决方案。

2 调研结果及分析

2.1 调研结果

笔者对20个调查样本的服务数据进行了收集和整理。为了进一步了解微信功能在高校图书馆的应用情况，笔者基于导航服务（N）、自查询信息服务（SII）、自助服务（SEF）以及系统定义关键词的自动回复服务（K）4项微信公众平台的高级功能分析并总结出各图书馆微信服务的关键特征，结果见表1。

表1　调查样本基于微信公众平台4项高级功能的应用情况

序号	高校图书馆微信公众号	微信公众平台的高级功能			
		N	SII	SEF	K
1	清华大学图书馆	✓	✓	✓（OPAC）	✓
2	北京大学图书馆	×	×	×	×
3	厦大图书馆	✓	✓	✓	✓
4	南京大学图书馆	✓	✓	✓（OPAC）	×
5	深圳大学图书馆	✓	×	✓	×
6	上海交通大学图书馆	✓	×	✓（OPAC）	×
7	山东大学图书馆	✓	×	✓	×
8	中国人民大学图书馆	✓	×	✓	×
9	吉林大学图书馆	✓	✓	×	×
10	北航图书馆	✓	×	✓	✓
11	北京师范大学图书馆	✓	×	✓	×
12	中南民族大学图书馆	✓	×	✓	✓
13	安徽大学图书馆	✓	×	✓	×
14	北京科技大学图书馆	✓	×	✓	×
15	广外图书馆	✓	×	✓	×
16	南方医科大学图书馆	✓	×	✓	×
17	北京第二外国语学院图书馆	✓	×	✓	×

（续上表）

序号	高校图书馆微信公众号	微信公众平台的高级功能			
		N	SII	SEF	K
18	昆明理工大学图书馆	✓	×	×	×
19	东北大学图书馆	✓	×	✓	×
20	广州美术学院图书馆	✓	✓	✓	×

注："✓"表示该项服务获得实现，"×"表示该项服务并未得到实现。

2.2 结果分析

2.2.1 导航服务特征

微信公众号一般可以无须人为干预实现系统自动回复读者输入的信息，前提是微信公众号应用了"导航服务"功能[4]。导航菜单一般显示在公众号服务界面的最底端，通常含有3个一级菜单，每个一级菜单下细分出若干个二级菜单。表1结果显示，20个调查样本中，除了北京大学图书馆，其他19个高校图书馆公众号都为用户提供了"导航服务"。

调查发现，19个高校图书馆的"导航服务"主要集中在资讯传递（馆内动态、借阅规则等），资源推广（热门图书、最新活动等），自助查询（图书查找、馆内座位查询等），以及用户个人服务（绑定或解绑读者证、查询个人在借情况等）。其中清华大学等5所高校图书馆为了完善其导航服务，在用户首次进入公众号后，以发送欢迎语的方式提示用户输入指定关键词获取更多信息（此项将在2.2.2具体分析）。表2以较具代表性的"厦大图书馆"公众号为例，说明高校图书馆微信平台"导航服务"的一般特征。

表2 高校图书馆微信"导航服务"的一般特征

微信公众号	欢迎提示语	导航特征（说明）
厦大图书馆	嘿！我是小圕，是你学习、工作的好伙伴。发送消息时请注意： 1. 查公告输入"公告"或"gg"； 2. 查讲座输入"讲座"或"jz"； 3. 查座位输入"座位"或"zw"； 4. 查无线输入"无线"或"wifi"……	1. 公告，如"公告信息""失物招领"； 2. 馆藏推广，如"特别推荐""圕时光"； 3. 活动推广，如"最新讲座"； 4. 馆藏查询，如"查找图书"； 5. 个人服务，如"绑定读者证""查看在借图书"

2.2.2 自查询信息服务

自查询信息服务是指用户按照欢迎提示语中的"导航指引"，在对话框中手动输入关键词文本、字母缩写或数字，以获取馆务信息、活动公告、空置阅览座位等信息。[5]微信公众号后台管理系统将根据预先设置的模块，如"馆务""活动""座位"等，自动与用户在对话框中输入的文本进行比对，自动回复用户查询。

此功能的优势在于，对于有使用目的的用户，无须在服务界面的一级甚至多级菜单中逐一查找，可通过输入关键词直接接收信息，获得更便捷的信息服务。例如用户A需查询阅览座位的信息，在没有提供自查询信息服务的山东大学图书馆，需要在一级导航菜单"资源服务"下的二级菜单"座位查询"中方可获取所需信息，而在厦大图书馆公众平台上，只需输入"ZW"，便能自动接收相关信息。笔者认为，"自查询服务"是基于"导航服务"开发的一项升级功能，是"导航服务"的补充与延伸。

20 个调查样本中仅有清华大学、厦门大学、南京大学、吉林大学和广州美术学院 5 所学校图书馆的微信公众号为用户提供了自查询信息服务，可见国内高校图书馆微信服务在此项功能上的应用仍处于初级阶段。

2.2.3 自助服务功能

自助服务功能，即为读者提供服务包括自助查看借阅情况，搜索书目信息，获知图书催还信息，续借图书，挂失读者证，报告遗失书籍，更改密码等。[6]这些功能的实现是基于系统内的"自助管理函数"技术，这部分函数其实是 OPAC（联机公共目录查询系统）自带的，被内嵌到了微信公众平台中。

笔者发现，20 个调查样本中，14 个高校图书馆微信公众号通过为用户提供可以下载并安装书目检索软件的 URL，或是跳转至其他外部链接，指引用户登录相应网页再进行检索的方式，为读者提供查询服务。只有清华大学图书馆、上海交通大学图书馆和南京大学图书馆直接把 OPAC 整合到微信公众平台中。OPAC 在微信平台上得以实现的核心技术是 API，也就是由微信公众号平台网络运营商腾讯公司程序设计的产品——应用系统编程接口。

通过 OPAC 实现微信公众号的自助服务功能对操作馆员的技术要求相当高，因此由图书馆自主开发的可能性不大，需要使用方支付一定的经费购买相关服务，笔者认为这是极少图书馆能为用户提供自助服务的主要原因之一。

2.2.4 自动回复功能

所谓的"自动回复功能"实质上与前文提到的"自查询功能"差别并不明显。它的原理是：微信公众号系统预先根据经常被提问的内容，提炼出若干个关键词并与其回复内容进行匹配，只要用户输入相关关键词，系统就会自动回复对应内容。[7]比如，"厦大图书馆"微信公众号，就增加了一个"自动回复咨询"服务，提示用户输入"ZIXUN"或"ZX"，用于系统的关键词识别。

本文基于微信公众号的"一对多"自动回复功能对样本进行调研，换言之，是就高校图书馆微信公众号对全体用户广播信息的内容进行研究。表 3 显示了 20 个调查样本基于 5 大互动类型的 26 项互动内容的表现，并以各项内容所占比例的形式进行总结显示。

表3　20 个调查样本在 26 项互动内容的表现

类型	序号	内容	N	P（%）
信息采集	1	在微信上获取用户的评论	4	20
	2	调查表	4	20
	3	采购建议	2	10

（续上表）

类型	序号	内容	N	P（%）
信息传递	4	图书馆资讯	18	90
	5	公众事件	13	65
	6	公益讲座	15	75
	7	最新试用资料	6	30
	8	最新收集的资源	14	70
	9	新书通告	17	85
知识共享	10	分享网址	2	10
	11	分享图片	4	20
	12	分享视频	2	10
	13	图书馆使用指引	12	60
	14	阅读推荐	15	75
	15	数据库使用说明	3	15
	16	微信公众号使用说明	5	25
	17	用户使用图书馆的历史记录	3	15
	18	优秀学者的人名	2	10
	19	图书馆特藏资源	4	20
通信	20	与用户在线互动	8	40
	21	微信公众号上的参考咨询服务	5	25
	22	基于文本方式的聊天	6	30
	23	语音/视频聊天	0	0
自助服务	24	自查询信息	5	25
	25	自助服务功能	3	15
	26	"定义关键词"系统自动回复	4	20

注：N：实现该互动内容的图书馆数目；P：实现该互动内容的图书馆数目占样本总数的比例。

如表 3 所示，信息传递是高校图书馆微信公众号与用户之间最常使用的互动方式，90%的高校图书馆通过微信公众平台向用户推送各类消息，其互动内容集中表现在推广本馆服务和资源上，包括读者活动、馆藏资源和馆内动态等，还有少数高校图书馆利用微信公众平台发布试用学习资料。

笔者还注意到，高校图书馆微信公众号在"通信"这一互动形式上的表现并不乐观，且形式较为单一，主要以传送文本信息为主，微信所具备的视频和语音功能未被充分发掘和使用。反观微博等其他社交媒体，语音和视频消息的功能已被广泛有效地应用于分享各种教程、用户指南、活动回放以及图书馆服务运营广告等方面。

值得注意的是，笔者在"知识共享"这一互动形式上总结得出的内容有 10 项之多，是5 大互动类型中内容最为丰富的一项。然而，调研结果显示高校图书馆微信公众号在"知识共享"这一领域中的表现相当消极，数据最为可观的是"阅读推荐"与"图书馆使用指引"，有超过半数的使用率。基于这一互动内容使用率低和形式多样的特征，笔者认为"知识共享"是高校图书馆微信平台中一项最具发展潜力的服务功能，如果能不断充实其服务内容，微信的互动性、共享性等优势将能更好地融入图书馆的微信服务中。

3 高校图书馆微信公众号功能优化的建议

3.1 实现微信公众平台上的资源整合

调查显示，20个调查样本中只有3个高校图书馆微信公众号实现了"自助服务"功能，其余高校图书馆只是通过提供链接或转至外部链接为用户提供服务，这不仅降低了服务效率，更有悖于微信注重用户体验的服务理念。基于这种情况，笔者认为实现微信公众平台上的多种资源整合是高校图书馆提升信息服务水平的突破口。高校图书馆可以将其微信公众号定位到"图书馆移动终端"，充分利用微信平台强大的API（应用程序接口）及用户菜单等，把馆内所有应用程序系统和各种业务系统都内嵌到微信公众平台上，如将OPAC、图书馆数字资源检索平台、馆内阅览座位管理系统、网络访问控制系统等应用程序集合起来，把图书馆的本体服务移植到微信公众平台上，为用户提供更多元化的移动信息服务。[8]

通过以上资源整合，高校图书馆微信公众号的自查询和自助服务等高级功能将得到极大地提升。放眼未来，随着微信公众平台资源的不断整合和优化，"自助学习"人工智能技术高新科技甚至有可能被引入图书馆微信服务中，通过高仿真的自动回复，进一步提升微信服务水平，创造出更丰富的用户体验。

3.2 微信用户区分管理与个性化服务

注重用户体验是微信服务的一大优势，高校图书馆为用户提供个性化信息服务正是这一特点的最佳实践。目前，绝大部分高校图书馆微信公众号都是以群发形式向用户进行消息推送，并未对不同用户群体进行区分管理和提供有针对性的信息服务。高校图书馆微信公众平台可以通过统计用户使用习惯，或与校内各学生社团合作，根据用户不同的兴趣爱好对其进行区分管理，提供更个性化的信息服务。例如针对"英语协会"分组的用户，可以定期推送英文图书推荐、英语演讲视频等相关信息，通过推送用户感兴趣的信息，持续吸引用户关注，增强用户对其微信服务的黏度。[9]

3.3 优化高校图书馆微信服务的查询模式

查询服务是用户出于内在需求自发使用的一项信息服务，因此必须加强相关功能的应用与优化。调查结果显示，导航菜单已普遍应用于高校图书馆微信服务中。然而，只有极少数高校图书馆能通过指定关键词检索提供"自查询信息"服务。高校图书馆可充分利用微信公众平台功能的可扩展性，突破单一的封闭式关键词指令，允许用户按照个人习惯向系统提交开放式的关键词进行模糊检索。笔者认为，"导航菜单＋开放式自查询"组合，是高校图书馆微信服务最佳的互动咨询形式。用户可通过个性化关键词快速获取常用服务信息，也可通过分门别类，在导航菜单获取所需。这种更便捷、更多元化、可供用户自由选择的查询模式，能更好地满足用户多变的使用需求，更符合当今图书馆"以用户为中心"的服务理念。[10]

4 结语

"图书馆是一个生长着的有机体"，在这个多元共生，瞬息万变的时代，微信的出现赋予了高校图书馆信息服务更多的可能性。一方面，大部分高校图书馆的微信服务仍处于初级发展阶段，对微信公众平台的应用仅停留在基础功能上。另一方面，不少高校图书馆以用户体验为核心，对微信服务进行不断地探索和有益的实践，如清华大学图书馆、厦门大学图书馆等微信公众号，目前已取得了相当可观的成效。本文基于高校图书馆微信平台功能应用的现状进行了初步研究，在微信公众平台资源整合、个性化服务以及优化用户查询模式等方面提出了相关建议，以期实现微信功能与图书馆信息服务的有机融合，为高校用户提供具有时代特征的多元化移动信息服务。

参考文献

[1] 百度百科. 微信［EB/OL］.［2016 - 05 - 04］. http：//baike. baidu. com/subview/5117297/15145056. htm.

[2] 百度百科. 微信公众号［EB/OL］.［2016 - 05 - 04］. http：//baike. baidu. com/view/9212662. htm.

[3] 2016 微信用户数量统计［EB/OL］.［2016 - 05 - 13］. http：//www. 53shop. com/pp_news45054. html.

[4] 张真，丁国峰. 微信在图书馆信息服务中的应用实践——以浙江省高校图书馆为例［J］. 图书馆杂志，2014（3）：64 - 66.

[5] 张楠，边丽梅. 微信在图书馆信息服务中的应用探析［J］. 图书馆研究，2013（5）：83 - 85.

[6] 赵洁，马铮，王雪雅. 基于微信的图书馆服务：现状与服务模式构建［J］. 情报理论与实践，2014（7）：90 - 94.

[7] 孙雨. 我国公共图书馆利用微信公众平台开展服务的现状调查及创新模式研究［J］. 图书馆学研究，2014（15）：78 - 83.

[8] 蒋琦琦. 微信服务在图书馆应用的探索与实践［J］. 数字技术与应用，2013（7）：201 - 202.

[9] 郝丽梅. 阅读在身边——图书馆微信公众平台服务［J］. 现代情报，2013（11）：159 - 161.

[10] 谭进. 微信在公共图书馆信息服务中的应用［J］. 河南图书馆学刊，2013（11）：12 - 13.

论数字化时代图书馆管理与服务的创新理念

谢少玲①

（连州市图书馆 清远 513400）

摘 要：现代社会向数字化方向发展，图书馆管理和服务面临新的挑战，利用新的手段和方法实现图书馆的智能管理、打破空间地域的限制、为全民提供图书服务是数字化时代对图书馆管理提出的新要求。本文结合数字化时代图书馆管理创新的意义，探讨新形势下图书馆管理服务的特点和模式，在此基础上对图书馆管理的创新途径进行探索，建议通过管理理念的创新带动工作方法的创新。

关键词：数字化时代 图书馆管理 服务 理念创新

引言

图书馆的发展关系到一个国家的文化传承以及社会科学信息的传递，针对数字化时代的发展要求，我国图书馆应当积极转变图书馆管理理念，针对现代数字信息技术要求，加强图书馆数字化管理，加快建立网络应用服务体系，充分发挥数字时代图书馆信息枢纽的作用，拓展传统图书馆业务，为人们提供更多更好的信息服务。随着海量信息的暴增，协调运用人力、物力以及互联网资源，构建一体化实时共享的信息资源库成为当前图书馆发展的一个必然趋势，在未来图书馆有望实现全面的技术传送功能，对数据进行全面的分类管理，实现图书馆与读者之间的人性化交互。创新图书馆管理和服务理念有利于提高图书馆管理的效率、准确性和安全性，为图书馆未来的发展打开广阔的前景和空间。

1 数字化时代图书馆管理创新的意义

在数字化时代，根据传统图书馆基本职能加强管理工作的创新，能够更好地加快新时期图书馆工作方式的调整和转变。通过对图书馆管理和服务理念的创新，探索新的管理途径，推动图书馆发挥社会教育和促进科研发展的作用，为广大读者提供更高效、优质的信息服务。随着社会的进步，图书馆的发展环境发生了巨大的变化，这体现在内外两个方面：首先是外部环境所处社会系统的变化，与传统图书馆所不同的是现代图书馆文献信息中心地位被更加强化，在现代社会中发挥着不可替代的作用；另外随着现代信息技术、网络通信技术的发展，图书馆与外界的交互变得更便捷，尤其是通过 Internet 站点链接，图书馆可以利用虚拟手段实现与读者的信息交流与传播，提供更智能化的服务。其次，图书馆内部环境的变

① 作者简介：谢少玲，女，助理馆员，连州市图书馆馆长。

化，包括软硬件设施以及信息化管理都超越了传统管理的效率，大量电子文献作为信息传播的载体使图书馆的服务模式转型，图书馆工作人员的服务技能和水平也基于此变化得到了明显的提升。[1]综合各方面情况来看，图书馆内外环境的发展和变化使图书馆不仅成为保存人类文化的中心，更发展成为大众赖以交流信息、传播信息，甚至相互沟通和链接的重要载体。因此，在数字图书馆时代的创新管理和服务理念应当以人为本，充分考虑人们对书籍、数据等信息的需求，在此基础上整合信息资源，为人类社会文化传承和科学发展做出新的卓越贡献。

2 数字化时代图书馆的管理与服务

2.1 信息资源管理

数字时代信息资源的手机管理是图书馆不可缺少的环节。一方面是实现现有馆藏资源的信息化，通过数字化处理让纸质资源实现永久保存和广泛传播，数字化管理技术是一项综合技术，通过信息压缩、多媒体、超文本以及超媒体等技术让计算机作为图书馆馆藏资源的载体，以超文本的方式为读者提供便捷的阅读服务，提高信息资源档次，让读者感受灵活的阅读方式。另一方面，是对外界信息资源进行收集整理，通过在线订购、数据库购买等方式在全球范围内多渠道地收集信息，并运用现代手段以及摩尔定律对图书馆信息进行储存，文字、图像、声音、动画等都可以在一张硬盘上被大量地保存。最后要做好信息资源的维护工作，例如馆藏资源信息化以及外界信息的整理收集，系统软件和硬盘方面的日常维护和管理；制定网络使用安全标准，进行安全维护，保障网络的良好运行，备份数据，避免丢失；开发图书馆自身的防火墙技术，把一定的预算经费作为专门的信息资源维护费，保护好图书馆相关信息文献资源的版权等这些都是图书馆在数字化时代格局下必须做好的信息资源管理工作。

2.2 无围墙化服务

在图书馆从传统化向数字化发展转变的进程中，信息技术的使用让图书馆提供的服务向无墙化方向发展，运用新的管理技术手段让图书馆管理工作的各个环节和管理方式都发生了相应的转变。其中包含对馆藏文献的自动定位收藏和管理，通过自动识别系统对图书进行有效的分类和盘点，实现自动化图书信息查阅和获取服务，在没有工作人员的情况下实现自助服务设施的调配和安全防护，以及对图书馆室内环境温度和湿度的调节。[2]通过这些手段为读者提供跨越空间时间、限制的便捷资源信息服务，拓展了服务形式，并且促进了管理平台功能的实现。在数字化时代，信息技术使图书馆能够通过物联网来对馆藏资源进行自动化管理，减少了人工成本，并且提高了管理的效率和准确度。应用智能监控管理平台实现所有设备的联通，对于工作人员而言，能够在异地实现对平台设备的接入、管理、认证以及防控等工作内容，同时利用云技术实现对馆藏资源的统一调配，能够快速地从海量信息中筛选出有效数据和信息资源，以最快的速度为读者提供其所需求的服务，为图书馆的管理提供了新的方式。对于读者来说，在享受到图书馆文献资料信息服务的同时与图书馆之间建立了打破空间限制的亲密联系，从而实现图书馆"无围墙化"的服务模式。

2.3 借阅空间改造

按照不同的主题内容将图书馆空间进行划分，例如将网络、多媒体和光盘等信息载体作为一个区域，与传统纸质资料和资源结合起来，形成一个新的敞开空间。并且结合不同的服务划分为七大功能分区，分别是信息咨询区、纸质阅览区、电子阅览区、多媒体工作区、团队学习区、打印扫描刻录区、休闲区。[3]信息咨询区主要为读者提供信息咨询服务，满足读者对信息快速获取的需要；纸质阅览区按照传统图书分类进行划分，读者可以通过图书编号进行检索；电子阅览区实现数字化无线和有线网络的结合，方便阅读者自行携带电脑或者使用图书馆电脑；多媒体工作区满足读者对音频、视频以及多媒体资源的需要，同时可以开展读书会和交流会等线下活动；团队学习区为小团队提供开放式或者封闭式的讨论交流空间；打印扫描刻录区为读者提供专门的打印、复印、扫描以及刻录等服务；休闲区通过设施的摆放和环境的装饰为阅读者提供放松心情、休息陶冶的场所。另外，在软硬件方面，可以采用集中与分散相结合的方式，在阅读座位设置插座电源以及信息终端接口，满足读者实时信息需求和自带设备的使用。将学习空间进行隔离，划分动态空间与静态空间，设备的布置和空间规划相互呼应，使各类资源能够得到充分的配置。

3 图书馆管理的创新途径分析

3.1 创新图书馆馆藏资料的管理

数字化时代是信息大爆炸的时代，图书馆的管理方式和传统图书馆存在很大的差异。除了传统纸质资源的管理还增加了对信息资源的管理，因此在数字化时代图书馆馆藏资料的管理中，要创新管理模式，增加馆藏资料的种类，为各个领域的需求者提供突破时空限制的信息资料和信息服务。针对图书馆现在的馆藏资料管理工作需求，应加快数字化和信息化的技术建设，建立与完善馆藏资料库，并通过技术手段对馆藏资料进行整理和分类，在数字化时代促进图书馆资源的进一步丰富和多元化。

3.2 创新图书馆管理制度

图书馆管理工作需要进行制度创新，通过规范管理工作，运用科学的管理手段实现管理水平的不断提高。想创新图书馆管理制度，就要依据数字化时代对图书馆服务工作提出的新要求来进行改革，建立管理体系评分制度，同时完善制度考核与评价，在制度创新的内容中囊括读者对图书馆服务工作提出的新要求。另外引入企业管理测评机制，实时掌握图书馆管理情况，对出现的问题进行及时修正，保障图书馆的服务质量。为读者提供个性化服务，通过设计私人定制化的计算机系统，使读者在检索资源的过程中能够享受邮件推送以及个人空间收藏等个性化服务。[4]

3.3 软硬件基础设施管理的创新

数字化时代图书馆要加强软硬件设施的建设和完善，将信息技术引入软硬件基础设施的建设当中，此外还要增加对传统纸质文献资料的维护，同时将纸质资源信息转换为电子资源信息，通过建设数据库和数据资料备份系统来完善数字资源的内容。在此基础上，通过硬件设施进行联网，方便计算机对数据库的链接和查找，满足现代图书馆高效运作的需要，通过元数据、搜索引擎技术、文献检索技术、图像信息压缩技术、多媒体、超文本以及超媒体技术等来加强图书馆软件设施的建设。增加对 Internet 的应用，通过网络技术实现各种相关信息的收集整理和分类，以超文本的方式供给用户，开展信息深加工服务，提高信息服务的档次。

4　结论与展望

我国现代社会主义建设对文化的发展提出了新的要求，图书馆作为传承文化、加强人们对科学知识的学习的重要场所，在传承文明和增强人类交流互动中发挥了不可替代的作用。当前，我国现代图书馆的建设伴随着信息技术的发展，开始向更开放、更现代、更数字化的方向发展。数字化建设使得图书馆服务从低层次向高层次转变，简化了人工服务的过程，节约了时间成本和人力成本，为生产力的发展解脱了更多的资源。针对我国图书馆的发展现状和数字化技术应用的情况，我国图书馆应当加强管理制度建设与创新，创新图书馆馆藏资料的管理模式，加快软硬件基础设施管理的创新，只有不断创新工作方式和管理模式，才能够满足读者在新形势下对阅读的需要，应用创新理念引导数字化时代图书馆管理与服务工作的开展，对我国文化事业建设具有重要的意义。

参考文献

[1] 惠青. 数字化时代图书馆信息资源版权使用优化创新研究 [J]. 出版广角, 2014 (21)：123 – 125.
[2] 冯钊. 信息时代图书馆的数字化管理探析 [J]. 科技致富向导, 2014 (30)：78.
[3] 杜玲. 信息时代图书馆管理与服务模式创新 [J]. 天水行政学院学报（哲学社会科学版），2015 (6)：119 – 121.
[4] 刘晓东. 关于信息时代数字化图书馆管理模式创新的几点思考 [J]. 中国管理信息化, 2016, 19 (2)：201 – 202.

基于社交网络的图书馆服务分析

范朋显①

（清远市图书馆　清远　511518）

摘　要：当代图书馆已经由传统的信息服务模式逐渐转变为以用户为中心，以合作参与为手段，以网络知识社区为平台的个性化知识服务模式。图书馆社交网络服务注重信息传播和分享，其信息交互能力更加有效地推动了图书馆信息传递。根据传播学以及管理学相关理论，社交网络应用于图书馆服务可以促进图书馆的信息化和现代化建设。在大数据时代，当代图书馆运用社交网络将用户需求和数据反馈整合起来，有利于提升图书馆服务范畴和服务质量。

关键词：社交网络　图书馆　服务价值　服务创新

1　图书馆社交网络服务理论

图书馆应用社交网络拓展了图书馆的服务时间和空间，读者在图书馆的非工作日时段也能根据自己所需而进行浏览信息，无须去图书馆即可完成一系列图书馆服务。社交网络加强了读者之间的互动性，针对图书馆的问题不仅仅有图书馆员负责解答，其他读者也能相应地留言和出谋划策。图书馆运用社交网络基于以下四个理论基础：

1.1　六度分割理论

"六度分割理论"，即最多通过六个人，你可以认识任何一个陌生人。运用社交网络六度分割的论点，使图书馆能够持续拓宽读者群，构成多维互动的读者网络。图书馆运用社交网络建立读者互动的平台，创建稳定、可靠的人气网络，以此提高用户量。通过朋友之间的宣传，将互动图书馆网络继续拓展，此类脉络式关系给予了图书馆用户全新的沟通与分享信息的方式。随着读者人数的增加，此类互动图书馆网络用户会展现出几何级数递增的现象，以此构成图书馆较大的读者群。

1.2　强弱关系理论

社交网络中强弱关系具备低成本和高效能的传播效率，具有主要信息通路的效果，对于社交网络微博传播而言尤为关键。例如，微博弱关系扩散效应令更多用户了解到图书馆的发展，这给予了图书馆服务宣传全新的机遇。通过互联网的传播特点，图书馆能够在此平台中打开与读者互动的空间。

1.3　贝肯数理论

社交网络的贝肯数，阐明了所有平凡人物均能够透过信息传播中心展现出其价值，这也

---

① 作者简介：范朋显，男，清远市图书馆工作人员。

适合运用在图书馆系统当中。在 SNS 图书馆系统当中，让所有读者均能够具备自己的图书[1]，并且所有读者均能够阐述自己对书籍的看法，为其他人阅读给予更多的参考和建议。通过这一方式，所有普通读者均能够将自身的作用发挥在图书馆交互系统当中。

1.4 顿巴数理论

社交网络中顿巴数理论阐明了保持稳定社交关系的最大值在 150 人左右。依照这一定律，在打造图书馆知识平台当中，设计人员应当将所有读者的朋友群限定在 150 人以内，不然在沟通当中则会受到影响。所以，应当对读者社交圈采取分类管理，且把检索平台及资源互动平台进行整理，给读者提供更为便捷的服务，提高图书馆用户的体验。

根据传播学和管理学这四大理论，以及互联网信息化的进步，社交网络从最初的电子邮件发展为电子公告栏（BBS）、即时通信（IM）、博客（Blog），到最新流行的微博、微信订阅号、兴趣图谱等。[2]社交网络的发展扩大了用户信息交流，用户可以关注好友信息、了解好友动态和互相讨论交流等。社交网络是一种手段，社会大众利用网络浏览图书馆的信息。图书馆通过建立社交网络实现在线和公众进行互动或者给予信息的反馈。目前最为普及的社交网络产品是新浪微博和腾讯微信公众号。

2 图书馆社交网络服务方式

图书馆通过社交网络实现的是自身的一种服务模式，运用互联网实现信息的分析和用户研究，拓展图书馆的时间和空间宽度，实现最大限度地为读者提供服务。如图 1 所示，其服务方式的流程首先通过社交网络提供给用户一个互联网平台，展现给用户信息交互界面，用户基于社交网络浏览和使用图书馆的服务完成了一系列的服务流程，并反馈了自身的信息，长期的用户交互行为促使这一社交网络图书馆的进步和发展[3]。

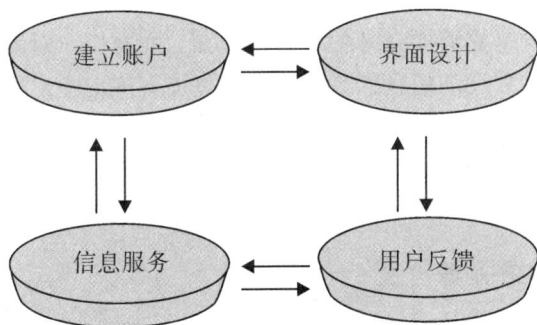

图 1　图书馆社交网络服务方式

2.1 提供账户，建立社会关系

图书馆为用户提供身份确认，用户通过注册账号，拥有自己的读者身份资料，在图书馆社交网络中建立了一个节点。图书馆的社交网络平台则为各个用户节点拓展其社会关系，用户可以在网络上找寻性别、年龄、兴趣爱好等各种标签下的相应用户，并加为好友或进行互动。

2.2 设计界面，提供社交平台

图书馆通过网络的认证建立出自身稳定的网络平台，发表信息内容吸引受众提高关注度，形成一个良性的社交网络圈。[4]用户在其中可以自由发言，一方面提高了关注度，另一方面有利于自身的改进。国内基于微博和微信的人数较多，而微博不仅有官方认证社交平台，还能建立读者俱乐部、新书专栏、专家推荐等各式平台，独特的设计界面和内容展示更能有效地宣传自身形象。

2.3 整合服务，打造泛在化服务

整合服务包括整合信息资源种类、整合信息传递方式和整合多元化信息活动。泛在化服务是指无处不在的服务理念，图书馆服务的泛在化打破了传统的时间空间限制，用户无论在何时何地都可以获得图书馆的服务。泛在化服务是社交网络服务的理想服务状态，社交网络本质上依托互联网存在的社会关系，也是一种服务手段和方式，它是泛在化服务的基础。[5]

信息的种类包括了文本和影音以及互联网外链网址，用户在社交网络平台上可以收藏自身感兴趣的资源，撰写读书笔记和提出相关建议，并将这些资源以链接的形式分享出来，其他读者可以通过链接进行浏览和下载。图书馆针对用户的这一行为为其增添个性定制服务，建立多渠道 API 网络应用，读者可以分门别类为自己的兴趣贴上标签。例如"我的图书馆""读过的书""正在读的书"和"想读的书"，这些标签既方便自身的浏览，也为其他社交用户提供了参考。[6]

信息传递方式由读者通过网络主动获取或社交平台为读者开展信息推送。图书馆通过社交网络将图书馆开放时间、图书馆借阅规则、最新书籍资源介绍等信息通过社交网络进行推送，发送的形式包括了文本推送、语音推送和视频推送，使得读者对图书馆的管理模式和服务内容有着精准认识，有效地吸引用户利用社交网络进行图书馆相关服务活动。

多元化的信息活动可以通过话题讨论的形式来吸引用户，例如以美食或者摄影的主题聚合兴趣爱好相同的用户，增加用户黏性。图书馆利用社交网络开展专题活动，例如热门时政讨论。

2.4 用户反馈，改进图书馆服务

用户通过使用社交网络能够加强对图书馆的认知，同时用户对图书馆的关注度也能随之提高，网络的特性使得用户反馈信息顾忌较少，能更加直观地指出存在的问题，有利于图书馆下一阶段的服务改进。图书馆的服务改进方式可以多元化，除了软件和硬件的提升可以加强服务质量，通过信息技术例如 VR 虚拟现实等满足读者全方位需求，增强服务饱满度。

3 图书馆社交网络服务价值

3.1 扩大图书馆读者群

社交网络深受年轻人的青睐，年轻读者对新生事物接受能力较强，并愿意将时间投入其中，图书馆通过社交网络建设可以有效地缩短和年轻读者间的距离。社交网络拓展了图书馆读者的交友方式，而读者之间的互动加强并不局限于书籍，可以是共同的音乐、明星、体育赛事等兴趣点。共同标签下的用户形象往往有着相似性，这更方便了用户的线上线下交友。图书馆的社交网络可以将图书馆信息有效地聚合，信息聚合考虑到了用户需求，将同类别的信息作为专题，方便用户的查询和浏览，也便于评论者互相沟通和传递信息。[7]

3.2 打造个性化图书馆

图书馆可以通过网络为读者定制服务，打造用户的个性化空间，对于图书可以作开放式书评，同时开展互助式问答。读者通过账户进入自己的社交网络平台之中，能快速显示出上

次浏览的书籍、哪些用户访问过，可以看到其他读者的留言或者交友信息，加强了用户之间的互动性。通过个性化来聚合相同标签的用户，增加了用户对图书馆社交的黏性，在工作生活之中增加了阅读的比例。[8]个性化图书馆的方式也方便了自身价值定位，不同阶段对知识的需求也不尽相同，有效地使自身的兴趣和需求相结合。

3.3　实现交互式学习

图书馆通过微博传播知识和分享图书，建立多维虚拟图书馆服务和更人性化的信息推送。图书馆自身则是为人们提供更多文献信息资源的场地，由于读者在图书馆内处在被动的一面，欠缺共同的兴趣。通过微信、微博等社交网络平台，图书馆能够持续探寻出良好的交互式学习分享方式，能够将各馆际相间、所有用户相互间的电子资源进行共享和互借。所有图书馆中的馆藏资料能够随时上传到网络，读者也可在最快的时间里通过社交网络掌握信息，找出自己需要的电子版期刊，且把这些信息与他人分享。并且，还能通过社交网络进行学术方面的研讨及传递，令更多人掌握图书馆的发展情况，以此提高认识问题和理解问题的能力，令知识更加丰富，提高读者的素养。并且，社交网络的运用还拓宽了学习氛围，令读者能够勇于畅谈，产生兴趣，勇于表达自己的意见，并在群体网络中进行分享。[9]如图 2 所示，图书馆运用社交网络实现用户和图书馆之间的需求分析和知识共享，从而达到信息传递。

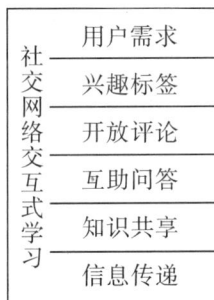

```
社  ┌─────────────┐
交  │   用户需求    │
网  ├─────────────┤
络  │   兴趣标签    │
交  ├─────────────┤
互  │   开放评论    │
式  ├─────────────┤
学  │   互助问答    │
习  ├─────────────┤
    │   知识共享    │
    ├─────────────┤
    │   信息传递    │
    └─────────────┘
```

图 2　社交网络交互式学习 SmartArt 表

3.4　提升馆员综合素养

综合素养包括媒介素养、心理素养和社交素养等。馆员应掌握基本的新闻理论，包括新闻传播的基本规律和各类传媒的运作理论。在发言中运用新闻报道的采写技巧，辅以网络群体喜闻乐见的用语，可以有效提升受众对图书馆社交账号的黏度。[10]相关社交技巧的培训可以提高馆员应对危机的心理素质，及时疏导心理压力。由于在社交网络应用的图书馆管理中，不可出现任何差错，因此需要馆员具备积极的奉献精神，做到爱岗敬业，注重提升自身的综合素养。

4　图书馆社交网络服务创新

4.1　加强数据分析，构建个性化平台

通过大数据的建设，加强图书馆网络数据处理能力和分析能力，充分利用图书馆社交网络中用户的相关数据，分析用户的潜在需求，包括用户的知识水平、阅读倾向、阅读时间分布、阅读方式种类等行为特征。针对用户的差异性，图书馆可以打造个性化阅读平台，为用

户推送其感兴趣的书籍，建立兴趣相同的社交网络圈。

4.2 建立知识服务，打造社交生态链

图书馆可以通过社交网络提供二手图书交换服务，读者会员发布可用于交换的图书信息，通过换书结交书友，分享阅读心得和知识，增加读书的乐趣。馆员发帖记录日常工作、学习、活动的情况，如参加业务讲座和读书活动的感受，介绍图书馆采购流通流程、共享工程光盘整理等业务，提出在服务读者中遇到的问题，推出的服务新举措，媒体对图书馆的关注等。读者会员也会回帖呼应互动，进行评论、发表看法，或鼓励赞扬，或提出中肯建议，形成良性互动的生态链。

4.3 推广品牌活动，塑造图书馆形象

图书馆通过社交网络推行的品牌主题活动以及吸引同质读者的线下活动，有利于塑造自身的形象。例如，清远图书馆举办的电影活动，深受观众的喜爱，每周电影的选片和下期电影预告成为用户一大期盼。用户通过微信公众号留言可以提供自己想要观看的影片名字，多数用户对时间的选择可以方便图书馆指定观影安排。

参考文献

[1] 周应波．基于 SNS 的数字图书馆用户体验研究［D］．武汉：华中师范大学，2013．

[2] 陈伟，汪琼．社交媒体与图书馆合作发展研究［J］．图书馆工作与研究，2014（4）：4-7．

[3] 邓志文，都平平，秦丽，等．面向社交网的图书馆信息主动推送方法研究——以"人人网"为例［J］．图书馆杂志，2015（3）：84-89．

[4] 杨建永，张成波，邹宇瑞．关于图书馆社交网络（Lib-SNS）构建的研究［J］．图书馆学研究，2010（15）：27-31．

[5] 张月英．基于社交网络的民间图书馆泛在化服务调研与分析——以豆瓣网为例［J］．图书馆理论与实践，2015（1）：63-69．

[6] 郑学艳．社交网络在图书馆中的应用及思考［J］．新世纪图书馆，2013（4）：19-22．

[7] 杨建永．图书馆员对社交媒体应用的困惑与思考［J］．图书馆界，2016（1）：31-34．

[8] 谷安宁．社交网站在图书馆服务中的价值研究［J］．晋图学刊，2013（4）：15-18．

[9] 张希平．关于图书馆与社交网络的设想［J］．普洱学院学报，2013（6）：111-112．

[10] 刘庆麟．探讨社交网络发展对图书馆的影响和应用价值探析［J］．电子制作，2016（12）．

以人为本

——图书馆服务创新发展方向

许小颖①

（肇庆市图书馆　肇庆　526020）

摘　要：本文以肇庆市图书馆为例，分析图书馆读者服务创新发展方向——以人为本，探讨以读者需求为中心的服务模式。

关键词：图书馆　服务发展　以人为本

引言

服务是图书馆存在的理由，无论是传统图书馆还是数字图书馆，服务始终是图书馆不变的宗旨，而搞好服务发展的方向在于以人为本，以人为本是图书馆事业蓬勃发展的动力。以人为本、用户第一的观念是图书馆精神的精髓，是图书馆服务的宗旨，是服务工作活力之所在。

1　服务观念的转变和更新

图书馆要实现服务创新，首先是图书馆服务观念的转变和更新。在图书馆信息服务中要转变观念，使图书馆服务从封闭走向开放，从被动走向主动，从单一走向多元，从限制用户走向面向用户、方便用户。图书馆的服务理念必须实现从以书为本向以人为木的转变，要把读者的需求作为工作的出发点，开展多种形式的服务，形成以读者需求为中心的信息服务模式。

1.1　细节决定成败

图书馆以人为本地为读者提供各种优质服务体现在细节上。商场的试衣间里通常有"别让衣服弄花了您的妆容"等温馨提示话语，其目的在于提醒顾客试衣时不要将口红弄到衣服上，但很少使用"严禁口红弄脏衣物"这样的粗暴语气。相同的目的，表达方式不同，给人的感觉就大不一样。同样，图书馆也可将那些硬性的、惩罚性的规定，转变为从读者的角度出发、体现人性关怀的话语，表达我们对读者的关怀和尊重。以肇庆市图书馆为例，2013年新馆中所有警示语以温馨提示为主，2014年开始免收押金，2015年开始免收滞纳金，向读者发送借还书提醒短信等，这些小细节都体现了以人为本的服务理念，并取得了很好的社会效果。

1.2　设计与服务应体现以人为本的工作理念

图书馆应将宽敞明亮的区域留给读者。图书馆馆舍无论新旧，内部布置都应当整洁、优

---

①　作者简介：许小颖，女，肇庆市图书馆助理馆员。

雅，富有文化气息。肇庆图书馆设在楼道、大厅及各入口处的各类标识和提示语都非常醒目，无论是楼层平面布局图、功能区域设置标识、各区域的馆藏内容和注意事项，还是"关闭移动手机""禁带食品"等提示语都让入馆者一目了然。除了集中的阅览区、计算机查询区外，肇庆市图书馆考虑到读者有时有集中讨论的需要，为日益流行的小组讨论创造了条件与氛围，同时方便读者进食、饮水和休息，还专门设立了"休闲小憩室"以及空中花园休闲阅读区。图书馆在一楼大厅设置总参考咨询台，各楼层的中厅大都设置了分咨询台，以便于为读者提供面对面即时服务。由图书馆统一印制的读者指南、利用介绍等宣传彩页置于咨询台旁，方便读者索取。

1.3 和谐是图书馆服务追求的理想境界

图书馆服务是图书馆与读者之间的互动，促进人与人之间的和谐是和谐图书馆建设的重要内容，馆员与读者、馆员与馆员、馆员与图书馆领导之间的和谐是开展创新服务的前提。馆员要站在读者的角度，根据读者需求特点，对读者提出的各种合理要求，馆员要积极有耐心地想尽一切办法予以满足，充分利用每年的读者座谈会、QQ 工作平台、微信公众平台等沟通机制加强读者与馆员之间的相互了解。馆员要相互理解、相互帮助，在一种融洽的氛围中为读者服务。图书馆领导要站在馆员的角度想问题，要关心馆员、理解馆员，馆员也要尊重领导、爱馆敬业，通过双方的共同努力，创造和谐的图书馆工作环境。

1.4 树立超市化服务创新理念

引入超市化服务创新理念对于现代化图书馆非常必要，也是切实可行的。图书馆超市化，是指读者凭一卡通进馆后，可以在各借阅区借阅各种书籍，一切服务自助。这种超市化服务能给读者带来轻松愉悦的体验，方便快捷。很多大学图书馆、公共图书馆引入超市化服务管理模式后，读者入馆率和书刊使用率有所提升，真正体现了"读者至上"的服务理念。任何读者都享受平等服务，最大限度地利用馆藏资源和满足自身信息、知识需求。

1.5 营造休闲阅读的环境氛围

1975 年国际图书馆协会联合会召开的图书馆职能科学讨论会认为公共图书馆的作用主要有 4 种，其中包括"提供文化娱乐"。图书馆提供的服务，应满足社会对文化娱乐、休闲的需要。当前，随着经济的发展和节假日的增多，人们有了更多的金钱和时间用于休闲，休闲文化越来越受到人们的青睐，成为生活的一部分。图书馆营造休闲舒适的环境氛围，有利于促使读书成为公众自觉自愿的文化行为。很多图书馆可能受经费限制无法在环境布置上过多投入，但是在有限的经费条件下，仍然可以"少花钱，多办事，办好事"。比如，肇庆市图书馆为青少年设了以绘本、表演为主充满卡通人物的"喜悦·空间"，为成年人设立休闲性的"空中阅读区"，为中老年设立以国学经典书籍为主的"国学馆"等，这些人性化的设置大受读者的欢迎。只要做一个有心人，就会发现即便一组色彩温馨、舒适休闲的沙发，也可以给人以宁静、闲适、放松的心灵享受，以亲和力和吸引力把读者留住。因而图书馆应积极改善阅读环境，营造温馨、舒适、清新、自然、优美的环境氛围，吸引更多的读者走进图书馆、利用图书馆。

2 服务弱势人群，体现人文关怀

利用网络等高新技术来推进盲人的无障碍交流，将会给广大盲人带来历史性的变化。图书馆作为信息储存和传播机构，帮助盲人便利地获取信息责无旁贷。公共图书馆还可以为残障人士送书上门，不定期组织盲人及残障人士参加讲座、参观、技能竞赛等活动。肇庆市图书馆每年都为这些弱势群体举办各类活动，贯彻公共图书馆面向全体社会大众的教育理念和服务宗旨，传递对弱势群体的文化关爱，如举办"盲人诗歌朗诵比赛"；为进城务工人员免费播放电影、组织文艺演出；为老年人举办免费培训班；为困难家庭子女举办免费课业辅导、技能培训；向外来务工人员子女学校赠送书刊；节假日还向弱势家庭子女赠送读书卡、儿童读物、文具；举办"图书馆半天游"活动等。这些措施可以使公共图书馆活动拥有广泛的群众基础，增强教育效果，使进城务工人员、困难家庭、老年人、残障人士等不同年龄、不同文化程度、不同家庭背景的读者都有机会参加各种文化活动。

3 利用新技术开发新的图书馆服务

24小时自助图书馆、自助借还书机、自助办证机、图书杀菌机等新设备的使用，不仅方便了读者，还降低了馆员的劳动强度，提高了图书馆的服务效率。随着现代信息和网络技术的快速发展，图书馆不仅可以开展网上实时交互式咨询服务，而且可以利用自身信息技术职业技能优势，对无序的网络资源进行充分组织、揭示和整合，开展网络信息导航服务。

3.1 积极开展人性化的参考咨询服务

参考咨询工作被认为是图书馆的核心工作之一，是图书馆服务的一大亮点，是图书馆员价值增值的体现。图书馆的参考咨询工作应该是集中体现图书馆服务功能的窗口，是图书馆深化服务内容、提高服务层次的前沿工作，它的目标是使读者的信息吸收能力与知识素质全面提高，能够充分利用图书馆。在网络环境下，读者不再满足于检索所得的文献线索和众多原始文献，而是希望获得经过分析加工后的综合的增值信息产品。所以图书馆信息服务人员要根据读者的需求，对网络信息进行深层次的信息加工，特别要重视二次文献、三次文献的开发利用，注重提高信息产品的含金量，使读者在最短的时间内获得最大的信息量，为读者节省信息费方面的支出，达到信息增值服务的目的。

3.2 图书馆服务应适应各层次读者的需求

针对少儿读者可以开展故事会等活动吸引他们参与图书馆的活动。肇庆市图书馆的品牌活动"少儿周末故事会"三年来举办100多场，每场参加人数都超过200人；少儿读书会两年间也举办了50多期，同样广受少儿读者的欢迎。针对老年读者，肇庆市图书馆2014年开始举办了"乐龄书友会"，至今共举办了20多期，参加活动人数有3 000多人次，活动主题有"冬日送暖，亲情敬老"、"游美丽肇庆"特辑、"正在慢慢消失的肇庆老街"、"图书馆半日游"、"一身正气，两袖清风"游包公文化园、分享怀旧电影的乐趣等。由于活动内容充分结合读者的需求，所以深受老年读者的喜爱。此外，还有适合中年人的道德讲坛等。这些活动都是根据不同层次读者的需求量身打造的，都是非常成功的例子。

3.3 重视对读者的个性化服务

图书馆的读者存在着年龄、性别、职业、需求等许多方面的差异，存在各自的个性化信息需求，因此，读者服务工作绝不能千篇一律，而应该有针对性地采取不同的服务策略满足不同个体的需求。具体而言，个性化服务就是在读者个性需求和信息使用习惯分析的基础上，向读者提供适应个人心理和行为需求的一种读者服务方式。个性化服务是"以人为本"在读者服务中的真正体现，它能激励读者的信息需求，促进读者进行有效的检索、获取和利用信息，保障读者信息检索利用的针对性和有效性。

3.4 图书馆应走出去，主动寻求读者

国外许多图书馆会主动上门为读者提供服务。当然国内有些图书馆尤其是高校图书馆，现在也开始提供一些这样的服务，如"主动到院系为师生开设讲座""以点带面，走进社区，积极开展共建基层图书室、社区图书室，推广读书活动""走进学校，宣传图书馆"等，这些都是很好的尝试。

4 结语

面对新技术的飞速发展以及读者群体特点、需求的不断变化，国内图书馆的读者服务必然要随之发展、创新。图书馆创新的目的，就是保证图书馆与时俱进，推动图书馆的发展，使图书馆更好地融入社会，服务于社会。因此图书馆创新要紧紧围绕图书馆的内容和发展需要，除旧革新，从"以人为本"服务理念出发，进行服务创新，不断地自我完善、自我更新，这样才能充分发挥图书馆自身的优势，持之以恒地加强建设，拓展服务网络，提高服务能力，才能增强其应变能力和竞争力，与整个社会共同进步、共同发展，并为建设和谐社会、学习型社会做出更大的贡献。

参考文献

［1］黄宗忠 . 论图书馆创新［J］. 图书馆论坛，2010（6）：1 - 4.
［2］邓碧侠 . 论服务创新与和谐图书馆建设［J］. 管理学刊，2010（1）：104 - 106.
［3］郁丽玲 . 论以人为本开展图书馆服务创新［J］. 科技情报开发与经济，2009（8）：86 - 87.
［4］田春艳 . 以人为本服务创新［J］. 科技报开发与经济，2008（28）：52 - 53.

（本文已发表于《决策与信息》2016 年第 6 期）

大数据时代高校图书馆
自主学习云平台建设研究

蔡　焰①

（韶关学院图书馆　韶关　512005）

摘　要：大数据时代，利用云计算建设高校图书馆云平台已成为时代发展趋势。本文叙述了云计算、云服务模式及构建云平台的需求，分析了大数据时代高校图书馆建设云平台的可行性，并探讨了高校图书馆云平台的构建策略与实现途径问题。

关键词：大数据时代　高校图书馆　云平台

当前，人类已经进入了大数据时代，通过分析大数据之间的关系，我们可以做出更加科学、合理的决策。高校图书馆中的数字资源是海量的，借助当下流行的云技术构建自主学习云平台，将会为用户提供更好的学习环境和信息服务，对于促进本校的人才培养、学科建设以及产学研合作影响深远。因此，探讨如何利用云技术构建高校图书馆自主学习云平台有着非常重要的意义。

1　浅析云计算、云服务模式以及云平台构建需求

1.1　云计算

大数据时代，人们需要处理的数据和信息越来越多，显然传统的处理方式已跟不上时代的潮流、无法满足人们的处理需求，此时，云计算应运而生。所谓"云"指的是计算机群，每一个群中有几十万、甚至是上百万台计算机，而云计算是分布式计算（Distributed Computing）、并行计算（Parallel Computing）和网格计算（Grid Computing）的进一步发展，它会把网络中的可伸缩 IT 计算资源、大量的计算机以及储存设备上的计算和动态聚集在一个虚拟的资源池上，并把它们自动拆分成多个子程序，然后由多台服务器经过搜寻、计算与分析之后利用 Internet 将处理后的结果反馈给系统用户[1]。云计算是一种虚拟的数据中心，它由虚拟技术构建，提供该项服务的人通过云计算可以在数秒之内处理完数以千计乃至亿计的计算和信息，完成高效能的网络服务。简单来说，云计算是一个商业演化版的网格计算，根据系统用户的需求，通过网络为用户提供一种可动态伸缩的较为廉价的计算服务。

1.2　云服务模式

在云计算下，图书馆的云服务模式主要有 IaaS、PaaS 以及 SaaS，也就是基础设施即服

---

① 作者简介：蔡焰，女，副研究馆员，韶关学院图书馆技术部主任。

务、平台即服务以及软件即服务三种模式。其中 IaaS 平台是建立 PaaS、SaaS 平台的基础，也是后两种平台开展云服务工作的先决条件，它主要由一些硬件设施组成，如数据传输网络、数据存储设备、内存资源以及云图书馆数据中心虚拟服务器等，它可以为 PaaS 和 SaaS 平台服务模式、云图书馆虚拟化管理等提供海量存储、核心计算以及网络传输等服务[2]。利用虚拟技术，IaaS 把各种云资源抽象化，虚拟成一个资源池，从而实现对云资源的统一管理，这种统一化的资源管理可以为用户提供智能化、自动化、动态化以及高效化的资源分配服务，也便于云用户对资源进行管理。这种虚拟的、统一的云资源管理方式可以大大地提高云服务质量以及云资源利用率，同时降低使用成本，完全按照云用户的需求提供个性化的云服务。

PaaS 平台是在 IaaS 平台之上建立起来的，为软件开发人员、读者以及图书馆管理员提供一种智能化、自动化的软件开发平台，并且这种开发平台是在云计算环境下搭建形成。只要付费购买 PaaS 平台服务，云图书馆应用系统以及个性化服务软件所需要的各种托管环境、开发、设计以及测试都由开发人员来提供，并由此完成阅读服务活动以及阅读应用软件的设计、测试和部署，不需要对底层硬件基础设备的搭建给予太多关注。

不管是在 IaaS 平台上还是在 PaaS 平台上都可以构建 SaaS 平台，相对于 IaaS 平台和 PaaS 平台来说，SaaS 平台的安全性和可管理性是比较高的。SaaS 服务在 IaaS 服务商的支持下可以提供私人订制的服务，而且 SaaS 平台中的软件可以实现自动升级，不过它是以用户的兴趣和需求为先决条件。SaaS 服务平台的效率、安全性以及经济性在不受到影响的前提下，可依据读者云应用服务需求修改、删除、重组以及扩展其中有关的软件结构和系统组织，有非常强的可移植性和可扩展性。SaaS 服务平台的这种特性不管是在购买、使用还是在维护和升级方面都极大地降低了其成本。

1.3 云平台构建需求

1.3.1 云平台系统性能和评估需求

数字图书馆中，建设和运营云平台的基本要求就是安全、高效，且经济实惠。基于此，在建设云平台伊始应对相关的方面进行评估，包括云图书馆的用户群体数量、资源使用量、阅读需求、服务高峰期的数值以及安全隐患和安全维护等，以此来选择最好的服务系统对象进行云化及最优比例分配，以保证不管是响应速度还是投资收益率，云系统都是最优的。除此之外，对于将来云服务模式的扩展方向、云阅读活动量以及云资源的需求量等都要有一个准确的预测，以便当下所有的服务平台设施资源与应用软件的未来扩展预留模块和系统实现无缝对接。同时要加强服务质量和传统云服务平台在可用性方面的探究和评估，以便传统的数字图书馆在迁移到云计算环境过程中有理论支持和理论依据[3]。

1.3.2 云平台科学性和便捷性的架构需求

云图书馆服务平台的使用需求为性能高、可用性强、安全可靠、用户群体广泛，所以应把其科学性、易于扩展性、开放性以及支持多协议考虑到云平台的设计和建设中。云服务平台中，它的主要用户群体为云图书馆的管理员、云读者、云服务提供商以及开发商，所以服务平台在其基本功能实现的同时，还应具备系统功能的无缝集成、高效率的虚拟管理以及模块化的服务设计等功能，以便满足云用户的服务需求及其将来的功能扩展需求。同时云系统不管是在用户访问方面，还是在处理、传输数据方面，其控制功能都必须良好，以便服务平台可以智能化、自动化的把过多的任务分配到多个实体上去，以减轻一些实体的负载，实现负载平衡。

1.3.3　安全性、可靠性以及个性化服务功能需求

相比于传统的数字化图书馆，云计算环境下服务平台的系统结构更加复杂、自身不稳定因素增加、外界安全威胁系数提高，所以有很高的用户安全要求，再加上云平台改变了传统的数字图书馆的安全环境和服务模式，原有的防御系统和安全措施对于云图书馆中存在的安全问题来说有点"螳臂当车"[4]。而且云图书馆中的核心数据决定了云用户享受云服务的安全性、可靠性、保密性以及不间断性，所以在保证云系统运营效率的基础上，能否有效提高用户身份认证、服务数据、操作系统的鉴权和加密级别也是保证云服务平台安全性的重点问题。同时在建设云服务平台时，应重点加强高效计算和处理海量数据的能力，考虑不同云读者的需求，加强平台个性化的服务功能，同时根据云平台的服务对象以及任务特点合理分配IP地址资源和数据传输宽带，以保证云服务系统的协调、安全与高效[5]。

1.3.4　云平台智能化、自动化水平需求

在云平台的服务过程中，是否能够快速搭建以及配置服务平台影响着云平台的服务能力和云资源调度性能，同时它还影响着云资源以及云系统的利用效率和管理水平，所以要提高云服务和云资源智能化、自动化管理以及配置水平，以保证云平台可以把所需的服务环境快速搭建起来，并及时回收利用云资源，从而使云资源得到充分利用，并在云资源需求繁多的时期对其进行合理分配。此外还要考虑到云资源的消耗问题，可根据云平台的实际情况尽可能地降低云资源的消耗量并制定既能降低成本又能使之高效运行的管理策略。对于规模比较小的云架构以及比较简单的云服务，可以以Web界面为基础进行简单的管理，从而有效降低成本。但是如果规模比较大、比较复杂的架构与服务，可以先对云资源的需求量以及云资源的使用效率进行预测和探测，然后再利用虚拟技术实现云资源的智能化以及可视化管理，从而有效保证云平台处在负载平衡的状态。

2　当代大学生自主学习的需求分析

自主学习，是相对于传统的学习方式而言，现代化学习方式的学习主体是学生，一切都是学生自己做主，没有他人的介入、外界的干扰，通过阅读、听讲、观察、研究以及实践等手段让学生的学习方法、学习过程、知识技能以及情感价值等得到持续良好变化。自主学习是学生独立地通过分析、质疑、实践等方法来完成学习目标，它讲究让学生主动、快乐参与其中，培养学生获取信息和整理信息的能力、分析和解决问题的能力、团结协作的能力以及获得新知识的能力。如学生在进行学习活动之前就能确定学习的目标并依此制定学习计划，做好充分的准备，在学习过程中对自己的学习方法和学习进度有一个清醒的认识，并进行自我反思、自我调节，在学习活动完全结束后进行自我总结并改善自我学习方法，那么我们可以说这位同学是自主学习的。由此可以看出自主学习对促成大学生终身学习有非常大的影响。但是当前大学生的自主学习现状却是不容乐观的。

首先是学习目标模糊不清。自主学习实质上是一个自我调节的过程，需要一个调节的目标，如果学生没有一个明确的学习目标，那么就不能对自己当前的学习状态有较为清醒的认识，也就不能够进行自我调节。因此学生要明确学习目标并以该目标为依据对自己的学习状态进行不断地调整。但是受传统教学模式的影响，目前很多学生不知应如何利用和支配闲暇时间，学习目标不明确。其次是自控力差。自主学习中，学生的自控力非常重要。网络技术丰富了教学方法、教学内容，也为学生进行自主学习创造了良好的环境，但也正是因为网络

技术，使得很多学生沉迷于网络世界不能自拔，影响了学生自主学习的动力和积极性。除了以上原因外，还有外在原因影响着大学生的自主学习，如教学模式、家庭因素等，尤其是家庭因素，当代大学生大都是 90 后且是独生子女，他们深受父母以及双方面祖辈的宠爱，使得他们娇气、依赖性强，自理能力和自主能力都很缺乏，不利于自主学习。

3 大数据时代高校图书馆自主学习云平台建设

3.1 云平台的构建策略

3.1.1 注重创新与功能整合

成功构建一个平台，首先设计理念必须是科学的、合理的，云平台的构建也不例外。应先对图书馆云平台的服务功能需求进行调研，并以此为依据制定一份包括云系统的功能、部署、安全以及结构等方面的详细设计方向，且都符合相关标准和规范，软件和硬件实用性和管理性强，先进性高。同时在设计云平台时，要注重服务数据、基础设施资源、应用服务以及云资源的管理和交付，以便云资源有一个统一化、标准化的管理模式，从而有效提高云平台的服务质量与效率。当然还要加强云程序的灵活性以及云平台服务功能的可控性，以使云系统及其有关程序的开发过程和运维过程得到大大的简化[6]。

3.1.2 重云平台的安全与高效

云平台的应用安全性以及系统拓扑结构是有效提高其安全、高效运营的基础条件。首先根据云读者阅读的安全需求、图书馆云系统的结构特点、云环境下存在的不安全因素以及将来可能会面对的安全威胁等要素，设计相应的防御体系和解决措施，以提高云平台自身系统的安全指数。其中包括建立防病毒软件、硬件防火墙、入侵检测系统以及安全网关等，以提高云数据的流量检测水平和防御水平。此外，应根据三种平台不同的特点和安全需求对其实施封装和隔离，以实现数据安全交付标准和不同服务模式模块接口的规范，从而简化云图书馆服务模式的安全管理过程。当然还要注意定期对云图书馆技术人员进行安全培训，以提高技术人员队伍的安全意识以及技术水平。

3.2 系统功能模块架构

当前云计算技术非常受青睐，在各行各业中应用广泛，是时代发展的趋势，因此可以在云计算的基础上构建云自主学习平台。云计算技术下的自主学习平台，不但可以实现学习资料、教学资源的共享，还能够为学生的自主学习提供个性化服务。云计算技术为多用户提供了实用软件，并提供了超大储存量、共享的计算能力，而且它还能够统一维护和升级这些应用。云计算下构建的网络自主学习共同体是以使用者间的合作互动为基础，有利于调动学生的学习积极性，加强彼此之间的互动交流和学习资料共享，为学生进行自主学习提供一个良好的网络平台。在设计自主学习云平台时，可以在 Google Chrome OS 以及 Azure OS 等这些已有的云操作系统基础上进行。云操作系统中，把各类资源进行虚拟化管理，以便对这些资源存储、动态调度以及其他的服务。此外，因其中的计算节点和底层网络是透明的，极大地降低了使用成本和设备要求。

3.3 自主学习平台功能模块分析

一般情况下，自主学习云平台上的主要功能模块包括四个方面，即学习模块、专题学习模块、测试模块以及沟通交流模块。其中学习模块指的是教师把教学资料、参考资料、讲课内容或者讲课课件上传到该模块中，便于学生自主学习；专题学习模块指的是学生自主学习时，可以根据自己的实际情况进行有侧重点的学习，以提高综合成绩；测试模块指的是教师在题库中根据考核的内容随机抽取题目形成试卷，或上传电子试卷，对学生进行测试，以便教师掌握学生的学习情况；沟通交流模块主要是以论坛的形式，师生可以通过电子邮件、视频以及留言板等进行沟通交流，方便师生之间的学习，同时让学生的疑惑得到及时的解答[7]。

4 结语

大数据时代下，数据的应用方式有了一个全新的变化，原有产业不断升级，新产业不断诞生，同时也在不断地改变着我们的科研思维与科研方法。高校图书馆向来与信息产业焦孟不离，应走在时代前沿。利用云计算构建的自主学习平台，不但最大程度地实现了资源共享，还可以让用户在一个更加轻松便捷的环境中享受个性化与多样化的服务。自主学习云平台在让当代大学生自主学习、树立终生学习观方面有着无法撼动的巨大作用。

参考文献

[1] 李建伟.基于云计算的数字图书馆资源虚拟化与云服务应用探究——以高校图书馆为例 [J].嘉应学院学报，2013（7）：96 - 100.

[2] 马晓亭，陈臣.面向云计算的数字图书馆高性能云服务平台研究 [J].图书馆理论与实践，2013（5）：73 - 76.

[3] 何建新.大数据时代高校图书馆的数字资源共享策略探讨 [J].现代情报，2014（9）：101 - 104，110.

[4] 严潮斌，于国辉，段漉希，等.加州大学图书馆多平台云迁移策略研究 [J].图书情报工作，2013（11）：49 - 54.

[5] 王娟.云计算和大数据时代的地方高校图书馆构建与服务浅析 [J].科技情报开发与经济，2014（16）：67 - 70，72.

[6] 白才进，王红.建构图书馆的"云"时代 [J].图书情报工作，2009（23）：61 - 64.

[7] 李路.高校图书馆大学生自主学习平台构建研究 [J].中国成人教育，2015（2）：68 - 70.

阅读推广

从阅读推广模式发展看城市儿童阅读的变迁

——以广州少年儿童图书馆为例

李慧敏①

（广州图书馆　广州　510623）

摘　要： 少年儿童图书馆，是儿童成长过程中进入正式基础学习阶段、培养自主阅读习惯、读有益书和有效书的重要载体，它承担着城市儿童社会教育的重要职能，以及引导和培育儿童对学习和知识的兴趣，将快乐阅读理念植根于儿童成长全过程的特殊功能。本文以广州少年儿童图书馆阅读推广模式的发展历程为例，分析儿童阅读的发展与变迁，建议城市少年儿童图书馆阅读推广模式进行创新发展。

关键词： 广州少年儿童图书馆　阅读推广　少年儿童

导言

《中国百科大辞典》对儿童图书馆的定义是："以少年儿童为读者对象的图书馆，向少年儿童提供思想、文化、科学知识教育的社会机构。"[1]少年儿童图书馆（以下简称"少儿馆"）是儿童素质教育和阅读推广的主阵地，丰富的馆藏文献资源是儿童阅读的奠基石，少儿馆馆员是培育儿童良好阅读习惯的导读员。

在 21 世纪初，虽然我国经济建设发展较快，但是投入少儿馆运营管理和购书的经费仍然不够，馆藏文献资源增长速度缓慢；馆员的读者服务观念陈旧，按部就班，坐门等客，阅读推广方式单一；少年儿童对少儿馆性质、任务不了解，利用图书馆和主动阅读的意识淡薄，导致各地专业少儿馆的社会服务效能不理想，提升国民阅读率成为我国一个迫切的任务。[2]倡导全民阅读的关键是从娃娃抓起，通过读书激发他们的阅读兴趣，而营造最佳阅读氛围的场所是图书馆。儿童服务需要更多地策划和组织活动，才能激发他们对图书馆服务和阅读的关注，少儿馆有责任做儿童阅读推广活动的倡导者和践行者。少儿馆是城市儿童与书对话的重要场所和课外第三空间，策划组织丰富多彩的阅读活动能吸引更多孩子走进图书馆，与图书馆建立情感联系，从中吸取文化知识和提升阅读兴趣。

广州少年儿童图书馆（以下简称"广少图"）是我国副省级专业少儿图书馆，1996 年 6 月开馆，2015 年 6 月搬迁至广州图书馆旧馆，馆舍面积增加到 17 500 平方米。2015 年馆藏文献 385 万册（件），接待读者 133 万人次，外借文献 224 万册（件），在我国城市专业少儿馆的馆舍体量、读者访问量及外借文献量等指标上均名列前茅。本文从广少图阅读推广活动模式的发展来探讨城市儿童阅读方式的变迁。

95

①　作者简介：李慧敏，女，研究馆员，广州图书馆副馆长。

1 从静态向动态发展

1.1 静态的"走进图书馆"主题阅读推广活动

静态的"走进图书馆"主题阅读推广活动模式具有以下特点：一是图书馆概念和使用功能以讲座形式呈现，馆员讲给儿童听；二是儿童对图书馆馆藏文献资源和服务功能有初步了解，对如何利用图书馆有直观的认知；三是每场活动图书馆投入的人力、物力少；四是馆员授课采用传统的白板或黑板方式，互动少，形式比较单调；五是儿童接收图书馆的知识量较少。

案例：1996 年，广少图开馆不久，社会知名度不高，许多老师、家长和儿童对图书馆的概念一知半解，存在"图书馆有什么服务功能？""馆藏有什么图书，如何查找？""外借图书收费吗？"等疑问。为解答疑问和吸引更多孩子走进图书馆，广少图策划组织了"走进图书馆"主题阅读推广活动，由馆员担任讲座的老师，主要内容有简介《中国图书馆图书分类法——儿童图书馆（中小学图书馆版）》分类结构、图书馆功能布局、查找图书方法、办理借书证手续和借还图书的方法、参观各功能阅读室等。儿童们认真听讲，做笔记，参观图书馆，最后在阅览室自由选书读书，办理借书证（借书证需押金和工本费）和借书，该主题阅读推广活动提升了儿童对图书馆的认知度和利用率，极大地扩大了广少图的社会知名度。

1.2 动态的"走进图书馆"主题阅读推广活动

动态的"走进图书馆"主题阅读推广活动模式具有以下特点：一是图书馆的概念和使用功能采用听绘本故事会、文学赏析讲座，观看获奖文学作品改编的电影，观摩掌纹办证和文献检索及借还书等全自助系统等，成为特别的"图书馆探秘"之旅；二是根据儿童不同年龄、身心特点的阅读需求，有针对性地设计、开展灵活多样的推广活动；三是无论是文学作品赏析还是科普知识讲座或故事会，馆员采用声、光、电等先进科技手段进行展示和授课，儿童们在享受全新视觉冲击的同时，在欢声笑语中接受阅读的熏陶；四是儿童们对各主题馆的馆藏文献资源和服务功能有普遍的认知；五是儿童们接收图书馆的新知识和信息量较多；六是每场活动图书馆投入的人力、物力较多。

案例：2015 年，广少图策划组织广州市黄埔区深井小学 400 多名师生到馆体验动态的"走进图书馆"主题阅读推广活动。针对各年级学生的阅读心理特点，师生被安排进入各主题馆。一年级学生进入绘本馆聆听绘本故事会，并观看电影《你看起来很好吃》；二年级学生在港台馆观看电影《狐狸与我》；三、四年级学生在报告厅听文学赏析讲座，并观看获奖文学作品改编的电影《浪漫老鼠德佩罗》；五、六年级学生听馆员讲述英文绘本《我们要去抓狗熊》，观看由纽伯瑞儿童文学奖获奖作品改编的美国奇幻电影《仙境之桥》。下午学生们被安排在各主题馆自由选书、看书和借书。学生们在活动之后，对各主题馆功能、馆藏文献资源和读者自助服务系统有较全面认知，度过了充实而快乐的一天。

比较静态和动态的阅读活动案例，可以发现：阅读推广活动的动态模式比静态模式更有创造力和吸引力。观察广少图坚持 19 年的"走进图书馆"主题阅读推广活动模式，随着时代的进步、科技的发展、广少图新馆开放（办借书证和逾期还书全免费），儿童们的阅读需求和馆员服务观念更新、活动拓展等发生着巨大的变化，动态模式运用声、光、电等先进科技手段和新元素改变着传统阅读推广相对死板枯燥的静态模式，将传统活动项目推陈出新，采用各种方式动态地解剖图书馆服务功能，让儿童们的体验从"阅读"迈向"悦读"。与此同时，对活动策划者能力的要求也越来越高，馆员工作不是简单、重复的图书编目和借还，而是必须强化创新意识，努力学习新知识，深刻把握各年龄段儿童的阅读心理需求，策划针对性强和内容丰富的高质量的阅读推广活动。采用阅读推广动态模式后，每场活动参加的儿童人数众多，有效地引导了儿童走进图书馆和开启阅读之路，图书馆读者访问量和文献借阅量也因此而不断攀升，服务绩效显著。

2 从"读书"向"读人"发展

2.1 读书的"故事会"主题阅读推广活动

读书的"故事会"主题阅读推广活动模式的特点：一是推荐主题阅读系列图书目录，围绕推荐书目，开设"名著赏析""名画名曲欣赏""蝴蝶世界"等主题阅读推广活动，采用故事会或阅读讲座的方式开展；二是主讲嘉宾老师或馆员将精选图书先读深读透，理解它的内涵与外延，掌握核心内容，用生动通俗的语言、接近口语的形式进行讲授；三是创设轻松、快乐的故事会现场氛围，模拟故事人物和情景，激发儿童的好奇心和阅读欲望；四是把握时代脉搏，传播文化知识和信息陶冶儿童和家长的情操，同时传播科普知识，提升儿童对科学知识的兴趣，编织向往科学的梦想。

案例：2000年暑假，广少图策划组织"文学形象知多少故事会"主题阅读推广活动，每场活动参加者约30人。通过引人入胜的历史人物故事来吸引孩子们关注和阅读文学作品，人物故事有的由馆员讲给孩子们听，有的由孩子们自己讲给大家听，然后由馆员让孩子们给这个人物送上一个贴切的形容词，模拟故事人物的形象，让其领略了历史名著强烈的艺术感染力，受到思想情操的熏陶。通过演讲故事和提问互动，培育孩子们自主参与、主动思考、积极发言的意识和行为；《精彩史记故事》《古典戏剧曲精彩故事》等一批文学名作在馆员的推介下，吸引了众多孩子的喜爱，一个个生动的故事在儿童心灵播下了阅读文学名著兴趣的种子。

2.2 读人的"真人图书馆"主题阅读推广活动

"真人图书馆"（Living Library）概念源于欧洲丹麦哥本哈根，五位年轻人创立的"停止暴力组织"于2000年7月应丹麦罗斯基德音乐节邀请举办名为"真人图书馆"的活动，即现场出借75本"真人图书"与观众互动，宗旨是反暴力、鼓励对话、消除偏见，在观众之间建立友谊。[4] 2008年，美籍华裔图书馆专家曾蕾把"真人图书馆"服务理念带到中国。随着"真人图书馆"服务理念不断推广，我国高校图书馆、公共图书馆、社会组织等纷纷开展"真人图书馆"活动。

读人的"真人图书馆"主题阅读推广活动模式的特点：一是读"人"是一种全新的阅读模式，意思是将人"借"给读者，通过面对面交流，让读者领会"书"的深意，双方分享某段经历或想法；二是颠覆了图书馆只能外借文献资料的传统惯例，读者可体验把人作为"图书"进行"阅读"的乐趣，实际上是与活体"图书"的对话交流；三是"真人图书馆"邀请了不同领域具有典型特征或丰富人生体验的人作为"图书"让读者借阅，从而得到全新的深度阅读体验。

案例：2012年10月，广少图在广东省公共图书馆首创引入"真人图书馆"阅读推广新模式，在南国书香节上首次与读者见面，首选了三个家庭作为"真人图书"让读者借阅。

三个家庭各有特色，其中一个是把孩子培养得异常出色的"书香人家"（黄钰家庭），爸爸是专业技术人员，妈妈是小学老师，父母着重让女儿从小就体会到读书是一件快乐的事情。黄钰荣获了广州市第八届"羊城小市长"称号。"真人图书馆"家庭阅读专场借阅时间为35 分钟。每本"家庭图书"可接受 8 ~ 10 位读者同时借阅。主持人宣读了借阅规则，配合显示屏的 PPT 和视频播放介绍 3 本"真人家庭图书"的"书目"。每本"真人图书"都具有特色鲜明的"标签"，吸引了许多在网上预约报名及现场登记的读者争相阅读。9 名读者围坐于"真人家庭图书"前随意接受发问，"真人家庭图书"与借阅者进行"零距离"的交流和互动，分享自己对亲子教育、儿童性格培养和家庭矛盾处理等方面的经验和方法。读者争相"阅读"，踊跃提问，气氛热烈，读者们表示参加这样的阅读活动，贴近生活、受益良多。

比较"读书"和"读人"的阅读活动案例，可以发现："读人"比"读书"的阅读推广活动模式更具有阅读内涵、直观可塑性强、接地气贴近生活的特征，与"真人图书"直接对话交流、互动容易碰撞出思想火花。由此可见，图书馆的阅读推广模式随着社会进步，正在发生革命性的颠覆与创新发展。传统的读书"故事会"阅读推广活动注重的是从书本上提炼得来的知识，通过馆员或嘉宾老师的学习体会，再将图书的精华传授给孩子们，孩子们在有声状态中通过听觉来接受知识。虽然读书"故事会"阅读推广模式从早期"我讲你听"，完全属于单向的知识传递，逐渐发展到邀请孩子们参与互动讲故事和有奖问答及 PPT播放视频资料，较之前同类活动注入新元素，活跃了气氛，吸引孩子们全程投入。但无论是形式还是内容，仍缺乏多样性，创新点不多。读人的"真人图书馆"阅读推广活动突破了传统阅读推广模式，是集看、听、说的有机结合，通过真人讲述、读者提问的双向交流实现"图书"的阅读。由于每个读者所受的教育、工作和生活背景各异，对同一本"真人图书"有不同的理解和感悟，读活体图书比读纸本图书存在更大的个体知识结构、生活阅历和思维方式差异，"真人图书"具有广泛性、自主性、厚重性、双向性的特征，这正是"真人阅读"的独特魅力。广少图仿效的"真人图书馆"阅读推广模式吸引更多"真人图书"和读者加入，具有可持续发展的美好愿景。

3 从"规矩"向"混搭"发展

3.1 规矩的"羊城少年学堂"主题阅读活动

规矩的"羊城少年学堂"主题阅读活动模式的特点：一是它是广少图坚持多年的品牌阅读推广活动，以丰富的专题知识讲座形式呈现，开设有"有梦就念一万次""为孩子大声读书的乐趣与技巧""童绘园"等专题讲座；二是邀请的主讲嘉宾为著名作家、著名阅读推广人和老师等；三是活动时间均安排在每周六，通过图书馆网站、电话或馆内预约报名；四是主题鲜明，针对性强，个别嘉宾的宣讲还配有 PPT 播放，现场较活跃，但互动提问环节较短。

案例：2012 年以来，广少图携手广州市社会科学界联合会和广州市教育局等单位联合举办"羊城少年学堂"主题阅读推广系列活动，向儿童、家长和教育工作者普及社会科学知识，弘扬人文与社会科学精神。比如，2015 年 9 月，广少图先后邀请心理专家曾红、台湾绘本专家余治莹、我国阅读推广名家徐雁教授等知名专家学者开展了"阅读与梦想"和"看绘本写作文——让孩子爱上写作"等专题讲座，2 000 多名读者参加，吸引了众多媒体的关注和报道，提升了广少图的社会美誉度和影响力。

3.2 混搭的"立体阅读"主题阅读活动

什么是立体阅读？目前没有认识一致的概念，主要是将通过在教学中或图书馆开展阅读推广活动，拓展读者的阅读视野，或将一篇文章的前后文联动来理解，或将一个作者不同作品之间的交叉内容联动研读，或将作品阅读与动态表演结合在一起加深阅读者的理解和兴趣，这种集合多样化形式、多媒体结合、多时空切换方式的主题阅读引导平台称为立体阅读。[5]

混搭的"立体阅读"主题阅读活动模式的特点：一是将传统阅读服务拓展到全方位、多角度和多层次的读者活动；二是阅读内容多样性，有讲座、展览、沙龙、实地参观和动手体验等叠加；三是阅读活动主题丰富，从广绣、剪纸到粤剧、咏春拳等混搭项目，并配套"书目推荐—阅读沙龙—专家讲座—实地参观—动手体验"等混搭的系列活动；四是阅读方式从平面图书到立体实物，从平面阅读到立体阅读，体验另类的阅读；五是培育孩子们从阅读书本到亲手制作工艺作品，达到提升阅读内涵与收获手工艺术作品相结合的目的。

案例：2013 年 9 月以来，为传承和推广岭南文化，开启儿童阅读新模式，广少图与广州市非物质文化遗产保护中心携手举办"立体阅读：穿越历史——非遗就在我身边"主题阅读活动。先后举办广彩、古琴和咏春拳等 20 个主题活动共 84 场，推荐馆藏书目 382 册（件），每个主题的"立体阅读"都采用"书目推荐—阅读沙龙—专家讲座—实地参观—动手体验"五位一体的模式。活动先后邀请了国家和省市级非遗传承人：中国工艺美术大师韩艳、广彩瓷烧制技艺项目省级传承人许恩福、米机王咏春拳传承人王冬薇等到馆，向孩子们讲授各主题的历史、故事，手把手教他们学习刺绣、上彩，指导他们扎灯笼，穿戴粤剧戏服、甩一甩水袖、学一句唱腔等。在专家的指导下，孩子们亲手制作灯笼、剪纸和广彩陶瓷，并带回家与父母共同体验。这些新颖别致、生动有趣的知识是孩子们甚至是家长之前都从未接触过的，参加者有 5 500 多人，大家对相关主题的文化艺术有了初步的认识并萌生了深入了解的兴趣，同时感受到岭南传统文化艺术的博大精深。该品牌活动举办 2 年多来，广东电视台、广州电视台、广州日报等媒体报道达 74 次。

比较规矩和混搭的阅读活动案例，可以发现：混搭比规矩阅读推广活动更有艺术性、可塑性、亲和力和生命力，"立体阅读"活动模式"五位一体"，打破了图书馆传统讲座中规中矩的阅读推广模式，为读书活动注入了许多新概念，混搭了许多新方式。让孩子们通过书目推荐，了解馆藏文献资源；通过阅读沙龙，初步了解主题活动；通过专家讲座，进一步认识主题内容；通过实地参观，深入了解主题活动。授课专家老师还表演示范或手把手指导学生制作艺术作品，让孩子们体验动手的乐趣，让孩子和家长参观专题展览或工作室，最直观地感受"非遗就在我身边"。"立体阅读"系列活动新模式引导着孩子们把书本知识从平面向立体转变，并在浓厚的文化氛围和轻松愉快的学习气氛中增长知识、提高人文素养。

4 城市少儿馆阅读推广创新发展思考

4.1 运用法规推动全民阅读新常态

在新时期，如何破解"阅读危机"，改变民众不爱阅读的现象，是关系到整个民族阅读文化生活和国民素质的重要问题。2016 年 2 月，国家新闻出版广电总局下发关于《全民阅读促进条例》（征求意见稿）公开征求意见的通知。2015 年 5 月，广州市颁布实施《广州市公共图书馆条例》，提出"每年四月为广州读书节""公共图书馆应当通过推荐优秀读物、组织读书会、开展阅读辅导等形式，面向社会公众，重点面向儿童和青年倡导、推广阅读。"这些法律法规为公共图书馆开展少年儿童阅读推广服务提供了政策依据和制度保障，特别是为城市专业少儿馆开展少年儿童阅读服务创新提供了法律基础。我们看到，从国家到地方，政府越来越注重建立促进全民阅读的长效机制，尤其重视建立向少年儿童开展阅读推广服务的保障机制。因此，城市专业少儿馆肩负着指导少年儿童开展阅读活动的教育职责，充分发挥馆藏文献信息资源丰富和人才队伍专业能力强的优势，针对不同年龄、不同阅读心理和阅读需求的儿童，努力探索和创新阅读推广新模式。培育儿童养成阅读良好风尚和习惯，对他们成长的影响将是全方位的、终身的，将带来巨大的人格成长和道德进步，使阅读成为儿童生活的重要组成部分。[6]

4.2　整合社会资源打造阅读推广新平台

城市专业少儿馆在策划组织实施阅读推广活动过程中，越来越离不开社会组织和机构的优势资源和力量，越来越体现出社会合作的必要性和重要性。例如，广少图坚持承办了37届的"羊城之夏"青少年暑期系列品牌活动，就是与广州市教育局、广州市关心下一代工作委员会、广州市文化广电新闻出版局等机构合作成功的案例，不断提升青少年阅读推广活动的社会影响力。少儿馆除了与政府有关单位合作外，还要加强与新华书店、出版社、博物馆、文化馆、科技馆、新闻媒体、作家、画家、阅读机构等社会力量的交流融合，借助其优势资源，博采众长，为品牌阅读推广活动增添活力，为书香社会的构建打下坚实的基础。

4.3　注入科技元素，拓展阅读推广新空间

随着多媒体发展，阅读媒介从纸质图书向电子图书发展，从平面阅读向立体阅读发展。广少图阅读推广活动模式从静态向动态发展，从读书向读人发展，从规矩向混搭发展。这表明少年儿童阅读需求和阅读方式发生着巨大变化，这是社会转型升级对少儿馆的阅读服务提出改革发展的要求，只有不断创新，少儿馆才能可持续发展。2011 年 8 月，国务院颁布《中国儿童发展纲要（2011—2020 年）》，提出"培养儿童阅读习惯，增加阅读时间和阅读量，90% 以上的儿童每年至少阅读一本图书"。这对少儿馆阅读服务提出了更高目标。阅读是儿童最基本的文化权利，也是最为普遍、最为持久的文化需求。少儿馆阅读推广服务任重道远，服务方式和手段创新都离不开互联网和多媒体等科学技术。阅读是一个人从小就应掌握的能力，通过吸纳科技新元素打造阅读推广活动新空间，希望能培育儿童形成多元阅读习惯，以拓宽孩子们阅读的广度，迈进乐趣化的阅读世界，广播"读书种子"，这是少儿馆在促进全民阅读中的重要担当。

5　结语

比较分析广少图阅读推广活动案例，可以清晰地看到阅读推广模式的发展和城市儿童阅读的演变。促进全民阅读既要有法律法规保障，也要有政府和图书馆及社会各界机构携手推进，更需要与科学技术融合。少儿馆阅读推广的价值在于阅读服务要做到丰富多彩、形式多样化，以吸引不同年龄、不同家庭背景、不同智能水平与个人能力、不同兴趣爱好的孩子都能积极参加。假若阅读推广活动方案的策划者能多一些锐意进取和精准设计，更贴近实际的阅读需求，就能让少年儿童通过阅读获得更多的知识和快乐，使阅读成为提升城市文化软实力的重要力量。

参考文献

[1] 中国百科大辞典编委会．中国百科大辞典［M］．北京：华夏出版社，1990．

[2] 儿童图书馆服务发展指南［EB/OL］．［2016－07－25］．http：//wenku．baidu．com/view/ded6eb19e8 b8f67c1cb954．html．

[3] 黄洁，陈慧娜．我国少儿图书馆研究［M］．北京：国家图书馆出版社，2015．

[4] 杨彦嫦．真人图书亲子共读在少儿图书馆的实践与探索——以广州少儿图书馆为例［J］．四川图书馆 学报，2015（1）：34－37．

[5] 黄忞．基于RSS的图书馆立体阅读服务系统研究［J］．上海高校图书情报工作研究，2014（1）：45－47．

[6] 李慧敏．从第75届国际图联大会看多途径促进阅读模式［J］．图书馆学研究，2011（2）：62－65．

论公共图书馆儿童阅读服务向街镇延伸

冯 莉①

(广州图书馆 广州 510623)

摘 要：推广儿童阅读是培养终身阅读的起点，公共图书馆可将推广资源向街镇图书馆延伸，结合街镇图书馆的便利交通和人文氛围，实现儿童阅读由点到面的辐射性推广，使图书馆的读者群规模进一步扩大，图书馆的活力与发展空间进一步增强。

关键词：公共图书馆 街镇图书馆 儿童阅读 推广

引言

《广州市"图书馆之城"建设规划（2015—2020）》对常住人口少于十万的镇（街道）图书馆馆舍面积、馆藏纸质信息资源、年均新增入藏纸质信息资源、每周开放时间都做了相关的规定。街镇的分布按城市地域进行划分，其特点是规模小、数量多、覆盖面广。其服务对象是附近居民，服务模式较一般公共图书馆而言相对简单，通常设立咨询台、书刊阅览等服务[1]。从街镇图书馆的特点和服务对象来看，儿童阅读也应被纳入其工作范畴。虽然街镇图书馆的硬件设施无法与一般的公共图书馆相媲美，但是为儿童服务的意识需要与其接轨。公共图书馆应该考虑点面结合，将针对儿童读者群的服务方式向街镇图书馆延伸，通过各种形式，将儿童阅读推广模式与街镇图书馆的优势相结合，促使更多儿童从小爱上图书馆，爱上阅读。

1 街镇图书馆在开展儿童阅读服务中的特点

相对于大型的国家、省、市级图书馆而言，街镇图书馆具有规模小、数量多，读者群体单一，入馆人数少等特点，为开展儿童阅读推广活动带来有利条件。其中最大的优势就是与街镇读者的贴近性，读者群体基本是在附近居住的街镇居民，读者会对此产生强烈的归属感，因而对于街镇图书馆会有较高的认可度。

1.1 交通便利

从读者的角度来说，图书馆能否体现贴心周到才是他们最关心的问题。公共图书馆在设施上和管理上应重视每个读者的个性，从人性化的角度出发。街镇图书馆一般建立在人口密集的区域，数量多，读者从家到图书馆通常只需要短暂的路程，对于带着儿童的家长来说，交通便利增强了图书馆的吸引力。

---

① 作者简介：冯莉，女，副研究馆员，广州图书馆亲子绘本阅读馆业务主管。

1.2 有充足的空间和时间资源

省、市级大型公共图书馆向社会全面开放，读者入馆量和文献流通量很大，且读者群体复杂，需开放更大的空间供读者阅读，图书馆员的大部分时间需投身到文献服务工作中。相比之下，街镇图书馆的读者一般都是生活在附近区域内的居民，人流量相对少，且群体来源与身份简单，街镇图书馆有充足的空间为儿童定期举办讲故事、手工制作、播放公益电影、开展公益讲座等阅读推广活动，图书馆员也有更充足的时间与精力参与投身其中。

1.3 人文优势

街镇人口相对集中，关系紧密，对新信息反应快，传递快，开展各种活动更易聚集和吸引人群，这是街镇文化建设的优势体现。由于街镇居民关系紧密，所以文化活动是以家庭为单元，开展儿童阅读活动，往往会得到举家支持的效果；利于发展一股稳定的志愿者力量，这都是街镇图书馆的人文氛围优势。

1.4 专业知识及文献资源的有限性

目前，街镇图书馆的工作人员存在"兼职多，专职少"的现象，工作人员较缺乏儿童阅读方面的专业知识，对儿童阅读推广方式的掌握略有欠缺。此外，儿童文献资源与一般的公共图书馆相比略显不足，专业知识及文献资源的有限性为街镇图书馆儿童阅读推广发展造成了局限，大大弱化了其在培养儿童阅读习惯中的作用。

2 公共图书馆儿童阅读推广向街镇延伸的必要性

儿童阅读推广是公共图书馆工作的重点，如何让儿童自小养成浓厚的阅读兴趣、良好的阅读习惯以及掌握有效的阅读方法，成为儿童阅读服务的主要任务。省、市级大型图书馆有固定的活动场地和丰富的馆藏资源，并经过长期工作实践和一系列的儿童阅读课题研究，培养出了一批熟悉儿童阅读心理、掌握儿童阅读指导方法以及熟悉儿童读物的图书馆员。为了进一步拓展儿童阅读推广工作的广度与深度，公共图书馆应延伸其公共服务功能，在巩固图书馆阵地推广服务工作同时，可考虑充分借助街镇图书馆的优势，进行儿童阅读推广延伸的探究与实践。这样，一方面可以实现儿童阅读服务资源的辐射性延伸，扩大服务的受众面，帮助更广大的儿童培养良好的阅读习惯，并养成终生阅读的好习惯。另一方面，可以实现本馆形象及资源效用的提升，使其发展空间得以拓展延伸。

3 公共图书馆儿童阅读推广向街镇延伸的优势

3.1 文献资源优势

与街镇图书馆相比较，省、市级大型图书馆广泛收藏儿童所需的各种文献资源。营口市少儿馆现有藏书12.6万册，适合少年儿童阅读的文献占80%，作为专门为少年儿童提供阅读服务的少儿图书馆，在文献资源建设上，充分考虑少年儿童的生理和心理特点[2]。广州图书馆亲子绘本阅读馆文献入藏量约22万册，2013年6月14日初始开放至2016年6月底，文献外借量达2 386 619册次。

3.2 专业技术人才优势

由于街镇图书馆工作人员普遍学历不高，专业水平较低，而一般公共图书馆往往拥有更强的专业人才队伍。从事儿童阅读推广的图书馆员，必须既掌握图书馆专业知识，又能够为少年儿童阅读提供实际指导。

以广州图书馆为例，为适应新馆建设与儿童绘本阅读推广需求，2009 年，结合绘本阅读推广的实践工作，"由绘本爱上阅读——公共图书馆少年儿童阅读推广实践研究"课题成功立项。课题组的成员由馆内有兴趣、有能力的图书馆员组成，并根据研究人员的特长分配不同的研究方向，既有专攻又相互配合。聘请国内外绘本推广专家对课题组成员进行培训，并安排课题组成员到香港实地考察与交流，参加德国专家设计开展的阅读推广工作坊等等，从理论研究、实践活动、学术交流等多方面培养人才，无论从科研条件还是从人员的知识水平而言，公共图书馆都比街镇图书馆优越。在引入人才方面，公共图书还可以根据业务发展势态，相应引入具备计算机、外语、心理学、历史学等专业知识的人才，相比之下，街镇图书馆在这方面相对薄弱[2]。

3.3 推广活动品牌优势

近年不少公共图书馆由于持续不断地开展儿童阅读推广系列活动，逐渐形成各具特色的活动品牌与推广模式。

从 2006 年起，广州图书馆就不断组织开展一系列绘本阅读推广活动，通过多元化形式向广大儿童及家长推广绘本阅读，每逢周六晚开展"爱绘本爱阅读"亲子读书会[3]。图书馆员摒弃传统教条方式，通过有趣的延伸活动和互动环节，为亲子家庭讲述有趣的绘本故事，引导儿童通过思考故事中的细节了解故事意蕴。分享故事后，馆员会根据当天活动的主题，向家长推荐一些相同主题的绘本，最后安排 30～40 分钟的亲子共读时间，培养儿童良好的阅读兴趣。另一方面，手工绘本制作活动也是广州图书馆开展绘本阅读推广的另一项重要举措。在解读完图画书后穿插简单的制作环节，让儿童从"制作"到"爱上"阅读，手工绘本书从封面、造型、内页、文字和封底，都由儿童自行设计创作。2010 年开始，广州图书馆举办亲子英文绘本故事会，带领儿童领略语言之美和原版插画的魅力，体会西方文化[4]。与此同时，联合其他教育机构开展阅读推广活动，邀请某英文教育机构外教来馆为儿童主持英文故事会，通过 1 年的观摩学习，自 2011 年始，广州图书馆馆员开始担任起英文故事会的主持工作。2014 年，馆员更牵头组织开展英文亲子绘本故事会系列活动，主持工作由图书馆员和志愿者轮流担任。

"毛毛虫上书房"是温州市少年儿童图书馆创办的儿童阅读品牌活动，成员由图书馆员、幼儿教师和小学老师组成，成员虽然来自不同行业，但共同特点都是热衷于绘本阅读。"毛毛虫上书房"成员定期为儿童以及家长开设公益绘本阅读课，通过游戏、表演、手工制作、音乐欣赏等方式，引导孩子从阅读绘本中体会情感、分享生活[5]。

2008 年起，江阴市图书馆把儿童阅读纳入了推广工作重点，经过不断的探索，打造了"幸福种子"儿童阅读品牌[6]。"妈妈加油站"也是江阴市图书馆绘本馆的特色主题，主要为妈妈们分享亲子阅读经验交流提供一个平台。另外，江阴市图书馆逢周末定期举办苗苗故事会，活动形式包括讲故事、情景表演、角色扮演、对白表演等。

4 公共图书馆儿童阅读推广向街镇延伸的新举措

在街镇图书馆建设中，传统的服务模式已不能适应和无法满足广大读者的需求，图书进入农村、社区、学校、部队、监狱等服务模式已在图书馆界盛行。而图书馆儿童服务应该如何延伸到街镇，让街镇居民真正享受到平等的图书馆知识与信息服务呢？

4.1 特色活动进街镇

完善的品牌推广和运作流程，良好的品牌口碑，可为公共图书馆儿童阅读服务在街镇的延伸增强吸引力，培养读者黏性。公共图书馆在馆内使系列活动形成品牌后，逐步对外推广进学校、幼儿园、社区、乡镇等，既增大受众面又能提升活动品牌和图书馆的影响力。

2010 年开始，江阴市图书馆苗苗故事会更走出图书馆，走进城乡幼儿园，实现绘本阅读的普及活动。"幸福的种子"系列活动还辐射到周边的小学，图书馆员为周边社区、乡镇制作绘本宣传展板和手册，向师生宣传绘本阅读，向学校赠送绘本。

2002 年开始，澳门民政总署致力于推广社区图书馆服务，有计划地在社区图书馆举办了各种大型活动，如：儿童故事天地、书友会、"阅读飞翔号"读书会、"亲子同乐日"等，培养读者阅读的兴趣与能力，建设学习型社区[7]。

广州图书馆自 2009 年开始，绘本阅读推广的实践工作结合公共图书馆少年儿童阅读推广实践研究，先后在幼儿园、中小学、社区、部队、残联、医院、乡镇开展推广活动 300 余场次。儿童与青少年部的图书馆员先后前往南沙区南北台居委、万顷沙镇、黄埔区街镇和白云区街镇等地，为街镇和乡镇的孩子们带去了精彩的绘本故事。在讲述完绘本故事后，馆员还现场教授儿童制作各种手工绘本书，让儿童体验另一种有趣的阅读形式，引领儿童由绘本爱上阅读。2014 年 1 月 1 日广州图书馆玩具馆正式开馆并对外开放，玩具馆将儿童阅读与玩具相融合，注入了儿童多元智能开发理念，促进儿童的阅读能力伴随其想象力、动手能力和解决问题的能力大大得到提升。自开放以来，玩具馆活动受到广大家庭的热烈欢迎，公共图书馆将来可考虑将这独特的阅读媒介——玩具，带进街镇，为街镇居民定期举办玩具主题活动，将这种新颖的儿童阅读服务方式呈现给街镇图书馆。

4.2 目标群体的培训

技术的传授和知识的传递是公共图书馆阅读推广活动向街镇延伸的重中之重。定期举办不同形式的培训活动，既可以达到推广工作经验传播的目的，也可以加强同行之间的交流。

4.2.1 培训街镇图书馆员

为了发动更多基层图书馆参与街镇图书馆儿童绘本书阅读推广工作，公共图书馆应定期联同基层区县图书馆对街镇图书馆工作人员进行儿童阅读推广培训，并与之交流，集思广益，共同探讨儿童阅读推广的策略，为街镇图书馆的儿童阅读工作提供指导。2009 年至今，广州图书馆儿童与青少年阅读部多次为沙湾镇文化站的图书馆员举行绘本阅读推广讲座，再由图书馆员向当地学校儿童推广，形成从点到面的辐射性推广；韶关市曲江区等多家图书馆的馆员也曾亲临广州图书馆儿童与青少年阅读部学习绘本讲述和绘本制作等技巧，取经后再前往当地校园进行推广。

4.2.2 培训志愿者

在儿童阅读推广工作中，志愿者力量功不可没。公共图书馆可考虑先培训志愿者，再通过志愿者由点到面进行推广，实现以省、市级图书馆为中心，向街镇图书馆辐射的推广模式。历年"羊城之夏"青少年暑期活动前夕，广州图书馆儿童与青少年阅读部为志愿者开展了一系列手工绘本制作培训，再由志愿者教授儿童制作手工绘本，青少年暑期绘本制作活动就是以馆员指导志愿者，再由志愿者教授儿童的传递方式进行。除此以外，还对高校志愿者进行了数场专门培训，志愿者团体在暑假期间到不同的地区支教，实现了将绘本阅读推广得更远的目的。

4.3　馆员岗位轮换

岗位轮换是指在保证图书馆内部工作正常开展的情况下，有计划地按照大体确定的期限，让馆员轮换从事若干种不同岗位工作的做法。岗位轮换可以让馆员接触到不同的经验，增加个人的知识存量，有助于他们专业技能的发展，还可以有效促进不同部门之间的交流[8]。

定期组织馆员岗位轮换，把街镇图书馆工作人员调往省、市级大型图书馆实习，通过这种岗位轮换方式把丰富的阅读推广经验传播到街镇，这样有助于儿童阅读推广实际工作经验和方法在更大范围内流动转移。

5　结语

街镇图书馆可谓街镇居民文化生活的驿站，为街镇居民提供便利的文化服务，并拥有交通的便利和浓厚的人文氛围。儿童阅读可谓终身阅读的起点，街镇图书馆凭借其得天独厚的优势，使儿童能便利地"贴近"阅读，但也存在资源和专业技术水平不足的问题。省、市级大型公共图书馆可通过各种方式将儿童阅读推广资源向街镇延伸，一方面为街镇图书馆解决了资源的难题，另一方面，在培养儿童读者的过程中，加强了沟通与交流，使读者群规模得到进一步扩大，图书馆的活力与发展空间也进一步增强。

参考文献

[1] 慕容慧. 浅谈社区图书馆对学龄前儿童阅读能力的培养 [J]. 农业图书情报学刊，2008，20（4）：155 - 158.

[2] 徐捷. 少儿图书馆为社区服务刍议 [J]. 图书馆学刊，2011（2）：90 - 91.

[3] 吴翠红. 由绘本爱上阅读——广州图书馆绘本阅读推广实践研究综述 [J]. 图书馆杂志，2011（9）：105 - 109.

[4] 冯莉. 如何引领儿童走进英文绘本世界 [J]. 图书馆论坛，2011，31（5）：166 - 168.

[5] 陈璇. 试析学前儿童绘本阅读的心理活动特征及其影响因素 [J]. 图书馆论坛，2012，32（2）：140 - 143.

[6] 陈蔚. 基于绘本的公共图书馆儿童阅读推广研究 [D]. 南京：南京大学，2012.

[7] 肖永英，陈永娴. 阅读推广计划——深圳市社区图书馆的发展机遇 [J]. 图书情报工作，2006，50（8）：102 - 105.

[8] 巩海霞，谷丽娜. 馆员岗位轮换实现知识转移探讨 [J]. 图书馆论坛，2011，31（4）：25 - 27.

浅谈公共文化服务体系阅读推广活动的作用与对策

李 阳①

（广州图书馆 广州 510623）

摘 要：本文阐述在公共文化服务体系中图书馆开展全民阅读的重要性，结合广州地区公共图书馆开展阅读推广活动的现状和实践进行论述，对存在问题进行分析并提出对策。

关键词：阅读推广活动 作用 对策

公共图书馆是重要的公共文化服务机构，应充分发挥公共图书馆在公益性社会教育、文化传播、构建和谐社会等方面的作用，推进全民阅读工作的深入开展，是公共图书馆构建公共文化服务体系的重要任务。

如何通过广泛开展阅读推广活动，发挥其在构筑公共文化服务体系中的作用，是公共图书馆值得研究的课题。广州地区公共图书馆在推动全民阅读活动方面取得了一定的成效，对形成全社会"多读书、读好书"的文明风尚起到积极的作用。

1 开展全民阅读推广活动的重要性

阅读是人的智力和情感发展的最佳途径，是人类生理活动与心理活动的统一，是学习语言、认识世界的一个重要通道和方式。阅读，能够开阔视野、增加知识、陶冶情操，能够不断丰富内心世界，增强精神力量，是一个人成长最重要的基础性环节和基本途径。当今社会把国民的阅读能力作为考察国家竞争力发展的一项重要指标，全民阅读活动是一个民族、一个国家提高实力的需要。随着公众对社会文化不断扩大的需求，文化权利逐步引起社会广泛的关注，而阅读也是公民最基本的文化权利之一。全民阅读活动对构建公共文化服务体系有着至关重要的意义。

公共图书馆为保障公民基本文化权利而存在，是公共文化服务体系的重要组成部分，它作为市民的终身学习场所，是推广全民阅读的重要阵地。公共图书馆因其公益性、专业性和独有的丰富阅读资源决定了它不仅提供阅读的资源与环境，还在倡导阅读、促进阅读方面日益发挥着重要的作用。将推进全民阅读作为公共图书馆的一项核心业务是历史的必然趋势。[1]为贯彻落实党的十八大和十八届三中全会精神，建设书香岭南，营造浓厚的社会阅读氛围，图书馆积极广泛深入开展阅读推广活动，最大程度上保障公民阅读的权利，为广大读者提供更多优质的服务，营造更加浓郁的读书氛围，促进服务质量的提高，通过阅读提高全

---

① 作者简介：李阳，男，广州图书馆副研究馆员。

民综合素质，促进社会和谐发展。

2 阅读推广活动的现状和问题

2.1 基本现状

2.1.1 重点在青少年

图书馆根据未成年人特点广泛开展阅读推广活动，包括读书征文、知识讲座、图书分享会、绘本阅读、手工制作、有奖问答、图片展览、"书香进校园"等。在青少年中广泛开展的阅读推广活动不仅营造了良好的读书氛围，而且充分发挥公共图书馆保障公民基本文化权益的作用，增强图书馆的吸引力和社会影响力。[2]

2013 年由广州市精神文明建设委员会办公室、广州市教育局、广州市文化广电新闻出版局、广州市关心下一代工作委员会、共青团广州市委员会联合主办，广州图书馆等单位承办了第七届"在阅读中成长——广州市青少年十年阅读系列活动"之第二届绘本故事讲述大赛，以青少年读书为主题，以讲故事的形式进行阅读推广。大赛收集到各图书馆参赛作品数百份。经过层层筛选，共 13 名优秀青少年选手及其作品脱颖而出。选手们讲述的绘本故事中既有享誉世界的绘本作品，如《活了一百万次的猫》，也有国内知名儿童文学作家的作品，如方素珍《不学写字有坏处》等。在中西绘本的交融下，青少年的阅读大餐内容丰盛，这也更好地贯彻了广东省委、省政府提出的"全民阅读，广东先行；广东阅读，儿童先行"的全民阅读活动战略目标。

越秀区图书馆举办了"孩子的智慧　创新生活"——青少年科技比赛、童心坊"一本好书　一份清香"儿童阅读推广、"争做环保小天使"公益换书等活动，还开设儿童科普读物专架，向广大未成年读者推荐优秀少儿科普读物，并在图书馆网站上推荐青少年科普读物，在馆内派发科普读物宣传单。

海珠区图书馆开展"爱阅读，爱制作——手工 DIY 精美书签"，活动邀请了青年地带海幢社工站的义工们免费教小读者利用雪糕棒、画笔、颜料等制作自己心仪的书签，既精美实用又环保。所有参加活动的小朋友都获得了图书馆准备的精美小礼品一份，活动吸引了很多家长和小朋友参与。

白云区图书馆组织"阅读让我们的世界更精彩"征文比赛。借此鼓励广大读者特别是青少年儿童从不同的阅读经验里分享自己对生命的体验与看法；启发他们对生命的关怀和感恩，从个人推展至家人、他人及整个社区及社会；借着广泛阅读以拓宽视野，丰富心灵。

荔湾区图书馆向芳村幼儿园外借一批幼儿书籍和杂志，并举办"快乐阅读——从绘图本开始"的讲座。

2.1.2 活动形式多样

公共图书馆为读者提供的阅读推广活动不仅仅是图书阅读，还有多种载体的知识获取，如情报检索、新闻资讯、就业信息、商品行情、影视欣赏、文化休闲等多元化服务。随着公共图书馆投入的逐步增加，不断强化服务功能，为满足广大读者和用户多元化的信息需求，保障人民群众的基本文化权益，服务多元化成为当前公共图书馆读者阅读服务工作的发展潮流。

番禺区图书馆 2014 年开展"我心中的图书馆"手抄报大赛。活动以"我心中的图书馆"为主题向中小学生征稿，用读者心中的语言描绘心目中图书馆的形象。活动中共收到番禺区各镇街 51 所学校的 547 幅手抄报作品。

花都区图书馆每逢周日上午举办读书会、绘本故事会、手工折纸等读书活动，并在寒暑假以及周六为少儿读者免费播放系列优秀电影。从化区图书馆主办的"欢乐影院"成为当地市民家庭周日文化休闲活动的首选，全年"欢乐影院"共免费放映电影 40 场。此外，从化区图书馆对电子阅览室进行升级改造，启用"知识视界科普视频库"，该视频库收录了500 小时、1 030 部视频。视频包括地球科学、历史文化、科学技术、自然科学、生命科学、天文航天、生态环境、体育探险 8 个类别。在图书馆局域网内，读者可以享受免费视频点播服务。

广州市少儿图书馆开设"真人图书馆"。阅读服务给读者带来全新的阅读体验，作为纸本阅读的延伸，革新了读者对"阅读"的传统认识，弥补了纸质型阅读的单一和不足，实现了图书馆"人与图书的融合"，为读者授业解惑，受到广大家长和少儿读者的热捧，成为图书馆的特色服务品牌之一。该馆举办的"童心看广州——美丽新少图""羊城之夏青少年系列活动'美丽广州·英雄赞'"故事讲演比赛等丰富多彩的图书馆阅读推广活动受到市民喜爱。

增城区图书馆举办"英语角"读书活动，逢周六下午在青少年儿童阅览室活动区开展英语角活动，邀请外籍志愿者、经验丰富的英语老师等主讲，活动内容形式多样，通过讲英文故事、学唱英文歌、手工制作、绘画等形式吸引广大英语爱好者参与活动。另外市民可向图书馆填写提交"增城区图书馆图书荐购表"，荐购意见被接纳后，经过 2~3 周时间，就可以在图书馆借阅到自己荐购的图书，此举较好地满足了读者对图书文献的个性化阅读需求。

2.1.3 图书漂流活动

荔湾区图书馆加强图书漂流驿站管理和服务，对已建立的图书漂流驿站进行业务跟踪指导，并根据各驿站的阅读需求，有针对性地及时更新图书。荔湾区图书馆还为一些漂流驿站专门订阅了一批期刊，进一步丰富了图书漂流驿站的文献类型。荔湾区图书馆在 1850 文化创意园积木咖啡馆与民政局干休活动中心新设图书漂流驿站，取得了较好的社会反响，被外界评价为图书馆为企业服务的新型模式。还开展"图书漂流进社区"活动，丰富了社区居民的可阅图书。从化图书馆在街口街沙贝小学和城郊街何村世纪星小学等开展"书香校园"图书漂流活动。番禺区图书馆也向图书漂流驿站提供了 100 多册新书参与"漂流"。

番禺区图书馆在世纪星打工子弟小学举办别开生面的"科普图书暨科普大篷车进校园"活动，在校内开展科普图书漂流和科普展品演示以及科普讲座等。全年联合广州市科技中心开展了 5 次联合进校园活动。

2013 年，从化流动图书车下乡 110 次、借还图书 5 万多册次，该馆"岭南流动书香车"实践活动案例，获中国图书馆学会"2013 年社区乡镇阅读推广活动优秀案例征集"活动"推广奖"。

2.1.4 利用宣传周、"世界读书日"开展活动

广州地区公共图书馆在服务宣传周及读者咨询日积极开展读书活动，为营造良好的读书氛围，塑造良好的图书馆人形象，组织了丰富多彩的阅读推广活动。广州少年儿童图书馆在宣传周期间组织"3D 科普专场——海底遨游 深海寻奇"，让少年儿童通过观看影片《深海猎奇》走进身临其境的海底旅程，让小朋友和这个星球上最奇特的一些生物一起遨游；组织"天天读童书，每天都过儿童节"——绘本故事分享专场，故事妈妈主讲"圆猫"的故事寓教于乐；播放幼儿早期数学与逻辑分析发展的卡通系列影片、精选 30 个世界名著的

经典故事，借着迷人的动画和图画书主角，拨动孩子纯真的心，正确引导孩子的人格与情绪健康成长；《健康从早餐开始》讲座与家长深入浅出地探讨亲子相处之道，通过互动的心理课程，与家长深入浅出地探讨亲子相处之道等。

市少年儿童图书馆还在"世界读书日"期间组织开展"传统阅读与新媒体阅读影响之比较"中学生辩论赛，通过"传统阅读和新媒体阅读"的思辨，倡导青少年回归阅读，营造浓厚的阅读氛围，进而形成"爱读书、多读书、读好书"的社会风尚。海珠区图书馆在"4·23 世界读书日"开展以"爱上阅读·春约图书"为主题的读书活动，通过微博征集作品参赛，并举行"爱心换书"图书捐赠置换活动、"爱在我家"亲子趣味游戏。萝岗区图书馆在"4·23 世界读书日"图书馆门前文化广场举办"书香萝岗 阅读分享"为主题的大型读书宣传活动。宣传日当天开展了动漫培训专题讲座、读书知识有奖猜谜、亲子阅读课，并向 100 个流动图书馆启动了读书感悟征集活动以及启动"悦读·修养"——广州市第五届人文社会科学普及读书有奖征文等丰富多彩的读书活动。以"文化·悦读·分享"为主题，以热爱萝岗、热爱读书、热衷笔耕的读者为载体，举办读书沙龙。此次活动来自区内的省、市、区文联相关读者，本土作家，文学爱好者，企业读者等 40 多人，就香雪文化、本土作家作品、阅读活动的角度探讨如何带动萝岗文化发展、推动全民阅读，建立书香型、学习型萝岗各抒己见。

广州图书馆在科技活动周与华南农业大学义工协会共同举办主题为"小手牵大手，羊城少年绿色行，与父母共建环保节能家庭"，通过精彩纷呈的活动和采用生动形象的现场教学形式，让更多的少年儿童认识到"节能排放"和"环境保护"的重要性，并从生活中小事做起，和家人朋友一起携手共建环保节能社会。从化区图书馆在科技宣传周期间，举办科普讲座"云"上建图书馆，进入阅读时代和社区市民慢性病健康管理，还组织高校图书馆为农村小学举办了 4 场科普讲座。

2014 年 5 月 26 日至 6 月 1 日全国图书馆服务宣传周期间适逢端午节，越秀区图书馆联合黄花岗街文化站、黄花岗街永泰社区在东山广场举办 2014 年图书馆服务宣传周系列活动之"端午灯谜猜得'粽'"活动。当天的灯谜巧妙地融入了中华端午节俗文化，居民们你一言我一语地讨论着灯谜的谜底，猜中灯谜的街坊领到了奖品粽子后，更是欢天喜地，活动不仅促进了居民群众对传统节俗文化的热爱和传承，还增进了邻里感情，其乐融融。本次活动还向居民群众赠阅书刊，让居民群众在品尝粽香之余，又能留得一手书香。

天河区图书馆开展阅读推广活动，形成崇尚读书的良好氛围，每年承办"天河读书节"，成为辖区重要的群众文化活动。

2.1.5 开设知识讲座、举办展览

白云区图书馆举办"亲子教育"专题讲座，通过通俗易懂的语言和现场实际案例教学，引导家长树立正确的教育理念和教育方法，学会尊重孩子的需要，帮助孩子成为有爱心、负责任和有能力照顾自己的人。花都区图书馆联合花都区疾病预防控制中心、花都区健康教育所等单位联合举办了《颈椎病的保健与预防》健康讲座。主讲杨红林医师对常见的肩、颈痛等方面的预防和保健知识进行了详细而生动的讲解，让现场的 56 位中老年读者朋友获益匪浅。黄埔区图书馆在广州海警训练基地报告厅举办"阳光心态"知识讲座，由高级培训师冯友权结合现实生活中的大量案例，和 600 多名部队官兵一起分享了阳光心态的一些表现以及如何塑造阳光心态。增城区图书馆开设"享受阅读，享受便捷、智能的流动图书馆服务"讲座；结合党的群众路线教育实践活动在该馆多功能报告厅举办"家庭教育系列之回归心灵教育"讲座，吸引了众多市民参加。从化区图书馆打造品牌讲座，"从城讲堂"的"唐诗十讲"很受读者欢迎，应读者要求邀请著名文艺评论家刘向阳教授开讲"宋词十讲"，全年举办"从城讲堂"13场。从化区图书馆还在每个周末举办"绘本讲座"和"手工作坊"亲子讲座，2013年全年举办了40场亲子讲座。

为营造良好读书氛围，各馆还积极举办相关展览。萝岗区图书馆分别在中小学和区少年宫举办"名人与图书馆"展览，以及中小学生"我最喜爱的书"手抄报获奖作品巡展。越秀区图书馆举办"科技新生活"科普图展，展示人类在绿色建筑、智能家具、现代交通、现代医学和基因工程等方面取得的最新科技成果，让市民感受未来丰富多彩、动人心弦的美好生活图景。

2.1.6 廉洁读书月

广州地区各公共图书馆紧密结合纪律教育学习月活动，倡导全党、全社会读廉洁书籍的良好风气，营造风清气正的社会氛围，开展形式多样的廉洁读书活动并举办廉洁读书征文。活动由市纪委、市文广新局策划，图书馆承办，积极开展广州市廉洁读书月征文活动。

廉洁读书月广州地区各公共图书馆利用图书馆的各类公共设施，广泛宣传廉洁文化作品，使廉洁文化随时听得到、看得见、摸得着、传得开。广州图书馆设立廉洁专题书刊区，提供思想政治教育和精神文明建设类的有关廉政建设图书1 500多册，每天吸引了200多人次读者，借阅1 200多册次。广州市属各区图书馆也在馆内的醒目位置设置了廉洁图书专柜，提供给读者借阅有关政治理论、党史、党纪党规、廉洁理论研究、道德教育、品行修养、反腐文学作品、历史人物传记等书籍。

萝岗区图书馆举办廉洁图书读后感征文活动，开展以"读廉洁书籍 扬清风正气"为主题的廉洁读书月活动。图书馆开设了廉洁图书专区专柜，引导和组织读者阅读廉洁图书，并举办廉洁专题讲座，播放廉洁专题电影及廉洁图书读后感征文等活动。荔湾区图书馆在网站上开设廉洁图书推荐专栏，提供热销廉洁图书的摘要及在该馆的索书号。花都区图书馆利用室内外电子屏滚动播放多条廉洁宣传标语。越秀区图书馆通过"掌上图书馆"——"移动越图"手机网站，为读者提供廉洁文化电子期刊阅读服务。

2.2 存在问题

2.2.1 阅读率下降

据阅读调查数据显示，中国国民的阅读率持续走低，如2007年国民阅读率为34.7%，比2005年的48.7%降低了14%。在生活压力、媒体冲击下，正形成对传统阅读的巨大挑战。阅读推广活动中过于强调"教育"的作用，而对"自由阅读"注意不够。

2.2.2 阅读功利性强

阅读推广宣传不够，而且阅读的功利性过强。阅读的功利化倾向表现在为了评职称而写论文，为了出国而学英文，为了办公司而读经营类书籍等，多为被动阅读，缺乏主动性，不是为了提高自我修养而学习，从而影响了全民阅读的效益。同时区县图书馆参与阅读推广活动的积极性需要加强，如参与承办、提交征文和作品。

2.2.3 阅读质量偏低

互联网的快速发展，现代社会生活节奏的加快，海量信息的爆炸，使得大众越来越喜欢选用更直观、简单、形象的信息，而以文字为传播符号的信息则进入了快餐时代、碎片阅读。有的人甚至不再进入图书馆而沉迷于手机、网络，自觉读书的时间就更少了。此外，阅读中强调经典阅读，但缺乏各学科实用知识的推广应用。

111

3 阅读推广对策

3.1 创新机制

在图书馆阅读推广活动中，引入市场营销策略，从推广形式、推广对象，围绕机制、模式等方面深入探索以创新。在制定和推广阅读活动过程中减少行政色彩，引入更广泛的社会团体的介入，发挥民间的作用，使阅读推广更贴近民众、走入基层，而通过政府的介入则可得到政策和资金上的保障，民间与政府两者缺一不可。

加强利用"世界读书日"、图书馆服务宣传周、"全民读书月"、寒暑假、文化共享工程等多种载体和机遇开展阅读推广。

设立专项阅读推广活动经费。健全激励（奖励）机制，完善相关制度。而图书馆首先要做强自己，将活动做出成绩、做出影响，才能争取到政府和社会更多的专项经费支持。

注意功能创新，将阅读推广活动延伸到社区，同时要有针对性，减少形式主义、讲排场，让群众真正得到实惠。

要丰富活动形式，可通过开展小组讨论区、工作坊，也可举办阅读沙龙。活动不是一味地追求轰动效应，而应细水长流、循序渐进、坚持不懈、积累成效。如从化区图书馆举办的"我们的节日·端午"家庭经典美文诵读活动吸引了 14 组家庭参加，为增加气氛还邀请了从化老干艺术团等 3 支艺术团队助兴，家长、小朋友互动频频，活动非常成功。

3.2 营造环境

改善图书馆阅读环境，加大宣传力度，营造全民阅读氛围。加强措施，提高公众参与性。

利用新媒体开展活动。通过图书馆微博、网站、QQ 群等进行阅读推广的宣传和组织。

引入名人效应。邀请名人，包括影视明星、体育健将、知名作家等参与活动并作为代言人，以提升活动的吸引力和影响力。

3.3 阅读指导

采取多种形式宣传推介图书，开展荐书、选书活动，提供便利、快捷的服务。加大对图书馆新书的宣传力度，做好读者的阅读指导工作，针对时代特点在阅读目的、阅读内容、阅读形式等方面给予读者一定引导。结合主题进行新书推介，利用馆藏资源推荐新书，开设畅销书专栏；利用图书馆大堂电子屏、电视机以及图书馆网站，发布购书中心畅销书排行榜和图书馆高频借阅图书排行榜；利用公共服务微信、QQ 群等方式让广大读者了解图书和活动的最新动态。

如番禺区图书馆开展"青少年优秀图书推荐"活动，根据新闻出版总署向全国青少年推荐的百种优秀图书目录、"中国小学生基础阅读书目"推荐书目、"书香羊城"推荐好书目录等，在图书馆少儿室和外借室设置专架摆放，集中展示，积极向青少年宣传推荐优秀图书，并将图书目录放在图书馆网站和制作成海报在各阅览室展示。从化区图书馆在外借大厅设立了社科图书服务专柜和新书专柜，该馆新入藏的新书均在此陈列后再入库，从而在一定程度上提升了图书的借阅量，2015 年图书外借量中社科类图书外借达 15 万册之多。该馆还在流动图书车设立科普图书服务专柜，陈列青少年喜爱的科普书籍。

导读工作要注意针对不同读者的不同需求，提供有针对性的服务。在读者的阅读过程中正确引导，纠正其不良的阅读习惯，提高他们的阅读能力，开发阅读潜能。及时更新内容，推荐一批思想性、艺术性强的优秀读物，阅读内容贴近社会、贴近民众，并注意对青少年开展早期的阅读培养。

3.4 合作多元

发挥社会力量，加强公关，多了解对方需求，合作共赢。发挥图书馆公共服务平台的作用，积极鼓励社会机构参与图书馆活动。如从化区图书馆对办公区域进行了调整，只保留了馆务办和财务室两个固定办公室，所有馆领导集体办公，腾出的办公区域设置为读者阅读研讨区。目前，社会团体和市民只要事先提出申请，在取得图书馆办公室通过并排期后，就可免费使用图书馆报告厅、会议室、研究室、培训室开展公益读书活动。

注意与至今尚未合作的伙伴进行阅读推广活动合作。如吸引大型流媒体参与，在公众较多的地方如机场、商场、地铁、公交车站、医院、电影院、广场等地方进行阅读推广活动。

图书馆联盟。联合高校图书馆成立图书馆联盟，积极参与"书香从化全民阅读活动"和科技周的科普讲座活动。在"4·23世界读书日"策划"书香进校园"，图书馆联盟开展资源共建共享，举办读书讲座。

读书活动常态化、内容形式品牌化。利用各种节日，开展元宵节、中秋"灯谜游园活动"，清明节、端午节、七夕节开展经典美文诵读活动。

图书馆与新闻媒体、教育职能部门、工会等团体联合组织读书活动。如广州图书馆举办"书香岭南·阅读大使"论坛，邀请各个领域的专家、名家，畅谈自己的读书感悟，分享阅读习惯，并对一些热点问题诸如"如何看待快餐式的网络阅读""公共图书馆在网络信息时代如何促进阅读"等展开论述。图书馆与广东电台新闻台合作并作为战略支持媒体，在每周日晚11:00—12:00的《岭南书香》栏目中对读书活动做报道，在推进公众阅读、助推"幸福广东"，弘扬"爱读书、读好书、善读书"理念的同时，吸引更多人群关注图书馆、关注阅读，也吸引公众多关注新闻台的《岭南书香》栏目。活动还可外包，由图书馆定出时间和主题，将活动交由公司策划组织，招聘志愿者参与。

3.5 数字融入

大力推广图书馆数字资源，积极向市民，特别是社会弱势群体推介图书馆多媒体设备、文化信息共享工程数字资源。在图书馆设置英语交流区、摄影交流区、个人藏书（阅读）交流区，参与"网络书香"全国数字阅读推广活动，在落实数字图书馆推广工程中融入阅读推广内容，为读者提供在线使用数字图书馆推广工程资源服务，提升网上续借图书册次。

4 结语

公共图书馆在推进全民阅读中对提高人的基本素养、丰富人们的精神生活、建立和谐社会、构建公共文化服务体系起着日益重要的作用。图书馆作为面向民众开放的公益事业单位，对全民阅读的影响力越来越大。新时期的公共图书馆将通过丰富的馆藏资源、良好的阅读环境和专业的团队，吸引更多的市民走进图书馆，利用图书馆获取知识，为公众提供公益性、基本性、均等性、便捷性的图书馆服务。为把我国建设成为学习型社会，形成一种崇尚阅读的氛围并提升民族素质，构建完善公共文化服务体系，将是图书馆与社会各界的一项重要任务。

参考文献

［1］李后卿，刘慧悦. 公共图书馆在公共文化服务体系中的地位与作用探析 ［J］. 图书馆，2013（2）：95 – 97.

［2］范并思. 拓展图书馆未成年人阅读服务 ［J］. 图书与情报，2013（2）：2 – 5.

论新时期全民阅读普及推广活动的组织与策划

刘艺权①

(广州图书馆 广州 510623)

摘 要：本文阐述了在新时期图书馆如何推动全民阅读，怎样策划推广活动，并以广州图书馆为例，对相关问题进行了探讨。

关键词：全民 阅读 组织 策划

目前我国每年出版大约 40 万种图书，但是纸质图书的年人均阅读量仅为 4.39 本，而其他一些国家或地区的人民如犹太民族年人均阅读量 64 本、俄罗斯年人均阅读量 55 本，美国年人均阅读量 40 本，与我国相邻的韩国和日本年人均阅读量分别为 11 本和 8.5 本，从这些数据可以看出我国年人均阅读量相对其他国家还是有很大差距的，同时调查显示约 70% 的公众希望推广阅读活动，因此，通过公共图书馆推广全民阅读，提高我国年人均阅读量已经刻不容缓[1]。

当前是一个电子信息化大爆炸的时代，是一个数字化和智能化的时代，是虚拟与现实空间不断交错的时代。新时期全民阅读普及推广活动的组织与策划，有利于普及科学知识，有利于提高国民素质和社会文明程度，有利于深化群众性精神文明创建活动。全民阅读活动有助于提升城市品位和市民文化素质，为建设美好繁荣的社会主义现代化注入了强大精神动力。那么在新时期，图书馆应该怎么推动全民阅读，怎样策划推广活动，这些问题都值得我们研究探讨。

1 全民阅读普及推广活动要根据不同人群开展

1.1 设分级阅读保护未成年人，通过寓教于乐的方式推动未成年阅读

少年儿童心智发展还不健全，容易受不良书刊及成年人书刊的影响，为了保障少年儿童健康成长，我们要设立未成年的分级阅读制度。拦截一些渲染暴力或情爱的成年人书刊，让少年儿童只阅读适合他们年龄段的书刊，确实保障少年儿童的健康成长。

同时要通过寓教于乐的方式推动未成年人阅读，针对低龄学前幼儿，主要以绘本图画、游戏玩具或生动形象的故事讲述等寓教于乐的内容或形式吸引儿童阅读。那么，这些活动是怎么开展组织与策划的呢？

首先，组织者要确定好主题，利用幼儿熟悉和感兴趣的事情生成主题活动，主题的选择要贴近幼儿的生活经验，要充分运用图书馆和幼儿园现有资源，以引起幼儿的学习兴趣。选

---

① 作者简介：刘艺权，男，广州图书馆助理馆员。

择便于幼儿动手操作的各种材料，还要看主题是否含有多种教育价值，能否促进幼儿主动发展。

其次，创设互动环境，确定活动场所，根据主题激发探究愿望，扩展深化主题，根据不同主题，准备好相关的用具，如推荐优秀少儿书籍，制作主题 PPT 电子大纲，制作海报，准备投影仪、电脑等电子设备，充分利用专家、家长的教育资源，邀请他们现场参与活动，利用他们丰富的知识储备和人生阅历，一起在活动中为小朋友授业解惑。

最后，要做好宣传、报名、通知、签到等活动过程的管理，以及活动结束后的反馈信息收集。前期宣传可以通过不同媒介（如报纸、电视、图书馆网站、图书馆馆内电子显示屏）宣传介绍该活动；报名、通知、签到这些则可以通过网站系统、短信、微信、电话等统一实现管理；活动过程的管理可以请志愿者、家长、图书馆工作人员一起维持课堂秩序，保障课堂活动顺利进行；活动结束后，工作人员要搜集小朋友和家长对本次活动的意见和建议，通过反馈信息，不断总结经验，完善活动组织策划，为下一次类似的活动做好准备。

广州图书馆以亲子故事会、亲子读书会及玩具图书馆形式开展低龄幼童的阅读普及推广活动，取得了很好的效果。

如亲子故事会设有唱歌、跳舞、绘画及问答等互动环节，工作人员与专家和现场亲子家庭一起唱歌、跳舞，分享各自的心情故事，专家在现场一一解答家长和孩子提出的各种问题。这种亲子活动，气氛轻松活跃、互动性强，可以极大地推动未成年阅读。

而"爱绘本 爱阅读"亲子读书会也是广州图书馆少儿部的一个主要活动，儿童借由这种"爱绘本 爱阅读"亲子读书会活动可以进入自身的内心世界。它的生动趣味满足了幼儿好奇的天性，为他们打开了通往世界的大门。同时也是幼儿认识自己、认识世界的"窗口"，是寄托情感的精神之所。借助绘本，幼儿可以释放自己的情感，满足心理发展的需要。同时，还可以促进其他方面的发展。

最后是广州图书馆少儿部的玩具图书馆举办的各种"爱阅读，会动手"的活动。小朋友通过阅读玩具图书，在玩具搭建过程中利用书中学到的知识，促进了他们的动手能力、空间架构能力的发展；与家长的互动也促进了他们的语言智能、逻辑思维能力水平的提高。将动手能力与空间智能相结合，促进儿童多元智能的发展。玩具图书馆不但让小朋友们体验到丰富多彩的活动，也让家长们在活动过程中学习到如何进行有效的亲子沟通，增进亲子感情，学会引导孩子去玩，发挥玩具在促进儿童智能发展过程中的作用。

1.2 青少年的阅读推广活动

针对青少年活泼好动的特点，可以开展一系列的知识讲座，也可以开展优秀电影分享会、青少年好书推荐分享会、英语交流分享会、棋艺竞赛等，以课外活动的方式，通过一些游戏竞赛和经验交流分享，不断推动青少年的阅读。

要做好青少年的阅读推广，图书馆要成立专门的部门负责阅读推广活动，可以与社会其他机构，如学校等公共部门合作，整合社会资源，针对不同主题，对活动进行宣传策划，根据各个公共图书馆的实际情况，尽可能地拓宽领域、多角度地开展丰富多彩的阅读推广活动，通过拓展阅读空间来推动社会阅读，为广大青少年提供有助于他们健康成长的精品活动，营造良好的成长环境，发挥图书馆的社会教育职能。

如广州图书馆少儿部举办的"2015 年度中美德青少年书签设计大赛"，以"阅读·图书馆·城市"为主题并邀请了教育部高中美术课程研修培训专题主持专家担任评委。自活动启动以来，共收到来自全市中小学校、幼儿园、教育培训机构等寄来的作品约 5 000 份。大多作品都能紧扣主题，表达手法丰富，技艺功底深厚，个别作品大胆表达自己的观点，从作品中可以感受到孩子们阅读积累的成果，还有一些作品具有国际视野，融合了世界各地不同的元素，让作品整体的质量更上一层楼。经过评委的仔细审核和综合评定，最终挑选出100份中国区的获奖作品参加三地巡回展览。这种跨地域、跨国家的青少年之间阅读活动的交流，极大地推动了青少年的阅读推广活动。

1.3 成年人的阅读推广活动

成年人想阅读的书籍，大部分内容或者是跟工作有关的专业技能，或者是与生活相关的技能，或者是可以丰富自己的人生观、价值观，提升自己内心世界和精神世界有关的书籍。针对成年人的阅读推广，可以通过举办摄影交流、旅游交流、书法交流、创业分享会、生活常识讲解等活动，分享一些优秀的成年人书籍，推动成年人阅读。

同时成年人因为工作比较忙，平时没有时间到图书馆借阅书籍，那么作为公共图书馆要积极走进群众的身边，积极开展文献流动服务，提供流动图书馆等多种形式的延伸补充服务，将图书资源及服务设备装配到多种载体上，除了要及时传送到城市，还要及时传送到偏远的山区、厂矿等公共文化设施没有覆盖的区域，为更多的群体提供图书流动服务，也可吸引潜在读者加入全民阅读活动的队伍，促进城市与乡镇文化教育的共同发展。与社区等合作，合办社区图书馆、图书流动点，社区分馆与总馆可以通过计算机联网，并定期交换图书，在社区分馆即能办理借阅证，与总馆实现通借通还；购买自助借还机，设置在合适地点，开展24小时的自助服务、预约预借服务，从而打破馆内开馆时间的限制，为居民带来更多方便。

以广州图书馆为例，广州图书馆致力于广州市公共图书馆服务体系的建设，积极拓展馆外延伸服务，推进阅读推广活动，为全市市民提供免费、普遍、均等的公共图书馆服务。公共图书馆服务体系工程是广州市文化工作"十二五"规划的十项文化民生工程之一，主要包括全市公共图书馆馆外业务覆盖、图书通借通还和数字图书馆建设三个方面。广州图书馆现与各区图书馆以及石牌街分馆等分馆、流动图书馆、24小时自助图书馆建立起中文图书通借通还机制。2015年起，进一步推进通借通还工作，建立以广州图书馆为龙头，各区（县级市）馆为分中心，发展更多的社区、村镇等图书馆基层服务点，按照统一数据标准、统一技术平台、统一服务规范、统一物流配送的要求，实现区域内馆际联合、共建共享、通借通还的服务功能。

1.4 特殊人群阅读服务推广

对老年人、残障人、特殊困难家庭、外来务工人员及其子女、农村留守儿童甚至是服刑人员、戒毒人员和社区矫正对象，要有针对性地提供特殊阅读服务计划。

以广州图书馆为例，广州图书馆跟广州邮政局合作，对老年人、残障人、特殊困难家庭、外来务工人员及其子女、农村留守儿童甚至是服刑人员、戒毒人员和社区矫正对象提供免费送书上门活动及免费的上门还书活动，除了这些特殊人群，普通人群通过登录广州图书馆官网，也可以享受这种送书上门与上门还书的活动，当然普通人群要支付一定额度的邮递费用。这项服务同时也给那些没有时间到图书馆借书及还书的普通人群带来了极大的便利。

此外广州图书馆在1楼大厅还有视障服务区，提供专供盲人阅读的盲文书与有声电脑，还定期举办针对老年人、残障人、特殊困难家庭、外来务工人员及其子女、农村留守儿童的专门阅读活动，培养他们使用电脑设备的能力，提升他们的工作和生活技能，使他们能用手机、平板电脑、电脑等阅读广州图书馆的电子书资源。

同时广州图书馆还提供流动汽车图书馆，专门去监狱、戒毒所和定点社区等地方轮流驻点，现场免费办理借还书，这种主动服务活动极大地促进了阅读服务推广。

2 开展多种形式读书活动提高教育功能，利用不同媒介促进全民阅读普及推广

在新时期全民阅读普及推广活动的组织与策划之中，公共图书馆应该作为主体寻求多方合作，通过与各公共部门的协同合作、资源整合推动全民阅读活动，达到互利共赢的良好效果，促进公益事业与文化事业发展双丰收。为保证全民阅读活动的有效进行，还要配备专业人员予以指导，专业人员要对活动进行策划，在活动执行过程中进行统一规划和安排。公共图书馆应经常举办"读书月""阅读年""读书征文竞赛""书香家庭评选""读书知识竞赛"等相关系列活动，并使之规范化、制度化。图书馆等相关机构可以开展书目推荐、导读、图书展览等多种活动，推广全民阅读。

为促进全民阅读，广州图书馆 2016 年 4 月 1 日开展了广州读书月"阅读专线"活动，该专线由 106、107 两条电车线路中的 5 辆车组成，在 4 月 1—30 日期间每天发车，途经广州的各个图书借还点，包括公共图书馆、图书自助服务借还点。

"阅读专线"每到一处图书馆，都会用语音介绍图书馆服务，并不间断播放各馆宣传视频，吸引市民走进图书馆。"阅读专线"车身有橙色和蓝色两种颜色，内部则分别装饰成书香羊城和文化书乡的主题，展示了广州图书馆、中山图书馆、广州购书中心、北京路新华书店、越秀区图书馆等广州主要的书香圣地。踏上"阅读专线"，如同置身于一座移动图书馆，除了在装饰上能感受到浓浓的书卷气，车上还配备了无线网络、图书漂流、电子触摸阅读、在线听书等。乘车过程中，市民可以免费使用车上提供的无线网络，通过扫描二维码实现手机阅读和听书；也可以使用车载电子触摸屏，阅读电子期刊；还可以体验车窗贴"诗词大挑战"游戏；或者通过车厢座椅背上放置的各类宣传资料了解图书馆服务。

"阅读专线"首发当日，广州数字图书馆（http：//www.gzlib.gov.cn）同步开通上线。该数字图书馆分为"资源""服务""活动""互动""专题"等板块，并提供移动版、社交版、多语言版等版本，14 周岁以上的广州市户籍居民可以在"阅读专线"上扫描相关二维码，实名注册成功后，即可享受海量的数字图书资源。此外，广州图书馆、广州少儿图书馆、广州新华出版发行集团还募集了近万本图书放置在"阅读专线"上，每天投放一定数量的漂流书刊，每位市民限取一册回家体验阅读。

同时 2016 年 4 月，即广州图书月，广州图书馆跟广州购书中心合作推出一项公益活动——"你选书，我买单"，图书馆工作人员现场到购书中心驻点，读者可以在购书中心里面任选 10 本价格在 100 元以下的新书，现场由广州图书馆的工作人员进行简单的初步加工，读者就可以马上拿走新书，一个月后，读者拿着书回到广州图书馆指定地点还书就可以了，而还回的新书，由图书馆再进行正式加工，然后上架，免费提供给其他任意读者借阅。[2]

这些阅读推广方式，一种是把跟市民出行的公共交通与图书阅读结合起来，一种是把市民到购书中心自费买新书跟图书馆免费借阅图书结合起来，两者都是把阅读跟市民的工作和生活充分结合起来，并利用不同媒介促进全民阅读普及和推广。这种全新的阅读推广活动受到了广州市民的热烈欢迎。未来的阅读推广工作可以这种创新的阅读推广方式进行，把阅读真正融合到市民生活和工作中去。

3 加强文化法治，创新经费保障机制，推进全民阅读

为促进公共图书馆事业发展，满足公众对知识、信息及相关文化活动的需求，实现与保障公众的基本文化权益，根据相关法律、法规，结合广州市实际，广州市政府委托中山大学资讯管理系牵头，组织广州市公共图书馆、高等学校图书馆、科学与专业图书馆等有关专家学者共同研究制定了《广州市公共图书馆条例》。该条例自 2015 年 5 月 1 日起施行。

该条例充分保障了市民的图书馆权利，以实现均等化为目标，推动城市图书馆服务体系建设，有利于加强文化法治，创新经费保障机制，推进全民阅读。[3] 具体表现在以下 3 个方面：

3.1 明确规定促进全民阅读的目标与宗旨

把培养公民自觉阅读习惯、提高公民思想道德修养和科学文化素质作为立法的目的写入条例，并以此制定了相应的具体规范和措施，具有较强的针对性和可操作性。

3.2 明确规定广州市政府及广州各公共图书馆促进全民阅读的责任

规定广州公共图书馆应当将促进全民阅读纳入广州公共图书馆的发展规划，明确规定了全民阅读组织领导机构的工作职责，以及新闻出版行政部门、教育行政部门及公共阅读服务场所的职责。文化行政主管部门、公共图书馆等行政管理部门和单位应当通过各种形式组织开展全民阅读推广活动。规定每年四月为广州图书月。

3.3 坚持图书馆主导、社会力量参与的原则，明确鼓励支持社会力量的广泛参与

在政府法律政策的支持下，创新经费保障机制，加大图书馆财政经费投入，积极引入民间资金，确保推广阅读的经费常态化。因此政府和公共图书馆要鼓励支持成立全民阅读公益基金会，鼓励社会力量设立阅读服务场所，鼓励支持公民、法人或其他组织积极捐赠，组织建立全民阅读兼职推广员队伍和基层全民阅读服务站等。

阅读是人民群众最基本的文化权利，也是最为普遍、最为持久的文化需求，推进全民阅读是一项长期任务，任重而道远，做好新时期全民阅读普及推广活动的组织与策划，是我们图书馆人义不容辞的责任与义务。

参考文献

[1] 魏虹. 公共图书馆推广全民阅读的服务模式研究 [J]. 河南图书馆学刊，2015（1）：34 – 35.

[2] 何影. 基于读者需求的读者借购模式探析——对"你选书，我买单"活动的思考 [J]. 情报探索，2016（1）：103 – 105，109.

[3] 方家忠. 保障 促进 规范 提升——论地方立法对广州市公共图书馆事业的作用 [J]. 图书馆论坛，2015（8）：14 – 21.

论公共图书馆阅读推广的创新发展
——以广州市越秀区图书馆"喜阅吧"系列活动为例

林遥芝①

（广州市越秀区图书馆　广州　510080）

摘　要：近年公共图书馆阅读推广发展迅速，如何创新阅读推广形式，丰富阅读推广内容，激发社会大众的阅读兴趣，成为图书馆服务的重要内容。本文以广州市越秀区图书馆的"喜阅吧"系列活动为例，对公共图书馆阅读推广的创新发展进行探讨。

关键词：公共图书馆　阅读推广　创新　喜阅吧

1　公共图书馆阅读推广发展背景

近年来，公共图书馆阅读推广发展迅速，这离不开国家、社会、图书馆行业学会、专家学者以及各图书馆的重视与努力。国家对国民阅读情况高度重视，"全民阅读"已经连续三年被写入《政府工作报告》，上升为国家战略并被列入《国民经济和社会发展"十三五"时期发展规划纲要》。图书馆行业学会及专家学者也不遗余力推进阅读推广，中国图书馆学会自 2003 年将"全民阅读"列为学会日程，每年都会举办很多阅读推广活动，在其引领下，各地方图书馆学会与民间阅读组织、文化学术协会、机构等也纷纷加入阅读推广队伍；各公共图书馆更是阅读推广的中坚力量，恪守阅读服务职责，履行阅读推广使命，在日常工作中为推广全民阅读，建设书香社会持续发力[1]。

2　公共图书馆阅读推广的创新与发展

当前我国公共图书馆的服务理念不断发展创新，阅读推广逐渐日常化，助推了我国全民阅读风气。过去的阅读推广较为单调，一般以开展各种讲座、展览、竞赛等为主。随着时代发展、技术创新，公共图书馆与时俱进，为阅读推广注入不少新内容，使阅读推广焕发生机与活力。

2.1　构建多样化阅读载体，拓展阅读推广渠道

当前科技日新月异，随着技术的发展，阅读载体的多样化，"大阅读"概念应运而生。阅读不再局限于"图书"，只要是能让大众收获知识，丰富精神文化生活，都被划入"阅读"范畴。阅读推广也不仅局限于图书的推广，只要能够密切读者与阅读的关系，开拓读者的阅读视野，读书、读屏、读人、读事等都是有意义的阅读。"数字图书馆""真人图书馆""阅读疗法""一校一书"等新的阅读推广方式遍地开花[2]。

---

① 作者简介：林遥芝，女，广州市越秀区图书馆馆员。

2016 年 1 月开始，越秀区图书馆正式推出"喜阅吧"系列活动。这是一个不分国界、不分种族、不分年龄的阅读天地，涵盖"3D 阅读乐园""听·阅读""国学苑""万花筒""假日点播""童心坊" 6 个板块。其中"3D 阅读乐园"板块精选制作精良的奇幻 3D 电影，书影乐合璧，为读者呈现立体化的阅读盛宴，还结合电影推荐相关馆藏，活动通过 3D 电视屏为读者提供数字化阅读服务，引导读者借阅纸质图书、光盘等其他馆藏资源，利用多种阅读载体，将数字阅读与纸质阅读巧妙融合。

"听·阅读"板块分为线上阅读服务和线下阅读服务两大部分。线上以图书馆的公众号——"广州市越秀区图书馆"为平台，开启微阅读模式，让读者通过"听"书获取知识信息，着重听觉阅读体验，通过精良的视听效果激发读者的阅读兴趣，深化读者对书籍内容的理解和认识。同时，这种阅读服务也极大便利了视障人士以及一些低视力人群，让他们可以随心所欲地听书，享受图书馆优质的阅读服务。

2.2 划分多元化阅读群体，促进阅读推广层次化

全民阅读，推广的人群是庞大且各具特点的，阅读推广应根据阅读人群的年龄层次、认知能力、阅读需求等多元化特点，为他们提供有层次的、有针对性的阅读服务，多点突破，全面开花。

幼儿读者年龄小、识字少，注意力容易分散，采用亲子阅读形式效果更佳；老年读者对养生保健、生活常识、旅游资讯等方面更感兴趣，简单明了、实用有益的阅读备受他们青睐；视障人士由于自身条件限制，只能依靠双手和双耳来获取知识，感知世界……阅读群体需求多元化，阅读需求也迥然各异，阅读推广很难面面俱到，只有根据阅读群体特点，有针对性地选择推广的内容、方式，才能事半功倍。

"喜阅吧"系列活动中的"万花筒"板块，主要针对亲子读者，活动形式以亲子共同阅读，快乐游戏为主，既能培养儿童亲近阅读、利用图书馆资源的意识，锻炼小读者的手脑协调能力、创意思维能力，还能密切亲子关系，增进家长与孩子之间的情感交流，受到读者们的热烈欢迎。

时下国学热不减，很多读者开始认识到中国传统文化的魅力与重要性，"国学苑"板块通过讲座、小课堂、立体手工模型等多种形式，与读者一起探索中国书法、国画、剪纸、古诗词等优秀传统文化的奥秘。活动在传承中华民族优秀传统文化的同时，锻炼读者思辨能力和动手能力，丰富读者文化生活，深受广大读者的喜爱。

2.3 开展双向良性互动，创新阅读推广模式

过去的阅读推广，往往是以"图书馆主动服务，读者被动接受"的模式为主，读者的参与度不高。现在图书馆着力打破这种传统推广模式，推行以读者主动参与、图书馆与读者双向互动的阅读推广模式。

越秀区图书馆的"喜阅吧"系列活动，着重在各个活动中向读者推荐馆藏，同时也发挥读者的主动性，鼓励读者推荐图书、分享自己的阅读心得体会，双向互推，良性互动，让读者主动参与到阅读推广中，更好地利用图书馆资源；同时还结合"阅读增值"活动，让读者通过阅读累积积分，再用积分来抵消滞纳金等费用、兑换文化礼包、参与丰富的阅读活动等，实现图书馆与读者的双向互动，阅读与阅读推广的双向互动，鼓励读者积极阅读，培养良好的阅读习惯，为阅读增值。

2.4 招募阅读推广志愿者，壮大阅读推广力量

图书馆作为国家重要的公共文化服务阵地，理应成为全民阅读的组织者、阅读活动的积

极推动者。过去，图书馆员是图书馆阅读推广的主力军，他们在日常工作中为读者提供阅读服务；现在，随着全民阅读的持续创新发展，单单依靠图书馆员的力量是远远不够的，需要招募更多的阅读爱好者来壮大阅读推广的队伍。

越秀区图书馆开展的"喜阅吧"系列活动，常常会邀请一些专业人士到现场指导读者，让读者将刚接触到的知识应用到实际中来，学以致用，更直观、真实地感受知识的魅力与作用。例如"国学苑——以笔为舟　墨海扬帆"活动，就邀请了广州市美术协会会员亲临现场分享书法心得，指导读者挥毫泼墨；"国学苑——端午飘香　粽情粽义"活动，则邀请厨艺能手现场指导读者制作粽子。读者们学以致用，在实践中加深对阅读的理解和认识，大大激发了读者阅读的兴趣和热情。

越秀区图书馆还与周边幼儿园合作，邀请喜欢讲故事的小读者，用清晰富有感情的语言录制绘本故事，通过"广州市越秀区图书馆"微信公众号的"听·阅读"栏目传播，推广阅读，引导更多读者亲近阅读，提高馆藏利用率。

3　公共图书馆阅读推广实践的不足

2016 年 4 月，中国新闻出版研究院发布"第十三次全国国民阅读调查"的报告数据显示，2015 年我国成年国民图书阅读率为 58.4%，数字化阅读方式的接触率为 64.0%。客观地说，经过十年努力，我国推广全民阅读、建设书香社会的工作取得显著成效，但是无论是对政府的要求还是对社会大众的期许，阅读推广实践中仍有许多需要完善、改进的地方。

3.1　阅读推广的宣传力度较弱

当前，很多图书馆的阅读推广力度较弱，主要依靠传单、宣传海报、电子发布屏等方式进行阅读推广。在快节奏的生活中，有些读者行色匆匆，根本没注意到这些信息，还有一些直接把传单作为包裹东西或遮阳蔽日的工具。假使人们已经了解了传单上的内容，再把传单二次利用，那些传单也算物尽其用，可惜的是，往往很少有人耐心注意它们的内容。

3.2　阅读推广的环境较为封闭

现在大多数阅读推广都在相对封闭的环境举行，封闭的环境有时候让琳琅满目的展览、精彩绝妙的讲座等活动的参与人数屈指可数。这样不仅没达到阅读推广的效果，还浪费了不少人力、物力和资源。

3.3　"以图书馆员为中心"的理念占据主流

一些图书馆在进行阅读推广实践的时候，采取的形式、方法，挑选图书的种类、内容常常以图书馆员的主观判断为主。在没有对读者的阅读偏好、年龄层次等特点进行分析的情况下，这种推广缺乏针对性，往往收效甚微。

3.4　阅读推广流于形式，忽略"书本位"的本质

阅读推广新概念、新方式突出一个"新"字，凸显图书馆界公共文化服务的活力。但是，事物总有两面性，无论阅读推广的形式、概念如何变化、创新，以"书"为主角，才是阅读服务的根本。目前，很多公共图书馆的讲座、展览、影视欣赏活动中已经看不到书的影子，这种弱化书的做法与创新阅读推广的出发点背道而驰[3]。

4　完善公共图书馆阅读推广实践的建议

阅读推广任重而道远，图书馆以丰富的馆藏优势、舒适安静的阅读环境、高质量的阅读

服务成为阅读推广的重要阵地。图书馆在自觉阅读推广的道路上不断摸索前进，在实践中不断丰富阅读推广的内涵，改进阅读推广的不足，让阅读推广持续创新发展。

4.1 多种宣传手段共同作用

为吸引读者亲近阅读、积极参与图书馆开展的各种阅读推广活动，图书馆可以同时使用多种宣传手段。除了海报宣传、公告栏宣传、传单推广等常规手段，还可以充分利用新兴的科技手段、环境熏陶法等达到推广目的。

现在微信的使用人群庞大，一些图书馆因时制宜，利用微信公众号推送阅读服务，取得不错的反响。越秀区图书馆的公众号——"广州市越秀区图书馆"，每周都会推送阅读推广活动预告、活动概况，还有一些热门图书、时事资讯、美文的推荐，为读者了解阅读资讯，便利高效地阅读搭建一个新平台。

阅读推广还可以巧用环境熏陶法。教育学中将"通过选择或有意创设积极向上的环境，让孩子在耳濡目染中受到影响的教育方法"称为"环境熏陶法"，这同样适用于阅读推广。在图书馆的大门、阅览区、走廊、楼梯等各个角落，制作宣传橱窗和各种宣传品，进行巧妙布置，将阅读推广的信息融入其中，让读者在不知不觉中接触了解到馆藏资源信息，从而达到阅读推广的目的。

4.2 更直观开放的阅读推广

酒香也怕巷子深，宣传信息闭塞，场地相对封闭，再好的阅读推广有时也无用武之地。阅读推广可以在更开放的环境下开展，在图书馆人来人往的大堂，或者深入街道、社区、学校，在市民聚集的地方展示，让阅读推广信息更多地、更直观地进入读者视野。

此外，图书的陈列、摆放也可以更为开放。舒适安静、光线充足的阅览区里，图书密密麻麻、整整齐齐地放在书架上，有些经年累月都无人借阅。如果图书馆在阅览区布置一个图书展示区，将各种热门书籍、主题书籍集中展示，则能让读者更加直观、形象地看到这些图书，以吸引读者去阅读。近年来，有些图书馆甚至抛弃钢筋水泥堆砌的砖墙，用透明的材质制作外墙，让来来往往的人一眼看到图书馆内的阅读环境，在视觉上直观刺激人们的眼球，这也是一种宣传推广的做法。

4.3 有针对性的阅读推广

图书馆工作人员在阅读推广中扮演重要角色，承担重要责任，推广效果首先取决于推广者自身的素质。为更好承担阅读推广工作，图书馆工作人员除了要具备丰富的图书馆理论知识和较强的信息检索能力外，还要具备必要的策划能力和组织能力。馆员可以通过馆内外业务知识讲座、培训等多种继续教育途径，不断学习，提高自身业务能力和综合素质，提高阅读推广能力。

此外，图书馆掌握着庞大的读者阅读行为数据，利用大数据分析技术，图书馆可以多维度捕捉读者阅读行为，掌握读者阅读需求，以读者的阅读偏好作为阅读推广的重要参考；还可直接利用信息技术，用短信、微信等方式将读者感兴趣的图书资源推送到读者手中，有的放矢地进行阅读推广[4]。

随着微信公众号内容的不断充实，读者们不仅可以了解到阅读推广活动的信息，还可以直接进行"微阅读"。越秀区图书馆的公众号平台上有个性荐书、美文推荐以及"听·阅读"板块的线上服务，可以直接让读者足不出户，享受阅读服务，达到阅读推广的目的。

4.4 "以书为主"的阅读推广理念

阅读推广持续创新发展，丰富多彩的形式有利于吸引更多读者亲近阅读，但要注意强化图书在阅读推广中的角色。阅读是"活读",不仅可以读书,也可以读人生百态、读风土人情、读人文情怀,但是通过读书收获知识,无疑是最厚重、最有效的途径,图书将知识精华的部分较为完整地展示出来,让人们在短时间内更为高效地获取大量知识。譬如时下流行的"真人图书馆",读的是人有血有肉的经历、心得,但一个人的经历再丰富,也只是个案。通过"真人图书馆"激发读者阅读的兴趣,再推荐相关图书,让读者可以阅读到古今中外形形色色的人生百态,这才是更具张力和生命力的阅读推广。

越秀区图书馆"喜阅吧"系列活动丰富的活动形式均以为读者提供阅读服务为重。"3D阅读乐园"和"假日点播"板块,书影乐合璧,刺激读者阅读感官,以影荐书,通过电影延伸出音乐、剧本、传记等很多的阅读可能。"童心坊""万花筒"板块推广阅读的方式更为直接,和读者分享有趣的绘本故事,寓教于乐,在读者幼小的心灵埋下阅读的种子。

5　结语

阅读推广是图书馆的职责和使命:引导对阅读不感兴趣的人亲近阅读,让阅读的种子在读者心中生根发芽;训练不善于阅读的人学会阅读,让阅读融入学习与生活,成为一种自觉意识;帮助特殊人群克服他们的阅读难题,让他们可以平等享受阅读服务,随心所欲地快乐阅读,这个过程任重而道远[5]。

图书馆自身的职责使命、科技的进步创新、社会各界的关注支持和读者的阅读需求为图书馆提供生生不息的发展动力,图书馆也凭借其丰富的知识资源助力技术进步、人才培养与社会发展。如何创新形式,把阅读推广做好,推出让社会大众喜爱,乐于参与的活动,有赖于图书馆人在实践中不断摸索、持续创新。

全民阅读本身不是目的,而是一个过程,通过阅读,培养读者的良好阅读习惯,提高个人生活品质,实现自身价值,为社会做出贡献才更有意义。今后,越秀区图书馆会不断提升阅读服务品质,创新阅读服务理念,持续创新发展阅读推广,用实际行动助推全民阅读,建设书香社会。

参考文献

[1] 范并思. 公共图书馆阅读推广的发展趋势 [J]. 图书馆杂志, 2014 (7): 11 – 15.

[2] 赖雪梅. 关于图书馆阅读推广的创新研究 [J]. 图书馆, 2015 (6): 21 – 23.

[3] 鲁直. 阅读推广:无"书"则无味 [N]. 图书馆报, 2016 – 06 – 10 (3).

[4] 吴晞. 图书馆为什么要进行阅读推广 [J]. 公共图书馆, 2013 (4): 9 – 13.

[5] 范并思. 阅读推广与图书馆学:基础理论问题分析 [J]. 中国图书馆学报, 2014 (5): 4 – 13.

与经典同行　为阅读助力

——谈图书馆儿童经典阅读推广

贾　昙①

（佛山市图书馆　佛山　528000）

摘　要：在当前社会追求快餐文化、整体氛围较为浮躁的环境下，儿童经典阅读现状不容乐观。图书馆应在推广儿童经典阅读工作中有所作为，充分发挥把关者和领航人的作用，并与学校、社区、家庭一起创造儿童经典阅读的良好环境和氛围。

关键词：图书馆　儿童　经典阅读　阅读推广

1　儿童阅读经典的必要性

所谓经典，是指具有典范性、权威性、经久不衰的万世之作，是经过历史选择出来的"最有价值""最具代表性"的作品。它经过了历史考验，具有重要影响，其内容被大众普遍接受。阅读传统经典对塑造一个人的品格和道德有着重要意义，随着中国国力的提升和民族自信力的增强，在构建当代精神文明的过程中，学习和了解传统文化和经典成为越来越多人的共识和追求。经典是民族智慧的结晶，它的价值历久弥新，是开启智慧的最好方式，而儿童是一个民族的未来和希望，儿童阅读传统经典不仅有利于民族文化的传承，更有利于儿童德行和智慧的培养[1]。

阅读不仅是教育话题，也是文化话题。科学研究显示，0～15岁这段时间是孩子学习的黄金时期，也是孩子学习语言文字的最佳时期，更是孩子文化素养、高尚人格形成的关键时期。阅读传统经典中的优秀文学作品，在滋养儿童的心灵方面有着不可替代的作用，对儿童提升个人涵养与生活情趣，及精神世界的健康发育有很好的助益，不仅可以提高孩子们的古文和白话文水平，还有助于他们对其他知识领域的领悟和旁通。[2]总的来说，经常诵读经典作品，对于儿童来讲，有以下几种收获：

1.1　有助于弘扬传统文化，提升个人文化修养

通过阅读经典作品，让儿童学习吸收传统文化中的精华，从小接受中华传统文化熏陶，不仅有助于培养其对传统文化的兴趣，更有助于培养儿童"天下兴亡，匹夫有责"的爱国主义精神，"立德、立功、立言"的人生志向，"富贵不能淫，贫贱不能移，威武不能屈"的气节人格。同时，儿童可在体会文质兼美的经典文学作品的韵律美、结构美以及积极向上的思想内涵时，提升个人文化修养。

1.2　有助于促进儿童身心健康

青少年时期不仅是身体成长发育的阶段，更是人生观、世界观形成的重要时期。经常诵

125

---

①　作者简介：贾昙，女，佛山市图书馆馆员。

读经典，对帮助儿童理解和认同传统经典中弘扬的传统美德，学会明辨是非及养成孝亲懂礼的良好品格有促进作用。在待人接物方面可在古代先贤的榜样作用影响下不断进步、成长，从而树立正确的世界观、人生观和价值观，促进身心健康发展，儿童的生活品位和道德修养也会在更高的起点上迈步。

1.3　有助于提升儿童阅读兴趣和能力

中华民族文明源远流长，经典作品更是不可胜数。除了在学校教材中甄选出一些文质兼美的作品外，还可通过向图书馆、社区、家庭等渠道提供经典文本，形成对教材的有益补充，帮助儿童形成博览群书的习惯，从而有效开阔视野，启迪智慧，训练集中精神、宁静安详的良好读书习惯，从而有效提升阅读和学习的效率与质量。此外，通过阅读一定的中国古代经典文学作品，对文言的音韵结构之美的内心体验，还能帮助儿童对文言文产生天然的亲近感，为日后文学水平的提高奠定坚实基础。

2　儿童经典阅读面临的冲击

2.1　儿童经典阅读的现状

根据 2014 年中小学生阅读调查显示，广东儿童阅读现状堪忧，具体表现在以下几方面：家长只会买书而不知指导亲子阅读、儿童读物沦为摆设、学校教师疏于指导、适合儿童阅读的作品太少等。[3]浙江省首次"少先队传承优秀传统文化"专项调查显示，少年儿童喜爱读动漫、快餐图书的多，喜欢阅读传统名著的少。[4]增加儿童对传统经典的接触和阅读，并提升儿童对传统经典的理解，应成为传承优秀传统文化，拓宽儿童阅读领域的重点。

有专家指出，儿童阅读特别需要成人（老师、家长）的辅导，因为儿童课外阅读的随意性比较大，喜欢新奇、有动感的图画书籍，阅读时囫囵吞枣，缺乏辨别能力，甚至容易受不良刊物及互联网上不良信息的毒害。因此，儿童经典阅读当前面临着读物少、指导少、不会读、干扰多等多重阻碍，值得引起社会各界的重视。

2.2　儿童阅读面临的冲击

2.2.1　信息载体多样化

随着媒体技术的发达，当今各类影视节目、动漫作品和网游极大丰富，很大程度上冲击着传统的书本阅读，这使儿童逐渐远离了书本和文字。即使是在图书馆资源比较丰富的地区，大多数孩子在节假日和课余时间还是喜欢在家中玩游戏、看动画片，而较少选择到图书馆看书。特别是进入网络时代，孩子在家中通过上网而不用到图书馆就能找到书本上的知识，这些都严重地影响了少儿阅读能力的提高，也阻碍了他们创造性思维的培养。[5]

2.2.2　存在功利化阅读

《语文课程标准》实施后，在校少年儿童阅读的自由选择较少，应付老师布置作业和考试任务成为学生阅读的"指挥棒"。阅读名著更多地被赋予提高阅读理解能力和成绩以及写好作文的功利性使命，这虽然有其积极作用，但在一定程度上窄化了阅读经典应有的功效。而且，相应带来了很多学生在阅读中囫囵吞枣，不求甚解，甚至出现以读"中外文学名著快读""名著导读"代替对文学原著的阅读的现象。同时，校内阅读强势、校外阅读薄弱的现状较为突出。

2.2.3　图书馆资源利用和推广

图书馆作为拓展少年儿童课外阅读的重要社会机构和渠道，文献资源深层加工不够，还停留在借借还还的传播方式，传播活动没有多姿多彩的形式，没有发挥儿童主观能动性的空间，这在很大程度上局限了儿童的创造性学习，局限了文献信息应有作用的充分发挥[6]。资源利用的方式和推广儿童阅读，尤其是经典阅读的模式还需结合当前少年儿童群体阅读的现状和需求加以不断创新。

2.2.4　儿童阅读缺乏有效指导

儿童由于智力发展水平、人生阅历等原因，对阅读对象价值的辨别力、判断力不够，不能敏锐而准确地把有阅读价值的信息资源从海量的信息中挑选出来。同时，儿童阅读文化也逐渐走向"快餐化"，走进"读图时代"，电视节目和网络越来越吸引孩子，儿童正确的阅读方向缺乏有效引导，许多家长缺乏对儿童课外阅读的指导，"任务布置"式的阅读成为学校和家庭的通病，从而带来阅读重量不重质、有布置无反馈的现象，影响阅读效果的达成。

2.2.5　适合儿童阅读的作品较少

现今我们一方面面临传统经典文本极为丰富的现实，另一方面又面临儿童认知能力有限的问题，过于追求"原汁原味"的经典作品，则难以充分实现传播效果，适于儿童阅读的作品研究和开发还不够。一些适合少儿阅读的经典作品由于出版形态、装帧设计和宣传形式等方面的缺陷，以及校园、家庭重视不够等因素，没有以应有的姿态展现在儿童读者面前；在各类儿童出版物泛滥的时代，一些出版商为吸引眼球，推出一些内容猎奇、迷信、鬼怪甚至是暴力、色情的非法出版的"口袋书"、伪童书，充斥街边小摊、玩具店，少儿读物内容走向游戏化、娱乐化。此外，逆反阅读与猎奇阅读的现象也不时出现，长期放任不管，不仅不利于儿童身心健康的发展，还可能会出现很严重的后果。[7]

3　图书馆儿童经典阅读研究推广的对策

图书馆有丰富的藏书和先进的设备及设施，在阅读推广活动中扮演着重要角色，不仅担负着知识存储的任务，更担当着开展教育、传播文化、提供信息的重任。作为一个重要的公共服务部门，图书馆应发挥本身的优势，积极参与儿童经典阅读的研究和推广，担负起属于自己的历史使命。

3.1　知情人——做儿童经典的主动接触者和研究者

3.1.1　加强儿童阅读专业领域研究

作为以推广全民阅读为重要职能的公共服务部门，图书馆在推动儿童经典阅读过程中应不断提升自身专业性和前沿性，对前人在该专门领域的研究成果加强整理研究，明确儿童经典阅读书目范围，并根据汉语本身的特点和孩子的认知水平进行分级，对阅读分级加以科学运用，帮助少年儿童掌握行之有效的读书方法，有效激发少儿阅读兴趣，增强阅读自信心，引导少儿从依赖性阅读发展为自主性阅读。

3.1.2　掌握儿童经典阅读前沿动态

要科学利用图书馆网络资源便利的优势，通过浏览少儿阅读推广网站、知名学校和专业人士相关领域的最新研究成果，掌握儿童经典图书领域的优秀图书信息，把握少儿图书出版的最新资讯，有意识地收集和掌握少儿图书信息和推广方式渠道；要及时关注了解权威机构或专家学者推出的推荐书目，利用网络为少儿读者推送科学的、系统的、符合时代特色的、适合他们阅读的经典书目。[8]

3.1.3 提高图书馆工作人员的专业素质

具备丰富知识储备和良好专业素质的图书馆工作人员，是做好少儿经典阅读推广活动的关键性因素。图书馆应构建完善的培训体系，通过正规的大学教育、继续教育、短期培训班、专业会议、专家讲座、参观考察等多种方式，不断提高从业人员的专业素养和综合素质，使其掌握儿童心理学知识、沟通技巧、策划组织活动的能力。同时，还应不断加强图书馆工作人员爱岗敬业的职业道德教育，使其时刻保持饱满的热情，积极主动、耐心友善地服务读者，为提高图书馆传播效果提供有力保障。[8]

3.2 把关人——做少年儿童经典阅读的积极引导者

3.2.1 提升"把关人"意识

儿童的心智发展和对事物的判断标准还不够成熟，各种观念和判断标准都在形成期，面对汹涌而至的大众文化，很容易陷入对形式的追求，忽略内容的优劣，甚至迷失价值判断，在阅读内容的接受方面亟须把关和引导。在服务儿童读者方面，图书馆应该运用自身专业优势，做好协助儿童读者去粗取精的工作，筛选出优秀的经典作品作为推荐给儿童读者的阅读资源，做儿童阅读作品接触的"把关人"。阅读指导过程中，图书馆工作人员应该扮演这种"把关人"的角色，针对儿童这一特定群体，根据不同年龄段儿童的心理、智力、生理发育的特点和阅读习惯，对文献进行选择性推荐，精心挑选一些品位上乘，思想健康，格调高雅，知识性、教育性、趣味性强的经典文献，为少儿及其家长进行有效阅读、购书、藏书提供便利[9]，有效屏蔽碎片化、娱乐化、肤浅化的阅读内容。

3.2.2 开展荐书活动

图书馆可充分利用自己丰富的馆藏资源，听取相关专家意见，并参考其他图书馆的先进经验，适时推出《儿童经典阅读书目》等荐书单，为少儿提供包括纸本、视频、音频等适合少儿阅览的馆藏资源，全方位开展经典阅读，调动少儿的阅读积极性和目的性。针对不同读者的不同阅读需求，在引导小读者正确选择读物的同时，要注意保护其个性化阅读，读物的选择、阅读方法和步骤都值得仔细研究和推敲，否则用力过猛，方法不当，只会损伤儿童的阅读兴趣。[9]

3.2.3 开展互动性的经典分享活动

通过在相对固定的小读者中开展经典文学作品的角色扮演秀、绘画展示、名著新编短剧等多种具有特色和创意的阅读推广活动，适时邀请家长参与，把小读者请上讲台，分享自己的读书故事和收获，儿童在亲身参与中加深对经典文学作品的认识和理解，在丰富多彩的活动中吸收经典中蕴含的文化精神。本着激发和保护读者的阅读兴趣的目的，鼓励小读者发挥自己的创造性和想象力，为经典阅读注入新的内容和活力，让儿童保持接触经典、阅读经典的积极性。

3.3 领航人——做经典阅读新理念和模式的积极践行者

3.3.1 建立"经典阅览室"或"经典书架"

在书籍的选择上，应根据不同年龄段的儿童认知水平和接受习惯进行经典分级，在表现形式上，可有漫画本、图文本，原本、注解本、白话本等多种形式；在载体上，除了纸质本，还应完善配套视频、音频资料，如在《西游记》纸质书籍附近，可以提供多媒体播放设备以观看《西游记》电视剧和动画片，通过影视和动画作品侧面激发儿童阅读原著的兴趣，保证其尽量选择适合阅读的版本与载体，让儿童不仅可以看经典，还可以听经典，全方位学习，调动他们的阅读积极性[9]。

3.3.2　扩展经典阅读的途径

扩展经典阅读，可邀请国学教育专家和儿童阅读专家来开专门讲座，或者让有志于推广经典阅读的家长组织经典阅读交流会。除了开展基本的经典诵读活动和诗歌朗诵比赛外，还可以开展具有特色主题的读书活动，利用宣传橱窗、板报开辟"图书视角"或"大家谈"读书栏目，或举办专题图书展览及"名著欣赏""读书评论"等多种形式的宣传教育活动。[10] 在相关活动中，要注意突出儿童读者的主体地位，充分调动各种宣传渠道，充分发动家长和社区群众多方参与，形成浓厚的氛围。

3.3.3　开设流动图书馆服务

流动图书馆服务可以满足农村和偏远地区以及图书馆资源匮乏地区儿童的阅读需求，定点、定期为他们提供文献借阅与阅读辅导。[10] 还可与学校一起开展儿童经典阅读推广活动，提高图书馆少儿经典文献资源的利用率，有效解决地区间阅读资源不均衡的矛盾，拓展图书馆多级网络辐射，发挥服务公共阅读推广的功能。

3.3.4　做好宣传引导，营造浓厚氛围

不断深入学校、社区进行宣传，让图书馆的服务和主题活动家喻户晓；同时通过建立与学校的良性沟通渠道，邀请少儿读者群体开展体验活动，在图书馆内部营造庄重典雅的读书氛围，通过现场书架、桌椅的合理摆放，多种多样的阅读选择，烘托氛围的装饰布置等，营造出轻松愉悦的阅读环境，吸引儿童的目光，从而激发阅读兴趣。

3.3.5　有效利用现代媒体和影视资源

影视阅读也是图书馆阅读指导活动中的一个重要组成部分，可利用图书馆现代技术手段，充分发挥现代多媒体作用，放映经典名著改编的影视作品。如《西游记》已有电视剧、电影、动画片等多种题材的影视作品出现，近期热映的《大圣归来》也有不错的票房和口碑，得到不少儿童的喜爱，图书馆可有效利用相关影视资源，通过展映激发少年儿童对原著的阅读兴趣。

3.3.6　有效加强网络阅读引导

面对海量存贮的网络信息资源，图书馆要当好信息导航员，引导和培养少儿掌握鉴别信息精华与信息糟粕的标准与方法，使儿童能从容地面对多媒体信息，例如推荐值得浏览的"精品网站""精品栏目"等，并加强对这些"推荐浏览"的宣传，将一些刊载恶意解构经典、传播庸俗化甚至有害信息的网站或栏目列入"黑名单"，并通过宣传努力获得家长和社会各界的支持和配合，共同维护纯净的儿童网络阅读空间。[11]

推广儿童经典阅读是一项长期性、系统性工程，图书馆在其中发挥着不可替代的作用。应主动研究当前儿童经典阅读面临的问题症结，找准自身的角色定位，提升自身专业素质，不断扩大自身在指导和服务儿童阅读经典方面的影响力，从而引导更多的民众关注经典阅读，通过儿童经典阅读推广活动更有效地引导全民阅读，在全社会形成良好风尚和习惯。

参考文献

[1] 许欢. 儿童传统经典阅读推广研究 [J]. 图书与情报，2011（2）：9 - 10.

[2] 周艳明. 公共图书馆开展少儿经典阅读指导研究 [J]. 新世纪图书馆，2012（5）：19 - 20.

[3] 吴波，何丽玲. 保障儿童阅读亟须立法？[N]. 广州日报，2014 - 11 - 15.

［4］刘东海，丁谨之．少儿经典阅读亟待提升［N］．浙江日报，2015－06－04．

［5］朱福才．论大众传播方式对少年儿童的影响和少儿图书馆的对策［J］．图书馆学刊，2001（5）：59－60．

［6］梁红武．试论影响少儿图书馆传播效果的因素［J］．现代情报，2002（6）：115－118．

［7］蔡楚舒．网络阅读与少年儿童阅读指导工作［J］．中小学图书馆情报世界，2006（4）：51－52．

［8］由兴波，宋艳．少儿馆开展国学传播的文化价值及创新路径研究［J］．图书馆学研究，2011（5）：73－76．

［9］万仁莉．基于少儿阅读推荐书目的图书馆阅读推广研究［J］．图书馆工作与研究，2015（2）：102－105．

［10］谭扬．办好少儿图书馆　开拓先进文化的传播途径［J］．中小学图书馆情报世界，2004（5）：58－59．

［11］贾鸥．阅读推广实现模式研究［J］．图书馆学研究，2012（22）：25－27，37．

新媒体环境下的有声读物与图书馆阅读推广

郑小灵①

（佛山市图书馆　佛山　528000）

摘　要：本文概述有声读物的发展历史，及其在新媒体环境下的创新发展；分析有声阅读相对于传统阅读的优势，讨论图书馆应用有声读物进行阅读推广的必要性及其作用。

关键词：有声读物　新媒体　图书馆　阅读推广

1　有声读物与新媒体

1.1　有声读物发展历史

有声读物（Audio Book），即有声音的图书，是录制在磁带或唱片中的出版物，也就是人们常说的可发音的"电子书"。[1]随着技术变革，知识、信息获取方式多元化，有声读物的内涵发生了变化，目前一般认为，有声读物是一种以声音为主要分享展示的形式，复制或包装成盒式磁带、高密度光盘或者单纯数字文件等形式[2]，并通过播放设备解码载体内容，以听觉方式阅读的音频制品。[3]

20世纪30年代初美国诞生了世界上第一部有声读物，有声读物至今已有八十余年历史。有声读物初期的表现形式是以唱片形式出版的语言教材，主要的受众是少年儿童、外语学习者和视障人群等。西方发达国家如美国、德国、英国等的有声读物出版丰富，市场较为成熟，听书阅读成为纸书阅读的有力补充。

20世纪80年代是我国传统型有声读物发展的重要时期，为新型有声读物发展打下了基础。在改革开放的第一个十年，图书市场刚刚复苏，电视机还未能进入寻常百姓家庭，娱乐的主要媒体是广播电台。广大市民通过电台定时收听说书节目，《西游记》《三国演义》《水浒传》《杨家将》等文学作品由说书人通过电波传遍大江南北，丰富了人们的业余生活。此前并没有一种方式能让成千上万的民众同时"阅读"人类的文化精粹，享受阅读的盛宴。当时人们并没有意识到听书也是一种阅读方式，而听节目也是阅读推广的一种强有力的手段，客观上进行了一场成功的名著阅读推广活动。

1.2　新媒体的兴起促进了有声读物的传播

新媒体（New Media）有别于传统媒体，如报纸、电台、电视等在网络条件下发展的数字化媒体，包括网络媒体、数字电视、手机媒体等。[4]广义来说新媒体是利用数字、网络技

---

① 作者简介：郑小灵，女，副研究馆员，佛山市图书馆特藏部主任。

术，通过互联网等多种渠道，以及电脑、电台、数字电视，手机、iPod、电子阅读器等智能移动终端设备，向用户提供信息和娱乐服务的传播媒介。21 世纪初，随着计算机技术和互联网的成熟，电脑、手机、iPod、电子阅读器等智能移动终端设备的普及，这些设备的便携性和强大的功能，使传统的阅读方式正在发生改变，移动阅读逐渐为人们所接受和利用，成为重要的阅读方式。在这样的有利条件下，有声读物找到了新的土壤，有声读物 APP 成为阅读类移动互联终端使用体验的新产物，极大地改变着有声读物的听取方式。据美国音频出版商协会统计表明，美国的盒式录音带、CD 的销量近年都呈下降的态势，而有声读物的网络下载量则快速增长，截至 2015 年，41% 的美国人听过有声读物。新媒体与有声读物的有机结合使我国的有声读物内容和受众悄然发生了转变，出现了"听书网""喜马拉雅""阅耳听书""懒人听书"等有声听书应用，开拓了文献阅读传播的新途径。有声读物的受众范围越来越广，除了传统的少儿、外语学习者和视障人士外，有空闲碎片时间但双手不空闲的人，如开车族、运动者、家务劳动者、路途中的上班族等成为有声读物应用的最大群体。受过高素质教育的年青一代勇于尝试新技术，喜欢紧跟潮流，对新生事物充满兴趣，乐于沟通交流，因而是有声读物强有力的推动者和支持者。他们在通过有声读物学习、娱乐之余，享受了阅读的乐趣，充分利用了业余空闲时间。

2　有声读物的优势

有声读物产生的效应正在使社会阅读习惯在一定程度上发生着改变。在内容上与传统图书馆馆藏的纸质图书报刊有重合，利用了纸本书刊的资源，其表现形式上则进行了数字化；与数字化的电子书内容本质上相似，最大的区别是获取方式，纸本书刊偏重"看"而有声读物主要是"听"。有声读物形式不断地创新，内容多样，具有的独特优势也越来越明显，应该引起重视，并通过推广有声读物立体地、纵深地开展创新阅读推广。

2.1　与移动智能结合，开启别样的阅读模式

有声读物的载体多样，除了传统的录音带、CD、广播，还有各种多功能的移动智能电子产品，特别是智能手机的普及，以及正在研发推广的智能穿戴设备等。选择用于听书阅读的电子产品很多，为有声读物从诞生到快速发展提供了有力的先决条件。有声阅读慢慢试探着传统的阅读模式，从目前产生的效果来看，开启的声音模式是对传统以看为主的阅读模式的补充和兼容共存，为读者开启别样的容易接受的阅读模式。有声读物是多种阅读模式的尝试，在探索多种阅读模式的阅读推广过程中，值得期待并且应该引起关注。

2.2　借助社交网络及各种 APP，引领时尚阅读潮流

社交网络改变着人们的思维方式、生活方式和工作方式，人们的生活内容和安排对网络的依赖不断增强。有声读物多依托社交网络、娱乐平台传播，借助其点击量大、传播速度快、传播范围广的特性，以听书、讲故事、朗诵、广播剧、音乐剧等多种声情并茂的方式将经典文学、绘本图书、美文、流行小说的文字转化为声音，通过音频传送到各种听书 APP 上，俨然成为一种时尚的阅读潮流。如《盗墓笔记》《诛仙》等网络小说在网上的连载吸引了大量的追随者，接着在听书 APP 上的播放又掀起了追捧的热潮，令很多人一下子接受了听书的阅读形式。也有越来越多的儿童文学通过讲故事的方式给予了小朋友生动活泼的阅读新体验。

2.3 获取无障碍，潜在用户范围广

有声读物存储在网络上，可以随时随地获取，不受时间和空间的制约，读者掌握自我选择权。只要拥有一台智能手机即可实现无障碍获取，应用选择多，设备要求少，操作简单容易。对于追求体验和个性展示的现代人，自主获取，自我操控性强，随时随地开始、结束或继续的优势令用户范围非常广。有声读物获取的便利性和利用的舒适体验使现在一切利用网络、手机、计算机的人成为潜在的用户，特别是在图书馆等的推动下，依赖即时通信工具的新生代尤为突显。

2.4 耳朵阅读，还眼睛和双手自由

电台相对于电视、手机来说是较死板的娱乐方式，电台为何没有消亡？因为收听电台有一个显著优势，那就是其解放了手和眼睛，可以边做边听，边听边看，还双手双眼自由。特别适合开车坐车的人士、上下班途中的上班族，缓解现代人用眼过度之困，让耳朵参与阅读，开启听觉阅读的别样方式，给予耳朵阅读之乐。

2.5 共享性，学习娱乐兼而有之

当今的有声读物可以多人同时共享。人们可以利用碎片时间学习，获取知识，缓解生活节奏过快的压力，把阅读学习的自我提升融入有声阅读中。换一种学习方式，有利于提高学习效率，提高学习的趣味。另外经过后期的剪辑和配乐、配音效加上演播者的专业演绎，使有声阅读变成一种享受，学习与娱乐兼得。

3 图书馆应用有声读物进行阅读推广的必要性

新技术新媒体环境下的图书馆早已经不限于借借还还的业务中。图书馆的服务除了借还和利用纸质文献资源外，数字资源服务也正在崛起，在图书馆资源中具有重要地位。数字资源不断深化和开拓新的推广路径，而数字资源类型的其中一个重要组成部分为音频类资源，因为有上述的优势而有越来越广的生存和发展空间，它对传统图书馆的阅读是一种补充，与传统阅读是互相促进的两种形式。传统阅读因为有声读物的不断发展和更新而注入了新的生命力，有声读物的传播有效地培养了读者的阅读兴趣和阅读习惯，从而反作用于传统阅读，起到提高读者阅读兴趣、阅读质量、阅读能力的作用。与图书和影视作品的关系相似，图书是影视作品的基础，影视作品的推出和成功会令该图书一下子洛阳纸贵，咨询和借阅量随之井喷。有声读物推广创造了越来越显著的社会效益和经济效益，是促进阅读推广的有效新途径。国内众多图书馆把有声读物放在了重点推广的位置上，例如佛山市图书馆拥有近百个数据库、电子图书 20 000 种、电子期刊 5 000 种[6]、有声读物 5 000 种，通过网站、微信服务公众号等平台发布各种有声读物，在有声阅读推广上有所行动，探索着前行。

4 有声读物进行阅读推广的作用

4.1 以新形式开启别样的阅读方式

"看"这一阅读方式已流传数千年，多数情况下是一种个人的行为。西方在 17—18 世纪也曾流行过请人朗读图书，可多人共听共享。在倡导阅读的氛围下，阅读内容要丰富多元，阅读方式更需要创新。有声读物的传播使阅读有了新的依托和新的表现形式，开启了以声音为手段，可同时供多人利用的别样的阅读方式；不仅适用于小朋友及视障人士，更适用于忙碌的现代人和渴望得到更多知识营养的人。数据显示，人们第一次听有声读物有 43%

是从图书馆开始的，可见图书馆在有声读物推广中的作用，图书馆成为有声读物获取的有效首选途径，得到读者潜意识的认同。

4.2 有效增加了图书馆文献的传播方式

人类文献的传播从口口相传到结绳记事再到手抄文献传播，经历了漫长的发展时期到了印刷文献的传播，进入 20 世纪末、21 世纪初电子文献传播的快速发展，走过了曲折漫长的道路。现在图书馆的馆藏都以纸质文献以及电子文献为主，短短二十年发展期产生的文献资源传播量和传播范围远远超出以前总和的数万倍。有声读物传播速度快，可与读者即时互动，比之传统文献传播有优胜之处。图书馆的任务是扩大受众面，吸引非进馆读者，发展虚拟读者群体。

4.3 缓解馆藏复本与借阅需求的矛盾

图书馆对馆藏资源复本量有所限制。一些畅销书或中小学生假期要求的阅读功课，由于借阅率高容易暂时出现外借困难的现象，而后为了满足读者需求增加了复本，热潮过后，在架的复本利用率大大减少，造成压架等候下一个热潮的到来。而电子书和有声读物则在技术上完全没有这方面的顾虑，随时可以通过网络供多人同时借还。

4.4 与新媒体共同推动阅读，协同各种社会力量进行阅读推广

图书馆是阅读推广的中坚力量，阅读推广是社会赋予图书馆的神圣社会职责。图书馆有义务发动社会力量参与阅读推广，也有权利利用和整合社会资源推广阅读，建设崇尚阅读的知识型社会。现今在阅读推广工作方面，许多民间力量发挥了重要的积极作用。他们勇于创新，利用网络、新媒体开发各种应用，利用智能手机开通各类社交软件、服务公众号等，让电台、电视台的专业播音员、朗诵爱好者、话剧演员等各行业的人士和业余人士广泛参与，采取与图书馆运营阅读推广相似或不一样的方式，给阅读推广工作注入新的模式，值得与图书馆互相学习和合作促进。

有声读物进入阅读生活是现代阅读发展的必然产物，发展潜力巨大。目前，有声读物存在质量参差不齐的问题，也需要加强宣传推广的力度，选择受众接受的播出平台，解决传播时效等因素的影响，在一定时期内的发展是曲折的。另外，版权问题也是制约有声读物合理合法的突出问题，只有尊重知识版权，才能让有声读物走上健康发展的道路。

参考文献

[1] 百度百科．有声读物［EB/OL］．http：//baike.baidu.com/link? url = H6apnYRqaFhDb12OBCsKK0XFJSMKvOWukJBofivgH94VSzoZ0NG7aZLIoMf6AHG - oyW93roza6nsU87SOCmDrK.

[2] 淳姣，赵媛，薛小婕．有声读物图书馆及其构建模式研究［J］．图书情报工作，2010（23）：106 - 110.

[3] 史秋雨．中国有声读物研究综述［J］．图书馆论坛，2012（7）：32 - 35.

[4] http：//baike.baidu.com/link? url = bUgLmEfNbK4C4Xw1ZiqGW00PW8hVQBGIiIl6ZxUlXruRcYxqIei SL-OvXskhdiqbs0E3OXJX87pCTSIkD - VWa36AtXK_ jCBEFTCssI9E - zHW.

[5] 佛山市联合图书馆 2015 阅读报告［R/OL］．［2016 - 08 - 17］．http：//mp.weixin.qq.com/s? src = 3&timestamp = 1471477721&ver = 1&signature = xnwDPZjxl91YhuZAex * lqgzapnSEduSwHuJwVMAV6Oq Elm-etiexSH2Xd * aM90Oz8SchmqCUwA6YyGlIkbWw - DBcjPQWbdOsHkUIwsZJe0F9Ii2AUX94AZ0mRq * svx-AzopdYhswBKQms9itFEyL9ra - 4Lq26pzEY5VrMqdJQpAxk = .

[6] 胡海燕．美国有声读物的发展对我国的启示［J］．新闻研究导刊，2015（12）：191，194.

"项目立馆"下的个性化图书推荐案例分析

——以佛山市图书馆为例

邹红冰①

(佛山市图书馆 佛山 528000)

摘 要：本文从"项目立馆"的角度，以佛山市图书馆借阅部"个性化图书推荐"为例，介绍该馆借阅部个性化图书推荐这一项目的实施过程，以及产生的效果和影响，分析其存在的不足。

关键词：项目立馆 个性化 专题图书 图书推荐 效果分析

早在 1931 年，印度图书馆学家阮冈纳赞就提出了著名的图书馆学五个定律："书是为了用的；每个读者有其书；每本书有其读者；节省读者时间成本；图书馆是一个生长着的有机体。"这五个定律是图书馆职业最简明、最直接的表述。然而近几年，图书馆屡屡出现藏书量剧增而读者却苦于找不到书、很多有价值的书躺在架上却无人问津等问题，对比图书馆有责任发挥专业优势，践行"为书找人、为人找书"的服务宗旨，从而达到缓解上述问题的效果。

基于此目的，2015 年佛山市图书馆借阅部向馆里申请"个性化图书推荐"项目，四月份被批准并实施，一年来共开展 10 期共 21 场专题图书推荐。

1 项目立馆简介

所谓"项目立馆"，就是通过引入项目管理模式，建立起由政府、图书馆、社会三方共同参与图书馆业务发展决策、实施与评估的运作模式。具体而言，就是将一定时期内的图书馆整体运作作为一个大项目，在此大项目下设立阶段性发展目标，将那些需要有效利用一定资源，且必须在特定时间段完成的目标任务拆分为一个个具体的子项目，建立并运用统一的图书馆项目管理方式，在规定的时间和资源付出范围内达到预期的目标。[1]

通过对这些项目的实施和成果推广，培养人才队伍，提升服务效益，树立良好的服务品牌和服务形象，在政府、图书馆、读者之间建立一个"公平、公正、公益、公开"的互动链条，搭建一个定位清晰、功能分明、布局合理、服务有效的公共图书馆服务体系。[2]

2 "项目立馆"下的个性化图书推荐实施过程

个性化图书推荐实施过程包括项目统筹与分工、项目策划、专题图书区布置（场地布

① 作者简介：邹红冰，女，佛山市图书馆馆员。

135

置、图书查找与上架)、多方位宣传(海报、制定书单、自媒体发布)、细化经费预算、图书推荐效益总结、结项准备与评审等。

2.1 项目统筹与分工

由项目负责人负责协调分工,把每一期图书推荐所要做的具体工作分配给项目成员,由项目成员来具体实施完成。每一期图书推荐完成后,项目负责人就参与人数进行具体登记。

2.2 项目策划

项目的策划,由项目负责人组织发起,部门主任协助,项目小组成员集思广益,采用形式多样,线上线下相结合,创意灵感辅以网络流行语,立体、全方位地挖掘馆藏而确定每期图书馆推荐主题。此外,佛山市图书馆还根据当时一些事件、时事或热门话题推荐专题图书。2015 年 2 月 28 日,柴静的新作《雾霾调查:穹顶之下》在各大视频网站上线之后,引起了公众关注与讨论,尤其是在微信、微博等社交网络得以病毒式传播,引发全民刷屏。佛山市图书馆紧随潮流推出了环保类图书的系列推荐。每年 4 月左右是"中国图书势力榜"年度好书评选活动的揭晓时间。"中国图书势力榜"是华南地区最大的图书评选活动,该活动收集整理国内图书市场销售数据,通过网络投票,兼顾大众口碑和专家评委的专业意见,最终评选出当年度最有影响力的 10 本文学类好书和 10 本非文学类好书。佛山市图书馆对"中国图书势力榜"评选出来的好书进行了精心挑选,做出相关推荐。2015 年个性化图书推荐部分精彩主题如下:

(1)"有咩好睇?"——2014 年借阅率最高的 100 本书;

(2)"求包养、求认领"——"零借阅率"系列图书推荐;

(3)"曾经受宠,如今被打入冷宫"——某时段高热图书推荐;

(4)"我也是醉了,他们都说不赖"——读者荐书;

(5)馆长推荐——一生必读的××本书;

(6)剁手族们,试试 DIY——手工图书推荐(可配手工作品);

(7)约吗?图书馆带你去周游世界——旅游图书推荐;

(8)穿越明末当土豪——历史传记类图书推荐;

(9)论出门带手机的重要性——可以拍到"独家"照片!摄影类图书推荐;

(10)阅读经典,聆听名著——经典名著图书推荐系列。

2.3 专题图书区布置

(1)场地布置:选取合适的场地,因地制宜。在佛山市图书馆四楼南自然科学图书区域前的空地,进行场景布置,然后在场景中摆放上图书,以吸引读者的注意力,使他们能驻足观看,达到推荐的效果;3D 打印的图书放在 3D 打印机旁,这样既有实物又有图书,使读者更形象地了解 3D 打印技术。

(2)图书查找与上架:在进行推荐之前,对所需图书在架情况进行认真核实,需要补充或购买的图书,及时与采编部沟通,及时解决。例如暑期经典名著图书推荐,可针对暑期学生的阅读需求及阅读量,补充中外名著的复本达 10 本或 20 本,以缓解暑期一书难求的需求紧张。

2.4 多方位宣传

充分发挥项目成员的个人特长,如擅长美术的制作海报,擅长电脑的在自媒体发布宣传上发挥作用等。佛山市图书馆在三楼北区扶手梯旁配备两组矮书架,作为个性化图书推荐专用书架,配以宣传简介板和读者互动留言本。每期的宣传简介板上,会选取 6~8 本有代表性的图书进行特别推荐，并在微信、微博、馆内电视上进行宣传，其中在微博、微信公众号推荐中有与读者互动的环节，如提供预约取书、有奖读后感征集、好书接力比赛等；每一期的图书推荐，都会制定相应的书单，与图书一起推荐。

2.5 细化经费预算

在申请项目时，需要对项目经费进行预算并细化，提交"项目资金预算计划表"，经项目审批小组审查核批后，进行专项经费专项使用。这一措施能使各种资源得到合理、高效的使用，降低人财物的耗费，从而降低图书馆业务的运作成本。

2.6 图书推荐效益总结

每期图书推荐对从图书上架到图书回架的流通数据，都做了详细的登记。因为图书推荐对读者阅读选择的影响效应，必须通过数据予以体现。另外，根据数据分析，有利于对读者的阅读偏好和阅读习惯有更深刻的了解和认识，也为图书推荐主题设置提供重要参考，从而推动图书推荐活动的个性化和可持续性发展。

2015 年各期专题图书推荐流通统计表

期数	名称		上架种册数	回架册数	借阅量比例（%）
第一期	环保专题		37 种 64 册	37	42
	2014 年借阅部各区图书排行榜	三楼南区	72 种 77 册	26	66
		三楼北区	67 种 69 册	5	93
		四楼北区	63 种 66 册	9	86
		四楼南区	78 种 78 册	27	65
第二期	礼仪专题图书推荐		42 种 57 册	21	63
	阅读专题图书推荐		39 种 52 册	22	58
	馆长推荐		47 种 47 册	4	91
第三期	"零借阅率"专题图书推荐		141 种 145 册	107	26
	中国图书势力榜专题推荐		42 种 52 册	24	54
第四期	摄影类专题		89 种 133 册	96	28
	旅游类专题		113 种 121 册	33	73
	游记类专题		29 种 45 册	8	82
	影视类专题		72 种 105 册	68	35
第五期	中外经典文学图书推荐		135 种 444 册	29	93
第六期	读者分享好书		47 种 81 册	32	60
	民国文人传记		125 种 135 册	103	24
第七期	手工专题推荐	各种手工制作图书推荐	120 种 120 册	88	27
		服装篇	83 种 83 册	54	35
		饮食篇	72 种 72 册	40	44
	中国抗战专题书推荐		66 种 66 册	58	12

137

（续上表）

期数	名称		上架种册数	回架册数	借阅量比例（%）
第八期	南风学堂	口才	50 种 50 册	19	62
		摄影	50 种 50 册	29	42
		理财	50 种 50 册	19	62
		养生	50 种 50 册	18	64
	群"英"会：英语阅读		50 种 50 册	40	20
	慢生活：养殖类		50 种 50 册	25	50
第九期	2015 年借阅部各区图书排行榜	三楼南区	以广告板形式展出各区借阅率最高的前 30 种图书		
		三楼北区			
		四楼北区			
		四楼南区			
第十期	某时段高热图书推荐		50 种 510 册	117	77

2.7 结项准备与评审

结项时需在管理平台填写相应的项目文档，诸如进度报表、项目资金使用情况表、各种数据、照片等，将活动过程、活动效益和经费利用等重要内容全面上报馆领导及项目领导小组，等待审核和评估。

3 "项目立馆"下的个性化图书推荐效果分析

（1）"馆长推荐"和"中外经典文学推荐"的借阅率达到了 90% 以上，这说明权威是很重要的，读者还是对好书情有独钟。

（2）2014 年借阅部各区图书排行榜、旅游类、礼仪类、理财类、口才类、养生类、读者分享好书、阅读专题图书推荐等借阅率都达到了 50% 以上；说明推荐的书受到广大读者的关注和好评。

（3）手工类、饮食类、服装类、摄影类、民国文人传记、影视类这些比较热门图书的借阅率低于 50%，这说明宣传也许不到位，选择的书不合读者口味。

（4）"零借阅率"图书通过推荐，借阅率达到了 20% 以上。

通过上述总结和分析，不难看出专题图书推荐这种形式是读者比较认可的阅读推广模式，对读者的阅读偏好和阅读行为起到了一定的引导作用，受到读者的欢迎。与此同时，项目的开展充分调动了相关馆员的积极性，他们深入参与到项目开展的各个环节，获益匪浅。因为要做好每一期的图书推荐，工作人员在充分熟悉馆藏文献的基础上，还要有丰富广阔的知识视野，了解当前社会热点，紧跟时事，把握读者的心理及需求，选好主题；还要花大量的心思与精力，搜集大量与主题有关的图书信息；深入了解推荐图书的作者、出版社、书评、可读性等方面的信息，综合运用各种手段，开展宣传营销活动等，真正做到为读者推荐有价值的好书，吸引越来越多的读者关注图书推荐，利用图书推荐信息，更多地借好书、读好书。在这个过程中，馆员的工作技能和业务水平获得了很大的提升。

4　存在不足

佛山市图书馆这一年的读者推荐项目，借阅率都非常高，取得了一定的成绩，但也有诸多不足之处，有待进一步思考、解决和完善。

（1）图书推荐的质量容易受到馆员知识水平的限制。馆员的主观意识和水平在对于某些图书的推荐过程中会出现以偏概全的现象，造成推荐的效果不尽如人意。

（2）读者快餐式阅读需求与经典阅读之间的矛盾。一些热门的畅销图书阅读和推荐价值无几，但在读者群中却有强大的需求，而推荐有价值的冷门图书，由于受到读者群体文化素养的限制，读者接受度不高。这些矛盾表明，图书馆仍需继续对读者需求和行为进行深入研究，进一步加强对读者的阅读引导和文化素质培养。

（3）特定时期某些推荐的图书僧多粥少，难以满足读者需求。例如暑假期间学生经典名著的推荐，是每年图书推荐的固定专题，所推荐的图书常常出现僧多粥少的情况，而热门期过后，这些图书往往又成为冷门。如何降低图书闲置率，在控制馆藏复本的同时缓解一书难求的问题，满足读者需求，也是图书推荐面临的重要问题。

参考文献

[1] 刘沫，洪文梅，蔡畯. "项目立馆"与图书馆管理模式创新［J］. 国家图书馆学刊，2012（4）：17 – 21.

[2] 屈义华. 谈"项目立馆"［J］. 国家图书馆学刊，2012（4）：12 – 16.

从"青少年阅读周"看美国的青少年图书馆服务

郭晓敏①

（佛山市顺德区第一中学　佛山　528300）

摘　要：美国重视青少年的图书馆服务，图书馆对青少年的教育起了很大作用。"青少年阅读周"是美国青少年图书馆协会发起的国家级活动，活动目的在于推动青少年阅读，提高青少年对图书馆的利用率。青少年图书馆协会是活动的组织者，为各个图书馆提供活动构思、宣传策划资源、物质赞助以及交流平台等。图书馆根据每年的主题结合实际举办丰富多彩的活动。青少年阅读周成为美国图书馆青少年活动的品牌，其成功经验值得借鉴。

关键词：青少年图书馆服务　青少年阅读周　青少年图书馆协会

青少年阅读周（Teen Read Week，以下简称 TRW）是美国一个全国性的青少年文化活动，由美国图书馆协会下属的青少年图书馆协会（以下简称 YALSA）于 1998 年发起，每年10 月举行，活动的宗旨是"以读为乐（Read for the Fun of It）"，每年有不同的活动主题，活动目的在于推动青少年阅读，提高青少年对图书馆的利用率。

TRW 始于 1998 年，每年按期举行，至今已经是第 19 届，YALSA 从当初的发起到每一年的组织都起了关键性的纽带作用，它将全美国热衷于推动青少年阅读的公共图书馆、学校图书馆、出版商、书店、作家以及家长紧密联系在一起，每年通过不同主题推动上述机构或个人参与活动，让无数的美国青少年从中获益。从 TRW 这样一项国家级的阅读活动中，我们可以梳理出美国的图书馆在推动青少年阅读中做出的努力。

1　美国的青少年图书馆服务现状

1.1　图书馆青少年服务的基本情况

美国对青少年的定义是 12～18 岁的未成年人，即处于中学阶段的学生。2013 年 YALSA 的调查数据显示，美国有超过 4 200 万青少年，其中 72% 的青少年平时有利用公共图书馆的习惯[1]。在美国，公共图书馆的数量远比麦当劳和星巴克的数量要多。美国的中小学生平均每年有 13 亿人次走进学校图书馆，与全美国人进电影院的次数相当，而全美国每年进入各类图书馆的人次是他们进电影院次数的三倍。在各类图书馆中，公共图书馆的作用尤为突出，以下的系列数据很好地阐释了公共图书馆在青少年教育中发挥的重要作用。美国公共图

---

① 作者简介：郭晓敏，女，佛山市顺德区第一中学。

书馆协会 2012 年的调查显示：97% 的公共图书馆设有青少年阅读专区，65% 的公共图书馆网站上有专门的青少年阅读专栏，95% 的公共图书馆为青少年提供暑期阅读和学习项目，85% 的公共图书馆提供包括职业规划和计算机技能等课外培训，46% 的公共图书馆通过顾问小组等活动培养青少年的组织领导技能，67% 的公共图书馆给社区里的青少年组织提供帮助，66% 的公共图书馆会不定期到学校图书馆交流，派发借书证，37% 的公共图书馆与学校图书馆资源共享[2]。

1.2 图书馆的青少年教育职能

美国大大小小的图书馆发挥着教育的职能，为青少年提供多种服务，让他们在工作技能、计算机技能、传统读写能力等方面得以提升。

首先是工作技能。随着信息时代的到来，社会发展日新月异，在过去的三十年里，美国社会对青少年工作技能的要求发生了很大变化，但学校教育却没有跟上时代的潮流。庆幸的是，有 87% 的公共图书馆为青少年提供了相应的服务和项目，包括职业生涯规划和计算机技能等。此外，图书馆还聘请青少年当实习生，让他们在实际工作中得到锻炼[2]。

其次是计算机技能。一项调查显示，2010 年，14～18 岁的青少年中有 50% 的人表示曾经到图书馆使用计算机。该项调查显示，青少年能很快适应新的计算机技术，但实际上，他们并不如大人看上去领悟力强且操作自如。而图书馆通过对他们进行针对性的指导，让他们可以有效且安全地使用计算机[2]。

最后是传统的读写能力。97% 的公共图书馆设有青少年图书专区，具有良好职业素养的馆员总能根据青少年读者的阅读需求推荐他们喜欢的图书资料。来自 YALSA 网站的数据表明，暑假期间参加了 YALSA 组织的公共图书馆阅读项目的学生，在新学期的阅读测试中都能取得比没有参加公共图书馆项目的学生要高的分数。同样地，学校图书馆的馆员素质好、服务质量高，学生在英语标准测试和阅读标准测试中的分数要比其他学校的学生高 20 分左右[2]。

2 TRW 的活动组织

每年的 TRW 从公布主题，到活动在全美国开展并落下帷幕，大概需要半年的时间，YALSA 在这一过程中发挥着指导和纽带的作用。为了能更好地了解 YALSA 如何组织这一全国性的活动，本文以 2016 年 TRW 的筹备为例，阐释 YALSA 在活动中发挥的作用。

2.1 活动的发起

2016 年 4 月 7 日，YALSA 在网站上公布今年的活动将于 10 月 9 日至 15 日举行，主题为"多语言的以读为乐"，鼓励图书馆使用多种语言表达的"以读为乐"为主题，重视给全国 22% 母语为非英语的青少年提供资源和服务。同时，YALSA 还发出倡议，号召图书馆、书店、出版商以及个人参与活动，鼓励热衷公益事业的组织和个人给活动提供赞助。YALSA 给活动设计了统一的 Logo（标志），让 TRW 活动有很高的辨识度，方便更多的民众尤其是青少年了解、认识并记住这一项全国性的阅读活动。

2.2 提供宣传策划的资源

YALSA 从多方面给图书馆出谋划策。首先是提供构思。YALSA 列出了 50 项活动建议供图书馆参考，图书馆可以从中选取合适的活动方案并进一步细化完善。这 50 项活动大体可以分为几个方面：一是优化图书馆的日常服务，如延长开放时间、增加馆藏、完善图书馆与青少年的沟通机制、美化青少年阅读环境等；二是举办青少年感兴趣的活动，如根据书籍的指引进行蛋糕装饰活动、策划动漫活动、组织寻宝游戏、配合万圣节组织鬼故事剧场等；三是举办各种比赛，如书签设计比赛、诗歌朗诵和创作比赛、图书评论比赛等；四是和其他机构和个人合作举办活动，如在公交车上放置书籍、邀请作家给青少年讲述写作的乐趣、鼓励青少年给儿童读书等。从以上几方面的活动构思可以看出，很多活动的场所不仅限于图书馆，YALSA 鼓励有更多的活动走出图书馆[3]。

其次是提供活动策划资源，包括给活动提供理论支持的各种统计和研究数据，如青少年阅读危机数据、青少年阅读情况报告等。此外，YALSA 还提供一份长达 19 页的规划指南供图书馆下载，该指南有一个严格的编写和审核过程，且每隔 3 ~ 5 年修订一次[4]。

最后是活动宣传工具和建议。YALSA 给所有注册的图书馆提供书签、宣传册、视频以及各种网络工具箱，期望通过各种包装和特有的标识，增加社会的认知度，从而将其打造成图书馆青少年的品牌活动。为了方便各个图书馆做活动宣传推广，YALSA 编写了多款宣传单和媒体通讯稿，图书馆只需填上活动名称以及联系信息便可直接利用。YALSA 还从青少年、家长以及社区三方面提出了活动宣传建议。YALSA 建议图书馆可以通过举办面向青少年的海报设计、书签设计比赛等吸引青少年。它还鼓励家长和孩子一起参加活动，并提出多种建议营造爱读书的家庭氛围，例如家庭成员每天抽时间一起阅读、订杂志或者买书送给孩子，跟孩子分享自己喜欢的书，举办读书讨论会，在家里建造雅致的读书角、家庭图书馆等。YALSA 建议图书馆利用学校、媒体等在社区进行活动宣传[5]。

2.3 提供物资赞助

YALSA 鼓励图书馆员、教育工作者以及培训机构人员等致力于推动青少年阅读活动的注册会员提交 TRW 活动方案，YALSA 从中选出 10 个优秀的方案，并给予 1 000 美元的资助，获得资助的会员有义务在网站上分享自己策划的活动。

除了提供资金支持，YALSA 还准备了 40 套入选 2016 年"青少年十佳图书"候选书目的图书给会员。"青少年十佳图书"是青少年通过网络投票选出来的最新出版的图书。它有一个超过半年的规范的评选过程。首先是候选书目的确定。参与活动的出版商给全国推选出来的 16 个学校图书馆和公共图书馆提供最新出版的书，由这些图书馆专门的青少年图书讨论组对书进行评价，并确定最终的候选书目，候选书目在每年 4 月的"国家图书馆周（the National Library Week）"公布。然后是持续两个月的网络投票。12 ~ 18 岁的青少年在 8 月中旬至 10 月中旬上网投票，投票结果在阅读周后的第一个星期公布。这是一个全程由青少年参与并选出最终结果的评选活动，深受青少年的喜爱，极大地激发了青少年参与 TRW 活动的热情[6]。

2.4 提供交流平台

YALSA 通过论坛、FaceBook、Twitter 等网络交流平台，供大家讨论和分析与阅读周相关的资源和经验。如获得活动资助的会员需要在网站论坛上分享自己策划的活动，通过网络问卷收集各地图书馆对 TRW 的反馈意见，了解 YALSA 提供的支持是否足够，哪些方面需要改进，了解图书馆举办了哪些活动，通过网络问卷收集各地图书馆对"青少年阅读周"的反馈意见。调查的内容主要包括以下两个方面：一是了解 YALSA 提供的支持是否足够，哪些方面需要改进；二是了解图书馆举办了哪些活动，取得了怎样的效果，有哪些成功的案例。

2.5 鼓励图书馆争取议会支持

YALSA 认为青少年不能简单地被定义为"大一点的孩子",不同发育阶段的孩子需要不同的关注,但无论在学校教育还是图书馆服务方面,政府对于青少年的投入都偏少。YALSA 网站上的数据显示,美国政府、慈善机构以及非营利性组织对 12～18 岁青少年的财政投入远小于 0～11 岁的儿童和 19 岁以上的成年人,美国学者把这种财政投入现象称为"缺失的中间(missing middle)"。2015 年,联邦政府对小学教育的投入是 260 亿美元,对高等教育的投入是 311 亿美元,而对中学教育的投入只有 56 亿美元[7]。

美国最新的教育法案《不让一个孩子掉队》(*No Child Left Behind*),没有提及学校图书馆,导致很多学校削减了图书馆的开支,图书馆员被裁员,学校图书馆的地位岌岌可危。因此,YALSA 鼓励各地的学校图书馆在 TRW 活动期间,邀请当地的议员参观图书馆,或者图书馆员直接拜访议员,以期让国会在制定下一年的教育法案时更多地考虑到学校图书馆,为图书馆的发展争取国家政策的支持[8]。

3 TRW 活动内容

3.1 TRW 的活动主题

TRW 的宗旨是"以读为乐(Read for the Fun of It)",每年根据实际情况,由 YALSA 确定或者青少年网络投票确定当年的活动主题。下表列出了 TRW 从 1998 年到 2016 年的主题。

TRW 历届活动主题

年份	主题	参考翻译
1998	Read for the Fun of It	以读为乐
1999	Reading Rocks	读岩石
2000	Take Time to Read	花时间去阅读
2001	Make Reading A Habit	让阅读成为习惯
2002	Get Graphic @ Your Library	让图书馆形象化
2003	Slammin' @ Your Library	诗歌评论
2004	It's Alive @ Your Library	它是活着的
2005	Get Real! @ Your Library	去体验!
2006	Get Active @ Your Library	积极利用图书馆
2007	LOL @ Your Library	笑出声地阅读
2008	Books with Bite	"咬"书(指与食物有关的书,或与猛兽、吸血鬼等主题有关的书)
2009	Read Beyond Reality@ Your Library	超越现实的阅读(指科幻小说等虚拟文学的阅读)
2010	Books with Beat @ Your Library	有节拍的图书(指诗歌和音乐书等有节奏、有韵律的图书)
2011	Picture It @ Your Library	为图书插画

（续上表）

年份	主题	参考翻译
2012	It Came From the Library	它来自图书馆
2013	Seek the Unknown @ Your Library	在图书馆发现你所不知道的
2014	Turn Dreams into Reality @ Your Library	让图书馆帮你实现梦想
2015	Get Away @ Your Library	到远方去（鼓励青少年阅读旅游或其他发挥想象力超越现实的图书）
2016	A Multi-lingual "Read for the Fun of It!"	多语言的阅读快乐（鼓励图书馆提供多语种的图书馆服务）

每年的活动主题简洁而有力，且一个主题通常有多重解释，如2008年的主题"'咬'书（Books with Bite）"，这里说的"咬"可以指人们做美食的食谱，也可以指与"咬"这一动作有关的书籍，如与动物有关的科普书籍、与吸血鬼有关的魔幻文学等。这样多重解释的主题给图书馆很大的发挥空间，让图书馆能充分结合本馆和当地实际筹划优质的活动。

3.2 丰富多彩的活动

通过近二十年的发展，参与TRW的图书馆越来越多，数据显示1999年有750个图书馆参与活动[9]，2001年，超过1 400个学校图书馆、公共图书馆以及书店参与活动[10]，到了2011年，全美国有超过5 000个图书馆参与活动[11]，TRW的影响力越来越大。全国各地都有图书馆是活动的执行者，各个图书馆围绕着当年的活动主题，结合本馆的实际开展多种多样的活动。

2000年的主题是"花时间去阅读（Take Time to Read）"，很多图书馆围绕着这个主题开展活动。佛蒙特州一所中学图书馆举办安静阅读活动，超过300位学生参加，每天到图书馆阅读一个半小时。加州一所中学图书馆举办阅读比赛，鼓励学生利用碎片时间随时随地阅读，累计阅读时间最多和效果最好的学生将会获得奖励。俄克拉荷马州的一个公共图书馆为放学后的青少年提供阅读场所，并准备好饮料和点心，青少年进出图书馆刷卡，以此记录青少年的阅读时间，并对阅读时间多的青少年做出奖励[12]。

2003年的主题是"诗歌评论（Slammin'@ Your Library）"，鼓励青少年读诗写诗评诗。数百个学校图书馆、公共图书馆以及书店举办了一系列以"诗"为中心的活动，如诗朗诵、诗歌写作、诗歌批评等比赛，以及其他有趣的活动，如"诗歌与薄饼"晚会、文学寻宝游戏、咖啡厅有声阅读、文学服装派对以及"嘻哈"文学活动等糅合了青少年文化元素的活动，让青少年在活动过程中感受读诗、写诗的快乐[13]。

2015年的主题是"到远方去（Get Away @ Your Library）"，乔治亚州的一个高中图书馆用获得的资助采购关于旅游、高科技、虚拟现实以及科幻小说等主题的图书给青少年阅读，青少年一起讨论书中内容，想象身临其境的情景，共度"虚拟现实的一天"。亚利桑那州尤马县公共图书馆利用食物吸引青少年参加活动。尤马县地理位置靠近墨西哥，当地有很多西班牙后裔，因此形成了一个多元化的文化氛围。尤马县公共图书馆有不少面向西班牙后裔成年人的活动，但面向青少年的却很少。图书馆抓住这个契机，举办"青少年诗歌双语（英语、西班牙语）阅读会"，给青少年讲授如何读诗和写诗，青少年朗读一首自己写或者摘抄的诗后，会得到一个烤饼[14]。

4 可借鉴的成功经验

4.1 组织的规范性

YALSA 不参与 TRW 具体活动的执行，仅给全美国所有参与活动的图书馆和个人提供参考，充当着智囊团的角色。从活动标识的使用到"青少年十佳图书"的评选，都能看出 YALSA 对"规范"的重视。首先是严格规范标识的使用。YALSA 欢迎各个团体使用 TRW 的标识（Teen Read Week™）做活动宣传，但对营利性和非营利性组织如何使用这个标识做了严格规定。其次是"青少年十佳图书"的评选过程。全美有数量庞大的学校图书馆和公共图书馆，为了选定适合的图书馆来推选"青少年十佳图书"的候选书目，YALSA 鼓励符合条件的学校图书馆和公共图书馆自荐或者推荐，从中评选出 16 个图书馆负责接下来两年候选书目的推选。候选书目公布后，青少年在暑假阅读这些书目，并在规定时间内上网投票选出自己最喜爱的图书。从图书馆的推选到候选书目的确定，再到最后"青少年十佳图书"结果的出炉，每一个环节都遵循着已有的程序，严格规范地执行。最后是规划指南（Teen Programming Guidelines）的修订。该指南每隔 3~5 年修订一次，由全国范围内推选出来的 16 个图书馆按照严格的程序进行修订和审核[15]。

4.2 最大程度吸引青少年

TRW 的目的是让青少年爱上阅读，将青少年与图书馆联系起来。因此，通过多途径吸引青少年参与活动是各个图书馆最需要考虑的问题。在 TRW 中，从活动主题的选定，到活动内容的策划和组织，都鼓励青少年参与，如由青少年投票选出每年的活动主题，评选出"青少年十佳图书"等，青少年更了解自己的需求，他们的加入使活动的内容和方式更贴近这个群体的需求[16]，青少年的积极参与就是活动成功的最大表现。

4.3 动员社会各界参与

TRW 活动不限于图书馆范围，每年都有很多学校、书店、出版社、社区以及作家等团体和个人参与。YALSA 每年都在号召更多的团体或企业积极参与，或提供活动场所，或提供物资赞助。如 2015 年有超过 60 家的出版商参与"青少年十佳图书"的评选活动，他们负责给图书馆提供最新出版的候选书目。2016 年，美国当地最大的便利店赞助了 1 万美元，用于赞助 10 个优秀的活动提案实施[17]。

不少公共图书馆还与当地的中学合作，图书馆员走进校园宣传活动，这些活动也得到学校的大力支持。越来越多的行业和人参与活动，TRW 逐渐成为美国青少年文化活动的一大盛事。

4.4 多平台宣传

YALSA 紧跟信息时代的发展，从最初只用电视、报纸、广播、网站宣传，到现在利用 FaceBook、Twitter 等工具对活动进行立体宣传。此外，YALSA 还开发了一款免费的手机应用，用于推广"青少年十佳图书"。手机应用每天介绍三本近五年内评选出来的十佳图书，并提供多种检索途径给读者查询、了解这些图书，读者还能通过手机应用查询到附近哪个图书馆有收藏这些图书，给借阅带来了极大的方便。

4.5 多个活动紧密相连

TRW 从每年 4 月公布主题，到 10 月中旬结束，筹备充分，持续时间长，且与图书馆界举办的其他活动紧密相连。每年 4 月的第三周是美国的国家图书馆周（the National Library

Week），这个活动开始于 1958 年，是一项有几十年历史的国家级项目。TRW 的子活动"青少年十佳图书"候选书目就是在国家图书馆周举办期间公布的，因此，公布候选书目也成为国家图书馆周其中一个项目[18]，建立了"你中有我，我中有你"的关系。就是这样，活动与活动之间并不是孤立的，而是紧密相连的，无论是宣传效果还是活动成果都取得了最大收益。

5　结语

YALSA 的有效组织，各地图书馆的积极参与，使 TRW 已经成为美国首屈一指的青少年文化活动品牌。我国近年来也致力于推动青少年的阅读推广，但各地图书馆都是自己单干，且很多图书馆的活动都没有连续性，通常是当年举办完互动就完事，没有考虑明年是否继续举办。又或者是今年举办了这个活动，明年又重新策划另一个活动，活动之间没有连续性和延续性，活动的经验也得不到很好的传承，活动也难形成较大的影响力。我们可以借鉴 TRW 的成功经验，有一个明确的主题、在固定的时间内开展活动，逐渐形成规模，打造一个类似于 TRW 的文化品牌活动，推动青少年图书馆服务的发展。

参考文献

[1] The future of library services for and with teens：a call to action［EB/OL］.［2016 - 06 - 13］. http：// www. ala. org/yalsa/teens - need - libraries.

[2] Teens need libraries［EB/OL］.［2016 - 06 - 13］. http：//www. ala. org/yalsa/teens - need - libraries.

[3] Activity ideas & resources［EB/OL］.［2016 - 06 - 13］. http：//teenreadweek. ning. com/page/activity - ideas.

[4] Planning resources［EB/OL］.［2016 - 06 - 13］. http：//teenreadweek. ning. com/page/planning - checklist.

[5] Publicity tools［EB/OL］.［2016 - 06 - 13］. http：//teenreadweek. ning. com/page/publicity - tools.

[6] YALSA's Teens' Top Ten［EB/OL］.［2016 - 06 - 13］. http：//www. ala. org/yalsa/teenstopten.

[7] New alliance report uncovers "Missing Middle" in Federal Education Funding［EB/OL］.［2016 - 06 - 13］. http：//all4ed. org/press/new - alliance - report - uncovers - missing - middle - in - federal - education - funding/.

[8] Engage your congressperson in #TRW15!［EB/OL］.［2016 - 06 - 13］. http：//teenreadweek. ning. com/ profiles/blogs/teen - read - week.

[9] Anon. Teen Read Week catches on［J］. American libraries, 1999, 30（11）：27.

[10] Anon. Teen Read Week reaches all - time high［J］. American libraries, 2001, 32（11）：20.

[11] 美国 5 000 多个图书馆庆祝青少年阅读周［EB/OL］.［2016 - 07 - 15］. http：//www. nlc. gov. cn/newtsgj/yjdt/2010n_ 4724/11y_ 2182/201111/t20111115_ 55056. htm.

[12] Anon. Libraries Celebrate Teen Read Week［J］. American libraries, 2000, 31（11）：16.

[13] Anon. Teen Read Week 2003 Slammin' @ your library［J］. YALS, 2004（2）：47.

[14] 2015 Teen Read Week Program Grant Winners Forum［EB/OL］.［2016 - 06 - 13］. http：//teenreadweek. ning. com/forum/topics/2015 - teen - read - week - program - grant - winners - forum.

[15] Teens' Top Ten Participants［EB/OL］.［2016 - 06 - 13］. http：//www. ala. org/yalsa/teenreading/teen-

stopten/yagalley.

［16］张丽，骆杨. YALSA 的"青少年科技周"和"青少年阅读周"——美国公共图书馆吸引青少年参与的做法［J］. 图书馆杂志，2013（8）：51 - 55，58.

［17］Sponsors and Partners［EB/OL］.［2016 - 06 - 13］. http：//teenreadweek. ning. com/page/sponsors - and - partners.

［18］YALSA's Teens' Top Ten［EB/OL］.［2016 - 06 - 13］. http：//www. ala. org/yalsa/teenstopten.

读书修禅　创造幸福力量

官建生①

（韶关学院图书馆　韶关　512005）

摘　要：物质丰富但幸福感缺失是当下人类精神危机的普遍表现。幸福是生命的本质存在，当今社会留给人们许多忙碌的死结与空白的片段，人们面对变化时焦虑、恐惧、没有安全感，从而引发对立、仇恨、愤怒等负面情绪，最终导致身体不健康、内心不安宁。心灵的充实与从容淡定是人们追求的生命境界。书籍是文字的集合，是知识和智慧的积淀，是文化和历史的化石，是生命的禅床。正心读书是修身养性、成就生命智慧之道。

关键词：读书　修禅　创造幸福

1　绪言

当下物质生活奢侈浮华，却有不少人感到生活空虚，精神焦虑，心灵无所寄托而苦痛倍增。"幸福究竟在哪里"已成为时代话题，甚至可以说是人类精神危机。国际知名禅学家池田大作先生认为："这场危机是文化危机，是人的文化活动所制造的。危机主要表现在两个方面：一是人与自然和谐关系的严重破坏，遭受自然界报复的危险；二是向外逐物造成内在精神田园的荒芜，使现代人迷真逐妄，忘记了内在的精神修养，不自觉地接受一种以物质利益为目标的商品化价值观念。"[1]

唐代禅宗大师慧能说："何期自性，本自清净；何期自性，本不生灭；何期自性，本自具足；何期自性，本无动摇；何期自性，能生万法。"可见，幸福的源泉就是心泉，幸福是一种生命自身心灵状态。

2　幸福是生命的本质存在

幸福是"人们在为理想奋斗过程中以及实现了预定目标和理想时感到满足的状况和体验"（《辞海》）。幸福是一个古老又常新的高度复杂话题，涉及哲学、心理学、社会学、经济学、文化学等多个学科，包含理性层面的认知评价和感性层面的情绪感受。幸福感是社会发展状况及其问题的"风向标"和"晴雨表"。现代科学认为，作为社会心理体系一个部分的幸福感，受到许多复杂因素的影响，主要包括：经济因素如就业状况、收入水平等；社会因素如教育程度、婚姻质量等；人口因素如性别、年龄等；文化因素如价值观念、传统习惯等；心理因素如民族性格、自尊程度、生活态度、个性特征、成就动机等；政治因素如民主

---

①　作者简介：官建生，男，研究馆员，韶关市图书馆学会理事长，韶关学院图书馆馆长。

权利、参与机会等。[2]主观幸福感就是人们对这众多因素的满足程度，也即人的需要得到满足的程度。现代化是一个充满悖论的进程，给人类带来物质生活条件的不断改善和生活质量的日益提高，与客观福祉的提高形成比照的是，主观幸福并没有呈现相应程度的上升，人们享受着物质高度丰富却缺失幸福感，这无疑是现代化的一种困境。中国与西方的社会、文化背景及其反映形式之一的社会心理都存在差异，从而对于幸福的理解不会完全相同，感受幸福的方式也会有所差异。池田大作先生认为"或者因过快的生活节奏而感到身心疲惫；或者因追求享受而向下堕落、道德沦丧；或者因商品化的人际冷漠而愤世嫉俗；或者因感觉自己被物化为社会机器中的零件而迷失自我，惶恐不安，以及由此而产生的各种社会问题，尤其是世界大战的危险。这两方面的危险都是由于西方文明片面发展物质文明，征服自然以满足人类欲望的发展方向所导致的"[3]。

物质高度丰富的现代人之所以缺失幸福感，一是面对变化时焦虑、恐惧、没有安全感，从而引发对立、仇恨、愤怒等负面情绪；二是身体不健康、内心不安宁的现代人最大的特点是浮躁、混乱；三是受以物质利益为目标的商品化价值观念主宰，导致缺失生命境界的心灵空虚。确实，当今社会留给人们许多忙碌的死结与空白的片段，或去沉沦或去醒悟，而心灵的充实与从容淡定是人们追求的生命境界。身心健康是人生的第一财富，修身养性是人生最有价值的事。[4]真正的幸福，是一种生命的本质的存在。

3 读书修禅 创造幸福力量

3.1 读书与修禅

读书是人类获取知识、学习方法，提高思想，掌握技能和消遣休闲的活动。高谈阔论时，知识可供装饰。处世行事时，正确运用知识意味着才干。读书能满足人们的需要而令人幸福。事实上，现实中的人们读书，并不都为修身明志齐家治国平天下，也并不都为稻粱谋。有时仅仅为了父母嘉许的一句话语，为了朋友羡慕的一个眼神，甚至只是为了消磨时光、打发时间。

3.1.1 "不立文字"又"不离文字"的禅修

禅是一种境界，是梵语 Dhyāna 音译的简称，全译是禅那，也意译为"弃恶"或"功德丛林"。早期意译为"思惟修"，后译为"静虑"，也可既音又义地称为禅定。"不立文字，教外别传，直指人心，见性成佛"的禅宗精神强调禅宗教理不依靠传统佛教经典文字流传，认为"诸佛妙理，非关文字"，不认识文字，不能阅读佛教经典，也同样可以把握佛理。但是，在"不立文字"的口号下禅宗也大立文字，编集了大量的语录、灯录等禅籍，用"文字"来诠释"不立文字，教外别传，直指人心，见性成佛"的宗旨，从"不立文字"提出了"不离文字"，前者强调佛理不等于文字，证悟本质上与文字无关，后者强调禅宗新经典的重要性。出现了"禅教合一"的"文字禅"佛教，北宋著名诗僧惠洪成为"文字禅"的代表。"文字禅"的出现是佛禅合一的产物，而佛禅合一即是为了纠正"近岁学者各宗其师，务从简便，得一句一偈，自谓了证"的现象，其实质是以理性精神研究参禅之宗教体验，因而必然要求掌握经典、理解义理及融通其他学说。"文字禅"是诗与禅的结晶，是人们借诗歌写出禅的境界。"诗言志，歌永言。"（《虞书·尧典》）"诗者，志之所在也。在心为志，发言为诗。情动于中而形于言，言之不足，故嗟叹之；嗟叹之不足，故永歌之；永歌之不足，不知手之舞之、足之蹈之也。情发于声；声成文，谓之音。"（《诗大序》）东晋后诗人与僧人交往，出现了与佛教发生关联的玄言诗，以玄言清谈为基调的禅诗。唐宋时期，禅宗广泛传播，禅风大振，兴起禅对诗的渗透，诗对禅的表述，互相融合，产生了异常丰富的禅诗佳作。如宋代无门和尚的《颂》："春有百花秋有月，夏有凉风冬有雪，若无闲事挂心头，便是人间好时节。"

3.1.2 书籍是生命的禅床

书籍是语言文字的集合，是人类知识和智慧的积淀，是文化和历史的化石，它凝聚着前人的真知灼见。"书籍是全世界的营养品，生活里没有书籍，就好像没有阳光；智慧里没有书籍，就好像鸟儿没有翅膀。"（莎士比亚）连提倡明心见性，大彻顿悟，号召不读书的禅宗，也"妙高顶上，不可言传；第二峰头，略容话会"，为了传承禅的境界，借言语写下大量教人"不立文字，直指人心，见性成佛"的"著作"。清人钟菱说的"忧愁非书不释，忿怒非书不解，精神非书不振"最精辟地概括了书籍之于生命幸福的意义。

书籍点亮人类生命之光。"书籍是人类的朋友。它以宁静之躯，包罗知识的星星之火，跳跃不息。"书中的"每句话都具有一颗心"，在用心与作者对话式的阅读中，书籍可成为心灵的朋友。以书为人生快乐，因书而受到滋润，整个生活会变得明朗起来，雨天不再孤寂，长夜不再孤单。"没有书籍的时代，天空依然很明亮，但人们的精神世界却是一片漆黑。"所以说，一部好书犹如尘世中的一盏明灯，照亮了人们的心路，又似一份佳肴、一件好衣、一个挚友、一件乐器，给人以美味，送人以温暖，授人以真情，予人以赏心悦目。"一本书，对于一个人有多大影响，那是难以估量的。"

书籍是人生最伟大的导师。池田大作把书籍比作人生最伟大的老师，"没有老师是人生最大的不幸，这意味着生命中缺失了一份最伟大的爱"。而"书本给我们知识。书本给我们感动。书本给我们勇气。书本给我们体贴。只要养成读书的习惯，这人生的道路上，便永远不会失去'希望'"。"在走向人生这一征途中，最重要的既不是财产，也不是地位；而是在自己胸中像火焰一般熊熊燃起的那一念，即'希望'。""凭自己的人生经历，只可以知道'一个人的人生'，但透过读书，就可以学习到无数人的经验、知识，像看到很多套人生戏剧般。"

3.1.3 读书与禅的融合

清代陈梦雷在《读书通录》中有这么一段话："读书不可不学禅。读书养静，不萌妄念，这便是禅心；读书出家，不理尘务，这便是禅行；读书作文，意在笔先，神游象外，这便是禅机。"[5] 如此超尘脱俗，水流花放，飘然欲仙，物外云游的读书境界，是读书与禅的有机融合。这是当下许多读书人梦寐以求的境界。

当下繁忙杂乱的功利化社会中，人心浮躁、散乱，甚至迟钝，人们的目光往往为功名利禄障碍，对很多真相茫然无知，不知道别人的思想，不知道自己的情绪，甚至不知道人与自然的生命知识。人们普遍陷在感官触觉里还不知道出离，以至于面对前述种种困惑和不解无法破解而饱受折磨。事实上，记载人类知识、智慧和情感话语的书籍就是"心灵鸡汤"之本源，是生命的禅床。读书是现代人静心闲适、求知解惑的重要路径，在读书中可修炼纯净、灵敏的心。禅的本来意义是禅定和智慧两方面的结合，一方面是"止"或"定"，就是端身正坐，排除一切思虑和烦恼；另一方面是"观"或"慧"，就是直接的观照、证悟和感受。禅定就是先静坐敛心，集中精神，然后达到一种神秘的观悟和感受。"定"侧重于实践，行的方面；"慧"侧重于认识，知的方面。在读书禅思中"修止"，以参天地真理，人间慈悲，至正心明德，充实心灵创造幸福。

读书不在乎多少，关键是能否破文字相。若执着于文字相，读书愈多，所行障愈重。如此读死书，死读书，读书到死不如不读书。郭沫若在《谈读书》中说："人是活的，书是死的。活人读死书，可以把书读活。死书读活人，可以把人读死。"钱锺书在《管锥编》指出："尽信书，固不如无书，而尽不信书，则又如无书。不尽信书，斯为中道。"读死还是读活，信书还是不信书，关键是读书者的造化。读书中有片刻安宁叫做从容，有片刻遐思叫做开悟。"读书做人，不是两件事。将所读之书，句句体贴到自己身上来，便是做人的法。如此，方叫得能读书人。若不将来身上理会，则读书自读书，做人自做人，只算做不曾读书的人。"[6]行路即是悟道，只行不悟，便是行色匆匆的贩夫走卒，充其量也只是个没有主见的旅游者。精选一些书，静心、用心、反复地精读，深入挖掘下去，就能透过文字语言表相，寻根求源探得奥妙，体悟作者的思想，在逻辑推理和故事情节的元素片断中透视生命的智慧。是与"明心见性，大彻顿悟，直指人心，见性成佛"的禅修同道。

3.2 读书的生命禅意

禅意是指修禅者的心境或意境。禅意如人饮水，冷暖自知。佛家有境界之说，心的境界有多高，人生的境界就有多高。但禅的境界是言语道断，心行处灭，是与思维言说的层次不同的。在佛家看来，"境由心生，境随心转，心外无境，境不离心"。禅所求的是真善美，所以禅能开拓人们的心灵，启发人们的智能，引导人们进入超脱自由的世界。

3.2.1 读书是文明社会的人生需要

读书是文明人类在繁杂纷争之余，或试图摆脱诱惑纷争，或弥补空虚无助的精神和慰藉充实心灵的活动。道德是建立幸福人生的基础，直接关系到心灵健康。千百年来，多少文人志士怀着"格物、致知、诚意、正心、修身、明志、齐家、治国、平天下"的理想勤耕苦读，这充满特色的东方读书文化，引领和创造着中华民族的幸福力量。

3.2.2 读书提升人的心灵境界

"身心健康是人生的第一财富，修身养性是人生最有价值的投资。"这就需要"好德"，要有精神追求。第一，读书能帮助人们树立坚固的信念。明辨是非对错，明了自身的真实状况和事件的本质，自信和信他的信念。第二，博览群书，使人们见多识广，形成统观全局、冷静思考的习惯。第三，腹有诗书的人，多能神定气闲，谨言慎行，言行优雅自得而受人尊敬和信赖，这是成就事业的基本素养。第四，读书让人洞明世事，从心选择，坚忍专注。第五，读书禅思，使人不至于迷信书，并在纵横联想比较中悟解求实证，形成完美的认识和健康的心灵。

3.2.3 读书促进人们存在发展

读书丰富心灵。一个人的生命只有一次，人生不仅仅是一个自然的生物过程。读书应该是生命的一种需要，是文明世界人类智慧所必需。书籍犹如心灵的春天，生命的阳光；读书是对心灵的春播秋收，对生命意义的升华。因为读书不仅可以丰富知识、开阔视野，更可以净化心灵，是心智的感悟，让人或激情如拍岸涌浪，或深情似涓涓溪流，或恬静像悠悠白云。将书视为寒时裘饥时肉，就是如同三月阳春的郊外踏青，九月仲秋的金色收获，隆冬时节的与朋友围炉夜话。读书时人们在与作者对话中收获"心灵鸡汤"。

读书给生命以智慧。古今中外都把读书看作一件高雅不俗的事情，直接影响着人们的精神生活和物质生活。读书对人生具有以下非常意义：首先，读书有助于修身养性。清代人金缨的《格言联璧》中说："天地间第一人品，还是读书。"清人还说过："读书即是立德。"宋代文学家苏轼的诗句"腹有诗书气自华"也说明了读书能使人品行高洁、性情高雅。其次，读书有助于增长见闻，开阔视野。北齐颜之推在《颜氏家训》中说："世人不问愚智，皆欲识人之多，见事之广，而不肯读书，是犹求饱而懒营馔，欲暖而惰裁衣也。"东晋陶渊明也说："得知千载事，正赖古人书。"唐代大诗人杜甫诗云"读书破万卷，下笔如有神"。最后，读书有助于人们通达事理，开启智慧。

3.3 读书修禅 创造幸福力量

儒家经典《大学》开篇曰："大学之道，在明明德，在亲民，在止于至善。"格物、致知、诚意、正心、修身、齐家、治国、平天下，涵盖了现代人所面临的种种问题：成长、处世、婚恋、教育、事业、社会责任等，并分别对应自我的困惑、家庭的困惑、工作事业的困惑以及对社会中的种种不解。对于现代职场和商场中人来说，要做一个成功的商人或者一个有立场的官员，读书与修禅尤为重要。无论职场还是商场，在竞争的生态中，人性的优点与缺点都无数倍放大，人们的灵魂每天面对着无数的诱惑和陷阱，备受巨大的物质利益、权力的冲击和考验，需要强大的内心世界，即没有强大的心灵承受力、判断力、抗拒力是不可能成功的。

朝向充分发展的人是诚意正心的人。"诚意"是指意念发于精诚，不欺人，也不自欺。"正心"是端正自己的心思，是诚意之后的进修阶梯。愤怒、恐惧、喜好、忧虑都会导致心思不能够端正。诚意正心的人是以"格物致知"为基础的。"格物致知"就是通过在一定规矩里的学习，完善地理解和获得知识、道理。"格物"意为穷究事物的道理或纠正人的行为。"致知"即获得知识，获得知识最重要的途径就是读书。[7] 也就是说，只有"格物致知"的人才有可能成为诚意正心的人，即朝向充分发展的人。

明德至善作为《大学》的核心思想，指追求光明正大的品德，使自身的境界达到至善至美。这个过程可归纳为："大学之道在明明德。知止而后能定，定而后能静，静而后能安，安而后能虑，虑而后能得。"总的意思是说："大学"的目标首先是明德，使人人本有的、自心本具的光明德性彰显出来。只有知道要达到的境界才能够让心定下来，让狂心止歇，止则生定，定则生静，宁静致远而得慧，慧则事成。修习宇宙与人生的终极智慧，就需要一个灵敏而安宁的心灵。现代"大学"精神的表述为："独立之人格，自由之思想。"意指发扬人性之善，培养健全人格，修己立人，推己及人，化民成俗，改良社会风气，是明德至善的现代表述。归根结底，大学使生命达到完美无缺的境界。

明德至善的过程就是人们"大学"的过程，是成人读书修禅，陶冶身心，涵养德性而充分发展的过程。读书是最好的"大学"方式，读书修禅是明德至善的重要路径。

正心读书是修身养性、成就智慧之道。记录传承着古圣先贤们的智慧和修身养性论述的经典著作，在现代社会仍然是我们思想言行、为人处事的行动指南。透过书中的道理和故事，我们能解除心中的疑惑，学习智慧，造就灵魂，成为全面发展的人。

参考文献

[1] 广东省宗教文化交流协会，广东省禅宗文化研究基地．禅意栖居．广州：广东人民出版社，2011：221.

[2] http://www.china.com.cn/culture/txt/2007-09/30/content_8988737.htm.

[3] 广东省宗教文化交流协会，广东省禅宗文化研究基地．禅意栖居．广州：广东人民出版社，

2011：221.

[4] 济群法师．心灵创造幸福．http：//www. sjtuceo. org/html/NEWS/2014/1217/164. html.

[5] 王永智等．品书奇言．西安：三秦出版社，1998：221.

[6] 咸阳明德国学教育中心．古人读书法．http：//blog. sina. com. cn/s/blog_5e6d61f10100ccqb. html.

[7] 惺庵愚人．正心读书修身养性之道．北京：气象出版社，2013.

"悦读"从"听"开始

古丽桃①

（连州市图书馆　清远　513400）

摘　要：书是知识的重要载体。然而随着科学信息时代到来，书不再是唯一的知识载体，很多人失去了阅读的乐趣和习惯，因此图书馆应该推动形成"阅读"氛围。本文以此为中心，第一部分介绍阅读和听故事之间的联系，第二部分阐述听故事在快乐阅读中的作用和意义，第三部分提出听故事的方法，以及读者愉悦的阅读体验。

关键词：快乐阅读　听故事　重要性　方法

快乐阅读从听故事开始，是当代阅读的新趋势，通过听故事可以有效提高阅读积极性，读者能够在书本的基础上发现更多新知识。故事的有趣性、生动性和创新性使阅读变得更加丰富多彩，故事中有对人物的具体语言描述，使人物在阅读者面前变得更加形象生动，加深读者对故事人物的理解和印象，听故事比一般阅读方法更让人记忆深刻。

1　悦读中的"听故事"

快乐阅（悦）读与"听故事"是整体与部分的关系，快乐阅（悦）读是有效阅读的方法，而"听故事"则是实现快乐阅读的重要方式。快乐阅读中的"听故事"是指在阅读过程中使用听故事的方法来实现阅读，其表现形式是将阅读内容转换为小故事，通过专业的演说员进行演说，使阅读内容更容易被接受。

"听故事"的实现方式有很多，可以在专门的演说地听自己想听的故事，听自己需要的知识和信息；可以通过电视、互联网、手机等多媒体设备听故事和看故事，实现阅读者快乐阅读的目的；还可以通过收音机、广播和舞台的形式实现快乐阅读。收音机频道很多，读者可以根据自己的需求进行调频，从而获取自己想要的知识点和信息点。以舞台听故事最大的特点是能够将书中人物具体化，加深读者对书本人物和知识的理解，以舞台听故事也可以进行非人物文章的故事编排，使非人物书本的阅读更具有生动性。众所周知，人们的生活离不开电视、互联网和手机，因为它们不但方便，还便于人们学习和接触世界、了解世界。通过电视、互联网和手机，阅读者很快找到阅读的乐趣。让阅读者在阅读中感到快乐，使阅读者对"听故事"有更深层的理解，让他们感受到"听故事"对快乐阅读的重要性。[1]

---

① 作者简介：古丽桃，女，助理馆员，连州市图书馆副馆长。

2 悦读从听故事开始的重要作用

2.1 有利于提高读者阅读积极性

听故事是现代阅读中常用的阅读方式，它的目的在于让读者在快乐中阅读，使他们在阅读中感受读书的乐趣，同时也是他们实现快乐阅读的重要途径。快乐阅（悦）读不但实现了快捷阅读，还实现了快乐阅读，有效激发了读者阅读的积极性。

2.2 有利于实现快乐阅读

随着科技时代的到来，阅读方式变得多样化，其方式有书本阅读、手机阅读、电脑阅读和听故事阅读等，而日常生活用得最多的是书本阅读和手机阅读，因为它们方便快捷，可以随身携带，但最根本的原因是它能够"听故事"，即以演说的形式将需要阅读的内容表达出来供读者阅读，"听故事"在任何场所都能实现。例如，在一般家庭，家长可以通过"听故事"让孩子学习新的知识和接触新的事物；在学校，老师可以通过"听故事"来提高学生学习的积极性，增强他们的学习能力；在图书馆，馆员可以通过"听故事"的阅读方式提高图书阅读量，图书馆利用多功能厅来实现"听故事"阅读，从而实现快乐阅读的目的。

2.3 有利于丰富阅读内容

传统的阅读方式是书本阅读，但书本阅读会使读者感到枯燥乏味，难以提起读者的阅读兴趣。快乐阅（悦）读从听故事开始是在传统书本阅读基础上提出的，它是阅读方式发展的新需求，是实现快乐阅读的重要途径，因为快乐阅（悦）读从听故事开始可以适当改善或补充阅读内容，使阅读内容更生动，有利于丰富阅读内容。

2.4 有利于提高读者阅读能力

阅读能力是读者素质的体现，它们之间是相互作用关系。读者阅读能力越高，则其阅读素质越高，反过来阅读素质高也代表读者阅读能力高。阅读能力是通过阅读速度、阅读质量和阅读获取的信息量体现的，这三项指标越高，则表示读者阅读能力越强，而提高阅读能力的有效方法就是快乐阅读，所以快乐阅（悦）读从听故事开始有利于读者阅读能力的提高。

2.5 有利于提高读者对阅读内容的理解能力

"故事"是比较直白的艺术，是生活的真实写照，"故事"的传播方式有听取和演说两种。听取"故事"是快乐阅（悦）读从听故事开始的原理，它的目的是将复杂的文化知识简单化，方便读者理解，提高读者阅读理解能力。

2.6 有利于扩展读者的视野

生活中有趣的故事很多，故事中涉及不同地区、民族和国家的具体文化，通过"听故事"可让读者接触不同领域的知识，让他们在进行长篇阅读时尽可能地多开拓知识面，这有利于开阔读者的阅读视野，是提高读者综合阅读能力的有效方法。

2.7 有利于培养读者的人生观、价值观和世界观

如果书本教育是人们学习文化的重要途径，那么阅读则是提高人们文化素质的重要方法，提高阅读，可以加深读者对历史文化的了解，增加他们的知识量，从而提高读者的文化素质。文化素质是人生观、价值观和世界观的综合体现，文化素质的提高也是通过培养人生观、价值观和世界观来实现的。读者通过"听故事"获取阅读内容，是培养读者价值观、人生观和世界观的好方法。

3 阅（悦）读从听故事开始的方法

如何在快乐阅读中开始"听故事"呢？这需要科学的方法才能使"听故事"在快乐阅读中顺利实现，下面是参考图书馆馆员多年工作经验，并根据读者兴趣爱好、性格特征、认知能力和接受能力而提出的几种方法，它们分别是"投其所好的故事选材""符合性格特征的故事演说方式""理解范围内的故事内容"和"承受范围内的故事篇幅"，这些"听故事"方法能够具体体现读者的性格、爱好和文化素质，本文将对快乐阅（悦）读从听故事开始的方法进行详细分析。

3.1 投其所好的故事选材

"听故事"是实现快乐阅读的重要环节，它的开始将直接影响快乐阅读的质量，做好故事选材是实现有效"听故事"的重要前提条件，故事选材是快乐阅（悦）读从听故事开始的首要任务。作为图书馆馆员，要以读者的兴趣爱好为出发点，为读者选出他感兴趣的故事，争取在第一时间提高读者对阅读的兴趣，从而提高图书馆的阅读量，所以进行故事选材时要投其所好。[2]针对对诗歌感兴趣的读者，可以选取国内外与诗歌相关的故事作为"听故事"材料，例如，国内的选择《长恨歌》等动人的诗歌作为故事题材；国外的选择《奥德赛》等诗歌作为故事题材，使读者瞬间爱上阅读。

3.2 符合性格特征的故事演说方式

读者间的性格差异较大，对故事的要求也不一样，尤其是故事讲述的形式。为了让读者快速进入阅读，可以根据读者的性格来调整故事演说的方式。对性格温柔的读者，使用缓慢的语气；对性格开朗活泼的读者，使用比较激情的故事讲述语气。不同读者使用不同语气，有利于读者快速接受故事，实现快乐阅读的目的。例如，不同性格的读者阅读《三国演义》时，态度不尽相同，对《三国演义》中不同人物的喜欢程度也不一样。性格活泼开朗的读者一般会喜欢关羽、张飞和赵云等将军人物；而性格稳重温柔的读者一般比较喜欢如诸葛亮、刘备和姜维等政治家，可以通过讲述这些故事人物来激发读者的阅读积极性，提高读者阅读的快乐程度。

3.3 理解范围内的故事内容

读者的范围很广，包括各种水平和级别的读者，不同水平和级别的读者的阅读接受能力是不一样的，对故事的要求也是不一样的。因此，快乐阅（悦）读从听故事开始的方法更注重分析读者对故事的理解范围，以此来选择故事的内容。例如，水平一般的读者选择像《西游记》这样的故事，水平高一点的读者选择像《武则天》这种具有历史意义的故事，研究型级别的读者选择与牛顿、马克思、居里夫人等著名学者相关的故事，以便于激励他们探索和研究。

3.4 承受范围内的故事篇幅

除了以上三点，快乐阅（悦）读从听故事开始时还要注意故事的篇幅，篇幅不能过短也不能过长，这与读者承受力有关。有的读者耐性较高、学术水平较高，可以使用篇幅较长的故事；而耐性一般，但有一定学术背景的读者，适合使用文化底蕴较厚，篇幅较短的故事；对耐性较低，学术底蕴较浅的读者，应使用简单易懂的故事。例如，与上述三者对应的可以是《红楼梦》《水浒传》和《聊斋志异》。

参考文献

［1］王芳．掌握阅读技巧，让学生更快乐地去阅读［J］．学周刊，2016（5）：124．

［2］揭燕芳．"三维快乐阅读"模式有效推进亲子阅读［J］．教育科学论坛，2015（12）：63－67．

资源建设

论少年儿童图书馆数字资源的建设和阅读推广

张健生①

（广州少年儿童图书馆　广州　510055）

摘　要：本文基于少年儿童图书馆数字资源在建设和管理工作中的实践，总结少年儿童图书馆在数字资源建设上的要点，分析开展数字资源阅读推广的方式和方法，指出有待完善的问题。

关键字：少年儿童图书馆　数字资源　阅读推广　全媒体

前言

阅读是人类认识世界、获取知识的基本方式和手段，是少年儿童学习和成长的重要途径。现代少年儿童是在数字阅读和传统阅读并行的环境下开始阅读和学习阅读，他们的阅读习惯与素养培养出现了一些新的特点和规律，同时亦深受学校和家庭环境、老师和家长指引的影响。图书馆是少年儿童除学校以外获取知识的殿堂，我们图书馆人应当充分了解当前少年儿童对数字阅读的需求及情况，建设一站式、健康的数字资源阅读平台，同时指导少年儿童在全媒体时代下进行数字阅读，最终提高他们的阅读兴趣和能力。

在国家的高度重视和大力推动下，我国公共文化服务体系建设呈现出蓬勃发展的良好势头。建设"覆盖全社会的公共文化服务体系"作为实现全面建设小康社会的重要目标之一。当前构建公共文化服务体系，数字图书馆发挥着重要作用。2011 年，文化部、财政部共同推出"数字图书馆推广工程"。这是继全国文化信息资源共享工程、公共电子阅览室建设计划后，启动的又一个重要的数字文化建设工程。在政策和经费的支持下，如何建设一个适合少年儿童喜欢使用、容易使用的数字资源内容和平台，又如何对资源进行推广和利用呢？笔者从 2011 年开始思考并从事少年儿童图书馆数字资源建设和阅读推广工作，现将实践过程中的一些方法、体会和大家分享、探讨。

1　少年儿童数字资源的建设

根据图书馆行业的专业判断，结合其他家长、教育者和孩子的使用反馈，图书馆应谨慎选择和推荐适应不同阶段的少年儿童阅读需求的数字产品。少年儿童数字资源的建设主要分为内容建设和全媒体阅读平台的建设。

1.1　内容建设
内容建设分为外购数字资源库和自建数字资源库建设。

①　作者简介：张健生，男，馆员，广州少年儿童图书馆技术部副主任。

1.1.1　外购数字资源库

选购数字资源时需要注意其内容应符合少年儿童的思维特点，兼顾娱乐与教育、科学与艺术，能促进少年儿童参与互动，提供真正有意义的网络阅读资源，包括文本、图片、音频、视频、Flash、互动益智游戏等不同的表现形式。选购时需要关注这五方面：区域存在性、模式适用性、使用便捷性、服务开放性、功能完善性。

（1）区域存在性。在选购适用的少年儿童数字资源时需要了解此资源库在本地区（这里的地区范围指一个城市）是否有其他的公共图书馆已购买并提供使用。如果本地区图书馆已购买了，可以考虑通过 VPN 的网络连接方式或读者库共享的方式实现资源共享。

（2）模式适用性。数字资源一般有两种模式：包库模式和镜像模式。包库模式是图书馆每年向资源商支付一定的费用，资源商将整个资源数据库提供给图书馆及注册读者一年的使用权。这种方式的优点是由资源商提供资源访问的域名，不用图书馆提供服务器，减免管理事务，只要数据库有更新内容，图书馆及读者都会实时获取，使用灵活，读者的使用率和满意度可以作为续用的参考。缺点是不能永久使用，而且没有资源容量的记录，在图书馆评估的相关达标条件中需要有相关说明和证明。镜像模式是将整个数字资源库安装在图书馆提供的服务器或存储设备中。优点是一次购买，永久使用。缺点是价格比较贵，而且资源更新也要额外费用，还需要安装此数据库提供的设备和管理成本。

资源的建设模式一定要结合图书馆的经费、已有的设备资源、技术力量、互联网带宽等因素，选择一种比较适合馆情的模式。

（3）使用便捷性。数字资源的使用依赖于互联网，同时也依赖于阅读设备的发展。传统的数字阅读基本都需要通过图书馆或者家庭的计算机 PC 桌面终端，但随着智能平板电脑及智能手机技术的不断发展，出现了移动的 PC 阅读终端。移动阅读的好处是随时随地，想读就读，充分利用了读者的碎片时间，极大地影响了成年人的阅读习惯。家长的使用习惯及移动终端的普及，也会对少儿读者阅读方式产生一定的影响，所以，少儿数字资源的选择和建设同样需要考虑使用平台的普及性和便捷性。在国家大力倡导"三网合一"的发展下，原先独立设计运营的传统电信网、计算机互联网和有线电视网将趋于相互渗透和相互融合，少儿数字资源同样需要在小朋友们最容易获取信息的平台——电视上阅读，因而能够支持在电视机上阅读的视频、有声读物是少年儿童图书馆重点研究和选择的资源。

（4）服务开放性。少儿数字资源库在成功建设后，如何扩大资源的使用范围，推动越来越多的读者利用资源，享受服务，发挥其数字资源库的最大效能，是数字资源库建设后期工作需要重点研究的问题。除了网络带宽的限制、阅读技术发展水平和宣传推广力度的影响外，最根本因素在于资源提供商能否给予资源的开放性。特别是对于包库使用数字资源，技术管理、使用权限管理是集中在资源提供商的。少年儿童图书馆在发展以常规的纸质图书借阅为基础的校园分馆或流通点的同时，可以把数字资源服务一并延伸，这也是图书馆多元化立体阅读服务的一项重要举措。所以，能够在同样的条件下让资源提供商最大限度地扩展服务范围（一般是城市区域内），是图书馆业界避免重复建设和实行图书馆服务延伸的一个有效方法。

（5）功能完善性。衡量一个数字资源的优劣，了解其受读者欢迎的程度，最终确定是否续用，最重要的指标就是浏览量和下载量。浏览量和下载量的获取需要数字资源平台有一个功能完善的后台管理，不是每个数字资源平台都有后台管理及统计功能的。没有后台管理及统计功能的只能定期由资源商提供，至于数据真实与否就不得而知。有完善的后台管理是一个成熟数字资源产品不可或缺的功能，它除了可以统计资源的使用量、配置权限等，还可以提供推荐内容功能，毕竟少儿读者的阅读方式是被动阅读，学校、图书馆推荐的阅读内容，少儿读者很容易接受。完善的后台管理平台，能有效记录读者的阅读兴趣和习惯，形成图书馆数字阅读的大数据，图书馆根据大数据分析，针对不同的读者需求和喜爱运用新媒体对读者进行信息推送和阅读推荐。

1.1.2 自建数字资源库

大多数图书馆的自建原版数据库都是以地方特色为内容，是对本地域文化的重要体现，也对本地历史文化传承起着非常重要的作用。自建少儿地方特色数字资源可以将文化内容以少年儿童容易接受的形式表现，如视频、动画、图片、互动 Flash 游戏或文字等。内容可以启发少儿读者极富魅力的想象空间，以听故事、看动漫这一孩子们热爱的方式宣传传统文化，让传统文化通过现代科技变得触手可及，展现了阅读推广的另一种可能。建设同样需要考虑读者使用的便捷性、功能的完善性。

1.2 全媒体阅读平台的建设

在数字化和信息化时代，各种数字资源、数字信息渗入读者的生活中，改变着读者的行为习惯。读者越来越不满足于普通的文字或图片单一的阅读方式，而是提出了更多元化的要求。特别是家长，他们希望能够给小朋友的是全媒体的、能够感知的阅读体验，同时能够即时分享自己的阅读快乐和获取的知识。随着科技进步，少年儿童图书馆数字资源的平台建设也要紧跟时代脉搏，不断谋求自身进步，图书馆服务需要结合全媒体的理念进行平台的布局和建设。所谓全媒体，是指综合运用各种表现形式，如文、图、光、电，全方位、立体地展现传播内容，同时通过文字、声音、网络、通信等传播手段来传播的一种新的传播形态。[1] 全媒体阅读平台服务通过同一平台实现无缝的数据展示，同时可以发布到互联网（网站、QQ、MSN）、手机（短信、微信、微博等交互式联系工具）、手持阅读设备等媒体上。

馆外使用数字资源的平台一般是台式电脑能够访问的基于 HTTP 协议的图书馆网站，读者使用链接入口，输入证号及密码。通过此平台，读者无论在家中还是在互联网覆盖的任何地方，都可实现对图书馆所有资源的访问和利用。在版权保护框架下，计合法的图书馆读者方便访问相应的图书馆数字资源，并借助网络延伸信息访问对象服务的时间和空间。少年儿童图书馆也可以将数字电视平台、智能移动终端平台与网站的资源使用平台整合成多平台的综合数字图书馆，为用户提供开放、便捷、触手可及的多样化使用环境，使少儿读者可随时通过网站、网络电视、移动设备等途径享受少年儿童图书馆的资源服务。[2] 同时，图书馆要不断将数字资源等信息建设逐步推入集互联网、电视、移动终端等全方位的多媒体、互动性的全媒体存储布局。

2 数字资源阅读推广

2.1 运用新媒体有效宣传

图书馆数字资源的数字化特质决定了它的宣传途径必须依赖于新媒体。新媒体包括图书馆网站、微信、微博、QQ 群、电子邮件、手机短信等不同的方式。新媒体的宣传，帮助少儿家长了解图书馆数字资源的内容和使用方式，使得越来越多少儿家长关心图书馆数字资源，从而让自己的孩子能够体验数字资源。只有进行全面、广泛、有效的宣传推广，才能够让绝大多数的读者可以通过惯用的信息渠道了解到图书馆的资源，才能拓展读者群体，加强读者对图书馆数字资源的认知了解和获取意愿，进而使其得到最大程度的利用。因而加强新媒体在图书馆数字资源服务中的宣传推广作用，愈益重要。

2.2　培养读者良好的信息化素养和数字阅读行为习惯

数字化学习和阅读随着信息化技术的迅猛发展，将成为少年儿童阅读的主要方式。但他们缺乏数字阅读所需要的基本素养与能力，在阅读过程中可能存在使用设备障碍、缺乏信息资源检索能力、被动接受阅读和阅读质量不高等问题。因此，少年儿童图书馆在数字化阅读推广和服务实践中，要不断完善和提升对读者的基本操作、内容选择、检索技能、阅读习惯等的引导和培养，使少年读者的阅读意识、行为、习惯、方式、能力、内容得到正确的指引，促使他们有目的、有能力、有价值地熟练使用数字阅读，提高阅读效率。读者在享受数字阅读的过程中同时能使自身的信息化网络应用技能和文化知识整体提高。

2.3　线上线下全方位开展阅读推广活动

阅读推广活动是少年儿童图书馆服务的生命。围绕数字阅读开展形式多样、氛围活泼、内容有趣的读者活动是激发和引导少年读者阅读兴趣和使用资源行之有效的方法。线上活动是指通过互联网、微信、微博等新媒体进行的数字阅读推广活动。参与的读者不需要亲身来到图书馆，只要具备一定的网络或阅读终端操作技能，就可以远程参加线上阅读推广活动。活动的形式可以有"绘本图书读者配音 PK 比赛""看视频回答问题拿奖品""网上阅读课堂"等。线下活动是指在图书馆或图书馆组织的一定范围内的现场推广活动。活动需要读者现场参加，可以在家长的陪同下一起参与，学习各种信息技能和阅读方法等，活动的模式可以有"电子书制作比赛"，获奖的作品收录在图书馆的数字馆藏；"有声图书故事会"，现场听图书馆老师深入阅读有声图书，分享感想等。不同形式的现场活动让读者与读者之间、读者与图书馆员之间、读者与数字资源之间进行实时交流和互动，让读者在互动和交流中充分享受阅读的快乐。

2.4　最大化拓展使用范围

要提高数字资源的服务效能，促进数字资源阅读，必须充分利用现代化信息技术及各类新媒体，优化整合图书馆各个数字资源平台，推进数字资源的使用，最大限度拓展服务范围。首先，尽量简化读者网站、微信的注册制度，扩大注册读者量，从而在资源商允许的机制下扩大用户群。其次，依托馆外纸质图书服务点的建设，逐步形成一个区域性少儿数字资源中心，将传统文献服务与数字资源服务有机地链接和整合，通过移动阅读、电视阅读等媒体，与各个区县图书馆分馆、流通点、校园图书分馆、幼儿园分馆等多种方式共同构建使用联盟，实现区域性少儿数字阅读中心的资源共享，把纸质资源与数字资源整合成仿真阅读或 VR 虚拟阅读等多形式体验阅读，吸引并培养少儿的数字阅读兴趣，向本区域读者呈现出一个以公共文化服务为体系的少年儿童数字图书馆。

3　结语

图书馆需要不断加强对少年儿童数字阅读资源的管理和阅读行为的培养，提供孩子信赖、家长放心的数字阅读资源。对于是否应该让少年儿童接触数字产品，父母和教育者的态度不甚明朗，模糊的态度成为制约少年儿童数字阅读态度和阅读素养的重要因素。图书馆应深入做好家长及教育工作者需求的调查工作，同时加强对家长和教师的宣传和培养，让他们积极面对数字阅读带来的挑战，对数字技术保持开放的心态，从而鼓励少年儿童自由地使用计算机和网络，培养进行网络阅读所必须具备的信息技能。尽管移动阅读在现在的使用越来越广泛，但移动阅读的数字资源尚未有统一的行业标准，采用的技术水平也参差不齐，图书馆在移动阅读的平台建设中遇到了技术的瓶颈，以至于不能有效地把移动数字资源平台进行统一管理，相信在今后技术的不断发展中可以有完善的解决方法。

参考文献

［1］罗鑫．什么是"全媒体"［J］．中国记者，2010（3）：82－83.
［2］吴翠红．阅读·创意·互动［M］．广州：广州出版社，2013：86.

绘本特色馆藏建设研究

——以广州少年儿童图书馆为例

戚敏仪①

（广州少年儿童图书馆　广州　510055）

摘　要：本文分析广州少年儿童图书馆绘本馆藏建设情况，结合绘本资源的阅读倾向及读者满意度调查，提出绘本特色馆藏建设的建议。

关键词：绘本　特色资源建设　少年儿童图书馆

1　绘本馆藏建设情况分析

1.1　绘本馆藏数据分析

广州少年儿童图书馆绘本资源主要分布在该馆绘本馆、港台馆和外文馆这三个主题馆。截至 2015 年底，广州少年儿童图书馆馆藏普通中文绘本近 7 000 种、10 万余册。其中，欧洲绘本的馆藏量较大，种数及复本量较多，占普通中文绘本近四成；日韩绘本为 884 种，12 253 册，占普通中文绘本数的一成左右，100 余个品种因剔旧等原因无馆藏，部分作品复本量在 3 册以下；普通中文原创绘本 1 627 种，2 万余册。在利用率方面，前三位分别是美国绘本（索书号 I712.85）、中国原创绘本（索书号 I287.8）、日本绘本（索书号 I313.85）。

表 1　广州少年儿童图书馆普通中文绘本建设情况

各国绘本	种数	册数	外借册数	利用率（%）	各国绘本	种数	册数	外借册数	利用率（%）
中国原创	1 627	21 087	63 987	303.44	希腊	2	28	74	264.29
韩国	291	2 737	7 198	262.99	西班牙	56	808	1 949	241.21
日本	593	9 516	28 713	301.73	英国	943	13 517	39 025	288.71
俄罗斯	51	500	698	139.60	爱尔兰	17	282	685	242.91
波兰	8	104	307	295.19	荷兰	71	1 387	2 630	189.62
德国	426	6 106	10 828	177.33	比利时	179	2 306	4 061	176.11
奥地利	112	1 867	3 578	191.64	法国	576	9 733	24 553	252.27
瑞士	64	1 197	3 348	279.70	澳大利亚	173	2 324	4 248	182.79
捷克	33	664	2 052	209.04	新西兰	18	53	116	218.87
芬兰	30	271	416	153.51	加拿大	196	2 642	5 382	203.71
瑞典	43	453	655	144.59	美国	1 381	24 883	86 521	347.71

---

① 作者简介：戚敏仪，女，广州少年儿童图书馆馆员。

（续上表）

各国绘本	种数	册数	外借册数	利用率（%）	各国绘本	种数	册数	外借册数	利用率（%）
挪威	6	50	130	260.00	合计	6 925	103 068	292 534	283.83
丹麦	29	553	1 380	249.55					

港台绘本共4 575种、14 571册，其中中国原创绘本1 532种，4 890册，占港台绘本的三成左右。港台引进的日韩绘本共1 220种、3 963册，也占港台绘本的近三成，利用率高达216.72%，其馆藏量及利用率均领先于其他地区绘本。港台引进的欧洲绘本利用率较高的是英国及爱尔兰地区绘本。

表2　广州少年儿童图书馆港台绘本建设情况

各国绘本	种数	册数	外借册数	利用率（%）	各国绘本	种数	册数	外借册数	利用率（%）
中国原创	1 532	4 890	6 545	133.84	希腊	1	1	1	100.00
韩国	365	1 249	3 112	249.16	西班牙	37	138	241	174.64
日本	855	2 714	5 477	201.81	英国	340	1 112	1 976	177.70
俄罗斯	6	23	35	152.17	爱尔兰	6	24	46	191.67
波兰	14	39	38	97.44	荷兰	18	58	69	118.97
德国	132	440	451	102.50	比利时	39	115	150	130.43
奥地利	12	47	19	40.43	法国	242	684	872	127.49
瑞士	18	43	66	153.49	澳大利亚	54	149	127	85.23
捷克	18	82	30	36.59	新西兰	2	6	0	0
芬兰	2	8	11	137.50	加拿大	81	249	260	104.42
瑞典	10	35	58	165.71	美国	783	2 436	3 773	154.89
挪威	5	20	21	105.00	合计	4 575	14 571	23 389	160.52
丹麦	3	9	11	122.22					

外文绘本共4 152种，8 330册，主要是美国绘本和英国绘本，两者共占外文绘本总量的96.72%。外文绘本总体利用率为172.26%，利用率前三位的是韩国、俄罗斯（并列）以及瑞士、希腊的作品。

表3　广州少年儿童图书馆外文绘本建设情况

各国绘本	种数	册数	外借册数	利用率（%）	各国绘本	种数	册数	外借册数	利用率（%）
中国原创	2	4	4	100.00	西班牙	11	23	24	104.35
韩国	1	2	7	350.00	英国	1 404	2 815	6 376	226.50
日本	20	39	103	264.10	爱尔兰	7	14	28	200.00
俄罗斯	1	2	7	350.00	荷兰	2	4	6	150.00
波兰	1	2	4	200.00	比利时	2	4	8	200.00

（续上表）

各国绘本	种数	册数	外借册数	利用率（%）	各国绘本	种数	册数	外借册数	利用率（%）
德国	5	8	11	137.50	法国	13	24	37	154.17
奥地利	1	2	3	150.00	澳大利亚	35	69	79	114.49
瑞士	7	14	43	307.14	新西兰	7	14	33	235.71
瑞典	3	6	13	216.67	加拿大	19	37	44	118.92
挪威	1	2	1	50.00	美国	2 609	5 242	7 509	143.25
希腊	1	3	9	300.00	合计	4 152	8 330	14 349	172.26

1.2 重点绘本收藏情况

本文抽取国际绘本界中的"奥斯卡"奖——凯迪克奖、国内两个有名的图画书奖——丰子恺图画书奖和信谊图画书奖，以及日本著名的绘本作家宫西达也的绘本作品作为重点绘本进行研究，调查结果如表 4 所示。

表 4　广州少年儿童图书馆重点绘本收藏情况

奖项/作者	备注	已出版作品种数	广州少年儿童图书馆收藏种数	广州少年儿童图书馆收藏比例（%）
凯迪克奖（国内引进版）		128	102	79.69
丰子恺图画书奖	2009—2015 年（第 1~4 届）	32	30	93.75
信谊图画书奖	2010—2014 年（第 1~5 届）	59	14	23.73
宫西达也绘本作品	参照当当网数据	超过 70	48	68.57

从调查结果来看，广州少年儿童图书馆现时尚未全部入藏一些大奖绘本及著名作家绘本，如凯迪克奖作品收藏不足八成，而信谊图画书奖作品的收藏率也不足三成，在重点绘本收藏方面仍有较大的改善空间。

2　读者对绘本资源的阅读倾向及满意度调查与分析

2.1　问卷调查

问卷调查随机抽取了广州少年儿童图书馆一楼绘本馆、童趣馆、港台馆、休闲区以及二楼文学馆和外文馆的家长和读者，孩子年龄分布在 3 岁到 13 岁之间。此次问卷调查共发出问卷 100 份，回收 100 份，其中 2 份无效。调查内容主要包括五大方面：读者对绘本的认知情况（包括绘本的概念、相关奖项、著名作者），读者对原创及引进版绘本的偏好，选择绘本的影响要素，绘本主题的喜好及对广州少年儿童图书馆绘本资源建设的满意程度。

2.2　调查结果分析

2.2.1　了解比较模糊

从读者填写"读过的绘本作品"的统计结果来看，不少读者未能写出印象深刻的绘本作品名称，还有近三成读者将漫画书、科普书也当成了绘本。近两成读者不知道与绘本相关的任何奖项。超过三成读者对绘本作者不了解或者未关注。

2.2.2 读者对原创及引进版绘本的偏好分析

原创绘本、国外引进版绘本及进口绘本的阅读偏好方面，半数读者表示同样喜欢原创绘本和引进版绘本，而表示更喜欢国外引进版绘本的读者比表示更喜欢原创绘本的读者多两成。

2.2.3 读者选择绘本的影响要素分析

在影响读者选择绘本的诸多因素中，绘本的"主题"是影响最大的因素，70%的读者勾选了此项；其次分别是"语言的难易度"（43%）、"获奖情况"（41%）、"导读"（31%）、"排行榜"（17%）、"作者"（13%）、"是否推荐书目"（13%）、"出版社"（10%），以及读者补充的"画面"和"孩子是否喜欢"均对读者选择绘本产生不同的影响。

2.2.4 读者对绘本主题的喜好分析

在绘本"主题"方面，读者普遍喜爱亲情、品德、审美、认知和想象力、科学类主题，尤其对品德、科学和亲情主题的绘本需求量最大，70%以上的读者勾选了这三个类别；其他类别，50%的读者表示喜欢，也有10%的读者表示还需要其他主题的绘本。

2.2.5 读者对绘本资源建设的满意程度调查

在读者对现有绘本资源的满意程度方面，21%读者表示"满意"，75%读者表示"基本满意"，4%读者表示"不满意"。在绘本资源建设方面，读者希望增加绘本种类、增加优秀引进版绘本复本数、减少漫画类图书的藏书量。

3 绘本特色馆藏建设的若干建议

3.1 加强采购的主动性及主导性

当今公共图书馆的采访模式多为采访人员根据中标书商提供的书单进行目录筛选，或是就书商提供的现货进行现场采选。这种以"二次选书"为主的被动性采购模式存在一定的局限性。书商出于营利目的，不可避免地倾向于折扣低的图书或提供低折扣的出版社，这就使图书馆可能错过相当一部分适合入藏图书。同时，由于各公共馆所中标的书商重合度较高，使绘本馆藏重复度较高，很难做到"人无我有、人有我全"的资源特色化。因此，图书馆要建立特色馆藏，就必须对现有的采购模式进行改进。

图书馆应结合自身馆藏特色需求，采取主动性采购方式，加强与出版社特别是一些出版绘本较多、质量较高的著名出版社的联系。2014年绘本出版社品种规模 TOP 20 的榜单[1]中，有8家出版社为少儿社，分别是人民邮电出版社、海豚出版社、新世纪出版社、长江少年儿童出版社、中国少年儿童出版社、二十一世纪出版社、河北少年儿童出版社和浙江少年儿童出版社，可以密切关注这些少儿社的网站、微信等官方平台等，定期向出版社索取电子书目；结合读者荐购主动向书商提供书目清单，让书商向出版社订购。

3.2 制订采访计划，对馆藏进行定期分类汇总

现时的绘本采购带有一定的随意性，并没有制订专门的采访计划、突出采访重点及配备专门的采访人员，这就很难在整体上对绘本馆藏结构进行科学配置与把握。笔者认为，制订科学合理的采访计划，须积极与借阅部门沟通，了解和掌握绘本借阅的统计分析情况，及时采购读者和借阅部门的荐购图书，保持采访人员的相对稳定，以保障绘本馆藏的合理性与系统性。

定期（半年或一年）对绘本馆藏进行内容、数量、种类等的分类汇总，并由专人负责，

可避免采购上出现内容、种类过度重复，及时增购补充受欢迎的绘本。同时，协调优秀绘本采访与剔旧的关系。在对广州少年儿童图书馆绘本馆藏的抽样调查中发现，不少经典绘本，如《我是霸王龙》《好饿的小蛇》，剔旧后并没有及时补充馆藏。笔者认为，剔旧人员与采访人员应加强沟通联系，绘本馆藏剔旧须由绘本采访人员最后把关，避免剔旧与采访相脱节，致使馆藏建设出现漏洞。

3.3　建立绘本特色基藏

可加强针对凯迪克奖、安徒生大奖、《纽约时报》年度十佳绘本奖和丰子恺图画书奖等获奖绘本资源及品牌绘本的资源建设[2]。这些获奖绘本应作为重点馆藏收齐收全，并适当增加复本量。采访人员应定期留意相关奖项的评奖情况，如评奖频率、时间，评奖结果公布的网站、刊物等，以便及时了解最新信息。

可加强原创绘本资源建设。原创绘本更贴近本土少年儿童的生活及语言习惯，如保冬妮的《再见》提及广州孩子耳熟能详的广州街道名"恩宁路"、熊亮的《灶王爷》向孩子们介绍中国的传统节日。因此，原创绘本可作为广州少年儿童图书馆的特色馆藏加以重视，对于原创绘本的著名文字作者、插画家的作品应尽量收全。另外，应定期关注出版原创绘本较多的出版社的最新动态，以及时获得最新的原创书目信息。

可加强有声绘本、立体绘本的建设。有声绘本可以在欣赏绘本内容时用来倾听；立体绘本可以在了解新知识时用来触摸。有声绘本、立体绘本不仅仅是图画，也是感官"体验式"阅读绘本，具有图画式绘本所没有的优点：一是提供给读者感官上不同的阅读感受；二是更加形象地表现出绘本的内在精彩；三是丰富少儿的认知，让他们更加具体地了解一些抽象的、平时难以理解的知识。在调查中发现，有声绘本、立体绘本备受青睐，因此，有声绘本、立体绘本可作为重点收藏的对象，并成为馆藏特色之一。

3.4　注重优秀外文原版绘本及港台引进版采购的系统性

外文绘本，尤其是获奖的外文绘本，由于其选题、图画相比更具优势，自然也成为港台出版社的首选，不少出版社都纷纷引进外国获奖绘本及优秀绘本的版权。表 5 是广州少年儿童图书馆对凯迪克奖原版绘本及其港台引进版绘本的收藏情况。

表 5　广州少年儿童图书馆凯迪克奖原版及其港台引进版绘本收藏情况

年份	英文原版	港台引进版
2005	*Kitten's First Full Moon*	—
	The Red Book	—
	Knuffle Bunny：A Cautionary Tale	—
2006	*The Hello，Goodbye Window*	—
	Zen Shorts	—
2007	*Flotsam*	—
2008	*The Invention of Hugo Cabret*	—
	First the Egg	—
	Knuffle Bunny Too：A Case of Mistaken Identity	—
2009	*The House in the Night*	—
	How I Learned Geography	—

（续上表）

年份	英文原版	港台引进版
2010	*The Lion & the Mouse*	—
	Red Sings from Treetops：A Year in Colors	—
2011	*A Sick Day for Amos McGee*	《麦基先生请假的那一天》
2012	*Grandpa Green*	《花园都记得》
	A Ball for Daisy	—
	Blackout	《停电了!》
2013	*This is not My Hat*	《这不是我的帽子》
	Creepy Carrots	—
	Extra Yarn	《神奇的毛线》
	Sleep Like a Tiger	《睡吧! 像老虎一样》
2014	*Locomotive*	《火车头》
	Journey	《旅程》

对于获国际大奖的绘本作品，应重视其港台引进版及外文原版采购的系统性，若有引进版，应尽量收齐收全，并作为特色馆藏。这不仅有利于读者从不同的阅读角度、阅读感受，领略优秀绘本的精彩所在，同时也为读书活动的开展提供多样全面的资源保障。

3.5 从编目着手，对绘本资源进行有效揭示

文献编目是指对馆藏文献的加工、整理工作，包括对文献著录、规范控制、分类标引、主题标引等工作程序，目的是便于用户查找和使用，并为文献管理提供支持[3]。

绘本源自日本，是近几年出现的新名词。在这之前，绘本文献在我国大陆被归入漫画、连环画、低幼读物或依文献内容各入其类，后来为了统一分类，国家图书馆才将此类文献统一归入"图画故事"类。但由于其他各国的"图画故事"无此专类，只能位列于各国儿童文学的故事类下，由此造成国外的"绘本"与文字版的故事书排在同一架（位）。

《中国图书馆分类法》由于"滞后性"的限制，不断涌现的新学科无法体现，就如分类标引无法完全区分出"绘本"文献一样。而主题词和分类、题名、著者相比，能够更深入、更细致地提示文献内容。虽然绘本不属主题词表中的专业用语，只能作为关键词，但由于计算机编目中主题标引设有 610 字段（自由词），因此可以将"绘本"一词录入此字段，利用关键词对绘本文献资源进行揭示，并可根据广州少年儿童图书馆绘本馆藏及读者的需求情况，把绘本的主题、适合年龄在该字段上作较好的标示，让读者和馆员更容易检索出要找的书，让馆员快速建立专题目录和专题书架。

169

参考文献

[1] 刘倩辰. 绘本的世界，有多精彩？——2014 年绘本图书出版分析 [N]. 新华书目报，2015 - 06 - 04（3）.
[2] 王蓉. 绘本阅读服务：广州图书馆的探索 [J]. 图书馆杂志，2014（4）：63，72 - 74.
[3] 庄蕾波. 关于文献采访与编目工作的几点思考 [J]. 图书馆界，2008（2）：53 - 54，64.

浅议中文期刊 MARC 数据编目

——以广州铁路职业技术学院图书馆为例

庄 雅[①]

(广州铁路职业技术学院图书馆 广州 510430)

摘 要：本文以广州铁路职业技术学院图书馆为例，分析中文期刊 MARC 数据编目中常见的问题，探讨中文期刊 MARC 数据编目规范化和优化措施。

关键词：中文期刊 MARC 数据 编目

1 MARC 的产生

MARC 数据最早产生于美国。1961 年，美国国会图书馆第一个提出了图书馆自动化的设想，随着科学技术的进步，美国机器可读目录——MARC Ⅱ 格式书目磁带问世，简称 US-MARC。然而美国机读目录只适合美国国情，随后很多国家根据各自情况创建了自己的机读目录，中国机读目录 CNMARC 研制于 20 世纪 70 年代。随着科技的发展，为了进一步协调、促进国际交流，统一各国机读目录格式，1986 年国际图书馆联合会在 USMARC 基础上制定了"国际机读目录通信格式"，即 UNIMARC。在此基础上，中国根据本国实际情况，编制《中国机读目录通讯格式》讨论稿，1992 年 2 月正式出版《中国机读目录通讯格式》，即 CNMARC。CNMARC 格式为中国机读目录实现标准化、与国际接轨，从数据结构方面提供了保障。随着互联网技术的不断发展，编目技术也得到了相对应的发展与进步，从最初的手工编目，到后来的计算机编目，再到如今的联机合作编目，极大地促进了期刊编目工作的顺利进行。

2 中文期刊 MARC 数据编目中常见的问题

在图书馆的期刊管理工作中，期刊编目工作尤其重要。目前国内高校图书馆基本都实现了数字图书馆与即时通信平台的集成，广大读者可以获取中文期刊检索和查询[1]；且随着时代的前进和社会的进步，中文期刊得到快速发展，特别是我国改革开放以后，中文期刊年均增长速度是 13.1%[2]，中文期刊 MARC 数据的质量直接关系到读者对期刊的检索和使用效果，同时也影响数据资源的共享共用。因此，无论是 MARC 数据套录还是自建的数据，都必须要注重质量。在中文期刊数据编目中，通常会出现以下问题：

2.1 中文期刊发行与出版不规范

（1）不同期刊同一刊号。在期刊登录过程当中，我们经常会遇到这样的困惑，那就是

---

① 作者简介：庄雅，女，广州铁路职业技术学院图书馆助理馆员。

不同的期刊却有着相同的刊号，有着同一 ISSN 及 CN 号，但相互之间期号、卷号与邮发代号各不相同。

（2）期刊相同但邮发代号不同。期刊相同，邮发代号却不同，这对期刊著录工作以及今后的信息检索工作均造成不同程度的影响。

（3）相同期刊刊号不一。某些期刊的刊名没有发生变化，其刊号却不一样，相同期刊的 ISSN 与 CN 号却不一样，这样会对期刊信息检索带来一定的不便。

（4）期刊更名。期刊更名可归纳为以下两种情况，第一是期刊更名后其刊号不变，包括其邮发代号也没有发生变化[3]，比如《化工商品科技》更名为《化工科技市场》就属于这种情况；第二是期刊更名后其刊号也发生变化，比如《世界妇女博览》更名为《悦己》，其邮发代号前后没有发生变化，但是刊号发生了变化，ISSN 号由 1005－1872 改为1673－7113。

2.2 编目人员导致不规范

重复或错误著录是编目人员工作的一个常见疏漏，期刊发行不规范可能导致工作人员重复著录，错误著录包括字符著录错误，如错别字或不区分全/半角。总之，重复著录或错误著录都会对期刊检索造成困难。本馆初期使用计算机对期刊进行管理时，期刊编目过于简单，缺乏统一标准，随着图书馆工作与服务的深入发展，由此带来的问题逐渐显现。因而必须重新着手期刊库整理，提高数据著录标准化的程度，严格 MARC 数据规范。

3 中文期刊 MARC 数据编目规范化

中文期刊编目工作不同于图书，一般图书的编目工作在图书典藏后就结束了，但期刊不然，只要该刊物还在出版，对它们的信息就必须一直维护，期刊自身的特点导致揭示其特征的信息有许多不确定性，例如刊名、出版时间、责任者、主办者、定价等信息经常会发生变化，这样相对来讲也给期刊著录工作带来许多麻烦，所以定期要对中文期刊的信息进行核对，核对信息的周期要根据不同期刊而定，有的是每年，有的是每期。

本馆根据《连续出版物著录规则》（GB3792.1—85）和《中国机读目录通讯格式》，并结合实际情况，从中文期刊分类上和著录细则规范，从而提高中文期刊 MARC 数据的规范化。

3.1 中文期刊分类原则

就分类级次而言，期刊有着自己独特的特点，分类时宜粗不宜细，故一般分级层次不多，本馆大多为 2 级或 3 级，少数在 4 级以上。期刊内容既体现整体性又有其个别性，所以它的分类一般是以种为单位。在期刊编目分类时，除了须查看题目、栏目以外，浏览创刊词、征订启事以及其他工具书（例如《中国图书馆分类法》、各类报刊名录之类等）也是非常必要的，在编目辨类别需要特别慎重。还有，要根据本校图书馆的具体情况，确定哪些类目需要详细编目，哪些期刊类目可以简化；结合实情，哪些期刊类目需要集中，哪些可以分散，无论如何分类编目，都要求分类的标引工作要做到前后一致。

3.2 中文期刊著录细则

（1）著录的数据源。本馆中文期刊 MARC 数据来源有两种形式，一是套录编目数据，新增订期刊的编目数据需供应商提供，直接套录，工作人员再根据期刊实物核实信息。二是编目人员根据期刊的主要信息源手工录入，期刊主要信息源来自封面页和版权页。本馆对于新增订的期刊，供应商无法提供 MARC 数据的，工作人员必须根据其信息源手工录入。获取中文期刊编目数据的信息来源要尽可能规范。

（2）著录字段。

MARC 数据的基本字段如下：

头标区无标识字段号、指示符、子字段标识符，定长 24 个字符

001 记录标识号：无指示符、子字段标识符，本字段数据为 12 个字符长

010 ｜a ISBN 号｜b 装订方式｜d 获得方式和/或定价｜z 错误的 ISBN 号

100 ｜a 通用处理数据，定长 36 个字符

101 0 ｜a 正文语种｜b 中间语种｜c 原作语种

102 ｜a 出版或制作国｜b 出版地区

105 ｜a 图书编码数据

106 ｜a 文字资料代码—物理形态标志

200 1 ｜a 正题名｜b 一般资料标识｜c 另一作者的正题名｜d 并列题名｜e 副题名及其他说明题名的文字｜f 第一责任者｜g 其他责任者｜h 分册（辑）号｜i 分册（辑）名｜v 卷册号标识｜z 并列题名语种｜A 正题名汉语拼音｜E 副题名、其他说明题名文字的汉语拼音｜F 第一责任者的汉语拼音｜I 分册（辑）名的汉语拼音

205 ｜a 版本说明

210 ｜a 出版、发行地｜c 出版、发行者名称｜d 出版、发行日期

215 ｜a 类型标识和文献的数量及单位｜c 其他形态细节｜d 尺寸或开本｜e 附件

225 ｜a 正丛编题名｜d 并列丛编题名｜e 丛编副题名及其他信息｜f 丛编责任者｜h 分册（辑）号｜I 分册（辑）题名

300 ｜a 一般附注内容

303 ｜著录信息附注

304 ｜a 题名责任者附注

320 ｜a 书目、索引附注

327 ｜a 内容附注内容

330 ｜a 本书内空简介

410 0 ｜用来连接本著录实体所从属的丛编的有关数据，设子字段｜1

510 1 ｜a 并列题名｜z 并列题名语种

606 0 ｜a 主标目｜x 主题复分｜y 地区复分｜z 年代复分；690 ｜a 分类号｜v 版次

701 0 或 1 ｜a 人名—等同责任者款目要素｜b 名称的其他部分（不包括款目要素）｜4 著作责任（采用《普通图书著录规则》10.1.5.10 说明）｜A 款目要素汉语拼音

702 0 或 1 ｜a 人名—次要责任者款目要素｜b 名称的其他部分（不包括款目要素）｜4 著作责任（采用《普通图书著录规则》10.1.5.10 说明）｜A 款目要素汉语拼音

711 0 或 1 ｜a 团体名称—等同责任者款目要素｜4 著作责任（采用《普通图书著录规则》10.1.5.10 说明）｜A 款目要素汉语拼音

712 0 或 1 ｜a 团体名称—次要责任者款目要素｜4 著作责任（采用《普通图书著录规则》10.1.5.10 说明）｜A 款目要素汉语拼音

801 ｜a 国家代码｜b 机构名称代码｜c 处理日期

905 ｜a 收藏馆代码｜b 登录号｜d 分类号｜e 书次/种次号｜f 复本数｜v 入藏卷期｜y 年代范围。

本馆对于可以套录的期刊数据，主要是参照实物期刊修改核查各个字段。MARC 数据不可套录的期刊，工作人员要根据 MARC 数据基本字段自建，并对各个基本字段进行著录。下图是本馆新增期刊——《中国周刊》著录界面，工作人员需要根据 MARC 数据模式自建，再根据其信息源，对各个基本字段进行著录。

简单编目(E)			
头标区	000		01196nam0 2200373 45
记录控制号	001		18742
记录版次标	005		20101230094942.5
ISSN	011		▼a1671-3117▼dCNY10.00
统一书刊号	091		▼aCN▼b11-4717/F
订购号	092		▼aCN▼b2-11
一般处理数	100		▼a20020307a19 9999m y0chiy0120 ea
作品语种	101		▼aeng
出版国别	102		▼aCN▼b110000
文字资料形	106		▼ar
编码数据字	110		▼aacaz 0yy0
题名与责任	200		▼a中国周刊▼9zhong guo zhou kan▼dChinaweek▼zchi▼f钟国，中华儿女杂志社主编
连续出版物	207		▼a19??,no.1(19??)-
出版发行项	210		▼a北京▼c该杂志社▼d2010
载体形态项	215		▼a a v.▼d29cm
一般性附注	300		▼a根据2002,no.1著录。
责任者附注	314		▼a本刊由中华儿女杂志社主办。
出版频率附	326		▼a月刊
出版频率附	326		▼a月刊
采访附注	345		▼a地址：北京市莲花池东路126号西门A座509(邮编100055)；Tel.:(010)63987918；Fax.:(010)63982 126
并列题名	510		▼a中国周刊▼AZhong Guo Zhou Kan▼zchi
普通主题	606		▼a政治▼9zheng zhi▼y中国
普通主题	606		▼a经济▼9jing ji▼y中国
普通主题	606		▼a文化▼9wen hua▼y中国
地名主题	607		▼a中国▼9zhong guo▼x概况
中图法分类	690		▼aD6▼v4
人名一等同	701		▼a钟国▼9zhong guo▼4主编
团体名称一	711		▼a中华儿女杂志社▼9zhong hua er za zhi she▼4主办
记录来源字	801	0	▼aCN▼bDGLIB▼c20101230
馆藏信息	905		▼aDGLIB▼fD6/11

《中国周刊》著录界面

（3）中文期刊分类的排架号。对于相同分类号的期刊，可以在分类号后加"/"及"1、2、3……"的数字顺序取种次号，以此作为排架号；也可以在 905 字段自动生成。如：I2/2、U2/12 等。本馆的排架号在 905 ＄ d 字段表示。

（4）出版频率及邮发代号或其他信息发生变化时，及时对 MARC 数据进行修改维护。期刊出版频率有变化时，需在 MARC 数据中 110 字段打回车进行修改，同时在订购模块中对出版频率进行相应修改。

4 优化中文期刊 MARC 数据编目的措施

基于上述常见问题和规范化的基准，本馆中文期刊 MARC 数据编目优化的措施，主要是从保障中文期刊 MARC 数据的唯一性和准确性这两方面改进。优化中文期刊 MARC 数据编目的措施，本馆首先要切实保证数据查重工作的有效性，及时发现重复部分并进行有效的合并或删除。另外，对于同一种期刊的多条 MARC 数据著录项应进行比较，从而选择著录内容比较全面条作为保留数据，确保期刊 MARC 数据准确性。

4.1 保障中文期刊 MARC 数据唯一性

每个图书馆对期刊 MARC 数据的要求基本上都是注重唯一性。唯一性要求是指每个期刊在数据库当中应当有且只有一条 MARC 数据记录，不能够进行重复记录。因为 MARC 数据记录重复，不仅不符合期刊 MARC 数据唯一性，对于有效地构建期刊体系及资源管理也产生非常不利影响。为了更好地开展期刊编目，图书馆应该制定期刊编目的相关条约及合理的数据修改方案，修改并完善 MARC 数据以加强期刊数据的质量控制，定期维护并更新MARC 记录。

4.2 保障中文期刊 MARC 数据准确性

中文期刊 MARC 数据不准确，会影响期刊库里的数据，从而影响读者检索查询。因此中文期刊 MARC 数据必须保证准确，需要严格坚持查重制度。具体来讲，要从题名、ISSN及 CN 刊号等不同途径进行检索，再找到相应记录之后将其与原刊进行对比并按着录规范操作。与此同时，需要加强部门间沟通与交流，共同完善 MARC 数据维护与质量控制工作。

5 结语

中文期刊编目实践表明，要著录出规范的期刊 MARC 数据不是很容易，因为期刊编目工作是一项实践性非常强的工作[4]，所以当前著录状况大部分是从实践到经验，再从经验到实践。编目工作人员要在实践中总结，努力让期刊 MARC 数据更加规范，提高期刊 MARC数据的质量，更好地为读者提供更加优质的服务，从而促进图书馆事业的良性发展，保证图书馆事业长久发展下去。

174

参考文献

[1] 蔡洪齐. 数字图书馆与即时通讯平台整合与应用研究 [J]. 河南图书馆学刊, 2015 (12): 121 – 122.
[2] 周红娟. 期刊更名的原因分析及相应的管理对策 [J]. 中北大学学报（社会科学版), 2005 (2): 101 – 102.
[3] 吴静珍. 期刊编目工作分析 [J]. 晋图学刊, 2009 (4): 62 – 63.
[4] 柳群英. 中文期刊机读格式规范及编目技巧 [J]. 图书馆学刊, 2005 (3): 65 – 66.

大数据环境下的数据流探析

陈思源　曾思敏[①]

(佛山市图书馆　佛山　528000)

摘　要：随着大数据技术的普及，数据从简单的处理开始变成基础性资源，如何更好地让数据为图书馆服务是图书馆行业的热门话题。本文聚焦在大数据环境下的数据流，首先分析数据的来源，探讨流行的数据采集技术，然后介绍大数据的存储、分析计算、数据服务及数据消费，最后根据数据流分析设计了大数据环境下数据流的架构图。

关键词：大数据　数据流　数据源　图书馆

数据的产生与媒体社会化、数字化进程密切相关，我们在互联网上交往、浏览时政新闻、阅读电子图书、查找论文、办理借阅业务、处理工作等都会留下大量足迹。人类社会拥有的数字化数据空前庞大，但单台服务器由于存储空间、内存大小和处理器速度的限制能够处理的数据量极其有限。由于大数据的需求，IT行业意识到需要一种新的采集、存储和分析数据的方法，因此，让数据更好地为图书馆提供服务成为值得研究的课题。

1　大数据的来源

过去很多图书馆并没有对数据进行深入的研究，但是都把所产生的数据潜意识地收集起来。如今在有能力进一步研究或者处理的前提下，这就成为具有分析价值的庞大数据源。传统的数据收集主要以文件对象数据或者传统图书业务数据库的方式体现。

图书馆进行大数据分析，必须拥有一定量的数据作为支撑，相关的大数据源应该包括业务数据和操作日志、上网行为日志、互联网公开的数据、购买的数据、非结构化的数据、设备运行的数据、外部捕捉的数据。

1.1　业务数据和操作日志

图书馆业务系统产生的业务数据和操作日志，是最常见和最重要的一种数据来源，当前大部分图书馆都能处理这种数据。数据的格式主要是按时间切分的日志信息排序。

1.2　上网行为日志

读者在图书馆使用桌面终端或者移动终端访问网络时，每天都会产生大量的上网行为日志。这些上网行为日志数量巨大，其中包含大量的读者需求和读者特征等信息，这些信息是传统的图书借阅系统所不能提供的。将这些大数据进行保存和分析处理，然后根据分析结果

---

①　作者简介：陈思源，男，佛山市图书馆系统架构设计师（高级工程师）；曾思敏，女，佛山市图书馆软件设计师（工程师）。

定义读者的行为习惯，能为图书馆实现精准化服务提供重要的数据依据。

1.3　互联网公开的数据

这部分数据源获取的难度高，且比较杂乱，因此利用成本也相对较高。而目前能够使用这部分数据的图书馆还较少。

1.4　购买的数据

各图书馆通过采购获得一些商业数字资源库，但各资源厂商都对数据源做了不少限制，以致不能便捷抽取资源库的元数据，同时也不能检索、下载相关数据。商业数字资源库的数据源对于大数据分析不可或缺，这将是未来图书馆与资源厂商采购谈判的重要环节。

1.5　非结构化的数据

图书馆在开展工作中累积了大量非结构化数据，包含图片、音频和视频，这些数据结构松散、数量巨大，且很难从中挖掘出有意义的结论和有用的信息。

1.6　设备运行的数据

越来越多的设备配备了连续测量和报告运行情况的装置。图书馆的自助借还机、分拣系统、桌面云系统、服务器系统、存储系统、网络安全系统、UPS、监控系统等都配置了监视器，这些设备提供系统运行情况，系统日志信息、操作日志、芯片监视传感数据等也属于大数据的来源。这部分数据由于来源复杂，涉及不同的硬件芯片技术，需要定制专项的收集方法。

1.7　外部捕捉的数据

为了做好数据分析，图书馆不可避免地需要通过爬虫捕捉一些数据来存储，这些杂乱的数据需要高新技术人才来挖掘、分析，对于缺少高新技术人才的图书馆来说，实现难度较大。

除此之外，随着3G、4G移动网络的发展，移动终端产生的数据越来越多，还有各种智能终端产生的数据，这些都成为新型的数据来源。

2　数据采集技术

每个图书馆都有自己的特殊性，不存在任何一种或者一类工具能聚合一个图书馆所有的数据。因此数据采集存放难有一个统一的解决方案，但是建立一个统一的公共数据中心来存放图书馆数据是共同的目标。这个数据中心要求能够存储、分析和处理多种来源、多种模式并且具有多变模式的数据。

虽然大数据技术是比较新的技术架构，但不需要完全抛弃传统的技术。extract（提取）、transform（转换）和 load（加载），简称 ETL，是数据仓库的数据采集技术，而且图书馆的业务核心数据一般都存储在关系型数据库中。ETL 负责将分散的、异构数据源中的数据如关系数据、平面数据文件等抽取到临时数据层后，进行清洗、转换、集成，最后加载到数据仓库或数据集市中，成为联机分析处理、数据挖掘提供决策支持的数据。ETL 是构建数据仓库的重要的一环，用户从数据源抽取所需的数据，经过数据清洗，最终按照预先定义好的数据仓库模型，将数据加载到数据仓库中。ETL 技术应用已存在十多年，技术发展也应相当成熟。

分析行为数据是几乎所有站点在进行网站的使用情况分析时最常规的工作之一。行为数据包括页面访问量、被查看内容方面的信息以及检索、下载情况等内容。这种数据通常的处理方式是先把各种行为数据以日志的形式写入某种文件，然后周期性地对这些文件进行统计分析。运营数据指的是服务器、存储、网络、智能终端设备的性能数据（CPU、IO 使用率、请求时间、服务日志等数据）。

日志收集是大数据的基石。业务平台、系统平台、设备监控器等每天都会产生大量的日志数据，但产生的数据都是分散在不同的节点上，我们需要收集日志数据供离线和在线分析系统使用，进一步从数据中提取价值。比较流行的开源日志收集系统有 Flume、Kafka 等，这些系统解决了分散数据如何集中的问题。高可用性、高可靠性和可扩展性是日志收集系统所具有的基本特征。

Flume 是 Cloudera 提供的一个分布式、可靠且高实用的海量日志采集、聚合和传输的日志收集系统，支持在日志系统中定制各类数据发送方，用于收集数据；同时，Flume 具有对数据进行简单处理，并写到各种数据接受方的能力。典型的 Flume 体系结构如图 1 所示。

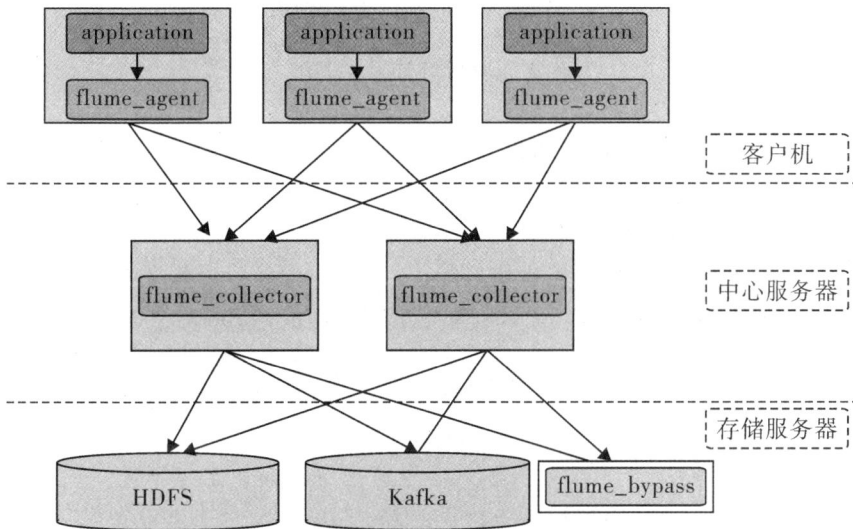

图 1　典型的 Flume 体系结构

Flume 提供了从 console（控制台）、RPC（Thrift-RPC）、text（文件）、tail（UNIX tail）、syslog（支持 TCP 和 UDP 等模式的 syslog 日志系统）、exec（命令执行）等数据源上收集数据的能力。Flume 的数据接受方，可以是 console、text、dfs、RPC 和 syslog[1]。

Kafka 是由 LinkedIn 开发的一个分布式的消息系统，它以可水平扩展和高吞吐率而被广泛使用。目前越来越多的开源分布式处理系统如 Cloudera、Apache Storm、Spark 都支持与 Kafka 集成。

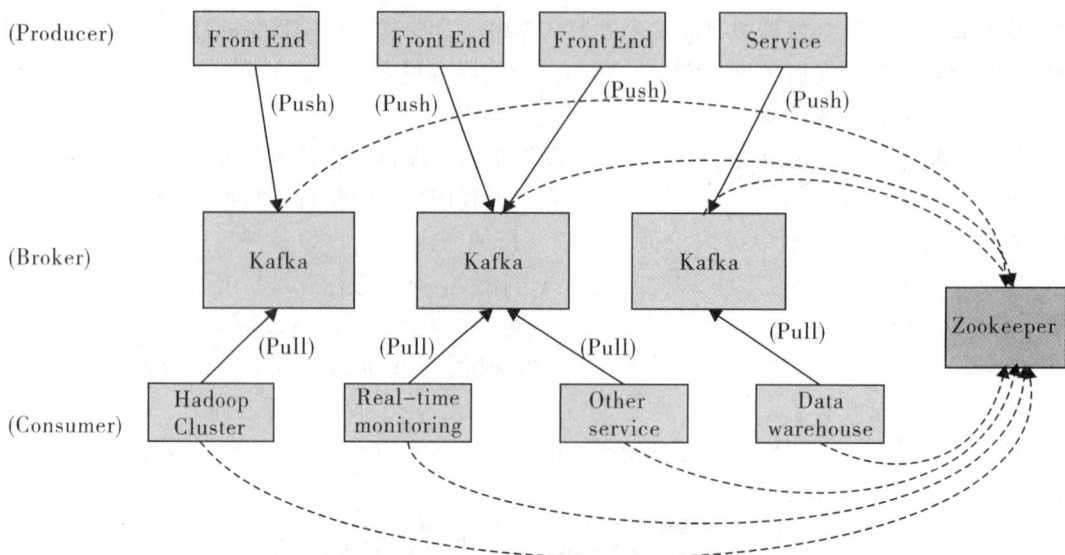

图 2　典型的 Kafka 集群图

如图 2 所示，一个典型的 Kafka 集群中包含若干 Producer（可以是 web 前端产生的网络流量日志，或者是服务器日志，系统 CPU、内存的运行日志等），若干 Broker（Kafka 支持水平扩展，一般 broker 数量越多，集群吞吐率越高），若干 Consumer Group，以及一个 Zookeeper 集群。Kafka 通过 Zookeeper 管理集群配置，选举 leader，以及在 Consumer Group 发生变化时进行 rebalance。Producer 使用 Push 模式将消息发布到 Broker，Consumer 使用 Pull 模式从 Broker 订阅并消费消息。[2]

3　大数据清洗及存储

大数据的清洗。对于绝大部分数据来说，在获取之后并不能直接使用，如 OA 系统文本数据、设备运行监控器数据，需要进一步提取所需的信息。而通过爬虫捕捉的互联网数据更是纷杂凌乱，需要进一步的进行筛选和清洗，最终拿到有用的基础数据。对于数据的清洗、预处理，大规模离线处理典型如 MapReduce，内存处理典型如 Spark Streming，数据流式处理典型如 Storm 等。

大数据的存储。数据困于孤岛的现象，其产生的原因是多方面的，既有社会性的问题，也有技术性的问题。过去该问题的一般解决方法是将来自不同数据源的数据提取到一个中央数据仓库中，大数据分析技术的发展促使使用新的方法来应对。一旦数据收集处理完毕，必须将其存储到能够分析数据的地方。当数据量很大、数据来源分散时，数据处理的每个步骤都令人生畏。传统的数据仓库技术从操作型数据库发展到数据仓库过程中，涉及移动、处理和存储一系列 ETL 操作，ETL 过程不仅仅包括将数据从一个地方复制到另外一个地方。

首先数据必须从原来的存储位置抽取出来，随后数据必须进行清洗和验证，并满足完整性标准，错误的数据必须校正或删除，也必须符合业务规则。为了进行有效的数据分析，前期需要花费大量精力来抽取和合并来自各个数据孤岛的数据。而以 Hadoop 为代表的大数据技术能够处理巨大的、非结构化的数据集，能够即时查询海量数据，只需每天把数据传输到 Hadoop 的分布式文件系统中。随着数据量的增长，数据集中到单一的仓库变得不切实际，

因此我们需要一个公共数据中心，这个公共数据中心需要能够存放传统的数据仓库也能存放
HDFS 的文件存储系统。

4　大数据分析及其在图书馆的运用

大数据分析可以分为五个方面：可视化分析、数据挖掘算法、预测性分析能力、语义引擎、数据质量和数据管理。大数据分析主要依靠机器学习和大规模计算。大数据分析性能的好或坏，也就是说，机器学习的预测精度，与使用学习算法、问题的性质、数据的数据大小、数据特征有关系，没有一种方法可以处理所有的问题，建立大数据分析平台时选择几种有代表性的计算分析技术即可。[3]当然，不仅要考虑预测的准确率，还需考虑学习效率、开发成本、模型可读性等其他因素。大数据分析平台固然重要，同时需要有一批能够深入理解应用问题、熟练使用分析工具的工程师和分析人员。

通过大数据计算分析了解读者需求，识别出读者的主力群体，从而实现个性化服务和差异化推广。通过读者行为分析，将读者转化为忠实读者。大数据分析读者借阅行为，提供读者借阅报告；根据读者借阅习惯进行评估，通过个性化推送、个性化展示、个性化服务提升读者体验，提高读者的借阅频次。借阅排行榜为图书馆分析出哪些文献无人问津，哪些文献供不应求，有助图书馆制定有效的采访策略。分析馆藏的借阅情况，精准掌握图书馆馆藏实时状况，动态调整经营策略。通过大数据分析图书馆员的工作行为日志，还能判断馆员的工作服务效率，合理灵活配备人力资源，让最适合的人做适合的事。

从上述数据处理流程分析来看，大数据数据流架构可以分为数据源、接入、清洗、存储（公共数据中心）、计算分析、数据服务、数据消费等环节。大数据数据流架构图如图3所示：

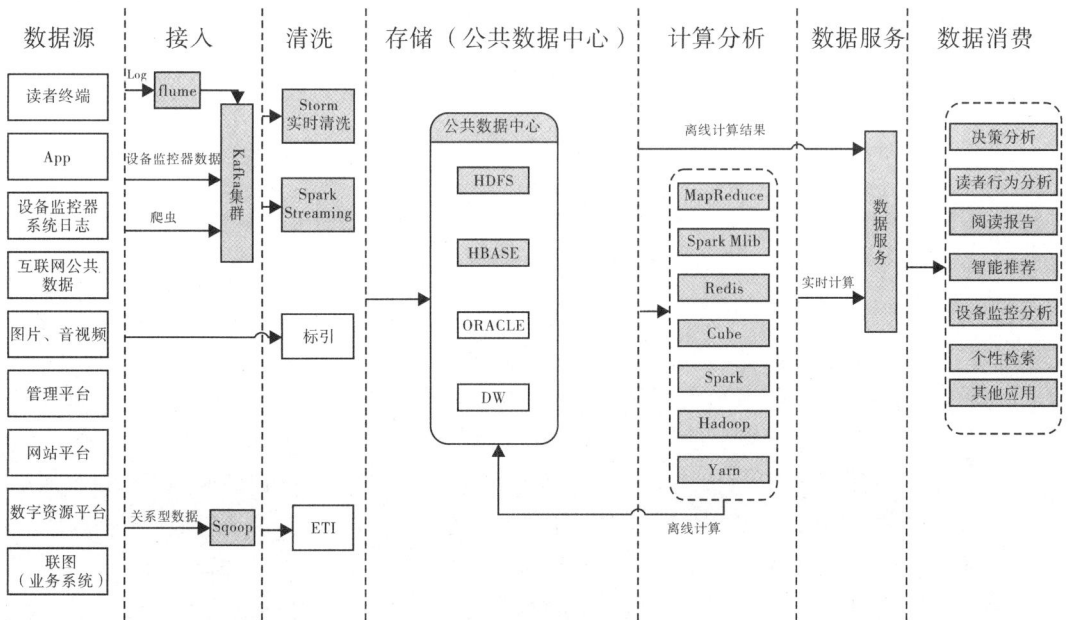

图3　大数据数据流架构图

　　大数据是当前热门技术，但从投入的策略角度来讲，要处理好数据解决方案需要回答的业务问题。从数据中发现价值的关键在于清楚地表达所需要回答的业务问题。有时候一个复杂的问题可以从少量数据采样中找到，克服多个部门隔离并打破数据孤岛才是真正的挑战。海量数据采集本身并不能为图书馆提供神奇的价值，真正的数据价值来自对业务的理解、解决务实的问题，以及用得到的答案支持决策和规则的制定。

参考文献

［1］大数据架构：flume – ng + Kafka + Storm + HDFS 实时系统组合［EB/OL］.［2014 – 02 – 10］. http：// www. aboutyun. com/thread – 6855 – 1 – 1. html.

［2］孙镜涛. Kafka 在 LinkedIn 公司的应用场景、现状与未来［EB/OL］.［2015 – 02 – 10］. http：// www. infoq. com/cn/news/2015/02/kafka – linkedin – application/.

［3］李航. 大数据分析到底需要多少种工具［EB/OL］.［2015 – 01 – 01］. http：//blog. sina. com. cn/s/ blog_ 7ad48fee0102vb9c. html.

智能图书馆文献资源配置实践与思考

——以佛山市图书馆为例

涂 为①

（佛山市图书馆 佛山 528000）

摘 要：本文结合佛山市图书馆的智能图书馆文献配置现状，有针对性地进行调查分析，对智能图书馆的文献资源配置进行论述，明确了不同类别服务点的共性和个性文献需求特点，提出了智能图书馆文献资源合理配置的方法。

关键词：智能图书馆 文献资源 资源配置 文献需求

佛山市联合图书馆自 2005 年开始建设，以实现城市居民平等、自由、畅通、便利地获取文献资源为目标。目前，佛山市联合图书馆成员馆已发展至 83 家，其中有 36 家是新出现的图书馆模式——智能图书馆。智能图书馆自 2012 年启动以来，以全天候开放、便捷无障碍的服务方式，深受广大市民的欢迎[1]。

智能图书馆作为佛山市联合图书馆服务体系的补充，其服务的基石是文献资源。如何对智能图书馆的文献资源进行合理配置，满足不同读者对文献的需求，使馆藏资源得到合理、有效的利用，成为智能图书馆资源建设中亟待解决的问题。

1 智能图书馆文献配置现状

智能图书馆是政府主导、多元参与的一种图书馆模式，但在规划、建设、管理、文献资源配置方面可供借鉴的经验很少。文献资源配置既要考虑文献的利用率和满足率，又要考虑智能图书馆布点位置、读者群体构成的差异[2]。

1.1 临时配置

智能图书馆的建设从筹备到建成需要一定的周期，一家智能图书馆的建设用书基本是在确定布点位置、进入相关合同签订时开始配置的。佛山市图书馆从文献挑选到智能图书馆建成开放，配置时间相对仓促。智能图书馆文献大多从馆藏中挑选最新加工上架的新书，主要包括人文社科类、生活保健类、少儿读物类等通俗、流通率高的图书，但所配备的图书品种受当时加工完成的新书类别的局限。

1.2 主观配置

智能图书馆馆藏是佛山市图书馆馆藏资源的一部分，为保证图书利用率，相关人员会根据其服务地点和读者对象的特点进行前期判断，推测图书需求。为保证足够的图书品种，一般不配备或仅配备少量复本。

---

① 作者简介：涂为，女，佛山市图书馆馆员。

1.3 储备图书配置

根据佛山市图书馆智能图书馆常规建设的年度计划，从第四期开始，佛山市联合图书馆为了解决智能图书馆建设日益增长的图书需求，制订了相应的文献配置方案，专门为其运作而选取了部分馆藏资源。这部分智能图书馆文献配置相对独立，包括畅销图书、儿童读物等，复本量多，保持 12 000 册左右的图书储备，供智能图书馆图书备选。

1.4 文献再配置

根据智能图书馆借阅率高导致个别类空架的现象，佛山市联合图书馆对相关类别文献进行后续补充，以弥补基本图书配置品种的不足。

2 智能图书馆文献需求调查分析

2.1 智能图书馆文献需求调查

佛山智能图书馆文献配置现在还处于摸索阶段。为进一步了解不同智能图书馆读者的需求，改进智能图书馆文献资源配置工作，2014 年佛山市图书馆开展了一次有针对性的智能图书馆读者调查。选取七家智能图书馆作为调研对象，分别是位于佛山市图书馆（旧馆）大门左侧的街区智能图书馆，位于佛山创意产业园内的 1506 自助图书馆，位于佛山市电大内的佛山电大自助图书馆，位于高明区明城镇文化站内的高明明城自助图书馆，位于禅城区南庄镇罗南文化站内的罗南自助图书馆，位于三水城区体育馆的三水自助图书馆，位于高明城区沿江路的高明织梦自助图书馆。佛山市七家智能图书馆基本情况如表 1 所示：

表 1 佛山市七家智能图书馆基本情况

	街区智能图书馆	1506 自助图书馆	佛山电大自助图书馆	高明明城自助图书馆	罗南自助图书馆	三水自助图书馆	高明织梦自助图书馆
面积（m²）	110	200	120	170	400	80	120
藏书量（册）	12 333	19 261	16 341	15 022	15 029	6 995	15 029
月均流通量（册次）	3 200	850	506	1 300	680	2 000	3 200
藏书量前三位类别	文学、工业技术、哲学	经济、工业技术、文学	文学、工业技术、经济	文学、文化教育、历史	文学、工业技术、经济	文学、历史、经济	文学、工业技术、文化教育

（1）读者认为目前文献资源是否丰富的情况。

表2 读者对文献资源品种的评价的比例

单位:%

	街区智能图书馆	1506自助图书馆	佛山电大自助图书馆	高明明城自助图书馆	罗南自助图书馆	三水自助图书馆	高明织梦自助图书馆
丰富	12	10.34	10.48	14.3	26.32	10	28
基本丰富	72	72.41	51.61	71.6	71.05	30.35	53
不丰富	16	17.25	37.91	14.1	2.63	59.65	19

三水自助图书馆、佛山电大自助图书馆有相当数量的读者认为文献资源不够丰富,究其原因是三水自助图书馆的馆藏资源较少,不到7 000册;佛山电大自助图书馆的馆藏资源最多,但读者需求量大,个性化的阅读需求未得到满足。

（2）读者需求图书种类。作为问卷调查的重点,本次分析分别按照文学、社会科学、生活常识、自然科学、工业技术、综合等类别进行统计,较为全面地获取了读者的需求情况。具体如表3至表8所示:

表3 读者需求中文学类图书比例

单位:%

	街区智能图书馆	1506自助图书馆	佛山电大自助图书馆	高明明城自助图书馆	罗南自助图书馆	三水自助图书馆	高明织梦自助图书馆
小说	52.17	39.47	42.28	37.04	52.78	60	35.59
散文	26.08	36.84	24.39	22.22	25	9.5	20.34
诗歌	0	10.53	7.32	14.81	13.89	2	16.95
纪实文学	21.75	13.16	26.01	25.93	8.33	28.5	27.12

表4 读者需求中社会科学类图书比例

单位:%

	街区智能图书馆	1506自助图书馆	佛山电大自助图书馆	高明明城自助图书馆	罗南自助图书馆	三水自助图书馆	高明织梦自助图书馆
哲学	4.65	6.85	8.84	8	3.36	6	8.69
宗教	3.48	1.37	1.38	2.67	0.84	0	3.61
政治	3.49	9.59	3.87	5.33	5.04	3.89	3.62
法律	0	8.22	3.87	4	5.04	2.13	2.27
经济理论	3.48	6.85	5.25	0	1.68	3	5.07
成人教育	4.65	5.48	4.14	5.33	11.76	3.91	5.17
家庭教育	5.81	5.48	5.52	9.33	14.29	3.02	10.27

（续上表）

	街区 智能图书馆	1506 自助图书馆	佛山电大 自助图书馆	高明明城 自助图书馆	罗南 自助图书馆	三水 自助图书馆	高明织梦 自助图书馆
军事	4.65	2.74	2.48	2.67	0.84	2.58	4.04
会计	0	0	4.97	0	4.2	0	3.62
金融	0	4.11	3.31	1.33	0	2.67	0.72
证券	0	2.74	1.66	0	0	1.82	0.72
企业管理	3.48	9.59	1.66	0	1.68	1.88	3.62
体育	2.42	0	3.31	0	5.88	2.01	2.89
文物	4.65	1.37	2.21	4	3.36	3.03	0.72
演讲	3.48	1.37	3.04	2.33	2.52	1.07	3.62
书法	1.16	1.37	3.04	1.33	2.52	2.53	2.89
英文读物	4.65	0	4.15	4	5.88	2.01	1.45
幼儿教育	3.48	6.85	2.49	5.87	10.92	10.05	5.89
漫画	3.48	2.74	5.54	10.67	1.68	13.57	5.17
摄影	8.13	8.22	6.9	6.67	4.2	6.95	5.79
旅游	10.46	6.85	11.05	9.33	10.08	8.93	7.97
历史	10.46	4.11	3.59	8	0.84	8.11	5.79
工艺美术	3.48	1.37	1.93	2.57	2.52	5.82	2.17
人物传记	10.46	2.73	5.8	6.57	0.87	5.02	4.23

表 5 读者需求中生活常识类图书比例

单位:%

	街区 智能图书馆	1506 自助图书馆	佛山电大 自助图书馆	高明明城 自助图书馆	罗南 自助图书馆	三水 自助图书馆	高明织梦 自助图书馆
饮食	37.05	13.33	30.92	31.43	25.42	23	28.77
服装	3.12	11.67	11.34	14.29	15.25	19	16.44
美容	12.56	18.33	14.43	14.29	10.18	19.2	15.07
保健	25.4	23.33	20.62	26.71	25.42	21.8	20.55
气功	0	6.67	0.51	0	6.78	2	2.74
医药常识	21.87	26.67	22.18	13.28	16.95	15	16.43

表6　读者需求中自然科学类图书比例

单位:%

	街区智能图书馆	1506自助图书馆	佛山电大自助图书馆	高明明城自助图书馆	罗南自助图书馆	三水自助图书馆	高明织梦自助图书馆
数学	12	0	5.56	20.01	7.21	16.01	11.11
物理	4	8.11	3.97	11.98	7.27	5.99	6.67
化学	4	0	3.97	4.02	1.82	12.97	2.22
生物	8	8.11	11.11	11.9	1.82	13.02	0
环境保护	20	21.62	26.18	8	27.27	19.02	24.44
劳动安全	0	16.22	10.32	4.08	12.76	0	13.33
养殖	16	8.11	5.56	16.01	10.93	10.89	22.22
园艺	24	29.72	21.43	7.92	25.45	16.09	11.12
航天航空	12	8.11	11.9	16.08	5.47	6.01	8.89

表7　读者需求中工业技术类图书比例

单位:%

	街区智能图书馆	1506自助图书馆	佛山电大自助图书馆	高明明城自助图书馆	罗南自助图书馆	三水自助图书馆	高明织梦自助图书馆
制冷	0	0	1.5	0	2.99	0	1.92
包装	8.33	2.5	4.51	3.7	8.96	12.01	3.85
铸造	4.16	2.5	0.75	6.4	2.99	6	3.85
通信	8.33	2.5	9.02	3.7	8.96	12.05	9.68
家用电器	12.5	2.5	13.53	11.11	17.91	6.24	15.38
工业材料	4.16	5	0.75	3.7	2.99	6	3.85
家具	12.15	12.15	15.79	11.11	17.91	0	5.73
建筑	4.16	15	6.77	3.7	5.96	6.86	3.85
汽车	12.53	10	12.03	11.15	11.94	0	7.76
摩托车	0	12.4	3.01	3.7	5.97	6.54	3.85
无线电	0	2.45	2.26	0	0	5.8	5.73
精细化工	0	2.5	1.5	12.1	2.97	6.5	3.85
计算机	33.33	30.5	28.58	29.63	10.45	32	30.70

表8　读者需求中综合性图书比例

单位:%

	街区智能图书馆	1506自助图书馆	佛山电大自助图书馆	高明明城自助图书馆	罗南自助图书馆	三水自助图书馆	高明织梦自助图书馆
年鉴	5	18.75	11.2	22.22	13.16	8.9	11.11
辞典	5	3.13	12	18.52	7.89	8.95	20

（续上表）

	街区 智能图书馆	1506 自助图书馆	佛山电大 自助图书馆	高明明城 自助图书馆	罗南 自助图书馆	三水 自助图书馆	高明织梦 自助图书馆
文集	45	12.5	20	22.22	10.53	23	20
手册	0	9.38	1.6	0	2.64	4.6	2.22
书目	5	9.38	4	3.7	7.89	0	2.23
索引	0	6.25	8.8	0	0	4.8	4.44
百科全书	40	40.61	42.4	33.34	57.89	49.75	40

由以上列表可以看出：

①在文学类图书中，小说类图书在每个智能图书馆受欢迎程度均属最高。在资源配置中，各馆文学类图书的重点仍然是小说、散文、纪实文学类。

②在社会科学类图书中，大部分智能图书馆读者对旅游、家庭教育类的图书需求较高，对会计、宗教类的图书需求较低。

③在生活常识类图书中，气功类的图书在所有智能图书馆中的需求最低，各智能图书馆读者对饮食、服装、美容、保健、医药常识类的图书都有一定程度的阅读需求。

④在自然科学类的图书中，大部分智能图书馆读者对环境保护、园艺这两类图书的需求较高，对数学、物理、化学等实用性不强的图书需求较低。

⑤在工业技术类的图书中，大部分智能图书馆读者对计算机、家具、家用电器类的图书需求较高；对制冷、无线电、精细化工类图书需求较低。

⑥在综合性图书中，所有智能图书馆读者对百科全书的需求较高，大部分智能图书馆读者对手册、书目、索引类图书的需求较低。

2.2 智能图书馆文献需求分析

2.2.1 共性化文献需求

文献配置应以通俗读物为主。各智能图书馆流通类别排名有所不同，但无一例外地提出所需图书要以通俗读物为主，如小说、保健、烹饪、家政、育儿、摄影等。智能图书馆空间都不大，馆藏有限，读者如果从事某方面研究而需要专业资料，一般不会选择到智能图书馆查找，因此，以休闲为主的文献需求较为突出。

少儿图书配置比例应增加。在此次调研的过程中发现的一个有趣的现象是孩子带动家长阅读。各智能图书馆普遍反映少儿图书需求量大，因此文献配置应兼顾以家庭为主体的读者群需求，需加大启蒙读物、绘本和少儿图书的配置比例。

2.2.2 个性化文献需求

在照顾到大多数读者共同需求的同时，还应针对不同类型读者需求的显著性差异配置文献。各个智能图书馆文献需求都有自己的侧重点，调研结果显示：对于环境保护类图书，罗南自助图书馆读者需求最高，而高明明城自助图书馆需求量最低；对于金融证券类图书，罗南自助图书馆和街区智能图书馆读者需求最低，而1506自助图书馆需求量最高。

为满足智能图书馆读者的差异性需求，还应开辟读者推荐配置文献的通道，对读者的个性化需求进行文献动态配置。例如调研活动中佛山电大自助图书馆的读者要求增加社工方面的图书，采访人员根据需求订购了《社会工作技巧：实践手册》《社会工作倡导：一个新的行动框架》等一系列图书充实到该馆,尽可能地满足智能图书馆的特殊需求,保证图书的充分利用。以佛山阅读联盟的"佛山读书会"为例,在智能图书馆开展的"主题读书会"活动,可以针对不同的主题阅读活动做相应的专题文献配置。

3 智能图书馆文献配置的思考

通过统计数据了解到智能图书馆读者的总体需求。这些需求从宏观上来说,对总体制订智能图书馆资源配置计划具有借鉴参考作用,而如何进一步根据读者的阅读差异进行配置,还需深入了解不同类型读者的阅读需求,在微观方面做出个性化调整。

3.1 需求主导配置

智能图书馆由于其目的和自身条件的限制,馆藏文献更强调利用率。为实现文献资源利用效率最大化,应以读者需求为导向,指导文献配置,优化馆藏结构[3]。

从目前 1506 自助图书馆的文献需求、实际流通量对比文献配置,可以看出经济类图书的总体配置量偏高,保健类图书的配置量偏低,该馆读者对艺术类图书的需求量大于工业技术类图书,这与通过前期预估和推测的基本配置是有明显差别的。因此在筹备之初,智能图书馆项目组要实地调研,多渠道收集,了解读者需求。

3.2 整体协调配置

智能图书馆文献资源建设比例是智能图书馆进行文献配置的先决条件。文献配置、配比需要更明确的针对性,既要统筹考虑各个智能图书馆的服务对象,也要参考各服务点的整体借阅比例,兼顾大部分读者的阅读需求,同时尽量满足某些读者的个性化需求,适时动态调整,使图书的利用率达到最大化。

目前智能图书馆只提供和图书相关的服务,文献资源类型过于单一,智能图书馆应结合佛山市图书馆丰富的馆藏资源,针对不同读者群,适当配置期刊、电子资源等类型文献,让这部分文献资源充分接触读者,充分发挥作用。

3.3 差异配置

通过对比不同区域的智能图书馆发现,各个馆对图书的需求有共性,也各有所侧重。根据智能图书馆周边人群分布特点,参考各服务点的整体借阅比例,可将各个智能图书馆分成不同类型的图书馆,确定各馆的藏书特色,为不同类型的智能图书馆差别化配书。

智能图书馆藏书由三部分构成,第一部分为基本藏书,第二部分为普通藏书,第三部分为特色藏书,可以按基本藏书占 30%,普通藏书和特色藏书占 70% 的比例分配。

基本藏书包括世界文学名著、中国古代四大名著等一些经典作品。普通藏书是各个智能图书馆都有较大需求的普通图书,比如医疗保健、烹饪、励志、旅游等通俗、休闲的读物和少儿类图书。特色藏书是针对各个智能图书馆读者的差异性需求来配置的图书,如地处佛山创意产业园的 1506 自助图书馆,周边入驻企业以文化创意、工业设计、金融服务、软件动漫、中介机构等为主,再综合实地调查的结果,应着重配置小说、创意设计、动漫制作、保健类的图书,不分配数学、化学、制冷类等专业性很强的图书;高明明城自助图书馆面向明城的三四万人口,周边有小学、初中和高中三所学校及明城工业区,主要读者群为中小学生、留守老人及工业区的外来工,而外来工又以女工居多,图书配置应以饮食、小说、保健、育儿、艺术、百科全书类为主,不分配经济理论、制冷、无线电、工具类图书;罗南自助图书馆附近有幼儿园、小学、中学各一所,主要受众群为村民、外来工和学生,特色藏书

187

主要为园艺、艺术、环境保护及学生的课外读物等。

3.4 可持续发展

智能图书馆首次配置的文献数量和质量决定其吸引力，后续文献配置数量和质量决定其可持续性。在智能图书馆建设规模稳步增长的前提下，对智能图书馆后续补充文献年增长量应有相应的计划，要根据文献流通情况和各馆读者需求的差别进行调整，实现文献的动态配置。

智能图书馆地域性强，受众群相对固定，文献的入藏量有限，如不保障智能图书馆文献的更新频率，流通一段时间后，读者就会有该看的书已看完、无书可借的感觉，最终导致流通量下降。应综合分析智能馆文献借阅率，进行定期补充和更换。借阅率低的文献或残旧文献可考虑返回总馆或剔除；提高新书配置量，建立智能图书馆文献采编绿色保障快速通道，实现更多热门图书、最新图书与市场同步。

文献资源是智能图书馆得以持续发展的重要保障，文献配置的目的是更好地为读者提供阅读服务。智能图书馆文献资源可根据调研分析，确定藏书特色、分配图书的流程来配置。只有充分了解读者的阅读喜好，才能使馆藏资源得到最大化利用。

参考文献

[1] 黄百川. 构建市域公共图书馆服务体系的新路径——佛山市智能图书馆建设的实践与展望 [J]. 图书馆杂志, 2014 (10): 74 - 79.

[2] 胡大琴. 城市街区自助图书馆文献资源建设探讨 [J]. 图书馆论坛, 2010 (4): 51 - 53.

[3] 李卫册. 不同地区自助图书馆文献保障及物流运营模式对比初探 [J]. 图书馆, 2016 (4): 85 - 88.

浅议自助图书馆文献缺失与预防措施

刘　雯①

（佛山市图书馆　佛山　528000）

摘　要：自助图书馆在不断发展的过程中出现馆藏文献缺损与丢失等现象，本文对此现象进行了深入分析，并有针对性地提出可操作性强、能够有效预防图书馆文献缺失和规范自助图书馆管理的建议。

关键词：自助图书馆　文献缺失　预防措施

自助图书馆是公共图书馆在近十年发展起来的一个全新的24小时无人值守的服务模式，读者只需要使用二代身份证在自助借还机上开通办证，就可以实现"零门槛，无障碍，免押金"借阅图书。这种服务给广大读者带来了借阅的便利，满足了阅读需求。当然，这种全新的自助服务模式在受到欢迎与叫好的同时，也在考验着读者的诚信。虽然有图书馆馆长曾经说过："我情愿图书被偷，也不愿它们被紧锁在书库里！"[1]虽然也"做好了丢书的准备"，但只有尽可能地确保馆藏图书的完好无损，才能更好地为读者利用。因此，如何预防馆藏文献缺损和丢失，减少图书馆公共财产损失也要引起图书馆人的高度重视。图书馆工作人员要认真细致地分析文献丢失和缺失的原因，以便采取相应的对策[2]。因此，针对目前自助图书馆文献缺失现象，建立预防文献缺失处理机制势在必行。

1　自助图书馆文献缺失分析

随着自助图书馆业务的快速发展，机关、学校、银行、医院、工厂、超市、村镇、公园、居民小区等都分布着自助图书馆，辐射范围越来越广，同时由于"二代身份证免押金"借阅服务越来越深入民心，受众越来越多，办证量和借阅量也在逐年上升。自助图书馆24小时开放且无人值守，自助借还机通过RFID（无线射频）识别模式进行工作[3]，读者通过自助借还机借还图书，无馆员监督和检查。但是因为某些读者的诚信问题，在读者人数和借阅数量增加的同时，文献缺失现象也随之攀升。

1.1　恶意还书

1.1.1　只还图书的封皮

为准确方便读取RFID标签信息，一般图书馆在加工图书时将RFID标签贴在图书的封底，部分读者为了把自己喜爱的图书据为己有，想办法将图书的封皮撕剪下来，然后只拿着贴有RFID标签的封皮通过自助借还机归还。目前自助借还系统还没有达到能够自动识别归

---

① 作者简介：刘雯，女，佛山市图书馆馆员。

还的文献是否完整的水平[2]，而是只要能读取 RFID 标签信息便可完成还书手续。

1.1.2 偷梁换柱

读者将所借图书上的 RFID 标签撕下来贴在其他书本上进行自助归还。以佛山市图书馆为例，在流通部门送回采编部门重新加工的问题图书中，有部分图书出现数据与图书内容不相符的情况。

1.1.3 一书多还

有些读者一次借几本图书，归还时，选一本自己不喜欢的图书，将其他几本喜欢的图书上的 RFID 标签撕下来贴在同一本书的封底上，通过自助借还机完成归还手续。因为自助借还机可以一次扫描多个 RFID 标签信息，系统会默认完成多本图书的归还任务。有的读者利用这个功能，达到在自助借还机上蒙混过关，并将多本图书据为己有的目的。

1.2 有意识地偷窃

一些读者对公共图书馆现行的管理制度和馆藏图书的加工流程非常熟悉，他们会利用门禁防盗系统存在的漏洞窃书。有些读者知道只要将 RFID 电子标签撕掉，门禁防盗系统便无法监测到图书是否被带出，这样就可以轻松随意将自己喜欢的图书带走。

1.3 盗用他人的身份证办证

尽管公共图书馆的管理制度规定借书时须持本人身份证[4]，但因为自助图书馆无人值守，有些人会用别人的身份证开通借阅功能，去自助图书馆借阅图书，并将图书据为己有。虽然他们明知这是不道德行为，但因为无人值守，无法验证，所以就认为无法处罚到他们自己。

1.4 图书遗失在外地

有些人利用出差或休假的机会，将图书带到外地而造成图书遗失。如有些外来务工人员的子弟趁寒暑假从老家来本地与父母团聚的机会，利用公共图书馆"零门槛，无障碍，免押金"的便利条件，办理自助借书手续。或者因为假期，或者因为所借图书没看完，或者忘了还书，或者因为时间太匆忙而将图书带往外地等没有还书，造成馆藏文献遗失。

1.5 图书长期被人占用，造成资源浪费

读者常常忘了还书，导致某些图书长期被占用，造成资源浪费。也有很多读者因为学习或者工作繁忙，忘记归还所借图书，等想起时，也许早已过了借书期限，因为公共图书馆对超期还书要缴纳一定的逾期滞纳金，而读者又不完全了解图书馆借阅的规章制度，以为要交很多滞纳金，所以干脆不还了。

2 自助图书馆文献缺失原因

2.1 道德意识缺乏

有些读者怀着侥幸心理，将公共资源看作很随意的东西[2]，认为自助图书馆无人看管，用二代身份证开通借阅功能就可以将图书带走了，反正又不用交押金，也没人看见，不拿白不拿，认为自助图书馆可以让他们钻空子，因为目前还没有建立诚信管理机制来进行监管。

2.2 设备问题

2.2.1 自助图书馆门禁防盗系统故障，造成文献流失

不论什么品牌的门禁防盗设施，长年高强度运作，难免会出现反应不灵和损坏的时候，当自助图书馆门禁系统出现故障，失去报警功能时，有些读者趁此时机，随意拿走图书。既然没有办理借出手续，读者当然认为不需要归还，因此造成部分文献流失。

2.2.2 自助借还机系统存在技术欠缺，归还图书时无法识别文献缺损类型

文献损毁在图书流通行为中占有不少的比例。为读者提供完整的文献资源是图书馆赖以生存的基础，馆藏文献如果缺角少页，就等同于文献资产流失。失去利用价值的文献，也就失去了保存的意义。

2.3 宣传不到位

无人值守的自助图书馆是近几年才逐渐发展起来的图书馆新型服务模式，有很多读者可能不太了解其功能和规章制度。有些读者会认为无人值守，里面的文献可以任意带走或者撕拿自己喜欢的内容，反正也没有工作人员发现。

3 建立自助图书馆文献缺失的预防处理措施

随着自助图书馆建设开放的时间越来越长，文献流失增长的问题也日益严重，有必要采取一定的措施来抑制文献资源继续流失的势头，使自助图书馆建设沿着健康的方向成长壮大，规范借阅秩序，让图书馆多元服务模式惠及更多的读者和市民[2]。

3.1 多样化宣传，提高读者自觉遵守规则的意识

3.1.1 明确规章制度

规章制度可以选择以简短幽默的动漫形式，图文并茂地表述，使严肃冰冷的制度给人以温馨的感觉，让读者愿意阅读。比如"我"想借书怎么办，"我"借的书丢了怎么办，"我"借的书过期了怎么办，"我"借的书坏了怎么办。此外，因为无人值守，没有工作人员咨询，所以制定的《读者须知》一定要清晰明了，告知读者如果遇到这些问题时，如何处理和咨询，了解去哪里解决问题，做到让读者心里有数，自愿去图书馆处理，而不是选择逃避。比如借书期限、逾期罚金上限规定、图书丢失赔偿情况等，读者详细了解规则，做到心中有数，在出现逾期和图书丢失时，不至于因为害怕赔偿金额过大而放弃归还图书，从而有效降低图书馆文献流失的概率。

3.1.2 张贴温馨提示

在自助图书馆的合适位置张贴温馨提示语言，提醒读者文明阅读，规范自身行为。培养读者明辨是非的能力和遵守规则的意识，在一定程度上对他们的行为进行约束引导。或许有些读者弄丢图书是无心的，但也要对其进行善意地提醒。相信当今社会大部分读者素质还是很高的，只要稍加规范，这类行为现象发生的概率就会大大下降。

3.1.3 加大媒体宣传力度

一方面通过图书馆自己的网站、微博、微信、短信宣传，也可借助当地电视台、报纸、网站、微博、微信公众平台等各种新媒体进行宣传引导，建设一个和谐诚信的阅读环境。

3.1.4 采取奖惩措施

图书馆还可以采取奖罚分明的措施，但一定要把握好尺度，切不可因此打击读者的阅读热情，可以对那些弄丢或损坏图书的读者给予警告或适当的处分，提高读者保护图书的意

识[2]。如发现个别读者极其恶劣的行为，亦可通过法律手段进行惩戒，树立反面典型，以儆效尤。

3.1.5　开展针对性活动

举办类似"呼唤图书回家"等读者诚信系列活动。对于"久借未还"的图书，读者通过分享或转发有关图书馆工作的一条微博或微信，可免去图书逾期滞纳金，以提高还书率。

3.2　加强技术防范手段

（1）将防盗仪的声音调得响亮刺耳些，当有读者在未办理借阅手续带书出门时，防盗仪发出响亮的声音，起警示作用。

（2）改进 RFID 高效防盗技术，采取多重防盗方式。除现有的防盗仪外，可在超出门禁处适当位置安装防盗设备，异常报警时，门禁会自动锁死，并且视频监控摄像头将会调出报警前后共 30 秒时间的监控录像备查。在门禁防盗和图书防盗仪的双重护航下，可有效降低丢书概率。

3.3　规范管理，防患于未然

图书馆也应对自身的管理体系进行改革，虽然现行的管理模式是开放体系，但也要规范管理，这样才可以使整个图书馆的运行井然有序。

（1）做好自助图书馆巡查监视工作。通过集中监控平台掌控自助借还机、监控等设备的实时运行情况；定期开展自助图书馆防盗、监视设备检查。与合作单位的相关人员紧密沟通，一旦发现问题，及时通知相关负责人员按时处理；防盗设备出现问题时，要及时疏散读者，关门，并告知读者。

（2）随时检查图书 RFID 标签情况是否完好。巡检工作人员日常整理书架和上架时，随时检查图书的 RFID 标签有无损坏和撕掉。

（3）为防止有读者因还书地偏远、不愿意还书而造成文献丢失，可在《读者须知》里告知附近其他可还书的地点和方式。比如，可以通过快递公司或者邮递方式将文献归还图书馆。

（4）定期举办各种免违约金活动，让读者积极主动归还图书。

（5）建立图书催还制度。从系统中导出"借书未还"的读者信息（联系地址和电话），通过人工电话催还的方式进行逐个催还。定期通过系统统计数据和实地盘点的方式，对图书进行盘点，统计丢书的数据。如果某段时间某自助图书馆丢书量超过一定的比例，可派负责人员认真调查取证，如有必要，可报警处理。

（6）优化图书馆操作管理系统，增加自动催还和提醒功能。如果图书馆管理系统还没有自动催还功能，则可以让技术部门完善现有系统的催还和提醒功能，在图书即将到期时，通过手机短信提醒读者还书，如果超过借期还没有还书的话，也可以通过该功能实现手机短信催还功能，有效防止文献流失。

4　结语

图书馆的馆藏是公共资源，每个人都有责任和义务爱护它们。要使其发挥最大作用，最大限度地为读者服务，就必须减少甚至杜绝图书流失的现象。这不仅要靠图书馆人的艰辛付出及读者自律，更要靠有效的措施和制度。只有这样，自助图书馆才会发展得越来越好。

参考文献

［1］"素质之殇"抑或"阅读之幸"？［EB/OL］．［2008 – 10 – 24］．http：//www. qianhuaweb. com/content/2008 – 10/24/content_ 28869. htm.

［2］张祎．高校图书馆图书流失原因及预防措施探讨［J］．科学中国人，2015（2）：68.

［3］师晓青．文献缺损智能识别技术在图书馆自助服务中的应用分析［J］．图书馆工作与研究，2009（7）：56 – 58.

［4］刘韶荣．开架书库图书流失初探［J］．河北科技图苑，1996（S1）：73 – 74.

地方文献实物藏品的收藏与开发利用

——以佛山市图书馆为例

周慧红①

（佛山市图书馆　佛山　528000）

摘　要：地方文献的征集、开发与利用是公共图书馆的职责所在。本文以佛山市图书馆为例，探讨地方文献的实物征集、开发与利用工作。

关键词：图书馆　地方文献　实物藏品

公共图书馆是公众获取知识、陶冶情操、提高素养的文化圣地，主要履行五种职能：保存人类文化遗产、开展社会教育、传递科学情报、开发智力资源和提供文化娱乐[1]。同时，公共图书馆还承担着收集和保护本地区的重要文献、文化信息的重要工作，着力成为为本地区经济、文化、教育等的发展与研究提供准确有效文献信息资源的公藏单位[2]。

1　地方文献实物藏品的特征与收藏意义

地方文献是客观呈现一个地区的经济、政治、文化、军事、历史底蕴、民族风俗等社会现象的一面镜子[2]。因此，地方文献实物在直观上对区域历史、经济、文化等研究有着其独特性和深远意义。

1.1　实物藏品的特征

1.1.1　地域性

地方文献实物记录当地的政治、经济、文化与历史等人文与自然状况，为发展地方文化、经济建设研究提供有力依据。如佛山的陶艺公仔、佛山剪纸、佛山武术等，是具有鲜明性、独特性的地域文化特色的代表品牌。

1.1.2　研究性

地方文献实物承载着的大量信息，直观地反映当地经济与文化，所以真实可靠，信服力强，具有很高的学术价值和史料价值。如佛山著名的跌打药酒——冯了性，在清初，曾在药酒瓶上面刻着"冯鸟性"，这虽与人们所熟悉的"冯了性"仅仅一字之差，但其名字更改一定有不为人所熟悉的故事。这样的实物就有着较高的研究性。

1.1.3　多样性

地方文献不仅仅局限于纸质文献，还包括能见证本土历史文化特色的族谱、书画、碑文、照片、拓印、音像等实物藏品，体现了地方文献的广泛性和多样性。

1.2　实物藏品收藏意义

说到图书馆，人们总认为图书馆的典藏都是以书籍、期刊、报纸为重点，但实际上，一

---

①　作者简介：周慧红，女，佛山市图书馆馆员。

切与本土文化有关的实物如书画、碑文、照片、拓印、音像、生活物件、用品等都成为图书馆独具特色的地方实物文献研究对象。如当地火柴厂为了编写厂史，来图书馆查找有关烟草工业的发展史，图书馆若能提供火花实物参考，对企业来说实为较好的见证物，将为其编写厂史提供很好的借鉴。

因此，地方文献实物收藏的意义是对本地区域性科学研究提供可靠的实物资料，是本地区社会发展原始实物的见证，是社会教育生动形象的教材，为地方政府、各行业专业研究、编写史志等提供有力的实物史料。

2 图书馆与博物馆实物收藏功能的异同

2.1 共同点

图书馆与博物馆在收藏文献的职能上都具有社会教育和服务功能，都是为公众提供教育、学习、娱乐等社会服务的典藏场所、公益性文化事业机构、公藏单位。其实物藏品都具有历史价值、社会价值和研究价值。

2.2 差异点

（1）规模比重。博物馆直接呈现文物和标本，规模往往比图书馆要大，例如西安秦始皇陵兵马俑、法国卢浮宫、英国大英博物馆。而图书馆的实物则是对本地区域呈现某方面的史料。

（2）业务范畴。博物馆的业务基础以学术研究为重心，以文物和标本为研究对象进行深层次挖掘，把文物、藏品以科学严谨的态度收集、分类、展示、保护以及开发利用，以传递历史性、科普性、教育性知识为主要任务[1]。而图书馆是以地方文献的收集、管理、保护为基础，以传播知识、普及教育为目的，对地方文献实物展示相对较弱。

（3）纸质藏品保护。目前，鉴于有很高学术价值、社会价值和史料价值的珍贵书画类纸质藏品，如保护不当会出现纸张老化、酸性过重、没有韧性、易变碎片等问题，导致纸质类书画画质出现泛黄、变暗、破损、虫蛀的现象。为避免它们消亡，图书馆对其采取保护措施显得尤为重要和迫切。以佛山市博物馆（在建中）为例，馆藏的藏品（含纸质藏品）、文物存寄于其他单位，管理与保护硬件条件远比不上佛山市图书馆。佛山市图书馆因其设备完善、规模合理、管理严谨、人才队伍专业性强，在对藏品中文字研究、修复方面更胜一筹。

3 图书馆地方文献实物藏品收集的标准

由于各地区图书馆对地方文献收藏的内容、范围和标准不一致，国家对于地方文献没有统一的定义。但地方文献一般是指在内容上能够反映当地的相关信息，在载体上以文字、实物、图像为主要的记载方式。从地域的角度来看，它记载着一个地域的历史，能够真实反映该地区的各个方面，是对研究该地区有史料价值的实物[4]。

因此，笔者认为图书馆地方文献实物藏品可以从内容和载体来划分收藏范围。如能够反映和见证本土历史、文化特色的实物藏品，对本地历史、经济、文化生活等社会发展有研究价值、有代表特色的实物。如本地传统民间艺术的国家级、省市级非物质文化遗产项目；本地名人书画艺术作品及其使用过的学习用品、制作工艺用品；记录本地名人故事，地方性历史、经济、文化、教育的音像影像产品；反映某个年代的历史背景的照片及用品、物品；反映本地民俗民风的影像、艺术品、纪念品等。

4 佛山市图书馆地方文献实物藏品的收藏

4.1 实物藏品的收藏现状

20 世纪 40 年代，我国著名图书馆理论家杜定友指出"各地方的图书馆对保存地方文献，尤为专有之责"[1]，使图书馆人在征集地方文献的道路上洒下不少艰辛汗水。目前，大部分市级以上公共图书馆的地方文献征集工作成绩斐然，形成了本地的文献特色和规模，特别是纸质文献成为馆藏重点。除了纸质文献外，在日常征集地方文献工作实践中常会遇到实物藏品，体现出地方文献特征的多样性。佛山市图书馆的地方文献实物藏品有书画、文房四宝、陶瓷艺术品、壁画、传统民间工艺品、音像、钱币、佛山名人画像等，这些都是馆际友好互赠、知名书画家、知名人士来访、本地民间工艺美术大师、本地协会、市民等捐赠的赠品，其中书画所占比例较大。

4.2 实物藏品的收藏原则

佛山地处中国岭南，地理环境优越。作为中国四大名镇之一，佛山地方文化博大精深，历史源远流长。佛山文化作为中华文化的组成部分，受到中华文化的深远影响和西方外来文化的交融，具有很强的开放性、多元性和包容性。佛山文化以武术、秋色、木版年画、剪纸、狮头、陶艺等闻名，形成了有代表性的特色文化，独具一格。而这些佛山文化，都可以通过各种形式的地方文献呈现出来。这些本地非物质文化遗产也是能反映本地文献收藏得很好的实物体现。

从内容上看，地方文献无论是反映哪段历史或哪个方面的资料，都一定要和佛山相关。当然，关于历代本地各界著名人士的照片等文献也应列入收藏范围。比如李小龙，他出生于美国，祖籍是顺德均安。

4.3 实物藏品的征集

征集地方文献的工作是佛山市图书馆的重要任务之一。举例来说，在外出征集文献的过程中，工作人员以敏锐的职业嗅觉，获悉明代佛山科举状元伦文叙的后人伦新汝家中珍藏着伦文叙父子的画像，同时悉闻有很多省市级单位对伦文叙父子画像青睐，甚至有些单位想花高价买下来。佛山市图书馆由于经费不足，不可能花高价买下。图书馆领导对此非常关注与重视，由分管领导带队三顾茅庐登门拜访，不断与伦新汝先生沟通，做思想工作。向伦新汝先生详细介绍佛山市图书馆的收藏硬件设备完善，如安保、恒温、防蛀防火设施系统专业、管理制度严谨与专业人才配备等，并陪同伦氏后人参观图书馆的收藏环境与设备条件。经过一年坚持不懈的努力与沟通，伦氏后人中的十几位代表终于被图书馆工作人员的执着与真诚打动，最终同意将画像交付佛山市图书馆收藏，成为该馆珍贵实物藏品之一。

5 地方文献实物藏品保护与开发利用

目前，对图书馆而言，地方文献实物资源建设没有一个完整的标准和体系，根据本地区情况和所服务的对象特点有针对性地开展工作，建设以中心馆为主导，多馆联盟，是充分开发与有效利用文献实物藏品的重要途径。

5.1 储藏硬件支持

2014年12月佛山市图书馆新馆已由城区中心搬至佛山新城。新的图书馆规模更大，占地面积更广，收藏技术更先进，安保更严谨，管理更规范有序，为收藏文献提供了优质的硬件设施保障。

佛山市图书馆是佛山五区中馆藏地方文献量最大、种类最多的公藏单位。通过改善储藏库硬件的条件来保护藏品。现在佛山市图书馆按图书馆收藏古籍标准建设专业储藏库。储藏库里的温度、湿度、空气质量、光线和防虫入侵等各个方面均有严格的标准。库内24小时温控专业设备，温度在18~22℃，湿度不高于60%，保持干燥，防湿防潮。书架间隔密集，隔绝性强，防灰防尘。隔板可采用樟木板防虫，也有专业的杀虫消毒室和修复室。另外，书库的安全保卫系数也很高。佛山市图书馆在保护地方文献实物藏品方面具有较强的软实力。

5.2 地方文献实物藏品的开发利用方式

由于地方文献实物藏品来源广泛，载体丰富多样，数量相比与纸质文献少，但其体积大小不一，在开发利用方面具有一定难度。因此，在制定实物文献开发与利用的准则时，应根据其实物特点进行深层次研究，完善对地方文献学术性研究的提升。

（1）利用实物藏品深挖藏品背后的故事进行。可通过捐赠人口述及聘请民俗专家对其进行研究。

案例展示：伦文叙是佛山澜石黎涌人，生于明朝。在科举考试的会试、殿试中都取得第一名的好成绩，高中状元。后来成为翰林院修撰。他的四个儿子也在科举考试中取得好成绩，一家功名甚盛。广州美食"状元及第粥"也因他而得名。作为一位如此出色、流芳百世的佛山人，佛山市图书馆有幸收藏伦文叙父子的四幅画像，大大提升了该馆的文化软实力和知名度。

（2）开发口述实录载体保护。地方文献工作者具有强烈的保护开发地方文献意识，主动性强往往使得获取与开发的信息量大，研究价值高。因此记录口述历史的方式也是保护本地文献的重要手段之一。

案例展示：为了更好地保护佛山本土文化，在拍摄《佛山记忆》的时候，佛山市图书馆寻找了多位入选非物质文化遗产的佛山传统文化继承人，口述佛山历史。佛山市图书馆拍摄了很多个系列，采访了三百多人。在这个过程中，工作人员收集了大量的地方文献，得到了很多一手资料。这为佛山市图书馆的地方文献资料库又增添了一笔宝贵的财富。

（3）建立数字化平台。搭建馆藏实物数据库。对实物进行科学性分类，建立捐赠藏品主人档案信息网，特别是名人捐赠的，内容应更详尽，如实物藏品背景介绍、来源等。如佛山市图书馆设立捐赠芳名库，以对捐赠者表示感谢。

（4）专题性展览。利用文化遗产日、国际文物保护日进行定期展示藏品，也可制作小册子、纪念品、书籍、书签。同时联合民间组织的团体，如收藏家协会等举办专题性展览，以填补馆藏不足。

（5）读者沙龙。邀请捐赠者、专业人士对藏品以沙龙形式进行讲述，或延伸对藏品知识面的互动。

（6）媒体宣传平台。对馆藏珍贵的实物藏品在报纸、网站、微信进行积极宣传报道。

（7）以公益性拍卖。对一些不符合实物收集标准的藏品进行筛选，经作者同意，以公益拍卖方式回报社会。

6　结语

综上所述，笔者认为公共图书馆地方文献实物藏品的收藏与开发利用是一个新的研究课题，需要图书馆工作人员具有责任感与使命感，在工作实践中不断进行探索与总结，对实物藏品不能只藏不用，更不应滥藏，应根据实物收藏原则进行多元性开发利用。特别是对本地非物质文化遗产的项目及能直观呈现本地特色的有研究价值的实物，更应加以深层次的挖掘、整理与研究。

参考文献

［1］杜定友．杜定友文集［M］．广州：广东教育出版社，2012.

［2］谭清姣．浅谈图书馆地方文献征集——以顺德图书馆为例［A］//图书馆合作创新与发展（2011 年卷）［M］．广州：暨南大学出版社，2011：277 – 281.

［3］叶辉芬．博物馆藏品利用存在的问题及对策［J］．神州民俗，2014（14）：35 – 37.

［4］黄蔚，祝东红，陈萍．地（市）级图书馆地方文献征集及开发利用的几点思考——对湖北省十堰市图书馆地方文献中心的实证性研究［A］//中国图书馆学会年会论文集（2008 年卷）［C］．北京：国家图书馆出版社，2008：277 – 281.

教学图片数字图书馆的设计与实践

杨 丹①

(清远市图书馆 清远 511518)

摘 要：教学图片数字图书馆的建设在教育方面有着重要意义。本文在分析和设计易于用户使用的教学图片数字图书馆时需考虑五个因素：丰富的馆藏图片的来源、易于图片展示的开源管理系统、数字图书馆的网页框架结构设计、馆藏图片的描述和组织，以及对馆藏图片建立的易于检索的索引。此外，本文就教学图片数字图书馆设计面临的知识产权、维护与更新等问题做了初步探讨。

关键词：教学图片 数字图书馆 管理系统 框架设计

我国当下建设的数字图书馆，大多数是以电子出版物等为馆藏的传统意义上的数字图书馆（或者可以将之称为主流数字图书馆），有特色的数字图书馆很少。例如，中国国家数字图书馆虽然有建设一些特色库，但是这只是作为其整体数字图书馆的一部分而存在的，并不是以某一项特色为主要内容而专门建设的数字图书馆。国内有特色的数字图书馆有专门为医学服务的中国医学数字图书馆，还有专门为盲人设计的中国盲人数字图书馆。这两个数字图书馆，前者凸显了学科特色，后者为特殊人群服务，是我国比较有特色的数字图书馆。此外，把音乐作为特色建立的数字图书馆也可以在网上检索到，但是当以"图片数字图书馆"作为关键词进行检索时，却没有相应的数字图书馆信息显示，可见目前建立以图片为特色馆藏的数字图书馆在我国是稀缺的，这正是本文研究的意义所在。本文所要探讨的是将教学图片作为主要的馆藏内容而建立的数字图书馆，因其馆藏内容的特殊性而带来的问题，也将在本文进行探讨和解决。

1 教学图片与数字图书馆建设

1.1 教学图片

随着科学技术的不断推进，当前教学的手段日新月异。创造性的教学方法使得教学更具趣味性，教学效果也得到显著提升，其中教学图片发挥的作用不可小觑。

1.1.1 教学图片的发展及其作用

图片在教学中的应用由来已久，从小学到中学再到大学，这期间的教学都会用到大量图片。在科技还不成熟的时期，教学图片采用实体出现的形式为教学所用。老师们在教授小朋友们认识新词汇的时候，有时就需要借助图片帮助学生理解新词汇的意思。比如在讲授

① 作者简介：杨丹，女，清远市图书馆工作人员。

199

用户发布和展示文化对象，并可以通过主题和插件来扩展其功能[5]。Omeka 能提供功能丰富的用于数字化展览的开源收集管理系统，在国外的数字图书馆建设中，有很多都用到了该系统，诸如 Bracero 历史档案馆和 WRI 口述历史项目[6]。其软件目前被纽约公共图书馆、纽伯利图书馆以及许多小博物馆所采用。而密苏里新闻学院则使用 Omeka 专门分享它们来自全球年度摄影奖（Pictures of the Year International，简称 POYi）项目的 38 000 张档案照片。

通过对比分析，笔者认为 Omeka 系统更适用于教学图片数字图书馆的建设。因为 POYi 项目和本文要设计的数字图书馆项目有一个共同之处：它们的主要馆藏对象都是图片。并且 Omeka 系统已经被诸多数字图书馆、档案馆等通过实践检验，因而采用该系统比采用其他系统要更为稳妥和方便。

3.2 网页框架结构的设计

网页的框架布局设计要遵循以用户为中心的原则，以服务用户为第一要义。因而网站的设计要在视觉上吸引人、要动态化、有互动性并且易于使用[6]。在主页的设计上要简洁大方，显示主要的按钮及模块即可，不应烦琐复杂，使用户望而生畏。下图是作者对网站设计所要达到的效果的一个简单图示。由于笔者的技术水平有限，因而只能采取这种图示的方法来说明，当然最终在建设的过程中，这部分的设计也需要由专业网站工程师来完成。

教学图片数字图书馆 A 区			用户注册/登录 B 区
网站介绍	图片分类	体验反馈	常见问题
检索 D 区	动态图片展示 E 区		最新动态 F 区
	版权所属/联系方式 G 区		

C 区 ⇨

网页框架结构

3.3 馆藏图片的组织和描述

3.3.1 图片组织

上文将教学图片分为四个大类，为了让图片更易于搜索、组织和有序化，要将这四个目录继续进行细化分类。首先，按照教学程度（本文中所指的教学程度范围是小学到大学之间）的不同需求，将图片归类为：小学、初中、高中、大学四个子目录；之后再继续细化为小学一年级到大学四年级（或五年级）等多个子类别；其次，按照教学学科的不同，将图片归为哲学、经济学、法学、教育学、文学、历史学、理学、工学、农学、医学、军事学、管理学 12 个子目录，之后按照每个学科再继续细化子类别；再次，按照图片格式将其分为 BMP、GIF、JPEG、TIFF、PSD、PNG、SWF、SVG、JPG、HSB 子目录；最后，按照图片性质可以将其分为图像、照片、图画、图表等多个子目录。每个子目录和子类别都以字母顺序排列好，这样用户点击进入一个类目之后，就可以浏览这个类目下的所有相关图片。

3.3.2　元数据方法和图片描述

除去对所有图片进行类目的细化分类，更重要的一项工作是要对每张收入馆藏的图片进行描述，这样才可以为每张图片创建索引，便于检索。用户点击进入某张图片后，就可以在旁边浏览到它的描述信息，图片的下方也会提供各种下载方式便于用户的下载使用。在本设计当中，将采用 DC 核心元素集对图片进行元数据描述。下表是作者在期刊资料中找到的一个专门为照片进行元数据描述而设计的方案，对本文的图片描述有很大借鉴作用。

照片元数据描述方案及设定[7]

Element 核心元素	Qualifier 修饰语	Index File 检索点	Brief 简单检索	Detail 详细检索
Title 题名	Main 主要题名	Y	Y	Y
	Alternative 其他题名	Y	Y	
Creator 创作者	Personal Name 姓名	Y	Y	Y
	Role 职业			Y
	Method 创作方式			Y
Creator 创作者	Personal Name 姓名	Y	Y	Y
	Role 职业	Y	Y	
	Method 创作方式			
Subject 主题	Primary Subject 主要主题	Y	Y	Y
	Secondary Subject 次要主题	Y	Y	Y
	Other Subject 其他主题	Y	Y	Y

（续上表）

Element 核心元素	Qualifier 修饰语		Index File 检索点	Brief 简单检索	Detail 详细检索
Description 描述	Acquisition Method 入藏方式				
	Price 价格				
	Abstract 内容				Y
	Place 地点				Y
	Color 色彩		Y		Y
	Mount 装潢				Y
	Attachments 附件				Y
Publisher 出版者					
Contributor 其他参与者	Name 姓名		Y		Y
	Dynasty 年代				Y
	Role 职业				Y
Date 日期	Acquisition Time 入藏时间				
	Cataloging Date 编目时间				
Type 类型	Aggregation Level 藏品层次	Item/Collection 单件/合集			Y
	Original Surrogate 原件与否	Original/Surrogate 原件/翻拍			Y

（续上表）

Element 核心元素	Qualifier 修饰语		Index File 检索点	Brief 简单检索	Detail 详细检索
Format 资料格式	Media 媒体类型（正负片、照片）				Y
	Quantity 数量				Y
	Dimension 尺寸				Y
	Material 纸质				Y
Indentifier 照片标识	Accession Number 统一编号				
	Call Number 排架号		Y	Y	Y
Source 来源					
Relation 关连	Is Reference of 相关参照				Y
	Is Part of 总集				Y
Coverage 时空范围	Temporal 时间范围	Period of Use 拍摄时间	Y	Y	Y
		Date of Event 事件时间	Y	Y	Y
	Spatial 空间范围	Place of Use 拍摄地点	Y	Y	Y
		Place of Event 事件地点	Y	Y	Y
Rights 权限范围	Owner Country 收藏国家				
	Owner Name 收藏单位名称		Y		Y

上表中所描述的照片核心元素很多都是可以直接应用到本文的教学图片描述当中的。有了这个参考，我们只要将其中一些照片的特有元素转变为描述图片的元素就可以拿来借鉴使用了。有了这个元数据格式作为模板，在进行图片数据加工和标引的时候，就会更加容易简便。

3.4　检索与浏览

在数字图书馆的建设过程中需要用到许多技术手段，而在建成之后，最常用到的技术就是检索。面对海量的图片资源，用户要想简单迅速地找到自己的需求，就需要借助搜索引擎来完成。在选择搜索引擎上本文借鉴了其他数字图书馆的经验。比如，数字图书馆的先驱——古腾堡项目，它是采用 Anacleto、Yahoo 和 Google 这些搜索引擎来一起实现搜索，其中 Anacleto 是一个每周更新的全文元数据搜索引擎[8]。考虑到教学图片数字图书馆并不需要全文搜索的功能，且 Yahoo 旗下的雅虎中国也已经停止运行等因素，最终设计将采用百度和 Google 这两大搜索引擎来完成。百度作为全球最大的中文搜索引擎以及全球第二大搜索引擎，它的搜索能力是完全可以胜任数字图书馆的搜索需要的。而 Google 可实现对于文章前 100Kb 内容的检索，除了支持标准元数据（如标题、作者、主题等）进行检索外，还可使用替代标题、语言、文献类型、编码类型、创作时间、内容梗概和描述等内容检索[8]。

4　结论

数字图书馆是国家信息基础设施，数字图书馆的建设水平是衡量国家信息基础建设水平的重要指标。目前，我国在建设以电子书籍、期刊等为主要馆藏内容的主流数字图书馆方面的技术已经日趋成熟，而在建设其他特色数字图书馆方面还有待加强和完善。教学图片数字图书馆的建设对完善我国数字图书馆建设体系有重要作用。它一方面将数字图书馆和教学图片融合在一起，深化了数字图书馆的职能，另一方面也开拓了数字图书馆应用的新领域。希望通过本文的探讨，能够对我国数字图书馆未来的发展起到一点启示作用。

参考文献

[1] 王路，卢卫红，程翠林．美国高校营养学教材中教学图片研究述评［J］．黑龙江教育学院学报，2011，30（4）：87.

[2] 郭瑞芳．数字图书馆中图片图像资源库的建设及组织技术研究［J］．现代情报，2011，31（3）：83.

[3] 吴慰慈，董炎．图书馆学概论：修订二版［M］．北京：国家图书馆出版社，2008.7.

[4] Phormer［EB/OL］．［2016 – 07 – 01］．http：//baike. baidu. com/view/7304708. htm？ fr = aladdin.

[5] Omeka［EB/OL］．［2016 – 07 – 01］．http：//en. wikipedia. org/wiki/Omeka.

[6] Tobar C. Documenting the untold stories of feminist activists at welfare rights initiative：a digital oral history archive project. Recent developments in the design，construction，and evaluation of digital libraries：case studies，2013：179 – 180.

[7] 殷春敏．基于 DC 的照片描述性元数据及设定［J］．图书馆研究与工作，2003（3）：55 – 57.

[8] 刘燕权，刘晓东．古腾堡项目——数字图书馆的先驱者［J］．数字图书馆论坛，2013（4）：59.

地级市图书馆地方文献数据库建设构想

——以肇庆市图书馆为例

邝耿力①

（肇庆市图书馆　肇庆　526020）

摘　要：本文结合肇庆市图书馆的实际情况，提出地方文献数据库建设的构想。针对基本流程和技术方案展开探讨，从领导重视、馆员培训等方面提出建设建议。

关键词：地方文献数据库　肇庆市图书馆　建设构想

肇庆作为有两千多年历史的文化古城，是中外文化交流的宝地，是明朝传教士利玛窦进行中西文化交流的第一站。几千年来，肇庆曾是西江流域的政治、军事、经济、文化中心，孕育出岭南土著文化、广府文化。以西江文化为主体的肇庆文化具有多元的特征，形成了三大地方文化品牌，分别是端砚文化、包公文化以及龙母文化，还有红色革命文化、古建筑文化以及石刻文化。

1　构建地方文献数据库的意义

首先，构建地方文献数据库可以有效减弱地方文献损毁等带来的负面影响。有些地方文献年代久远，在长期利用与保存的过程中存在损毁等现象。为了尽可能减少或避免原始文献受损，可以进行数字化，利用数字技术进行保存。

其次，构建地方文献数据库可以促进地方文献的利用。数据库的一个典型特征是使用的非排他性，即只要不修改数据库的内容，日常的数据查询、文献复制等不会对文献带来损坏，这就可以对文献进行重复利用。在网络时代，地方文献数据库可以通过互联网实现资源共享，远程用户可以通过网络查询到地方文献资料，进一步提高地方文献的利用度。如果仅仅是纸质或者实物性地方文献，影响范围有限[1]。

2　肇庆市图书馆地方文献数据库的总体构想

2.1　地方文献数据库开发的基本流程

2.1.1　选择合适的数据库开发商

基于肇庆市图书馆馆情，地方文献数据库建设可以采取外包方式。外包应选择合适的数据库开发商。首先，对外发布数据库购买需求，组织专家对标书进行评估，最终确定中标的数据库开发商。其次，与数据库开发商进行有效沟通，要让中标数据库开发商全面系统地了

①　作者简介：邝耿力，女，肇庆市图书馆馆员。

207

解本馆需求、本馆信息管理系统所采纳的开发工具等，以保证系统之间不存在兼容性的问题。再次，与数据库开发商签订购买合同，明确数据库开发商必须提供的配套服务，包括数据备份、软件调试。

2.1.2　利用数据库开发商硬件完成地方文献数字化

地方文献数字化即将地方文献转变为能够为计算机信息系统识别的二进制代码，进而存储到计算机系统中，以达到存储、开发利用的目的。

地方文献初步数字化，即简单地将地方文献转变为数字文献，这种转变可以表现为多种形式，如将内容完全转变为计算机能够识别的文档，通过扫描等方式将纸质文档转变为电子文档，通过照相摄像技术将珍贵文档转变为数字图片。这个过程，因为需要 CCD 冷光源无接触扫描仪、高速扫描仪、平板扫描仪、大幅面扫描仪等昂贵的硬件设备，均由数据库开发商提供。

地方文献深入数字化，即通过信息系统对这些文献进行管理，在系统内部对文献进行有效的分类，从而使得文献信息能够被广泛开发和利用。

2.1.3　与数据库开发商合作建库并完成验收

首先，图书馆内部技术力量，如图书馆技术部全体人员需参与到数据库开发中。在开发过程中，图书馆领导层可委派技术部骨干加强与数据库开发商的沟通与交流，了解数据库开发过程中遭遇的瓶颈，从专业视角提出数据库开发中需要注意的问题。

其次，在验收过程中，图书馆技术部骨干需对数据库进行测试验收。测试验收既包括系统的稳定性、可操作性、安全性等方面的测试，也包括开放性、响应速度方面的测试，通过测试查看是否达到预期目标。

2.1.4　数据库上线运行

首先，做好上线前的准备工作。将地方文献转变为数据库能够识别的数字文献，并按照数据库预设分类进行资料上传，将所有地方文献转变为电子资料。

其次，进行上线前的预先运行。邀请部分人士参与体验，进一步测试系统运行的稳定性等。

最后，正式上线运行。图书馆加强对数据库的管理，工作人员对动态的地方文献资料及时进行更新，技术人员对数据库使用中产生的各种问题予以积极回应。

208

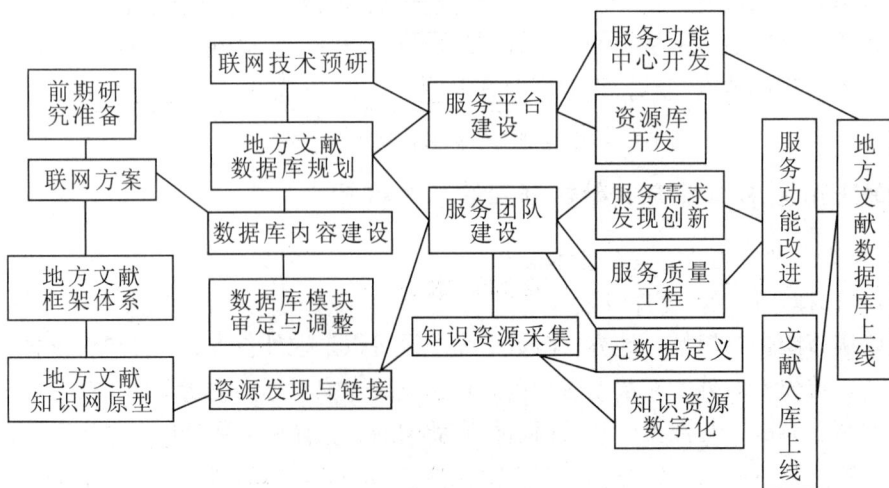

地方文献数据库开发基本流程与工作内容

2.2 地方文献数据库开发的技术方案

地方文献数据库开发需要较强的专业技能，地方文献管理机构需要明确技术指标，供数据库开发商参考。

地方文献数据库的实体主要有 3 个：管理员、用户、地方文献。管理员的属性有用户名、密码（假设为密码授权，也可以采用指纹授权、磁条卡授权等）、权限、所属部门；用户的属性有用户名、密码、权限、姓名、性别、籍贯等；地方文献的属性有文献名称、形态、编码、上传年份等。

地方文献数据库的技术要求主要有：①基本要求。肇庆市是地级市，地方文献数据资料有限，可以选择配备 Oracle 10G 标准版一套，还可以配备 Weblogic 8.1 以上标准版一套。②软件要求。这一要求主要包括成熟度、高效性、可靠性、安全性、开放性、便捷性等方面。以安全性为例，根据地方文献的安全需求，要求软件具有 C2 级的安全标准，并能够支持数据库存储加密、数据传输通道加密、用户登录加密等。

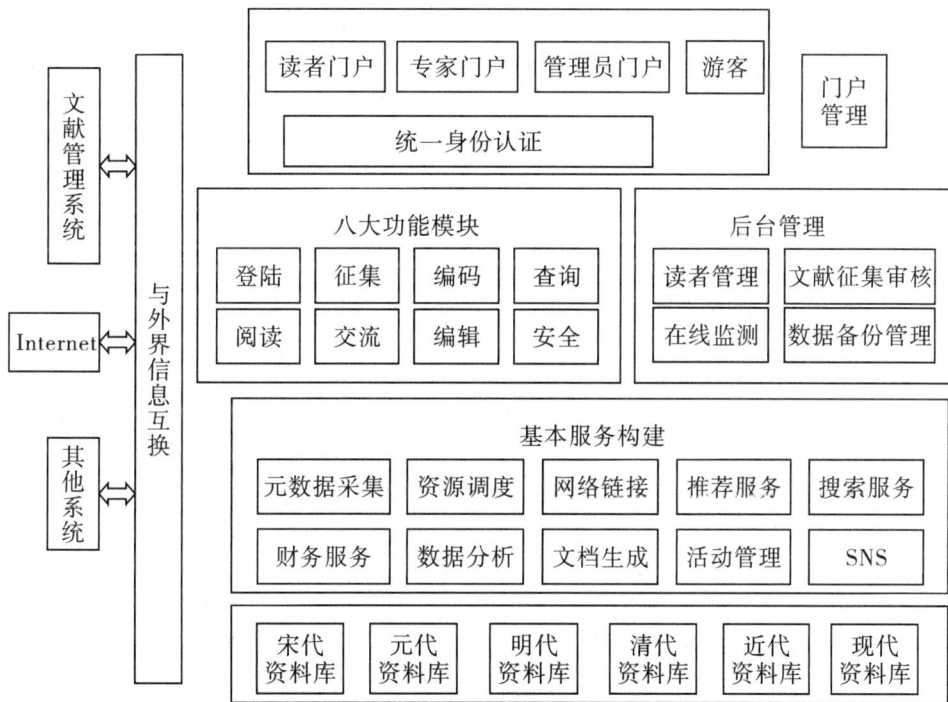

图 2 肇庆市地方文献数据库的基本构成[2]

3 构建肇庆市地方文献数据库的基本思路

3.1 数字化加工统一技术标准

原始资源包括各种类型，如文本、图像、音频、视频，需要严格执行 2012 年发布的数据加工规范的文化行业标准，以及 2014 年发布的电子图书、网络资源、音频、视频等资源元数据规范的文化行业标准。此外，顺应国家基于各类新载体的新型地方文献资源，有可能出台数据交换与相互操作、新媒体服务类等新标准，以使之有助于地方文献资源的共享。

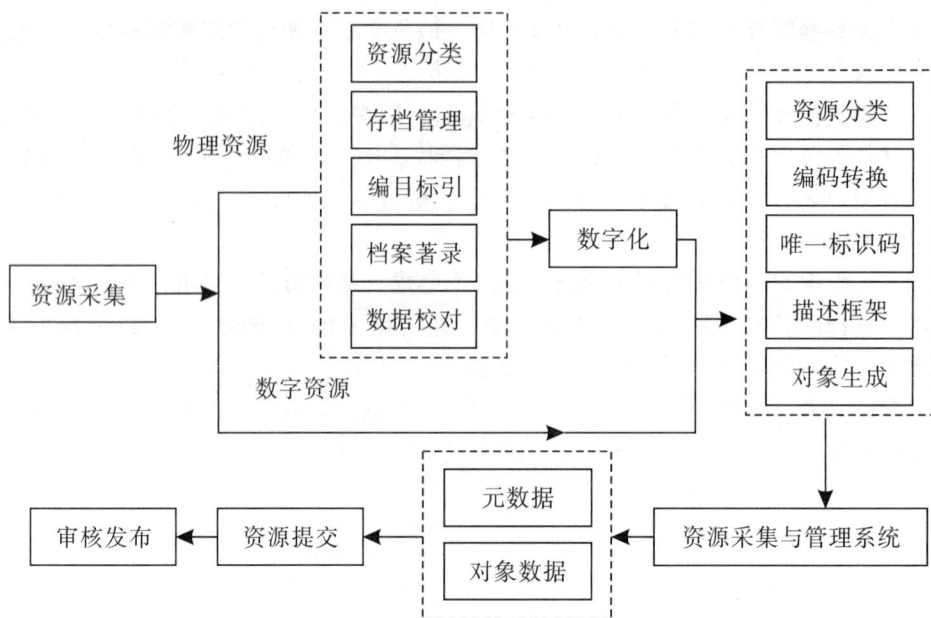

图3　地方文献资源数字化加工流程图

3.2　建库的具体要求

目前肇庆市图书馆建设地方文献数据库采取的是半外包方式，通过自身馆藏与数据库开发商如万方数据合作的方式来完成。参考高校经验，建库的具体要求包括：①数据库应具有一定规模的数据量；②数据库至少应包含三种文献类型（题录、文摘、全文、图像、音频、视频等）；③数据库应遵循本馆相关项目管理组提出的框架体系和栏目设置要求，有统一的页面风格，具有基本的数据库管理功能和服务功能；④选用经过管理中心认证的建库软件系统；⑤数据库应遵循数据建设规范和标引细则，进行元数据规范处理。

4　地级市图书馆构建地方文献数据库的建议

4.1　领导重视

要深化对地方文献研究的认识，树立起"地方文献是宝贵财富"的理念，领导要亲自带头参与，支持地方文献数据库建设。图书馆领导要参与地方文献研究，提升自身对地方文献的兴趣，通过兴趣激发参与地方文献数据库建设的热情。争取多方支持，包括上级公共图书馆、当地党政部门、辖区内公共图书馆。通过整合多方力量，形成地方文献数据库构建的合力。

4.2　提高管理水平

首先，地级市图书馆要加强馆员参与地方文献工作的业务培训，包括如何对现有的地方文献资料进行数据分析，以发现有价值的信息。其次，加强信息化工具应用能力培训，比如如何操作地方文献数据库、如何对数据库中的内容进行管理。值得一提的是，如果要开发出功能更加完善的数据库，就必须联合数据库开发商对从事地方文献工作的馆员进行详细而系统的培训，避免因操作失误导致地方文献管理不到位等问题的产生。

4.3 创新服务手段

首先，要充分利用信息化工具对地方文献进行管理，在开发地方文献数据库的基础上推进地方文献数字化建设。通过录入、扫描、数字摄像、缩微、语音识别、光学字符识别、压缩与格式转换、音频采集和人工智能等技术手段，实现地方文献的数字化。其次，充分利用信息化工具开发地方文献所含信息。地方文献管理机构，如地级市图书馆、地方志办公室要组织力量，充分利用大数据技术对地方文献进行挖掘，获取更多新线索，形成研究报告，以供信息需求方使用。最后，充分利用信息化手段加强地方文献宣传工作。地方文献在有了较为突出的研究成果后，要充分利用互联网进行推广，对其价值进行宣传。

4.4 妥善处理版权问题

首先，要利用数据库水印技术强化版权保护，制定统一的数字图书馆建设的资源数据库描述、识别、查询、交换和使用的标准规范，建立健全版权保护体系。其次，在数据库管理中要加强数据质量控制。在数据采集、著录、标引、加工、录入等环节要严格遵守工作细则。为了确保数据库的质量，必须采取针对数据统一化、标准化作为基础的质量监控措施，设定专人定期检查数据库构建中的标引、著录等工作[3]。

参考文献

[1] 习卫妮. 地方文献资源专题特色数据库建设探讨——以广州湾法租界特色数据库建设实践为例 [J]. 黑龙江教育学院学报，2013（5）：198 – 199.

[2] 赵阳. 广东省公共图书馆特色数据库建设情况的调查研究 [J]. 公共图书馆，2013（2）：36 – 40.

[3] 吴力武. 地域文化、环境与地方特色文献资源库建设探究——以广东地区为例 [J]. 图书馆工作与研究，2009（7）：40 – 43.

浅谈广佛肇清云韶公共图书馆
信息资源保障体系建设

黄柄量①

（肇庆市图书馆　肇庆　526020）

摘　要：文章阐述广佛肇清云韶公共图书馆信息资源保障体系建设的重要性，并分析这一体系建设的可行性，进而提出实现这一体系建设的途径和策略。

关键词：图书馆　信息资源　体系建设

图书馆是实施精神文明建设和公民道德建设的重要阵地，是传播知识、交流信息的重要平台，对一个地域的文化发展和人才培养起着信息提供和智力支持的重要作用。建立广佛肇清云韶公共图书馆信息资源保障体系（下文简称"体系"），推进六地图书馆的合作与发展，既是传承历史的必然，更是顺应时势的需要。图书馆事业要繁荣，就必定要互补、联动和协作，走合作发展之路。六地图书馆所拥有的信息资源和人力资源，是彼此互补共享的重要前提；现有的软硬件资源以及丰富的文献信息资源，构成了彼此互补共享的重要基础。建立广佛肇清云韶公共图书馆信息资源保障体系，既是充分利用广佛肇清云韶六地信息资源和人力资源的一种有效途径，又是整合信息资源、放大信息服务效果的一种积极手段。

1　体系建设的重要性

1.1　最大限度地扩充每个图书馆的虚拟数字资源数量

众所周知，图书馆的本职工作就是保存文献和为有需要的读者、用户提供文献服务，可以说，文献资源是图书馆最重要的实力保障，没有丰厚的文献资源做后盾，图书馆工作人员提供文献服务就没有底气。所以，"资源为王"的观念长期以来在图书馆人的心目中根深蒂固，大家都希望自行购买资源，使自己的图书馆能提供最大、最好、最快、最完整的文献资源服务。但是这样一来，将浪费大量国家财力，重复建设屡见不鲜，如某市区两家公共图书馆相隔不到6千米，却都购买了CNKI，确实令人感到可惜，但是囿于中国图书馆的现状也确实让人感到无奈。而随着体系的建设，不同图书馆之间可以相互合作，使每个图书馆的数字资源以几何级数倍增，既增强了服务实力，又节约了大量经费，何乐而不为。

1.2　最大限度地提高每个图书馆购买的数字资源的利用率

绝大多数图书馆人都认可一条规则：本图书馆只是为本馆属性区域内的读者和用户服

---

①　作者简介：黄柄量，男，肇庆市图书馆馆员。

务。即使是在网络发展水平最高、最快的美国，读者利用的文献95%以上也都是在本地区获得的[1]，所以，广大图书馆人对跨区域的合作和服务等工作虽然口头上都表示支持，但是大多数人不会去想也根本不愿意真正去付诸行动。况且由于区域一卡通读者证工本费、馆际互借、图书归馆、业务沟通等交通费用、物流费用到底由谁来支付等涉及财政的跨区域问题一直拖而未决，共建共享始终停留在初始化阶段。而随着体系的建设，由于各图书馆固定的咨询员在提供信息服务的时候需要查询大量不同的数据库，这时，很有可能需要区域间图书馆咨询员的密切配合与协作，于是各图书馆的数字资源也就很自然地被调用起来，从而在无形中提高了每个图书馆购买的数字资源的利用率。

2 体系建设的可行性分析

2.1 有丰富的文献信息资源可以远程驰援

广佛肇清云韶公共图书馆，特别是广佛地区购买的数字资源非常丰富，广佛肇清云韶公共图书馆间可以通过远程联系传递，从而达到优势互补、取长补短的目的。以某市图书馆为例，2016年上半年已经可以为读者、用户提供4 000万篇以上的外文文献，6 400万篇以上的中文文献，5 900万件以上的专利……这些文献信息资源，为体系建设奠定了牢固的保障基础。

2.2 有良好的网络环境提供支撑

要实现体系的建设，就必须以网络化为前提，以光纤宽带的接入为必备条件。现在各地图书馆的新馆建设热火朝天，你追我赶，计算机网络更是迅速发展，百兆、千兆甚至万兆带宽已经不再遥不可及，信息化、数字化水平的不断提高，在技术层面上大大提升了体系建设的可能性。

2.3 有全国各图书馆联盟平台可供借鉴[2]

以图书馆联盟为基础的信息资源保障体系建设已是世界潮流，也是信息时代中国图书馆事业发展的必然趋势。虽然这些联盟平台的探索和实践并不能为我们提供完美的范例模式，但是它们的建设模式和运行情况都为体系建设提供了大量丰富有益的经验。

3 体系建设面临的主要困难

3.1 各自为政制约体系建设

由于图书馆界的学者认为信息资源保障体系建设的构想过于理想化，要求应当有政策体系建设、管理体系建设、信息服务体系建设、评价体系建设等，与现实中各图书馆各自为政，不隶属于某个图书馆的现状完全相悖，导致图书馆人思维桎梏重重，自我束缚严重，无法把公共图书馆信息资源保障体系建设落到实处。

3.2 利益关系难以平衡

无法合理地平衡各图书馆之间的利益。大馆有丰富的馆藏资源，这确实是图书馆实力和地位的象征[1]，但是真正需要的资源和数据库往往由于数据商限制和IP使用范围控制等种种原因，使共建共享最终成为一句口号，流于形式。

3.3 版权保护的制约

版权保护的制约让图书馆的体系建设亦步亦趋，步步为营。随着我国打击盗版的力度越来越大，以前一些常见的盗版行为现在得到了很大的整顿和制约，如果个人未经版权人或其授权人允许就私自下载文献将会构成侵权。图书馆信息资源体系的建设只能小心谨慎，加强版权方面的监管，如注意文献来源、授权使用是否合法等，这严重影响体系建设的正常进度。

4 实现体系建设的途径和策略

4.1 充分利用现成的信息服务平台

随着计算机和网络技术的迅猛发展，利用网络开展信息服务已经成为新时期我国图书馆服务发展公认的方向。在网络时代，图书馆所面临的信息环境在潜移默化中发生了巨大的改变，因此，体系作用的充分发挥和价值的具体体现，必须依托相应的信息服务平台才得以实现。而目前在部分公共图书馆、高校、医院等系统中普遍使用的、适合广东本地图书馆具体情况的、并且广佛肇三地图书馆都已经加入的全国图书馆参考咨询联盟系统，好学易用，能较好地确保体系内各图书馆管理、服务等工作的标准化和一致性，同时也便于今后与全省、全国的兄弟图书馆进行对接互联。所以，我们建议体系可以优先考虑选择加入已经发展到一定规模的全国图书馆参考咨询联盟系统，然后可以通过该系统各家图书馆丰富的资源和优秀服务的凝聚力、影响力等条件吸纳更多的图书馆加入到体系中，从而实现更大范围内的文献信息资源保障体系建设。（该平台 2016 年 1—6 月广佛肇清云韶六个地市图书馆服务情况见表 1、表 2）

表 1　2016 年 1—6 月全国图书馆参考咨询联盟系统中广佛肇清云韶图书馆回复数量情况

名次	回复单位	回复总数
1	广东省立中山图书馆	286 568
6	肇庆市图书馆	45 100
7	顺德图书馆	28 109
8	广州铁路职业技术学院图书馆	16 358
9	肇庆市端州图书馆	14 643
15	佛山市图书馆	9 068
16	广州图书馆	8 986
20	广东省医学学术交流中心	5 141
27	广东省科学技术情报所	3 312
28	韶关学院图书馆	3 072
31	广州城市建设职业学院图书馆	2 112
35	广东省医学学术交流中心图书馆	1 450
40	南方医科大学图书馆	857
41	广州城市职业学院图书馆	837
47	广州大学图书馆	403
50	广州城市职业学院图书馆	310

表2 2016年1—6月全国图书馆参考咨询联盟系统中广佛肇清云韶图书馆
咨询员回复数量情况（前10名）

名次	咨询员昵称	咨询员所在单位	回复总数
1	hope	肇庆市图书馆	44 996
2	cathy	广东省立中山图书馆	26 482
3	shining	广东省立中山图书馆	25 101
4	yehua	广东省立中山图书馆	24 114
5	Eleven	广东省立中山图书馆	23 000
6	lanqing	广东省立中山图书馆	21 350
7	zslibhua	广东省立中山图书馆	20 550
8	zslibfgb	广东省立中山图书馆	20 453
9	miumiu	广东省立中山图书馆	19 958
10	luoyj	广东省立中山图书馆	19 091

4.2 充分利用QQ群的群文件共享功能

可以考虑建立体系QQ群，成员主要是广佛肇清云韶公共图书馆信息部、参考咨询部、数字资源建设部的工作人员，平时可以加强业务联系，在需要文献资源的时候也可以互帮互助。同时，利用QQ群文件共享也可以实现文献远程驰援的目的。

4.3 充分利用在线协同的网盘

在做专题服务的时候，要求严谨、细致、高效、简练、全面、权威，是由于各图书馆掌握的资源都很有限，而且也不可能在短时间内把所有的数据库都仔细找一遍，因为这工作量会让咨询员感到苦不堪言。这时候体系内各馆的默契配合就显得非常重要，可以通过在线协同的网盘，每个图书馆负责一部分，在网盘上建立不同的图书馆和数据库名称目录，同时异地上传，协同驰援完成，从而真正实现广佛肇清云韶公共图书馆携手合作，最终达到事半功倍的效果。

4.4 充分利用免费的在线协同文档编辑网站

各图书馆信息部门在做信息刊物开发或者资料汇编的时候，往往涉及大量的内容筛选、扫描、校对、编辑、排版等一系列重复、烦琐的工作，还要分门别类、按部就班地按重点突出、理顺。长时间的重复劳动容易影响工作热情，因而体系内的各图书馆可以充分利用免费的在线协同文档编辑网站实现分工合作，每个图书馆负责一部分内容，大家同时在一个文档上操作，从而努力在最短时间内最佳质量地完成每一个信息开发任务。

4.5 充分利用阅后即焚软件针对移动用户实现知识产权保护的效果

虽然大多数图书馆都会在网站明确告示读者用户，通过体系获取的信息须严格按照知识产权保护的有关规定使用，因违反相关法律而引起的法律后果由用户自负；用户在免费阅读他人作品的同时，同意他人以同样的方式免费阅读自己的作品；使用他人的作品仅限于本人学习、研究之用而非商业用途……但是总会有人视若无睹，我行我素，特别是移动端的影响会更为恶劣，因此，针对移动端，选择阅后即焚的程序发送文献资源信息可以最大限度地保护知识产权。

5 结语

努力建设广佛肇清云韶公共图书馆信息资源保障体系，其最终目的是提升广佛肇清云韶六地的文化软实力，推动文化大发展大繁荣，为广大人民群众提供最基本的文化服务，保障人民群众最基本的文化权益。当然，任何事物的发展都是一个漫长的过程，也许目前的时机尚未成熟，但是我们坚信，只要能制订出合理的计划，分步有序并具体落实到位，有针对性地借鉴各地的先进经验，建设广佛肇清云韶公共图书馆信息资源保障体系的愿望就一定能早日实现。

参考文献

［1］张家生，李秀凤，黄转红. 关于建设高校图书馆信息资源共建共享体系的思考［J］. 农业网络信息，2010（5）：41 - 42.

［2］彭宝珍. 甘肃省社会科学文献信息资源保障体系建设研究［J］. 发展，2008（8）：104 - 105.

［3］蔡瑜婉. 数字环境下图书馆信息资源保障体系建设探索［J］. 经营管理者，2014（24）：257.

创客空间

公共图书馆创客空间探索

——以广州市黄埔区图书馆为例

王德欣　　孔玉华①

（广州市黄埔区图书馆　广州　510700）

摘　要： 创客空间逐渐成为图书馆界创新的着力点。本文分析广州市黄埔区图书馆创客书坊的功能布局、资源服务、特色活动、建设模式、影响因素和服务效果，为公共图书馆创客空间的建设提供参考。

关键词： 创客空间　黄埔区图书馆　创客书坊

1　背景分析

1.1　创客和创客空间的来由

"创客"一词来源于英文单词"Maker"，是指出于兴趣与爱好，努力把各种创意转变为现实的人。创客是以用户创新为核心理念，热衷于创意、设计、制造的个人设计制造群体[1]。创客空间（Maker Space）是指具有共同兴趣的人们——通常包括电脑、技术、科学以及数字化艺术——能够聚会、社交并且进行协作的场所[2]。

1.2　国内外图书馆创客空间发展分析

近年来，创客空间运动逐渐在国内外图书馆兴起，成为图书馆界创新的着力点。2011年，纽约州的费耶特维尔公共图书馆成为第一个提供创客空间服务的公共图书馆。该图书馆推出一个名为"FabLab"的创客空间项目，引进了两台3D打印机，帮助图书馆用户进行数字设计的操作和创造。继FabLab之后，许多其他的美国公共图书馆也开始建立创客空间项目[3]。自2013年上海市图书馆的"创·新空间"建成后，创客空间逐渐走进国内公共图书馆，陆续建成的还有成都市图书馆阅创空间、长沙市图书馆的新三角创客空间，公共图书馆创客空间呈现蓬勃发展的强劲态势。

1.3　黄埔区创客空间背景

2014年1月，经国务院批复同意，广州市撤销黄埔区、萝岗区，设立新的黄埔区，广州开发区与黄埔区实行经济功能区与行政管理区分设机构的管理体制[4]。广州开发区、黄埔区有18个国家级产业基地和园区，集聚了3 400多家外商投资企业、135个世界500强投资项目、63家上市企业[5]。2016年，广州开发区、黄埔区制定了《广州开发区创客空间认定和扶持办法》，鼓励建设创客空间，以"大众创业，万众创新"辐射带动全面创新发展[6]。目前，广州开发区、黄埔区建设了一批如凯德创梦空间、零壹众筹、爱泊车、一呼百应、粤融网、科大讯飞华南创客空间等具有代表性的创客空间，建成孵化器40家，总孵

---

① 作者简介：王德欣，女，广州市黄埔区图书馆助理馆员；孔玉华，女，广州市黄埔区图书馆馆长。

化面积达 345 万平方米，成为华南地区孵化器、加速器面积最大的集群[7]。广州开发区、黄埔区在创客空间的发展上，具有政策制度、科技发展基础、交流平台等得天独厚的优势，黄埔区图书馆发展创客空间，为创客、创新创业者提供服务，是本地区经济社会发展的必然要求。

2 黄埔区图书馆创客书坊

2.1 建设定位

2.1.1 黄埔区图书馆建设情况

黄埔区图书馆（原萝岗区新图书馆）于 2012 年 3 月动工兴建，2015 年 1 月项目基建完成验收，新建图书馆建筑总面积约占 15 684 平方米，投资约 19 843 万元。设计总藏书量为 100 万册，阅读座位 1 200 个。新馆位于广州创新枢纽黄埔区科学城的核心位置，2015 年 6 月交付使用，2015 年 12 月 28 日新馆全面开放，受到媒体的广泛报道和读者的好评，尤其受到创业园区创新创业人才的青睐。

2.1.2 黄埔区图书馆创客书坊定位

在新馆筹建时，结合黄埔区在创业创新方面的优势，新馆建设考虑加入创客的元素，打造创客书坊，针对创客的需求，为创客这一群体提供服务。但在国内能够学习借鉴的实践案例仅有上海、长沙、成都等地公共图书馆的创客空间，广州地区各公共图书馆还没有正式对外开放的创客空间。综合国内外公共图书馆创客空间的实践案例和发展现状，黄埔区图书馆进一步分析了创客空间建设的可行性，并形成相关调查报告。此外，与黄埔区内的企业服务中心、创客机构进行了多次交流和探讨。经过调查和论证，黄埔区图书馆决定建设创客书坊。2015 年 12 月，黄埔区图书馆创客书坊建成，提供创意设计、工业制造、数字技术等领域前沿书籍，为所有创新创意创业者、区内中小微企业、初创企业者提供信息服务和交流、展示的平台，组织开展创客沙龙、创客分享会、创客成果展等活动。

图 1 黄埔区图书馆创客书坊

219

2.2 功能布局

黄埔区图书馆创客书坊的核心服务是提供特色信息资源和创新创意创业者交流展示的平台，设计 4 个功能区域，具有书刊阅览、创客研究、创客体验、活动交流的功能。一是书刊阅览区。设计馆藏 2 万册左右，阅览座位近 100 个；主要收集国内前沿的创意、设计、制造、数字技术主题的图书。二是创客角工作区。是创客工作、研究的区间，在馆内的研究室设置了白板、投影仪、桌椅，为创客开展讨论活动提供场地。三是创客体验区。摆放 3D 打印设备，主要用于开展创意体验活动，让普通群众接触、体验新技术。四是小型活动交流区，用于举办沙龙等活动，配备多媒体投影设备、音像设备等。

图2 黄埔区图书馆创客书坊各功能区

2.3 资源服务

业界对国内外创客空间的学术研究主要围绕创新实验相关的服务内容、工具设施，较少提及创客文献信息资源建设的内容。创客在创造创新的过程中，要利用的文献信息资源很广。如何精准对接创客需求，提供专业的文献信息资源，是创客书坊建设过程中遇到的一个难点。此难点主要通过以下几个措施来解决：一是了解当前创客在创新方面比较集中的主要领域和方向；二是通过黄埔区内的创客机构，向创客、创业者发放图书荐购单，了解他们的需求；三是与书商进行反复深入的交流，了解他们的图书资源库中，有哪些图书类别适合创客书坊；四是组成创客图书采购小组，制订创客图书建设方案，明确图书采购标准，并到购书中心现采。经过上述的调查了解，黄埔区图书馆创客书坊主要选择 J 艺术、TG 金属工艺、TH 机械工业、TM 电子技术、TN 无线电、TP 自动化、TQ 化学、TS 轻工业、TU 建筑艺术类别中，包含国际、顶级、时尚、世界、全球、未来、设计、智能、创意、创作等关键词，定价在 80 元以上的精品图书。

2.4 特色活动

创客书坊除了提供文献信息资源服务外，还开展创客沙龙活动，打造创新创意创业者交流展示的平台。参加创客沙龙的群体主要包括创业导师、初创企业者、中小微企业者和有意创业的人群。活动设计的环节有项目路演、创业导师点评、现场参与者提问、互相分享推荐资源。创业导师主要邀请企业领导、创业成功人士、职业经理人来担任。活动参与者实行会员管理制度。通过网站、微信、海报、宣传单和创客机构广泛宣传，招募创客沙龙会员，建立创客沙龙微信群，推送活动信息。

图3　首期创客沙龙成功举办

2.5 建设模式

图书馆创客空间有多种建设模式，主要可以归纳为协同合作、集中开发、自主创业 3 种类型[8]。

（1）协同合作型。图书馆与其他社会机构合作共建创客空间，一是图书馆与创客机构合作，借助创客机构在创新活动方面的设备操作经验、创客群体招募、导师资源等优势，由创客机构指导图书馆创客活动的开展；二是图书馆与企业、高校合作，共同开发创客项目，形成产业、项目创新成果。如上海市图书馆与"新车间"合作开展各类创客活动；从化图书馆与华南农业大学珠江学院共建从化文化创意产业创客空间基地，影视、新媒体、摄影、动画、艺术设计、服装类等 12 支创客团队进驻。这些都是协同合作型公共图书馆创客空间的实例。

（2）集中开发型。自我导向学习文化已经得到图书馆用户群体的广泛认可并得以有效践行，在资源配置上大多实行统一采购、集中配给、高效节约的策略，一般按照自我管理模式开展相关活动[9]。集中开发模式对图书馆创客创新开发的要求较高，更适用于高校图书馆针对特定专业群体进行建设,公共图书馆较少涉及此类型创客空间。

(3) 自主创业型。图书馆提供创客文献资源、设备、工具、场地、项目路演平台,帮扶自主创业群体孵化创新、创业项目。黄埔区图书馆创客书坊在功能上更突出满足商业性创业者的需求,同时为大众创客提供新技术的体验,在建设模式上更倾向于自主创业型创客空间。结合黄埔区作为广州创新枢纽的特点,黄埔区图书馆创客书坊为创客、创业者提供信息资源、体验设施和活动平台,建设具有地方特色、社会效益良好的创客空间,为区域创新创意经济发展服务。

2.6 影响因素

影响创客书坊建设模式的主要因素有两点:一是环境。创客空间具有实验室的特征,开展活动时难免产生噪音,与黄埔区图书馆整体的阅读环境、氛围不协调。二是核心服务。黄埔区图书馆周边科技企业孵化器众多,中小微企业创业群体集中,拥有优良的导师资源和实验室装备,创新创业环境非常优越。与科技企业孵化器相比,黄埔区图书馆的核心优势不在于创客实验设施设备,恰恰是专业的文献信息资源。考虑到以上因素,黄埔区图书馆在建设创客空间时,打造以专业信息文献资源和创客活动平台为核心服务的创客区域,并命名为"创客书坊"。

2.7 服务效果

创客书坊自 2015 年 12 月底正式开放至 2016 年 6 月,共外借图书 1 282 册次,图书利用率为 34.4%(目前藏书量为 3 725 册次)。首期创客沙龙吸引了广东中科兆丰科技有限公司、广州大伙保信息科技有限公司、广州开发区宏扬企业服务中心等企业和机构的参加,广州市观爱自然文化中心在现场进行了项目分享、展示。其中一些企业已经达成初步的合作意向,正计划开展项目的融资,以产生相互共建合作的经济效益。创客书坊逐步成为创新创意创业者获取信息、创业咨询、交流共享、公益互助的服务空间。

3 结语

越来越多的图书馆开始尝试创客空间的建设,创客空间成为当下图书馆服务创新、转型升级的热点之一。公共图书馆创客空间的建设,应充分考虑本地区的创客资源,找准创客需求,进行精准的服务定位,选择适合本地区创客空间特点的建设模式,通过公共图书馆的创客服务,汇聚创客创新创业群体,激发创客的创新能力,让公共图书馆的创客空间成为社会创新、创意、创业的新支点。

参考文献

[1] 百度百科. 创客 [EB/OL]. [2016 - 07 - 06]. http://baike. baidu. com/link? url = DCjDblm3 BqDu-we 17_4 YptxKdPBDOoOp4uuSWzYAGgSXRaC0hzrr79nbcJWl76bMXxsths7hBnjwtKt6rIhfeBQzLH0BQ12pwch _ l0g3hHA_ .

[2] 曲蕴. 公共图书馆"创客空间"实践探索——以上海图书馆"创·新空间"为例 [J]. 新世纪图书馆, 2014 (10): 42 - 44.

[3] 陈超. 打造众创空间是图书馆的新使命 [EB/OL]. [2016 - 07 - 06]. http://www. whb. cn/zhuzhan/

guandian/20150410/28185. html.

［4］黄埔信息网．黄埔区概况［EB/OL］．［2016 - 07 - 06］．http：//www. hp. gov. cn/hp/hpgk2015/
201510/31a2b671518447ffbb33ce735dde89ba. shtml.

［5］黄埔信息网．区域经济［EB/OL］．［2016 - 07 - 06］．http：//www. hp. gov. cn/hp/qyjj2015/201510/
368fad5d2e7b43e8b92ca9f009c184c4. shtml.

［6］曾卫康．众创空间想造人造卫星 黄埔区建全链条孵化器集群［EB/OL］．［2016 - 07 - 06］．http：//
gz. ifeng. com/zaobanche/detail_ 2015_ 11/24/4587007_ 0. shtml.

［7］黄埔区委宣传部．黄埔区建成华南地区面积最大的孵化器集群［EB/OL］．［2016 - 07 - 06］．http：//
gd. cri. cn/97/2015/08/21/101s15619. htm.

［8］王晴．图书馆创客空间的运行模式及影响因素研究——基于美国图书馆界实践案例的考察［J］．国家
图书馆学刊，2014（5）：66 - 73.

［9］张晓桦．国内外图书馆创客空间研究综述［J］．国家图书馆学刊，2015（3）：31 - 38.

社区图书馆创客空间服务研究

沈艺红①

（广州图书馆 广州 510623）

摘 要：本文分析社区图书馆开设创客空间的必要性，介绍国内外创客空间的发展情况，以广州图书馆社区分馆创客空间为实例，阐述国内社区图书馆应进一步推进创客空间服务。

关键词：社区图书馆 创客空间 服务研究

1 相关概念

创客（Maker）起源于欧美早期的 DIY 文化，强调个人利用工具材料进行独立制造及创造，通常指不以营利为目的，努力将各种创意转化为现实的人。创客空间（Maker Space）是一个供人们分享有关电脑、技术、科学、数字、电子艺术等方面兴趣并合作、动手、创造的地方[1]，通常包含以下组成部分：一是具备相似专业背景或相同兴趣爱好，寻求将创新创意转化为实践的创新者；二是协助创客实践其创意的各种数字化或非数字化的辅助应用工具，如 3D 打印机、数控机床、激光切割机、开源精简平台等；三是创客之间的互动、交流以及合作。没有分享交流，就没有人类社会的整体进步，作为人类社会的一分子，分享和传播知识是每个人应尽的义务，创客空间鼓励创新和分享各种盈利模式，在分享的同时，保护首创者的利益和积极性。创客空间整合了机器工厂、工作坊和工作室的元素，是创客和创客文化的聚集地和孵化地，以从未有过的形式促进人类的创新进程。

2 社区图书馆应对创客潮流的策略

2.1 创客空间在图书馆的应用概述

从图书馆的发展史来看，20 世纪的图书馆是消费的图书馆，是承载和展现知识的场所，人们被动地在图书馆观看、阅读和聆听；21 世纪的图书馆则是实现知识分享和创造的地方[2]。随着创客空间的普及推广，图书馆逐渐意识到创客空间的重要价值，开始利用创客空间实现其空间再造和服务转型。创客文化与现代图书馆倡导的多元与共享理念相似，在共享文化创意资源、培养创新制造人才、传播创客文化方面有着积极意义。在 2013 年图书馆创客空间的一项调查中，109 名图书管理员参与了在线调查，调查结果显示，他们的图书馆或已开设了创客空间，或将要建立创客空间。建立图书馆创客空间的动力在于建立知识交流

① 作者简介：沈艺红，女，广州图书馆副研究馆员。

中心，让社群用户聚集在一起，分享知识和资源，并互相学习[3]。

社区图书馆是为一定地域内的所有居民服务的具有公益性、教育性、休闲性等特征的文献信息集散场所，是距离读者最近的图书馆，被读者亲切地称为"身边的图书馆"。鉴于社区图书馆担负着促进社区发展、营造社区文化氛围的责任，并作为社区居民终身教育的学校，是社区信息交流中心和休闲娱乐中心，因此社区图书馆开设创客空间具有以下优势：①距离近，开放时间相对灵活，便于读者使用。②贴近社区文化，读者群体目标明确，开展创客空间服务更具针对性。③能够充分利用总馆资源，广州地区社区图书馆作为公共图书馆的有机组成部分，其业务一般归公共图书馆统一管理。分馆资源毕竟是有限的，开展创客空间服务能得到总馆的大力支持，并获得所需资源及业务指导。

2.2 国外社区图书馆的创客空间

2011 年，美国费耶特维尔公共图书馆（Fayeteville Free Library）开发了"神话般的实验室"（Fabulous Laboratory）项目，成为第一个构建了真正意义上创客空间的公共图书馆（Reeder J，2011）[4]。该图书馆配置了两台 3D 打印机，并提供 Thingiverse 网络服务，帮助创客初级用户进行数字设计的操作，还使用数字打印技术帮助儿童制作图书[5]。

另一个例子是"非洲之夜"，它是由纳米比亚共和国首都温得和克的格林威尔马同戈社区图书馆（Greenwell Matongo Community Library）创办的活动。图书馆会用一部电影和一个特别的夜晚来招待被邀请的孩子，自愿参与的孩子在完成工作之后会获得奖励。孩子们需要完成一个特别的任务：创作一个简短的、有教育意义的电影，用于向大家讲解图书馆，介绍如何借书、如何预约，介绍创客空间以及 3D 打印技术。图书馆技术可以用来选择信息、选择基础的移动视频技术，这些技术在孩子们开始制作自己的电影前教给他们，这些小技巧非常有用，足以激发孩子们学习更多相关技术的好奇心。纳米比亚共和国的孩子们非常喜欢图书馆这种将工作与快乐结合起来的方式，这也是激励图书馆坚持这种方式的原因之一。这些技能目前在学校教育中并不被看好，但在未来会非常有用。而平板电脑的出现让人们制作自己的视频更具可行性。孩子们可以利用平板电脑中的电影剪辑软件完成从电影编辑到发布的所有任务。对于没有编辑经验的人来说，这些也都很简单且易上手。[6]

2.3 国内社区图书馆的创客空间

广州作为改革开放的前沿阵地，对外文化交流频繁，对创新观念接受度高，开展创客空间服务基础比较好。广州是一座拥有 1 300 多万常住人口的国际化大都市，随着社会松散群体数量的增加，人们的活动中心逐渐转移到了社区，社区具有越来越重要的作用，社区图书馆开展创客空间服务有利于提升社区创新力。广州图书馆建设的社区图书馆也在不断探索创客空间服务，其经验可供业界参考。

万科城市体验中心分馆是广州图书馆与万科集团合作共建的社区分馆，位处天河区 CBD 地带，受众以文化水平较高、有强烈自主创业追求的年轻人为主。该分馆面积约 500 平方米，设计简约时尚，除了有传统的借阅服务以外，还开设了两个不同年龄层次的创客服务空间：一是"云工坊"空间，专为创业年轻人而设，配置了多媒体设备、打印机、创业网络服务平台、独立创意空间、创意专题书刊等，设备设施齐全，可以开展路演、多媒体制作交流、艺术沙龙、创新发布、联合办公等。开放时间从早上 9：00 到晚上 9：00，方便读者下班后能够利用创客空间，目前该分馆的创客服务空间已经逐渐成为天河地区的青年创客聚集的场所。二是开设"梅沙"青少年营地，专门为青少年提供服务，设有乐器室、舞蹈室、绘画室、小读者活动室，并设有专职人员负责组织活动、招募学生，开展丰富多彩的学生活动,如少儿手工制作、舞蹈培训、乐器培训、亲子阅读、夏令营活动等。两种针对不同类型人群的创客空间,能够一站式满足社区居民的学习、社交、办公等多元化需求。从 2016 年 6 月份开始运作以来,该分馆吸引了众多的创业年轻人、学生参与,已经成功举办了摄影专场、暑期夏令营、美妆交流、台灯绘制、路演等数十场活动,每天都有 3~4 种不同的专场活动或创意沙龙,并有一批创业人士进驻"云工坊"空间,开启他们的创业之路。

猎德分馆是广州图书馆与猎德街道合作共建的社区分馆,周边是鳞次栉比的高档楼盘,全职太太较多。对此,猎德分馆设置了约 50 平方米的厨艺培训室,配置了烘培设备、炉具等厨房设施,开办全职太太创意课堂,聘请社区的厨师、点心师为读者开设烘焙、厨艺培训课堂,以及进行厨艺比赛,利用总馆调配的饮食保健专题图书资源,开展饮食文化交流活动。该服务一经推出就受到社区全职太太们的热烈追捧。创客服务既活跃了社区文化,为社区居民提供了创意互动平台,又推动了社区图书馆的改革创新,增强了社区图书馆的多元化服务能力。

金花街分馆是广州图书馆与金花街道办事处合作共建的社区分馆,位处老城区,中小学环绕,老人孩童居多。针对小学生下午放学时间比较早(一般为四点钟),接送小孩以老人为主的实际情况,金花街分馆在街道办事处和广州图书馆的大力支持下,因地制宜利用青少年活动中心以及电子阅览室,打造专门的创客服务空间,开展"四点钟课堂"、老人网络培训班等常态化活动,通过作业辅导、手工制作、安全教育等培训课程,开发小学生的学习能力、生活潜能,并且定期招募不同年龄阶段的学生参加"我与广图有个约会"的活动,培养学生爱学习爱创造的兴趣。通过举办网络培训班等形式,手把手教中老年人上网,满足社区老年居民终身学习和提升自我素质的需求,使中老年人与时俱进,拉近与社会发展的距离,体现老有所学、老有所乐的和谐氛围。

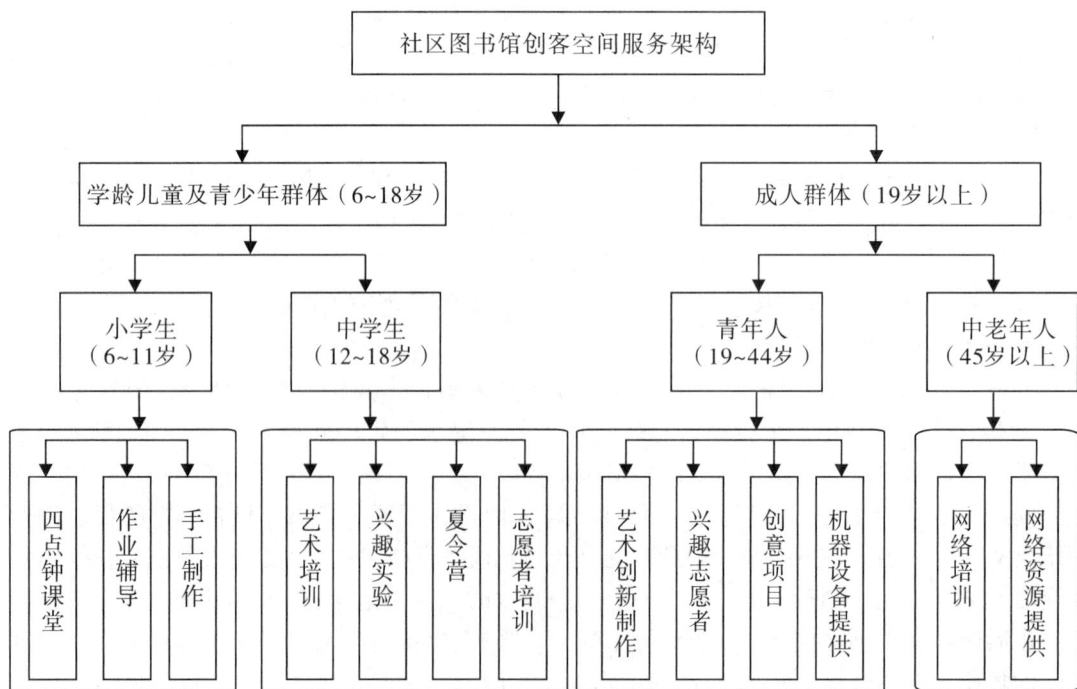

广州市社区图书馆创客空间服务架构

3　思考

根据国内外社区图书馆创客空间服务的模式和经验,结合我国的国情和综合国力,我国社区图书馆创客空间服务发展应遵循一定的原则:①统筹规划,因地制宜,合理建设。由总馆统筹,建立集中统一的管理机构,制定统一的发展规划和法则,既要充分调动社区的积极性,又要力求互为补充、协调发展。②明确目标群体,开展有针对性的创客服务。不同年龄阶段的群体有不同特点,创客空间应结合社区具体情况开展相关服务。学龄儿童(6~11岁)正处于小学阶段,求知欲强,对新鲜事物充满浓厚兴趣,但是注意力往往持续时间比较短,缺乏判断能力。开展服务可以结合九年义务教育进行校外辅导活动,针对小学阶段下午4点放学,家长尚未下班的情况,社区图书馆正好利用创客空间,为学龄儿童举办形式活泼多样的课外活动,如安全意识教育(交通安全、校内外活动安全、消防安全、卫生防病、自防自救能力训练等),以及作业辅导、手工制作等,培养学习兴趣,开拓智力。青少年时期(12~18岁)是记忆力、思维能力、创造力发展的黄金时期,根据他们的特点,定制艺术培训、兴趣实验,暑期开展夏令营,举办志愿者培训等,既能缓解中学生学习压力,又能丰富他们的课外生活,并能培养学科兴趣。成年人(19岁以上)思维相对固定,办事具有目的性,特别是大学生群体(19~23岁)对创新研究、艺术创作、项目制作具有浓厚兴趣,并具有自主创业的强烈意愿,可以开展艺术创新制作、创意项目、兴趣志愿者等活动,激发年轻人的创作精神,追求理想实现人生目标。③搭建网络操作平台以及交流分享空间,实现更广泛更深入的交流。创客空间是一个提供技术支持和将创意变成产品的场所。创客可以通过成果及工具的分享,根据自己的需求和兴趣来选择线上和线下的学习工具,不受时空限制开展学习活动,并利用互联网技术建立创客间的联系,实时交流、分享个人观点、解决技术问题等。不同社区的创客都可以通过创客空间,实现资源共享、跨区域合作。

4　结语

创客空间的兴起,给人们带来了全新的学习、合作以及信息共享方式,使知识变成产品更加容易实现,为社会创新带来了极大的力量。社区图书馆利用自身优势和条件,积极参与其中,这是社会发展的必然趋势,同时也给社区图书馆注入新的活力,在知识创新的年代中成为坚实的基石。

参考文献

[1] 王敏. 美国图书馆创客空间实践对我国的借鉴研究 [J]. 图书情报工作, 2013 (6):97-100.

[2] GOLDENSON J, Hill N. Making room for innovation [EB/OL]. [2013-05-16]. http://lj. libraryjournal. com/2013/05/future-of-libraries/making-room-for-innovation/.

[3] 高茜. 国内外图书馆创客空间的实践与启示 [J]. 北京广播电视大学学报, 2015 (5):50-55.

[4] REEDER J. Are maker spaces the future of public libraries [EB/OL]. [2011-11-21]. http://www. shareable. net/blog/the-future-of-public-libraries-maker-spaces.

［5］杜瑾，杨志萍. 国外图书馆 IC 空间建设研究新进展［J］. 图书馆学研究，2013（2）：12 – 15.

［6］PELTONEN M，WICKSTRÖM. 3D – prints and robots play a part in my story. Participatory learning action and content creation in a library maker space［A］//IFLA WLIC 2014. Libraries，citizens，societies：confluence for knowledge in session 120 – libraries for children and young adults with literacy and reading［C］. Lyon，France：IFLA WLIC 2014，2014：16 – 22.

图书馆创客空间服务探索

钟少薇[①]

（广州市越秀区图书馆　广州　510080）

摘　要：在信息时代，创客的出现引起政府和社会各界的强烈关注。在信息化进程中，面对互联网大潮中涌现的"创客运动"新现象，国外公共图书馆抓住契机，进行了创建"创客空间"的尝试。本文分析国内外图书馆创客空间服务的探索，提出图书馆开展创客空间服务的思考。

关键词：图书馆　创客空间　服务

1　图书馆创客空间服务产生的背景

创客（Maker）中的"创"指创造，"客"指从事某种活动的人，"创客"本指勇于创新，努力将自己的创意变为现实的人。这个词译自英文单词"Maker"，源于美国麻省理工学院微观装配实验室的实验课题，此课题以创新为理念，以客户为中心，以个人设计、个人制造为核心内容，参与实验课题的学生即为创客。在中国，创客与"大众创业，万众创新"联系在了一起，特指具有创新理念、自主创业的人。2015 年 12 月，《咬文嚼字》杂志发布2015 年度"十大流行语"，创客排第五。

前《连线》杂志主编、《长尾理论》作者、3D Robotics 公司首席执行官、创客克里斯·安德森在对第三次工业革命的阐释中认为，"创客运动"的工业化，即数字制造和个人制造的合体，数字世界颠覆实体世界的时代即将到来。在这次革命中，图书馆面临功能的挑战性革新，原有的"信息中心""文献库"的代表性功能符号，受到来自信息化的挑战。在信息化进程中，全球图书馆界一直在努力探索数字时代自身创新发展的新路。面对互联网大潮中涌现的"创客运动"新现象，国外公共图书馆抓住了契机并进行了创建"创客空间"的尝试。随着创客空间的入驻，公共图书馆的核心使命已经从传统的积淀与传承文化、提供信息、知识和文化服务，扩展为提供工具、鼓励知识与思想的交流、激励创意与创新，从而成为连接一切的公共知识空间、创新空间。可以说，21 世纪的图书馆是造就新的社会关系，创造、探索和分享知识的地方。

在国内，创客也受到政府和社会各界的强烈关注。2015 年 1 月，国务院总理李克强造访了深圳一家创客公司并表示赞许；同年 3 月，李克强总理在全国人民代表大会作政府工作报告时指出在中国"众多创客脱颖而出"，使得"创客"一词备受关注。众创空间作为创客

229

---

①　作者简介：钟少薇，女，副研究馆员，广州市越秀区图书馆馆长，广东图书馆学会常务理事，广州市图书馆学会副理事长。

们思想碰撞与创业孵化的平台，更是被寄予莫大的期望。

2015 年 3 月，为加快实施创新驱动发展战略，适应和引领经济发展新常态，顺应网络时代大众创业、万众创新的新趋势，加快发展众创空间等新型创业服务平台，营造良好的创新创业生态环境，激发亿万群众创造活力，打造经济发展新引擎，国务院办公厅印发《关于发展众创空间推进大众创新创业的指导意见》，提出"加快构建众创空间""降低创新创业门槛""鼓励科技人员和大学生创业""支持创新创业公共服务""加强财政资金引导""完善创业投融资机制""丰富创新创业活动""营造创新创业文化氛围"共 8 项重点任务。

2　国外公共图书馆创客空间服务实践

2011 年下半年，美国纽约州的费耶特维尔公共图书馆成为第一个提供创客空间服务的公共图书馆。该图书馆接受了美国雪城大学信息研究学院的一名学生的建议，推出一个名为"FabLab"的创客空间项目，该项目引进了两台 3D 打印机，帮助图书馆用户进行数字设计的操作和创造。"FabLab"取意为"神话般的实验室"（Fabulous Laboratory），同时一语双关："FabLab"正是美国麻省理工学院媒体实验室于 2001 年推出的"制造实验室（Fabrication Laboratory）"项目名称缩写，而此项目的核心理念本质上与创客空间是高度契合的，甚至有观点认为，MIT 的 FabLab 项目关于个人创意、设计与制造理念及实践的全球传播引发了全球的创客浪潮。继 FabLab 之后，许多其他的美国公共图书馆也开始建立创客空间项目。2012 年开始，创客空间已经成为美国图书馆协会（ALA）年会上的热门话题。ALA 还举办了网络系列研讨会"创客空间：图书馆服务的新浪潮"。值得一提的是，费耶特维尔公共图书馆将创客空间的会员分成儿童、中学生和成年人，并分别提供儿童创客空间（Little Makerspace）、中学生创意空间（Creation Makerspace）和成年人制造实验室（FFL FabLab）。因不同年龄段的读者所具备的知识及能力的差异比较大，所以费耶特维尔公共图书馆对不同的创客空间所提供的服务是不同的[1]。

芝加哥的克利夫兰公共图书馆是美国三大公共图书馆之一，为了寻求自身发展、拓展业务范围，克利夫兰公共图书馆成立了以科技为轴线的创客空间（TechCentral）。TechCentral 是创新技术和学习中心，能够为克利夫兰公共图书馆主馆和其他 27 个图书馆提供大量电脑和相应技术服务。同时，克利夫兰公共图书 TechCentral 较为有特色的是能为社区提供大量的技术培训课程，促进社交性学习，并与社区及本地企业进行合作，将 TechCentral 打造成融技术学习、交流、创业于一体的服务空间。

纳米比亚共和国首都温得和克的格林威尔马同戈社区图书馆（Greenwell Matongo Community Library）为少年儿童"小创客"创办了"非洲之夜"活动。自愿参与的孩子们在完成工作之后会获得奖励。例如，图书馆用一部电影和一个特别的夜晚来招待被邀请的孩子。纳米比亚共和国的孩子们非常喜欢这种方式，这让他们认为自己对他人是有帮助的，这也是图书馆坚持采用这种方式的原因之一。图书馆将工作与快乐结合起来。孩子们去创作一个简短的、有教育意义的电影，用于讲解图书馆。这个任务很特别：如何借书、如何预约、介绍创客空间、对 3D 打印技术的简短介绍。图书馆技术可以用来选择信息、选择基础的移动视频技术，这些技术在孩子们开始制作自己的电影前教给他们。这些小技巧非常有用，足以激发孩子们学习更多相关技术的好奇心。这些技能目前在学校教育中并不被看好，但在未来会非常有用。而平板电脑的出现让制作自己的视频更具可行性，孩子们可以利用平板电脑中的电影剪辑软件完成从电影编辑到发布的所有任务。对于没有编辑经验的人来说，这些都很简单且易上手。

3 国内公共图书馆的创客空间服务案例

2013 年 5 月，上海图书馆"创·新空间"正式对外开放，"阅读区域""专利标准服务空间""IC 共享空间""创意设计展览空间""全媒体交流体验空间"五大功能区域互为补充，相互连通而不隔断，更像一个充满现代设计元素的创意工作室。激活创意、知识交流，"创·新空间"以高科技信息化、传统和 IT 技术融合并存、人性化和造型时尚为主要设计理念，强调采用以用户体验为基础，以用户欣赏、头脑风暴为特点的多功能、多媒体设施。在类型上，"创·新空间"属于综合型创客空间[2]。"服务于产学研，资源高度集中"的空间既有多语种多载体跨学科的文献借阅、文化创意产业、各行业报告和专题数据库服务，也有专业制图设备和设计软件，以及多媒体触屏、3D 打印机等设备。专业会议用投影、音响等设备让前来头脑风暴的读者更容易互相交流、立体化、感性化、多元化地展示各自的创新阶段性成果。此外，该空间与同济大学中芬中心、上海设计中心、上海市动漫行业协会、美田艺术工作室等多家机构合作，开展"专家坐堂""现场教授""互动教学"，形成馆员与专家、读者与专家、读者与读者，甚至专家与专家的多向交流。

2016 年 1 月 4 日，长沙图书馆新三角创客空间正式免费向公众开放。新三角创客空间，以公共图书馆为基地，是一个非营利性的创意制作平台，倡导"文化＋科技＋创意"的碰撞组合。目前，已有近 800 名来自各行业领域的创客加入该创客空间平台。新三角创客空间拥有丰富的加工设备，在 160 平方米的工作室内，配置有 3D 打印机、3D 扫描仪、数控雕刻机、激光切割机、工业缝纫机、小型五金车床、手持机床等近 200 种制作、加工所需的设备与工具，还有 5 间多媒体教室可用于创客项目小组研讨、创意制作培训，两间报告厅用于大型讲座、国际创客交流会、创业项目路演，一间 700 平方米的展厅用于中小型创客作品展览。在创客空间里，创客可以充分发挥自己的想象力，借助设备和工具将脑海中的奇思妙想动手制作成"高科技"产品，在遇到知识瓶颈时，可以借助图书馆的图书资料解决问题。图书馆专题文献阅览室、自然科学文献借阅室馆藏 5 000 多种创客学习所需图书，报刊借阅室近 30 种相关报纸杂志，也为来到这里的创客提供大量科技资料。创客空间还可以提供项目跟踪、文献咨询、阅读推荐等专业的信息服务，常年开展创客沙龙、创意展览、创意竞赛等活动，为创新创业搭建桥梁。另外，新三角创客空间的运行，不同于图书馆其他活动，其主体除了图书馆工作人员以外，还有创客、志愿者、投资人以及来自各行业领域对创客文化感兴趣的市民。新三角创客空间采取了社会化的自主管理模式，成立新三角创客空间管理委员会，长沙图书馆负责统筹、协调、组织、策划，管理委员会负责协助图书馆进行日常管理与运行。所有在创客空间提供过 10 次志愿服务的志愿者，都可以参加管理委员会的职务选举。

4 国内外图书馆创客空间服务的特点和启发

4.1 大部分创客空间同时提供软硬件服务

对于创客来说，如何实现创意是他们考虑的迫切问题。因此，硬件的提供是必需的。目前国内外图书馆创客空间均提供硬件服务，从大型硬件到小型硬件，从 3D 打印机到小型机器人，从 3D 画笔到工具盒，为创客的创意和梦想提供了动手实现的可能，动手的过程也能完善创意，这一切符合公共图书馆促进"知识生产"的功能。但仅仅有硬件是远远不够的。举例来说，让新型创业服务组织"启创中国"名声大噪的是一个周末活动：任何一位创业者都能天马行空地讲述自己的创意，不过他们得打动台下听众。这些听众包括资深投资人、深谙市场的专业人士等。如果听众不买单，那么创意就得回炉再造。在每一场活动的 25 个项目中，只有 5 个能通过考验。这些来自不同领域、从事不同职业的人的脑力碰撞，勾勒出一张信息网络，谁也不知道哪个人的哪句话就会擦出火花。一个原本要做 3D 打印蛋糕的创业者，以及另一个从家里网线太短得到灵感，最后决定做集成插座、USB 接口、WiFi 接口的便利插座的创客，如今已经各自融资 5 000 万元；一个原本想做搓背仪的创客改做能控制水温的智能水龙头，通过碰撞交流一天之内就谈妥了项目……沪上 IC 咖啡联合创始人孔华威表示，那些"半生不熟"的人带来的信息最有用，最火的创意往往都是跨界产物。这一观点，恰好与美国新墨西哥大学教授罗杰斯在《创新的扩散》一书中的观点一致。因此，创意的碰撞、交流、合作对创客来说必不可少。公共图书馆有着公众交流空间的功能，也应该为创客提供交流空间，包括线下交流和线上交流。从新闻媒体的报道来看，对创客来说，虚拟社区存在的重要性，要高于办公场所；志趣相投要重于"坐在一起"；能为创客做他们"顾不上"的事儿，比如寻求碰撞交流、合作双赢等，比提供舒适的办公区更重要。

4.2 创客空间有必要提供工具和专题书籍外借等多元服务

公共图书馆由于空间有限，不可能无限制地接待创客。因此，创客空间有必要提供工具和专题书籍外借服务，以促使更多的创客能够享受到图书馆的服务。此外，目前国内外图书馆创客空间均提供或正在开拓创客培训、市集、分享会、讲座等多元服务。可以说，创客空间的服务要素越多、服务越多元，就越吸引创客。

4.3 创客空间服务和活动有必要进行年龄分层

创客的创意水平、动手能力和创客本身的知识水平密不可分。一个小学生和一个中学生，以及一个富有经验的技术人员……他们的知识水平和实操能力是千差万别的。因此，在国内外图书馆的创客空间服务中，服务和活动大部分进行了年龄分层，从而使服务和活动更有针对性、深入性、有效性和更精细化。

4.4 创客空间强化了公共图书馆的教育培训功能

公共图书馆是社会教育的重要组成部分，拥有丰富的多种载体形式的信息资源，能够提供各类学科纸质版书籍和线上数据库资源。创客空间的核心内容之一是"动手制作"，要求用户亲自动手设计、制造、验证；将"动手制作"融入公共图书馆，促使用户将动手与动脑、实践与探索、学习和创造等紧密结合起来，能够有效地转变传统教育被动式学习方式，提高用户学习的积极性、主动性和灵活性，进而成为具有多样性实践教育的第二课堂，给予人们最佳的"动静结合"的"读书"服务。

4.5 创客空间需要整合社会资源，寻求社会力量支持

公共图书馆虽然有空间、场地、信息资源、人才等优势，但是，创客空间服务对公共图书馆来说是一项新服务，国内外大部分图书馆的创客空间服务都需要和社会力量合作。据维基百科创客空间名单显示，目前全球共有近 2 000 个创客空间。这些创客空间大部分不在图书馆空间内。其中，艺术类、手工艺类、科技类、硬件类更容易自发形成创客社区及创客空间。而艺术类、手工类等社会资源并非图书馆所长。因此，和社会上比较成熟的创客空间合

作，有利于提高创客空间服务的有效性，既提高了图书馆服务资源的利用率，充分发挥了图书馆的服务功能，又为创客节省了创业成本，使双方达到双赢。

参考文献

［1］叶焕辉．美国费耶特维尔公共图书馆创客空间建设研究［J］．图书馆研究，2015（3）：16 – 18.

［2］曲蕴．公共图书馆"创客空间"实践探索——以上海图书馆"创·新空间"为例［J］．新世纪图书馆，2014（10）：42 – 44.

区级公共图书馆创客空间发展方向

——以越秀区图书馆为例

黄德用①

（广州市越秀区图书馆　广州　510080）

摘　要：本文对广州地区首个公共图书馆创客空间——越秀区图书馆创客空间的情况进行分析，讨论区级图书馆创客空间的发展方向，为区级图书馆更好地为社会提供创客空间的服务提供参考。

关键词：创客空间　区级图书馆　越秀区图书馆

1　公共图书馆创客空间的背景及内涵

"创客"一词在近几年越来越频繁地出现在人们的生活中，李克强总理也在2015年的《政府工作报告》中指出，把"大众创业，万众创新"打造成推动中国经济前行的"双引擎"之一。2015年12月，《咬文嚼字》杂志公布的2015年度"十大流行语"中，"创客"一词排第五。近两年，创客空间如雨后春笋般在我国各地成立，创客逐渐兴起。

随着信息科技的发展，图书馆数字化程度的不断提高，公共图书馆也在寻求重新定位，积极通过空间改造、服务转型向用户证明实体图书馆的存在价值。创客空间是图书馆空间改造、服务转型的一条崭新途径。创客空间服务与图书馆服务在本质上是趋同的[1]。公共图书馆也应当具有文化启蒙和创新思维激发的职能，为社会提供创意发挥的平台，以促进社会技能学习和知识创新。

创客空间最早进入图书馆是在美国。2011年，美国雪城大学的研究生Lauren Smedley向其工作单位——费耶特维尔公共图书馆递交了一份关于在图书馆内部创立制造空间的计划书，开启了公共图书馆创客空间建设的先河[2]。国内图书馆最早的创客空间是2011年以后于北京大学、上海大学等高校图书馆相继成立的。

与社会上和高校图书馆的创客空间相比，公共图书馆学术人才和专业培训相对不足，但门槛较低，开放程度高，对普通公众吸引力更大。区级图书馆与省、市级图书馆相比，可用经费和读者群体差距较大。区级图书馆需全面分析自身情况，结合馆情，"因馆制宜"开展创客空间的建设。

2　越秀区图书馆创客空间初期的基本情况

2.1　前期筹建情况

2016年4月，广州地区公共图书馆第一个"互联网＋"创客空间在越秀区图书馆成立。

---

① 作者简介：黄德用，男，广州市越秀区图书馆馆员。

从无到有，越秀区图书馆在探索中启动了创客空间的筹建，旨在打造以馆藏文献、数字资源、创新工具为支撑形成的创意空间。筹建期间，越秀区图书馆工作人员曾到越秀区教育局和广州市红棉创客空间等单位学习与调研，借鉴相关单位及创客空间的成功经验。由于公共图书馆创客空间在广州地区没有可参考的先例，越秀区图书馆创客空间（以下简称"越图创客空间"）的筹建是在探索中实践的。在较短的筹建时间内，越秀区图书馆完成了创客空间建设的初步探索工作，包括场地的选定与布置、设备的采购、创客书籍的搜集采购、线上论坛、开放管理、工具外借制度的制定等。

2.2 创客空间的配备

目前，越图创客空间设有工作室、设备室、阅览室和展示厅。工作室配备有重型工作台、各类拼插模块、小型工具、电钻、测量仪器、Arduino 入门实验套件等上百件制作工具和材料等；设备室配有 3D 打印机、建模软件、激光雕刻机、可编程控制器等设备；阅览室则采购了一批与创客有关的书籍，并为创客提供可上网查阅的计算机；展示厅主要是将部分创客成品进行陈列展出，照片墙则将创客空间的筹建及开展的活动照片进行展示。以上的工作室、设备室、阅览室和展示厅共同构成了越图创客空间的基本框架。

2.3 "1＋N"的服务模式

越图创客空间就是服务模式中的"1"，"N"则包括 24 小时线上讨论平台、创客工作室、创客集市、创客分享会、盒子工作室、作品展览区、创客培训班、创客服务进社区等多元化服务。越图创客空间除了提供场地、工具、资料和展示平台外，还结合馆藏资源，为创客提供文献检索与传递、书目推荐、信息咨询等服务。创客可以通过关注越图微信公众号，点击公众号菜单栏进入微信端的创客论坛，即可 24 小时在线上参与讨论。空间管理人员定期在论坛上更新与创客相关的帖子供创客学习讨论，同时对创客论坛上的帖子进行审核，对论坛上的问题进行回复，增强论坛的活跃度。此外，读者还可将创客的工作室延伸到图书馆之外——创客可凭读者卡借用"盒子工作室"（含拼插模块、小型工具、零配件等）回家创，这些工具如图书一样可以进行外借流通。

2.4 越图创客空间目前开展的活动的情况

越图创客空间目前正处于建设的初步阶段，常规活动包括以下几方面：一是越图创客空间每周定期对外开放，提供读者和创客的参观或预约使用；二是对创客空间的创客展品进行定期更新；三是在线上论坛发布相关的创客活动信息等内容。

2016 年 6 月份，越图创客空间举办了首次小创客创意 PK 比赛，以青少年读者为参赛对象，比赛首次邀请该方面的专业老师作为比赛评委，比赛内容是智能玩具拼装，包括拼装的造型和竞速等环节。从此次比赛取得的效果上看，这些入门级的比赛活动有益于培养青少年的创新意识和动手能力，易于让读者接受，让读者觉得创客不一定就都是那些科学家和专技人员才能完成的事情。除以上活动外，前期还举办了创客空间和创客文化的宣传活动，让读者接触并了解创客知识和文化。鉴于越图创客空间成立至今仅有几个月的时间，原计划开展的部分活动条件未成熟，如创客集市、创客分享会等活动目前还在筹备中。

3 越图创客空间开放过程中存在的问题

3.1 创客空间的软硬件配套设施尚未完善

硬件和软件设施的配备是创客空间的基础。正处于初步探索阶段的越图创客空间，硬件设施上已基本配备，但随着空间发展的需要，可能需要补充如激光切割机与计算机数控仪器等设备。越图创客空间在创客方面的专业的开源软件上还比较缺乏，而专业软件的缺乏会制约创客进一步的创作。软硬件设施未及时更新完善会令空间的创客集聚效应难以真正发挥。

3.2 缺少专门的管理人员

人员编制不足，可能是许多区级图书馆普遍存在的问题，制约着创客空间的管理和发展。越图创客空间的日常管理是由流通部人员负责，由于创客空间的管理人员同时要兼顾馆内其他工作，所以往往难以在创客空间的管理和活动开展等工作上投入全部精力，这在一定程度上影响了空间的管理和服务。

3.3 线上线下的活跃度不够

自越图创客空间开放以来，通过微信等方式预约报名的读者十分踊跃，但从预约空间的读者的情况来看，缺少真正的创客。不少预约空间的读者只是出于对 3D 打印机等设备的好奇，到空间进行参观，缺少有知识储备和动手创造能力的真创客。由于创客空间宣传曝光度不够、软件和硬件上设施还未完善等方面原因，创客的集聚效应未形成，到空间的真正创客或热爱创客文化的读者不多，目前开通的线上微信论坛的人气不足，讨论互动不够积极。

3.4 暂时缺乏专业培训和解答

越图创客空间成立初期除了为创客提供空间场所和相关的设施设备外，还规划了培训课程，但由于成立时间短，目前固定的创客群体数量不大，相关创客培训课程还在筹备中。另外，负责对创客空间进行管理的馆员本身对创客专业知识掌握程度还不够深入，创客在使用空间的过程中如遇到一些专业性的创作问题时，一般难以给予专业化解答。

3.5 创客空间建设缺乏横向合作链

目前，学校越来越注重学生创新实践能力的培养，而科技园区有众多的科技人才和科技孵化企业，所以学校和科技园都是创客空间理想的合作对象。越图创客空间活动在开放初期，各类创客活动及空间的建设基本是独立开展的。缺少与学校、科技园等社会群体合作，没有打造成互动的横向合作链，导致空间活动的影响范围和号召力不够，不能实现创客资源的优化组合，未能形成空间的建设发展的合力。

4 区级图书馆创客空间建设发展建议

4.1 基于创客的需求进行规划建设

根据读者的需求确定创客空间的主题，并以读者用户的意见进行服务的改进。通过多种方式调查读者的需求来开展空间的建设和完善。结合本馆的具体资源和情况制定并改进空间的服务项目和内容。有研究表明，不同类型图书馆开设的服务内容应有所不同，如下表所示。

不同类型图书馆开设创客空间服务内容[3]

名 称	需求来源	主要服务内容
公共图书馆	城市及社区民众	以满足社区民众基本生活需求为中心的手工制作类活动：如烘焙、园艺、缝纫、剪纸等； 以满足社区民众数字化需求为中心的设计类活动：视频＆音频、博客、PS、CorelDRAW、Adobe Illustrator 等数字设计软件系列基础知识教学和制作； 以满足社区民众生活制作、创造为中心的制作类活动：自行车修理、修缮家庭器件、首饰制作、机器人制作、3D 打印等
学术图书馆	学者、高校师生	开展与学校课程设置相关的活动：计算机、3D 打印技术、电子设备等研习和演示，基础电力和电路学习，PS、Adobe Illustrator 等设计软件系列基础知识教学和制作，创客沙龙、研讨学习会、机器制作等
中小学图书馆	中小学师生	以开发学生智力、兴趣为主，辅助学习 STEAM 科学知识的活动：阅读青春文学、科幻小说、连环画，看电影，进行智力电脑游戏、故事会、针线等基础手工艺活动教学等

由上表可知，相比高校的学术图书馆和中小学图书馆，公共图书馆提供的服务内容应偏向贴近生活的实际运用类活动。因此区级图书馆可尝试开展烘焙、园艺、剪纸等手工类活动；再如 3D 打印建模软件的使用与打印体验、机器人制作、电器修理等创造类活动，吸引普通群众参与，这样就避免创客空间显得曲高和寡，扩大了创客空间的服务范围和对象。

4.2　区别于省市级公共图书馆的定位

以广州地区为例，省级的中山图书馆和市级的广州图书馆，无论在知名度和可用的资源经费等各方面，均较区级图书馆有巨大的优势。就越秀区图书馆而言，地理位置离这两所大型公共图书馆的距离不远。笔者了解到，广东省立中山图书馆已成立了少儿创客空间，广州市图书馆也设立专门的创意设计馆，如果这两所图书馆均成立创客空间的话，其吸引的创客无论是人数还是水平层次上自然较高。因此，区级图书馆作为基层图书馆，要定位准确，合理规划提供空间服务，创客空间的建设发展定位要与图书馆所服务的主要读者群体相匹配，避免与省市级图书馆创客空间定位和提供的服务重复，要有针对性地开展空间的建设。

4.3　完善空间的软硬件设施

图书馆创客空间本质上是知识与实践体验的结合体及其衍生物[4]。创客空间不仅仅是给创客提供一个空间，还应提供其他有利创造的条件。区级图书馆成立之初考虑到人力物力等具体情况，主要以提供场所、引进 3D 打印机等工具设备为主，但在空间发展阶段，需不断完善硬件和软件方面设施配备，并能提供相关的指导或培训。一方面，硬件设备的投入和专业软件的完善，取决于办公经费和发展资金的问题，区级图书馆可结合实际情况向上级主管部门申请增加建设经费，才能有更好的物质基础来开展空间建设。另一方面，完善和改进各项管理制度。区级图书馆在人员编制相对不足的情况下，更要推进管理的优化和服务质量的提升，促进创客空间各项工作制度化，使空间的管理高效有序。只有软硬件的不断完善和更新，创客空间才能形成长期的磁场效应，吸引不同和行业的人集聚，让新知识新想法转化为创新的成果，推动空间形成良性发展。

4.4 将创客空间活动结合到阅读推广中

图书馆作为具有教育功能的文化场所，也是少儿文化启蒙和创新思维激发的重要基地。阅读推广工作成为图书馆越来越重要的职能，创客空间的建设也可结合各区级图书馆阅读推广工作的方向来展开。就越秀区图书馆来说，由于附近学校数量多，青少年是一个非常重要的读者群体。越秀区图书馆"喜阅吧"主要是面向青少年的阅读推广活动，创客空间的活动也可以中小学生创客为活动群体，结合"喜阅吧"系列的阅读推广活动，如在"喜阅吧"系列活动的万花筒板块中的普通玩具拼装加入智能玩具拼装，在手工制作活动中融入智能科技元素，通过活动宣传创客文化，推荐创客类书籍，在阅读推广的同时进行创客文化推广。

4.5 形成多元化主体合作建设机制

4.5.1 与教育部门共同开展活动

区级图书馆可尝试与教育部门开展合作，开展青少年学生创客活动。据笔者了解，2016年3月，广州市教育局发布了《关于举办 2016 年（首届）广州市青少年 3D 打印创意设计大赛活动的通知》，决定在 2016 年 9 月—10 月举办以"太空探索"为主题的 3D 打印创作大赛。当前，中小学校越来越重视学生动手和创新能力的培养，因此，以青少年为主要群体来开展创客活动是比较符合读者需要的。各区级图书馆可以此类比赛为契机，尝试获得市、区教育局的支持，共同举办或协办地区学校的创客比赛，加强与中小学的合作，让有能力的青少年创客到馆内创客空间进行交流创作，从而扩大创客空间的影响力和服务范围，使创客空间服务主体。

4.5.2 深化与社会团体的合作交流

一是邀请某一领域有着兴趣爱好的人员来开展课程培训等活动，并组建形成创客的合作社群，让这类人员成为创客空间的"主心骨"，形成创客活动常态化开展机制。二是与相关学术协会、科技园区等社会团体共同合作举办活动，以推动科技孵化和创造。在经费允许的条件下，部分业务可以尝试外包给专业公司，以达到更专业化程度；在经费不足的情况下，可以通过和本地区高校、协会等社会团体的合作来招募一些有知识能力的志愿者如在校理工科大学生等。三是加强与同类型图书馆的交流。作为广州地区第一个公共图书馆创客空间，越图创客空间吸引了附近地区的图书馆过来参观交流，同时也可定期组织本馆人员到其他地区图书馆的创客空间进行学习，不同馆间的交流也是提高空间服务的有效途径。

4.6 注重馆员专业素质的培训与能力的提高

加强馆员创客知识素养的培训，促进他们深度参与空间的活动开展和服务质量的提高。由于馆员对 3D 打印机、开源软件 Arduino 等套件都是零基础的，创客在空间进行创造时难以真正获得专业技术上的指导，因此，加强对馆员相关技能和课程的培训，让馆员熟练掌握运用设备和程序，并能完成好设备日常的维护。同时培养馆员接受和传播新技术的能力，让馆员具备创客精神，也能更好地与创客互动，相互促进，共同推动空间发展。

5 结语

图书馆提供创客空间服务能开创图书馆新的服务类型，扩大图书馆的服务范围，使图书馆充分发挥知识创新的作用[5]。图书馆创客空间是一种积极有益的尝试，各区县级图书馆相继成立创客空间也将成为一种趋势。而区级图书馆在经费资源等方面都相对有限，所以各区级图书馆成立创客空间要针对民众的需求制定好相应的建设发展方向，根据本馆的实际情况，合理规划，积极推进，以增强创客空间开放的效果，让图书馆创客空间更好地发挥支持探索学习与推进社会创新的职能。

参考文献

[1] 肖玮. 公共图书馆创客空间研究 [J]. 图书馆，2016 (6)：83-85.

[2] 叶焕辉. 美国费耶特维尔公共图书馆创客空间建设研究 [J]. 图书馆研究，2015 (3)：16-18.

[3] 张红利，曹芬芳. 国内外典型图书馆创客空间实践研究和启示 [J]. 图书馆学研究，2015 (22)：9-16.

[4] 陶蕾. 创客空间——创客运动下的图书馆新模式探索及规划研究 [J]. 现代情报，2014 (2)：52-57.

[5] 王敏，徐宽. 美国图书馆创客空间实践对我国的借鉴研究 [J]. 图书情报工作，2013 (6)：97-100.

职业能力研究

图书馆未来发展与馆员职业能力

李哲彦①

（广州市增城区图书馆　广州　511300）

摘　要：本文在分析现代化信息技术对图书馆未来发展所产生的影响的基础上，指出为适应图书馆未来发展趋势，馆员应该具备的职业能力构成，进而提出未来潜能型馆员在服务组织的同时，图书馆应如何对其进行培养，并在服务组织的过程中实现其自身价值与职业目标。

关键词：信息化　数字化　图书馆馆员　职业能力

1　信息技术对图书馆的影响

1.1　对整体功能的影响

现代信息技术的出现，不仅给日常生活带来了巨大的变化，同时对人们的阅读习惯与方式产生了影响。作为人们重要阅读场所之一的图书馆，其整体性功能也随之出现变化，不再局限于过去为用户提供单一的书籍、期刊的服务，其将成为一个集学术信息、学术交流与科普教育的中心或基地。因此，图书馆在整体区域功能的规划和建设上应更多地考虑与现代信息技术的相互结合与应用。

1.2　对资源结构的影响

在现代信息技术的影响下，传统图书馆考察收藏纸质媒介的书籍或文献的衡量标准正逐步弱化。现代信息技术、互联网与搜索引擎的广泛应用，让网络潜藏的丰富资源得以迅速被发现与利用。因此，信息技术的发展促使图书馆对传统的文献收藏方式与标准，甚至文献的属性都发生变化与修改。

1.3　对管理模式的影响

传统的图书馆管理模式更多是机制化与流程化的运作，借还书更多是依赖人力完成。另外，图书馆馆员的晋升渠道单一，其任职资格与分工不够细化和明确，考核机制与衡量标准不够严谨等，很大程度上束缚着图书馆馆员发挥其积极能动性，也制约着图书馆中文献的利用价值。现代信息技术，为图书馆的管理提供了一种全新的组织模式，内部系统更是高度集成。图书馆管理模式正在发生质的变化。

1.4　对服务方式及工作内容的影响

图书馆传统的服务方式或工作内容以借还纸质媒介的书籍或文献为主，此类工作更多是依赖人力完成，此模式极大程度地制约了文献的使用效率。此外，重复单一性的工作容易使

①　作者简介：李哲彦，女，广州市增城区图书馆青少年儿童阅览室副组长。

241

图书馆馆员产生消极倦乏感，失去对工作的热情。信息技术下的图书馆业务显得更为多元化，对外的信息传递、交流等更为广泛与迅捷。用户对信息与知识的需求更加"快、广、深"。因此，图书馆馆员的工作内容从过去的以"借阅服务"为主，到现在以通过网络提供学术型和知识型服务、专家咨询服务、对外交流合作服务的创新模式转变。

2 基于现代信息技术影响下图书馆的发展趋势

2.1 建设数字图书馆是大势所趋

1998年10月，时任国务院副总理李岚清在考察国家图书馆时指出："未来图书馆的模式，就是数字图书馆。"2002年5月，在北京召开了"数字图书馆与中国"的研讨会，标志着中国数字图书馆工程进入了实际性操作阶段。时至今日，数字图书馆经历十多年的发展，在"国家—省—市—区"布局上，已经初见成效，建成了部分"传统＋现代信息技术＋网络化＋外延化"的数字图书馆，例如中国数字图书馆、中国期刊网，还有广东省立中山图书馆与北京时代超星公司合力建立的超星数字图书馆等[1]。

2.2 功能划分的多元化与复合化

以广东省立中山图书馆和广州图书馆为例，图书馆的功能不再是过去单一的借还文献与书籍的服务，其功能划分呈现出多元化与复合化的特点。特别是广州图书馆，设置综合服务区、大众服务区、对象服务区、主题服务区、交流服务区、藏书区等功能区域，针对性地提供资源借阅与传递、信息咨询、展览讲座、艺术鉴赏、文化展示和数字化网络服务及公众学习、研究、交流空间。

2.3 对外合作的外延化与深度化

图书馆在未来的作用或职能不再局限于内部，相比于过往相对封闭的操作模式，其将显得更为开放，对外合作的活动将大幅增加，而且更为深度化。例如广州图书馆的品牌活动"羊城讲堂"，是由中共广州市委宣传部、广州市社会科学界联合会主办，信息时报社、广州图书馆、共鸣杂志社等单位协办，面向社会公众的公益性讲坛。主要内容包括形势政策和法律法规，各学科领域的经典名著、优秀作品，以及教育、生活、经济、社会、保健等市民普遍关注的各方面话题和热点问题。又如"广州文化讲坛"，由广州市文化局主办，广州图书馆承办，围绕社会热点、文化建设等组织讲座内容，邀请著名专家学者主讲。再如广州市增城区图书馆，与社会各界精英合作，不定期举办各类展览与公益活动，例如每年一届的书香节、面向未成年人的读书活动、手机摄影大赛、与镇街合作的流通服务点、与学校合作的流动书车活动，还有与学校培训机构合作的升学辅导公益讲座等。

3 为适应图书馆未来发展的图书馆员职业能力构成

3.1 职业能力的概念与构成

职业能力是人们从事其职业的多种能力的综合体，一般涵盖以下三方面要素：①任职资格：为了胜任一种具体职业而必须具备的能力，一般体现在岗位说明书上；任职资格的具体事例详见附录，此处不具体说明。②职业素养：指在进入职场后表现出来的各种素质，一般体现在冰山模型的水面下层位置。③职业生涯管理能力：开始职业生涯之后具备的职业生涯自我管理能力，例如如何自我提升、如何规划职业路径等。职业素养的范畴很大，一般以胜任力冰山模型的形式呈现，见图1。

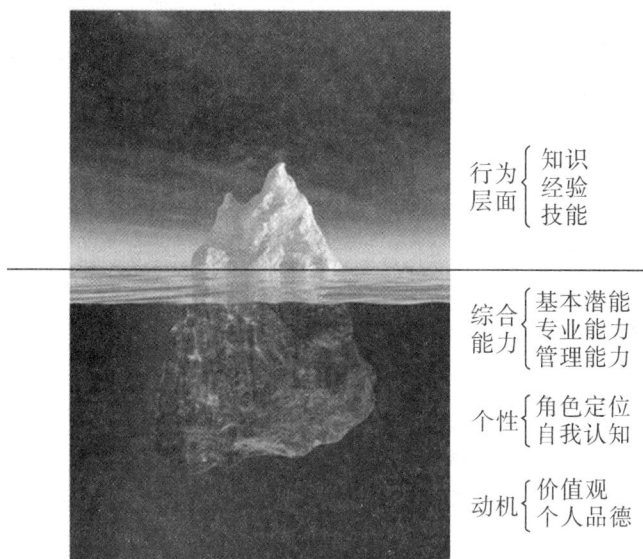

图1　职业素养冰山模型

由冰山模型可知，职业素养包括了水面以上行为层面的知识、经验和技能，也涵盖了水面以下较为深层次的综合能力、个性和动机。

3.2　图书馆馆员应该具备的职业能力的构成

综上所述，笔者认为图书馆馆员应该具备的职业能力不仅仅要满足目前自身工作的需要，更应该能够应对图书馆未来发展所需，并在此基础上实现职业生涯规划，最终达到个人的目标，而非如过往纯流程化、制度化的运作。

因此，笔者从文章开头就从现代信息技术对图书馆的影响切入，推导图书馆在未来的发展方向，以此分析图书馆馆员为迎接即将到来的挑战而应该具备的职业能力。遵循"宏观—中观—微观"的分析逻辑，更具可信度，详见表1和表2。

表1　图书馆未来发展趋势特征

图书馆未来发展趋势	各发展趋势所呈现的特征
图书馆 数字化	1. 现代信息技术得以全面应用 2. 检索技术的变革更新 3. 互联网与物联网、桌面互联网和移动互联网紧密结合 4. 读者不再是单一的被动内容输入者，而且是内容输出者 5. 馆藏形式更加多样与丰富，馆藏衡量标准发生变化，过往的档案管理技术无法满足发展需求 6. Google眼镜和VR等新型穿戴设备和技术的应用 ……
功能 多元化	1. 图书馆区域功能划分更加精细，服务流程更显针对性 2. 不再是单一的书籍文献借还服务 ……

（续上表）

图书馆未来发展趋势	各发展趋势所呈现的特征
功能 复合化	1. 每个主题功能涉及的非封闭性服务，各主题区域间相互融合 2. 公益与商业相互影响，相互促进 ……
合作 外延化	1. 业务向外延伸，除文献书籍借还服务外，还延伸到未成年人服务、少儿教育、志愿者服务等 2. 与政府系统内部单位合作，举办各种公益性活动 3. 与外部企业单位合作，举行相关商业活动 4. 和外部社会机构合作，进行各项活动 ……
合作 深度化	1. 外延的服务，例如未成年人服务、少儿教育、志愿者服务等，更多是长期的跟踪与记录，成为学生除学校外的又一重要实验基地 2. 与政府系统内部单位、外部企业或外部社会机构合作，更是非简单的安排场所等事务性工作，更深度化，例如商务活动中的谈判、业务合作伙伴，效果跟踪、社会价值的创造等 ……

表2　满足图书馆未来发展需求的图书馆馆员的职业能力构成

职业能力维度 图书馆发展方向	行为层面			综合能力			个性		动机	
	知识	经验	技能	基本潜能	专业能力	管理能力	角色定位	自我认知	价值观	个人品德
图书馆数字化	档案管理 信息管理	行政相关 计算机相关	计算机 互联网	科技敏感度	档案管理 数据分析	信息管理	图书馆管理专家	设计参与	帮助服务他人	保密性
功能多元化	信息筛选 信息分析	行政相关	信息检索	信息敏感度	组织策划	沟通能力	事务管理专家	方案提供	帮助服务组织	责任感
功能复合化	信息筛选 信息分析	行政相关 策划相关	信息检索 信息分析	信息敏感度	组织策划 协调沟通	沟通能力 组织能力	活动组织专家	活动组织策划	帮助服务组织	责任感
合作外延化	活动合作	活动策划	组织策划 项目管理	商业敏感度	活动组织策划	时间管理 流程管理	项目实施专家	项目实施	成就他人	保密性
合作深度化	活动合作 商务合作	活动策划 商业行为	组织策划 商务谈判	商业爆破	活动组织策划 商务谈判	时间管理 项目管理	业务合作伙伴	业务伙伴	成就自我	保密性 使命感

　　由表2中可知，图书馆馆员在应对图书馆在未来发展的变化和挑战上，其职业能力构成不再如过往一般，仅满足于流程化、制度化、机械化的简单事务性工作，更要满足未来成为业务合作伙伴的专业技术能力。笔者在此将图书馆馆员职业能力划分为以下三个方面。

3.2.1　一般性能力

例如行政管理、信息筛选和信息处理等一般性的职业能力。因为图书馆馆员只有通过管理、开发、加工和传递信息才能使文献发挥其应有价值。因此，图书馆馆员要不断提升自身的信息管理能力，提高其对信息加工的能力和敏感度，才能对信息具有自身的洞察力，进而判断和运用信息，为广大读者提供更为优质、高效的服务。

3.2.2　专业性能力

作为一名图书馆工作者，必须做到职业化与专业化，为做好本职工作，必须熟悉本岗位所需要的领域学科的专业知识，例如档案管理、数据管理与分析等。利用专业知识与技能对信息或文献进行分析，判断其质量，并加以利用，发挥其更深的价值。笔者认为，图书馆馆员除了需要从"深度"的衡量维度上掌握专业领域的知识外，还要从"广度"的层面上掌握其他知识，例如一门常用的外语、汉语言文学、计算机技能或活动的组织实施流程等知识，成为未来发展所需要的"T"型人才。

3.2.3　潜能性能力

所谓潜能性知识，并非满足现阶段图书馆工作所需要的知识，也非满足图书馆馆员现阶段工作所需的知识，然而却是最为重要的。只因其满足的是图书馆未来发展的需要，更是图书馆馆员在未来实现自身职业目标的重要保障。从组织发展与人才发展的模型可知（见图2），掌握上述笔者所说的一般性知识和专业性知识的人，只能算是某一领域的事务管理专家或活动组织专家，而不是未来发展所需要的人才。未来任何组织形式除了需要事务管理专家外，更需要的是业务合作伙伴。业务合作伙伴不仅仅具备专业的知识，更能为彼此提供专业的解决方案，包括方案的组织、策划、实施和后期效果的保障。对人才在组织协调、人际沟通、时间管理、项目管理、商业活动等领域上的要求相对较高，因此，需要具备快速学习的能力。此外，业务合作伙伴在更好地服务组织的同时，能够成就他人，更能够实现自身的职业目标，最终成就自我[2]。

基于此，业务合作伙伴的职业能力培养，才是图书馆满足未来发展所需要的方向所在。

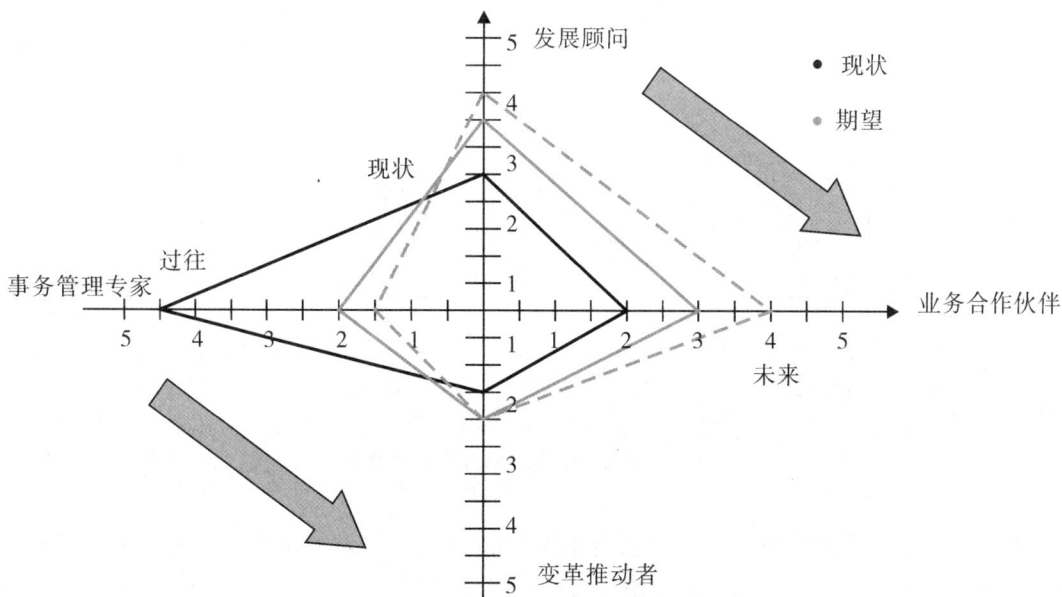

图2　组织发展与人才发展需要模型

245

3.3 图书馆馆员职业能力培养

从组织的培训体系规划发展模型（见图3）来看，自上而下的"S-O-C-L"模型，即"战略—组织—能力—学习"的模式是其中一个大趋势，而且更符合组织发展的战略需要，组织内部人员的能力要求更符合实际工作所需。

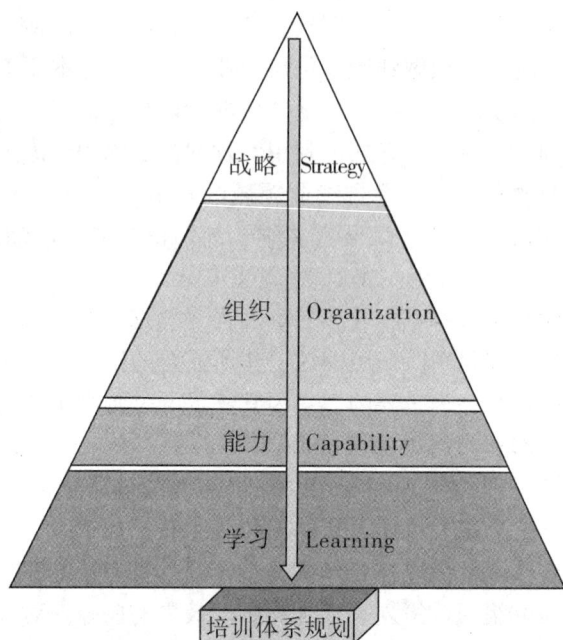

图3 自上而下的培训体系（"S-O-C-L"模型）

从组织所面临的挑战与机遇出发，到其制定的竞争发展战略引申到组织能力，可知图书馆未来发展的关键人群为图书馆馆员，从图4中，遵循"S-O-C-L"模型，推导出图书馆馆员的能力培养既是重点，也是难点。

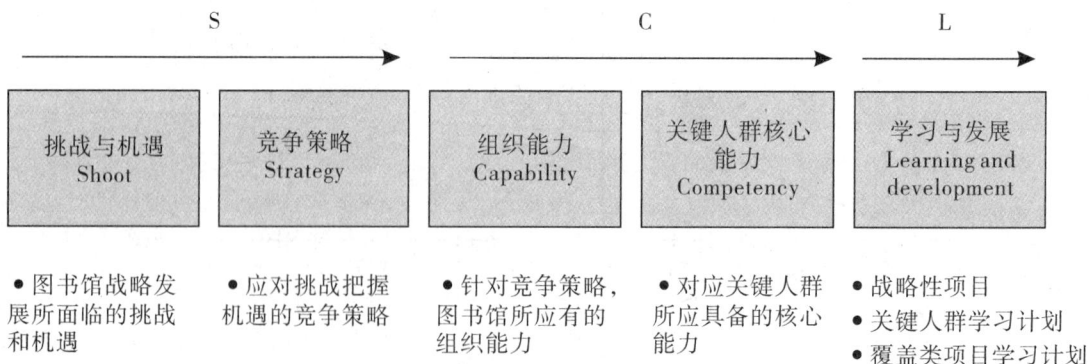

图4 图书馆关键人群学习发展推导图

基于此，笔者认为图书馆应从"投资于人"和"赋能于人"两个层次对图书馆馆员进行职业能力培养。

3.3.1 投资于人

人才是组织未来发展的核心资源和竞争力，图书馆是诸多组织形式中的一种，因此也不例外。过去，对人才培养的投入总被列入成本的项目中，称为人力成本。但曾经的手机巨头摩托罗拉公司对人才的培养不遗余力，最终计算出来的投入产出比为1：40，意思就是每在员工的培养上投入1美元，将会产生40美元的价值。投资于人的培养，应该侧重对图书馆馆员进行人文类、健康类、教育类的课程培训，关注馆员的生活品质与身心健康成长，激励馆员学习提升[3]。

3.3.2 赋能于人

赋能于人更多是针对馆员的工作所需，对其个性化需求与职业发展需要提供能力提升的培养课程。赋能于人的实施形式多样化，而非单一的外聘训练模式。例如图书馆馆员的轮岗计划、定期的外出学习交流计划、参与图书馆与系统外单位的活动等。当然，更多是有针对性地筛选特定人选，而且在每个培养计划中明确其角色定位，由浅入深，由事务性到主导性，由协助组织到主导实施一些活动，甚至是某些商务活动，例如商务合作的洽谈工作都需要有不同程度的涉猎。以此训练图书馆馆员成为一个多面手，面对任何挑战都可以快速应对。当然，专业知识与工作技巧的训练也是必不可少的，例如时间管理、项目管理、人际沟通、流程管理、商务合作等高阶能力的训练。

赋能于人的关键在于将图书馆的战略与图书馆馆员的职业目标相互结合，因此，需要对图书馆馆员的职业生涯、晋升路径、学习地图进行设计。从一名新晋的图书馆馆员到资深的图书馆馆员，再到专家级别的图书馆管理顾问，甚至是更高层次的图书馆管理层，需要经过哪些培养训练、需要培养多长时间、培养后如何评估效果等都需要进行设计。每一个级别的考核标准如何、晋升后的权利责任如何平衡也需要充分考虑。基于此，以后朝着半成本部门半利润中心发展的图书馆，其岗位已非过去的"铁饭碗"，也将面临淘汰的压力与挑战，而这将是一种进步的形式。

参考文献

[1] 方建平. 建立数字图书馆是信息时代图书馆发展的方向［J］. 新疆社会科学信息，2002（2）：2-4.

[2] 王成，王玥，陈澄波. 从培训到学习——人才培养与企业大学的中国实践［M］. 北京：机械工业出版社，2010（1）：10-11.

[3] 李文蕾. 除鄙见，得新知，增学问，广识见，养性灵——学习型馆员与馆员阅读之我见［J］. 新世纪图书馆，2011（5）：11-13.

附录：

岗位概况			
岗位名称	图书馆馆员	所属单位	广州市××区××图书馆
岗位编号		所属部门	××部
工作地点	广东省广州市××区××街道××号		
岗位设置目的：负责图书馆借阅区日常事务工作，解答读者疑问，并不断提升服务能力			

岗位工作关系		
直接上级岗位	图书馆××组组长	
直接下级岗位	无	
联系紧密部门/岗位	公司内部：各部门/部门组长	
	公司外部：读者/书商/出版社/学校	

管理范围及幅度			
工作职责			
序号	工作领域	主要工作职责	衡量维度
1	书籍借还管理	负责读者的书籍借还管理工作，满足图书馆文献借还工作的需要	及时性、准确性
2	读者疑问解答	负责对读者当前提出的疑问进行回答，满足读者解决问题的需求	解答读者疑惑的及时性
3	文献上架管理	对读者归还的文献进行分类上架，确保及时补充归还书籍	文献上架的及时性与准确性
4	志愿者日常管理	对到馆实习的志愿者进行培训与工作安排管理，检查其工作进度完成情况，并做好相应记录	工作安排的合理性、工作完成的完整度
5	流动书车工作	根据已制订的流程书车计划，提前与对方沟通，按时实施	工作安排的及时性、计划完成的完整性
6	跟出版社和书商接洽	与出版社或书商接洽，了解最新的书讯，为丰富馆藏资源提供帮助	信息的丰富性与准确性

任职条件	
教育背景	学历：大专或本科
	专业：档案管理专业、汉语言文学或行政管理相关方向专业
工作经验	1年以上企事业单位相关工作经验
专业资质证明	无
知识与技能	1. 熟悉档案管理、行政管理等相关知识 2. 掌握日常办公软件相关技能 3. 了解外部出版社或书商的相关信息 4. 了解未来图书馆的运作及适应其运作的知识与技能要求
关键素质	1. 客户导向 2. 沟通表达 3. 组织协调 4. 人际理解能力

248

新时期公共图书馆馆员职业能力浅析

张远青①

（佛山市图书馆 佛山 528000）

摘 要：当今时代图书馆面临着信息化潮流的洗礼，图书馆馆员的职业能力受到大环境的改变而作出调整。本文以当前形势时代背景为基础，对图书馆馆员必须具备的职业能力进行分析评述，提出多种有效途径来提升和培养图书馆馆员的职业能力，以求在图书馆这一个大舞台上实现人生理想和体现人生价值。

关键词：信息化 图书馆馆员 职业能力

曾有人说：图书馆馆员是图书馆事业的灵魂。从这句话我们能看出来，图书馆事业和图书馆馆员的职业能力是相互联系，不可分割的。评价一个图书馆的业务工作水平的重要因素就是图书馆馆员的综合职业能力。当然，若是忽略了时代的背景，来讨论图书馆馆员职业能力是毫无意义的。因为，任何职业都会受到时代发展的影响，图书馆馆员亦不例外。所以在当今信息时代对图书馆馆员的职业能力进行研究很有必要。

1 时代背景

在 21 世纪的今天，图书行业发生了极大的变化，用户自己可以通过电脑或者手机，使用搜索引擎就能查找到想要的信息，而不一定要去图书馆。

如果图书馆馆员的职能仍还停留在提供图书和简单的信息检索，将会导致越来越少的用户到图书馆，最终导致图书馆日渐式微。图书馆馆员的生存已然受到了时代的威胁。随着信息技术的发展，"大数据""云计算""物联网"等新概念不断地改变我们的生活，图书馆要变，图书馆馆员也要变，图书馆馆员职业能力更要变。

2 图书馆馆员必须具备的职业能力分析

图书馆馆员职业能力是指在图书馆工作的专业图书馆馆员要完成图书馆内部分配的工作所需具备的能力。

如今，在社会科学技术不断进步和读者需求的推动下，图书馆不再是读者获取信息的唯一渠道，严峻的挑战已经逼着图书馆开始向智能化、网络化、学科化方向转型。只有不断地注重图书馆馆员能力的培养和发展，图书馆才会有更好的持续发展下去的动力和源泉，才能

249

---

① 作者简介：张远青，女，佛山市图书馆馆员。

提高图书馆的社会地位。因此，为顺应时代发展，图书馆馆员的职业能力应该包括以下几点[1]。

2.1 管理信息的能力

图书馆馆员必须掌握一定的图书馆学知识，对馆藏文献要有一定的了解。具体来说，就是流通部门人员必须熟悉馆藏文献，懂得如何整理图书、分类上架。管理英文书籍的工作人员还得具备一定的英语基础。负责为政府全额拨款的公共图书馆采购图书的采访人员，就更加要根据广大市民的阅读喜好不断调整采访方向，努力地贴合市民的阅读需求。而为了更好地对图书进行分门别类或标记指引，采编编目人员应当具有古汉语知识、外语知识、图书分类专业知识等。参考咨询人员在其服务的领域还应具备较高的专业知识水平。而当系统出现故障时，能及时判断、排除故障原因则是系统管理人员所必备的能力。

2.2 依托"大数据""云计算"技术，提升整合加工数据信息的能力

能够对信息进行整理也是图书馆馆员应该具备的能力，具体来说，就是能够把信息进行分门别类，进而对其分析并最终使信息有序化。特别是随着大数据时代的到来，图书馆馆员掌握数据分析、加工、整合的能力，对图书馆提供读者个性化服务，提升业务工作效率，都能起到很重要的作用。

2.3 人际交往的能力

在当今社会，人与人之间的关系更加紧密，接触也逐渐增多，所有人在工作中难免都要与他人有所关联，而一个图书馆馆员最重要的任务就是做好读者服务。

图书馆馆员要以诚恳、平等的态度对待读者。在服务过程中，要始终把读者放在第一位，不管其地位如何，才能如何，都应给予尊重，做到以礼相待，耐心解答，让读者感到受重视，受欢迎，力求让读者与馆员之间产生一种自然的亲近感和认同感，让读者喜欢上图书馆的氛围，从而提高图书馆的利用率。图书馆馆员还须多与读者沟通，根据读者的需求为读者提供更优质更高效的服务。

总之，图书馆馆员一定要具备良好的人际交往和沟通的能力。

2.4 创新的能力

创新是人类特有的认识能力和实践能力，是人类主观能动性的高级表现，是推动民族进步和社会发展的不竭动力[2]。习近平指出："不创新不行，创新慢了也不行。"如果"不识变、不应变、不求变"，就可能陷入战略被动，错失发展机遇，甚至错过整整一个时代。因此，创新是民族的灵魂，在社会各个领域当中起着举足轻重的作用。

同样，没有创新意识的图书馆就将会面临生存危机。创新是非常多样化的，并不拘泥于一种。其中，技术创新可以有效地改进服务方法和工作方法，制度创新可以根据当前的社会环境来重新优化调整图书馆的内部结构和相关管理制度，决策创新则可以为图书馆的发展确立新的发展目标和发展方向等。

笔者认为，图书馆馆员的创新最重要的是思想观念的创新，观念必须与时俱进，才能使图书馆事业充满蓬勃生机活力。

2.4.1 服务走出去

不固守图书馆内基础阵地，走出去，把服务延伸到各区、镇、街道、单位。

2.4.2 创新服务方式

运用新的通信技术传递信息比如发送电子邮件、微信，使用电视、互联网等，从而丰富图书馆的服务形式。

2.4.3 活动形式多样

根据读者需求开展多主题读者活动，或者跟紧热门话题、民生服务等，为读者提供信息服务。改变以往图书馆那种以书籍的收藏、整理和借阅为主的服务模式。

2.5 活动策划及组织协调能力

现今图书馆的服务呈现多元化趋势，不再局限于为读者提供书刊借阅、信息检索，还开展大量的读者活动。除了惯常的读书活动外，还包含不同年龄层次以及各种类型的文化活动。想要举办一场成功的活动，就必须在活动前期，对活动的可执行性、活动的经费、活动的创意性、活动的宣传，做好一系列的规划和预算，才能使活动取得一定的社会效益。而活动成功举行还有一个重要因素，就是负责人的组织协调能力，主要指活动的计划布置、组织分工、人际沟通协调等能力。因为举办一场活动不可能仅靠个人的单打独斗就能完成，除了内部人员组织，还包括外部门外单位的组织和联系，这就要求负责人能正确分解工作任务，制订切实可行的工作计划，合理地组织分工，落实具体任务，做好统筹工作等。因此，图书馆馆员要具有一定的活动策划及组织协调能力。

3 图书馆馆员职业能力的培养

那么，图书馆馆员应该要怎么培养及提高自身的职业能力呢？笔者认为以下几种相对综合的培养方式能全面有效地培养图书馆馆员的职业能力[3]。

3.1 馆内轮岗培训

图书馆内各部门各岗位人员定期轮换。通过馆内轮岗培训，图书馆馆员所掌握的工作技能得到拓宽，对于馆内各个岗位的工作内容、工作方式和工作流程都能有所了解。从侧面来讲，这对于图书馆的发展和服务读者来说是有必要而且很有作用的。

读者来到图书馆之后遇到了问题，最直接、最方便的提问方式就是咨询图书馆的工作人员。此时，图书馆馆员能否清楚地回答读者所提出的与图书馆相关的问题，以及能否很好地替读者解决当前实际的问题，这就充分体现了图书馆服务能力水平，也能直接地反映出图书馆内部管理存在的问题。

3.2 馆际共培

"三人行必有我师"，可以明确的是每个图书馆都会有其自身的优缺点，但是除了它们各自的特色之外，还存在着很多共性，例如图书馆都存在着不少相同的工作和职能。鉴于此，可以实行多个图书馆间的培训。

馆际共培是除了馆内轮岗培训之外的一种既不受人员编制所限又能节省经费的培训方式。图书馆之间可以协商拟定一套切实可行的人才交换培养方法。双方派遣业务精英互相换岗一段时间，学习借鉴大家的工作方法和管理经验。换个土壤，或许会长出更美丽的花。对于提高工作能力，这种节省经费的方法是比较有效果的。

3.3 开展期限短次数多的教育培训

开展期限短次数多的教育培训，培训的形式可以是多样化的。可定期开办学术讲座、业务培训班、业务提升班、研修班等，也可派出人员外出进修。因为这种教育是适合社会发展需要的，因此，相比起那些长期的教育，期限短次数多的针对性教育将会更加合适，而且开展活动的形式也可以是丰富多彩的，可以是开展学术研讨会、客座讲授，也可以是知识的共享会、教育培训班、能力辅导班等。

图书馆也可以直接从外面请来专业的管理人员提供培训，如请图书馆系统的专家讲解图书馆服务的新方向、新理念等。

3.4 进行定向的岗位培训

定向的岗位培训，就是根据岗位职责，对该岗位工作人员进行提升业务服务水平的培训。这能让图书馆馆员快速适应因时代的变迁、社会的进步引起的读者需求变化对图书馆服务内容产生的新要求。

例如，通过岗位定向培训，可以使得流通部门人员更加熟练地了解图书的流通程序，更好地使用本馆的管理系统软件；图书编目人员对图书注录更加精确等。

3.5 主动终身学习

终身学习是指每个社会成员为适应社会发展和实现个体发展的需要，贯穿于人的一生的，持续的学习过程[4]。图书馆馆员应该学会主动地学习，自愿而不是在外在压力下学习。只有不断自主学习，才能提高自己的知识储存量，图书馆馆员才能赶上时代发展的步伐。

为了适应当今社会迅速发展的需要，我们每个人都要具备终身学习的能力，而这对于图书馆馆员来说显得尤其重要。如果图书馆馆员不具备良好的学习能力，那他的知识水平必然是跟不上社会发展需要的，而这对于图书馆事业的发展将会起着消极的作用。

因此，图书馆馆员必须更加努力地提升自己，不断地主动学习，终身学习，为了更好地为图书馆事业的发展作贡献。

4 结语

图书馆的整体服务水平是由每个图书馆馆员在为读者服务的过程中汇总出来的，图书馆馆员职业能力的高低与图书馆服务水平的高低呈正比关系。从发展前景考虑，图书馆要注重馆员职业能力的提升，只有在工作中不断提升馆员的职业能力，才能适应读者因时代的发展而不断变化的需求，才能为读者提供更优质的服务，让图书馆实现效益最大化。

参考文献

[1] 李岩. 论图书馆员的职业精神和核心能力 [J]. 中小学图书情报世界，2006（6）：27-28.

[2] 贾换英. 高中数学教学应该重视学生创新能力的培养 [J]. 中华少年（教学版），2012（16）：344.

[3] 严涛. 试论高校图书馆员职业能力的提升与教育培训 [J]. 乌鲁木齐职业大学学报，2008（2）：129-132.

[4] 杜志强. 论终生学习观念确立的社会意义 [J]. 湖北经济学院学报，2008（11）：5-7.

公共图书馆馆员职业能力研究

——以公共图书馆馆员的搜商为例

王　丽①

（清远市图书馆　清远　511518）

摘　要：公共图书馆馆员的职业能力是做好工作的基础条件，搜商是公共图书馆员职业能力的重要组成部分，它在公共图书馆馆员的各种工作中扮演着重要的角色。本文采用理论论述与部分实证资源分析研究的方法，以公共图书馆馆员的搜商为例，对公共图书馆馆员的职业能力进行研究。

关键词：公共图书馆　图书馆馆员　职业能力　搜商

职业能力是公共图书馆馆员的立身之本。在日新月异的现代信息社会中，公共图书馆馆员只有不断学习新知识，紧跟社会历史发展的潮流，才能使自己跟得上时代发展的脚步。因此，公共图书馆馆员要加强学习与研究，不断提高自己的职业能力，以适应新时代公共图书馆工作的新需求。

1　公共图书馆馆员的职业能力与搜商的运用

1.1　公共图书馆馆员的职业能力

公共图书馆馆员的职业能力既是公共图书馆员完成本职工作的根本能力，也是其胜任公共图书馆工作、为公众提供良好的文献信息资源服务的能力。由于现代公共图书馆是社会公众的文献信息资源中心，所以，对公共图书馆员的职业能力要求显然要比传统的公共图书馆高。又由于公共图书馆所面对的读者用户范围广泛，层次多样，需求各异，所以，公共图书馆员的职业能力需要具有广泛性和多样化的特征。在此，仅以公共图书馆员职业能力中的搜商为例，对公共图书馆员的职业能力进行探讨。

253

1.2　公共图书馆馆员的搜商

搜商是搜索智力商数的简称。公共图书馆馆员的搜商，是指公共图书馆馆员在一定的搜索时间和搜商指数下，所具有的反映搜索意识、搜索能力、搜索过程和搜索结果的综合搜索智力商数的能力，即公共图书馆馆员的搜商等于公共图书馆馆员的搜索意识、搜索能力、搜索过程和搜索结果之和除以搜索时间与搜商指数之积的比值[1]。这一比值越大，说明公共图书馆馆员的搜商能力越强；反之，则说明搜商能力较弱。研究公共图书馆馆员的搜商，对于深入理解和灵活运用公共图书馆工作中的各种搜商要素，对于提高公共图书馆馆员在工作中运用搜商能力提高工作质量和工作水平具有重要的实际意义和应用价值。

---

① 作者简介：王丽，女，清远市图书馆助理馆员。

1.3 公共图书馆馆员搜商的运用

本文所指的搜商，特指公共图书馆馆员在从事公共图书馆的内部业务管理工作和外部读者服务工作所需要的能力。前者包括公共图书馆馆员在文献信息资源采访、分类、编目、加工、典藏、管理、修补等一系列公共图书馆文献信息资源建设工作中所需要的对于文献信息资源及其相关信息的检索、验证、下载、获取、整理、建设数据库的能力；后者包括公共图书馆馆员在从事读者服务工作中，包括参考咨询、文献传递、阅读辅导、读者教育、教学服务、科研服务、科技查新、定题跟踪、情报分析等公共图书馆读者服务工作中所需要利用到的能力[2]。由于公共图书馆所面对的读者和用户范围非常广泛，既有较高层次的党政机关团体读者和用户，也有中等层次的各类专业技术读者和用户，更有广大普通公众用户。从读者和用户的需求方面来看，读者和用户范围具有个性化和多样性特征。所以，公共图书馆馆员的搜商较之如高校图书馆馆员等类型的图书馆馆员需要具有更强的适应性和更为广泛的个性化需求。

2 公共图书馆馆员搜商中的搜索意识和搜索过程

2.1 公共图书馆馆员搜商中的搜索意识

公共图书馆馆员的搜索意识首先是来源于图书馆职业工作的需求，无论是公共图书馆内部管理工作的需求，还是公共图书馆外部读者服务工作的需求，它是在公共图书馆工作过程中逐渐培养起来的、遇到问题首先会想到通过搜索来解决的一种思维意识。

公共图书馆馆员的搜索意识，既包括搜索储备与准备中的搜索潜意识，也包括搜索过程中需要运用到的搜索现实意识，以及为以后的搜索工作所需要的搜索未来意识。其中公共图书馆馆员的搜索潜意识需要提前进行储备，以便随时在搜索工作中得以激发，并发挥作用；公共图书馆馆员的搜索现实意识，是指在搜索过程中需要实时施行和需要及时根据搜索需求进行调整和修改的现实意识；公共图书馆馆员的搜索未来意识，是指为将来要进行的搜索活动准备的预存搜索意识，它往往是建立在公共图书馆馆员现实搜索活动实践基础上的，所以，并非无源之水和无本之木[3]。

搜商意识的内容包括搜索理念的建立，需要通过搜索解决问题的内容，搜索所需要制定的设计、规划、方案和策略，所需要选择的搜索途径、搜索渠道等。在公共图书馆馆员的搜索意识中，还包括一些具体的搜索意识理念和搜索整体方案，包括搜索计划、搜索规划、搜索策划和搜索方案，也包括搜索途径、搜索方法、搜索结果和搜索时间等具体内容。公共图书馆馆员产生搜索意识是具备搜商的前提，也是提高搜索能力的基础条件。

2.2 公共图书馆馆员搜商中的搜索过程

当公共图书馆馆员产生了搜索意识，具备了搜索能力后，需要通过一定的实际搜索过程，才能实现最终的搜索结果[4]。所以，提高搜索过程的质量、水平和完整度是综合反映公共图书馆馆员的搜索意识、体现搜索能力、获取搜索结果之间不可缺少的一个环节，也是搜商中的一个重要连接因素。

公共图书馆馆员搜索过程的具体内容，根据搜索过程中的前后次序，包括接受搜索任务、实施搜索行为、验证搜索结果、获取搜索结果的过程等。其中，接受搜索任务的过程包括对搜索任务主题内容与含义的分析、理解和辨识，主题内容边界的界定与限定，对搜索任务各项具体要求的确认等。

以公共图书馆馆员搜索过程中最为常见的文献信息资源搜索任务为例，搜索任务的各项具体要求，包括搜索文献的类型、性质、层次、级别、语种、时间等。实施搜索行为的过程，包括利用各种搜索软件、搜索工具和搜索渠道，具体搜索文献信息线索、文献信息全文，甚至文献信息原文的过程。搜索结果的验证过程，包括搜索结果的内容和数据与验证内容和数据的统计、对比、分析与研究。搜索结果的获取过程，包括在线利用获取、直接下载获取、工具下载获取、远程传送获取、网络存储获取等。

3　公共图书馆馆员搜商中的搜索能力

3.1　公共图书馆馆员搜商中的搜索能力

当公共图书馆馆员具备了搜索意识后，要于搜索实践工作中实施搜索的行为。行为是意识的结果，意识是行为的基础。公共图书馆馆员的搜索行为需要具备一定的搜索能力才能实现，即搜索能力越强，搜索结果就越好。如果缺乏较强的搜索能力，即使具有再强的搜索意识，也只是纸上谈兵，空有意识，而无法实施搜索的行为。所以，公共图书馆馆员的搜索能力是搜商中的重要因素，也是搜商实际能力中最为重要的构成因素。

公共图书馆馆员的搜索能力是根据搜索需求获取搜索结果所需要具备的能力。具体地讲，是指公共图书馆馆员选择多种搜索渠道和搜索途径，综合运用多种搜索软件和搜索工具，熟练掌握多种科学有效的搜索方法，进行高效、全面、快速搜索的能力[5]。

3.2　搜索实践

公共图书馆馆员对于选择多种搜索渠道和搜索途径的能力，以搜索最常用的数字化开放获取电子图书文献资源为例，其搜索渠道和搜索途径可以选择专门的开放获取电子文献资源整合网站，如"世界数字图书馆""谷歌""百度"等搜索引擎中的电子资源。公共图书馆馆员对于综合运用多种搜索软件和搜索工具的能力，可以表现在对于各种具有不同搜索功能的搜索引擎和浏览器的运用能力，以及具有一站式检索功能的搜索工具的能力。

公共图书馆馆员熟练掌握多种科学有效的搜索方法的能力，包括搜索方法和搜索技巧。搜索方法如文献信息搜索分类法中的《中国图书馆分类法》《中国人民大学图书馆分类法》等；主题词法中的标题词法、单元词法、关键词法、叙述词法等；时间顺序搜索法中的时间顺查法、时间逆查法和时间抽查法；以及其他搜索方法，如交替法、高峰期法、追踪法、追溯法等。另外，还有搜索方法中对于高级搜索各种选项要素的单独使用或组配使用方法[6]。

4　公共图书馆馆员搜商中的搜索结果与搜索时间

4.1　公共图书馆馆员搜商中的搜索结果

搜索结果是公共图书馆馆员完成搜索任务后所取得的搜索成果，在公共图书馆馆员的搜索实践中，往往表现为各种类型的文献信息资源成果。搜索结果在公共图书馆馆员搜商中的作用就是反映公共图书馆馆员方便、快捷、有效地掌握和获取搜索结果的能力。获取搜索结果的能力是公共图书馆馆员实现搜索行为的最终能力，也是表现搜索意识、体现搜索能力、完善搜索过程，以及最终使得搜索成果得以实现和完成的能力[7]。获取搜索结果的能力不仅包括利用常规的技术和方法获取搜索结果的能力，更包含那些需要利用特殊技术和方法获取搜索结果的能力。尤其是后者，往往更能体现出公共图书馆馆员特殊的搜索能力和搜商水平。搜索的目的是获取结果，只有获取搜索结果才可以最终表现出公共图书馆馆员搜索的能力，体现出搜商的水平和效果，所以，搜索结果也是搜商公式中的一个重要构成因素。获取搜索结果的技术和方法有很多种，具体内容也有很多种，包括各种内容、各种形式、各种类型、各种格式、各种语种文献信息资源的获取技术与方法。

4.2 公共图书馆馆员搜商中的搜索时间

在相同的搜索条件下，公共图书馆馆员完成搜索任务所花费时间的长短，反映出公共图书馆馆员搜索效率的高低。即在相同的搜索任务和条件前提下，搜索花费时间越短，则搜索效率越高，说明搜商越强；反之，搜索花费时间越长，则搜索效率越低，说明搜商越弱。因此，搜索时间的长短与搜索能力和搜商是呈反比关系的，也是体现搜商的重要因素[8]。当然，搜索过程所花费的时间一般与搜索任务的难易、精确、全面程度，以及搜索任务的级别高低等多种因素紧密相关。所以，不能以搜索时间作为评价公共图书馆馆员搜索能力和搜商的唯一衡量标准。

之所以说搜索时间具有重要性，是因为搜索时间既是衡量搜商的重要反比构成因素，同时也是一般情况下衡量公共图书馆馆员搜索能力的重要指标。这是因为在公共图书馆馆员完成搜索任务的过程中，所花费的时间越短越好，最低限度也不能超过用户所规定的最长时间。否则，一旦搜索过程所花费的时间超出搜索任务所规定的时间期限，则往往意味着此项搜索任务会由于时间的延误而宣告失败。公共图书馆馆员在搜索过程中所遇到的搜索时间类型，包括从接受搜索任务后产生搜索意识所花费的时间，制订搜索计划与方案所花费的时间，具体体现搜索能力所花费的时间，搜索过程中所花费的时间，获取搜索结果所花费的时间等。

5 结语

随着现代信息社会中各种新型科学技术的快速发展，尤其是以互联网为核心代表的互联网时代、大数据时代、云计算时代、物联网时代的到来，对于公共图书馆工作提出了更高和更新的要求。所以，公共图书馆馆员要通过提高搜商素质和能力，优质圆满地完成工作中对文献信息资源建设与服务的各种搜索任务，努力使自己适应当前公共图书馆工作的新需求，使自己在时代发展的进程中立于不败之地。

256

参考文献

[1] 于新国，熊易. 新搜商公式及其构成因素研究 [J]. 新世纪图书馆，2016 (1)：28 – 31.
[2] 彭朝晖. 提高搜商是时代对高校图书管理人员的新要求 [J]. 经营管理者，2013 (30)：272, 298.
[3] 李洪秀. 对图书馆员搜商构成因素的探讨 [J]. 办公室业务，2016 (1)：176 – 177.
[4] 龚花萍，高洪新，李春雷. 大学生搜商现状调查与提升对策 [J]. 现代情报，2015, 35 (10)：87 – 90.
[5] 杜晓娟. 信息化时代高校图书馆员搜商的培养 [J]. 黑龙江科技信息，2012 (33)：106
[6] 孙玉琴. 大数据时代与图书馆员素养 [J]. 农业网络信息，2015 (11)：89 – 91.
[7] 刘阳. 基于搜商提高高校图书馆服务能力的思考 [J]. 科技情报开发与经济，2012, 22 (23)：13 – 15.
[8] 刘偲偲，单承伟. 基于案例的读者搜商素质嵌入式培育路径 [J]. 河南图书馆学刊，2016, 36 (1)：87 – 89.

基层图书馆建设

广州市基层图书馆的发展模式与实践研究

林文庞　　何志辉①

（广州图书馆　广州　510623）

摘　要：广州市政府为规范图书馆服务，实施了相关法规与配套制度保障，确定了广州图书馆作为中心图书馆，各区馆作为区域总馆，所辖镇街馆为分馆，全力建设全市的图书馆服务体系。广州市基层图书馆初具规模，服务体系建设基本覆盖全市，但仍存在馆舍紧张、经费与人力资源投入不足、文献陈旧等问题。基层图书馆的发展受到许多因素的影响，包括建设主体、基础设施、用户群体、技术方法、其他文化设施等方面。广州市基层图书馆的发展模式可以概括为一个体系、二级管理主体、三级设施、四级服务。在这种发展模式下，采取多种配套措施建设基层图书馆。

关键词：基层图书馆　发展模式　服务体系　广州

随着我国图书馆事业的快速发展，基层图书馆在图书馆服务体系中的重要性日益显现，但基层图书馆的发展模式面临可持续发展的问题。广州市政府为规范图书馆服务，建设图书馆服务体系，加大公共文化产品的投资与建设，于 2015 年 5 月颁布并实施了《广州市公共图书馆条例》（以下简称《条例》），为基层图书馆的建设提供法规保障。广州图书馆于2012 年启用新馆之后，为市民提供优质的图书馆服务，并发挥作为市中心图书馆的职能，加强与各区域总馆的联系，形成紧密联系的通借通还服务体系。同时也对服务体系内的街镇图书馆进行分馆升级改造，不断完善公共图书馆服务体系。

1　国内基层图书馆的发展模式

在基层图书馆蓬勃发展的行业背景下，国内多个区域基层图书馆的建设探索出适合自己的发展模式，目前影响比较大的有嘉兴模式、深圳模式、上海模式和广东模式等。这些发展模式都是图书馆根据自身条件与环境因地制宜建立的适合自己的建设方式与权责关系的总和。如嘉兴模式是全国瞩目、蜚声业界的一种总分馆形式，其主导精神是"政府主导，统筹规划，多级投入，集中管理，资源共享，服务创新"，是一种合适的基层图书馆发展模式，嘉兴的县镇二级图书馆都发挥了非常好的作用[1]。

但目前基层图书馆的发展模式受到了多种因素的影响，包括建设主体、基础设施、用户

---

① 作者简介：林文庞，男，广州图书馆馆员；何志辉，男，广州图书馆馆员。

群体、周边环境等。在建设主体方面，基层图书馆的主要建设主体有政府、公共图书馆、企业、社团组织、志愿者、读者等。建设主体之间的关系是形成发展模式最重要的因素，不同的权责关系就形成了不同风格的图书馆。基础设施的投入包括馆舍、经费、设备、文献、自动化管理系统等的投入，这些投入决定了办馆规模、服务质量和社会效益等。最大限度满足用户群体需求是基层图书馆建设的发展方向，根据用户需求设立的图书馆才是高效的图书馆。周边环境比如公共交通、便利店、停车位等也是影响因素。各种发展模式正是在这些影响因素的不同情况共同作用而各自形成了个性化的特色。

2 广州市基层图书馆的发展现状

2.1 总体发展现状

广州市多数基层图书馆存在各自为政的情况，区域合作与总体管理还没有形成固定的形式，要形成有特色的发展模式困难重重。2015 年颁布的《条例》，规定了各级政府与各级图书馆等建设主体的权责，为基层图书馆发展带来了最根本的制度保障。

目前，广州市图书馆服务体系建设已经初具规模，全市基层图书馆多数已经加入与广州图书馆、各区图书馆通借通还的服务体系。在体系内，已经实现"一卡通"服务，读者持有广州图书馆或各区图书馆的读者证，即可到任何通借通还服务体系内的各个图书馆使用除少数特色资源之外的图书馆服务。

根据广州图书馆编写的《广州市公共图书馆事业 2015 年度报告》，目前广州 11 个区共有 170 个街镇，建有通借通还图书馆 87 座。排除某些街镇建有两个或两上以上的公共图书馆，实际建有图书馆的街镇有 79 个，通借通还图书馆覆盖率达到 46%。全市还有对公众服务的流动图书馆服务点 18 个，城市街区 24 小时自助图书馆（ATM）20 部。

截至 2015 年年底，全市注册读者已经达到 187 万人，注册读者率为 13.82%。2015 年，广州市全市年接待读者访问量为 1 289 万人次，人均到访 0.95 次；外借文献量为 1 373 万册次，人均外借 1.02 册次。

图书馆服务形态多样化。从街镇区域的角度看，某些街镇不只采用分馆的固定模式，还采用多样化的服务形式，包括流通站、城市街区 24 小时图书馆（柜式 ATM）、流动图书馆等。这些服务延伸方式是服务体系的有益补充，甚至是重要组成部分。它提供了优质的信息服务，极大方便了读者，还培养了市民的图书馆意识。以番禺区洛浦街的图书馆体系建设为例，洛浦街由珠江的三支香水道分割成沙滘和南浦两个"岛"。2011 年广州图书馆流动图书馆在沙滘岛的洛溪新城建设服务点，随后又在附近的丽江花园社区内建设了 ATM，两者都成为效率非常高的服务点。2014 年在南浦岛建设洛浦街分馆后，分馆服务受地域的影响较小，洛溪新城的读者还是占了较大比例。所以，流动图书馆、ATM 对于培养读者的阅读习惯和市民的图书馆意识意义重大。目前，广州市对流动图书馆和 ATM 的建设仍相对落后。

2.2 发展中存在的问题

随着服务体系建设的深入发展，许多基层图书馆为寻求自身发展，逐步与中心图书馆或区域总馆合作与协同建设，其本身存在的许多问题逐渐显现出来。

（1）馆舍场地紧张，甚至面临压缩。目前广州市街镇图书馆由街镇文化站（政府）提供场地，馆内还需要兼顾本地文化宣传或展览。下架旧文献积压占地方问题也比较突出[2]。

（2）设备残破、文献质量低。多数基层图书馆建馆时间比较长，馆藏文献内容过时，品相残旧，提不起读者的阅读兴趣。

（3）经费问题。街镇政府的经费管理不能达到预期目标，为持续提供高质量的图书馆服务，文献购置费、馆员工资、设备维护费等各项目的经费管理必须有连续性。实际上各种经费时有时无，没有做好相关的规划，也没有相关的制度加以保障。[3]

（4）人力资源投入模式问题。目前基层图书馆的人力资源投入模式很容易产生多头管理的问题。基层图书馆的工作人员的薪资经费来源于街镇政府，中心图书馆或区域总馆只是作为指导与监督的第三方机构，不是直接领导，管理困难，难以开展更高质量的图书馆服务。此外，在基层政府管理馆员的环境下，多数馆员长期得不到本专业培训学习的机会，提供信息服务能力不足。

（5）全市物流系统建设滞后。目前除中心图书馆建设有专业的物流服务，各区域总馆均未建立专业的物流服务，物流服务的缺乏直接导致区域总馆图书滞架、占架，加剧其文献质量低下、馆舍紧张等问题。相对来说，广州图书馆作为中心图书馆发展比较先进，2014年开始建设了物流系统，除了配有通借通还服务体系的物流系统，还为馆外服务提供了物流。馆外服务物流目前大约两月到广州图书馆各直属分馆一次，每次更换文献约 1 500 册。各区域总馆也应该为基层图书馆建立物流服务，以保证区内的通借通还服务体系正常运行和基层图书馆健康运行。

3 广州市基层图书馆的发展模式

广州市基层图书馆发展模式可概括为"一个体系，二级管理主体、三级设施、四级服务"[4]。

"一个体系"是指全市建立中心馆、总分馆体系，市政府设立的广州图书馆为中心馆，各区图书馆为区域总馆，街、镇公共图书馆为区域分馆。广州市在中心图书馆与区域总馆层次已经全部实现通借通还，纳入体系的还有接近一半的街镇图书馆。读者在体系内任何一个图书馆办理的读者证，可以在体系内所有图书馆自由借还图书与使用图书馆服务。目前广州市的公共图书馆均采用了相同的图书馆自动化管理系统（图创集群图书馆管理系统），这为"一个体系"的发展模式提供更多的便利，在同一自动化管理系统下的服务体系天然有着更多的协作与互补。此外，广州图书馆已经实现了免押金办理读者证，正在向各区图书馆及各区基层图书馆推进免押金办理读者证的服务，广州市少年儿童图书馆还推行了信用积分的方式取代文献逾期归还罚款。广州图书馆作为中心图书馆，其他各项先进的图书馆理念与服务也逐步向下推进延伸。

"二级管理主体"是指市、区二级政府负责建立全市公共图书馆体系；市政府负责设立市级图书馆，并使之发挥中心图书馆的作用，全局指导与把握市内的公共图书馆服务体系建设；区政府负责建设区域总馆和街镇公共图书馆，建立区域范围内公共图书馆总分馆体系，并要求区政府因地制宜推进社区（村）等延伸服务网点建设，相关主体提供场地、配套设施设备等支持。街镇、社区（村）图书馆（室）、服务网点建设主体统一上移至区一级。

"三级设施"是指建立市、区、街镇三级公共图书馆（分馆）并达到法定标准。三级设施是根据广州市目前公共文化服务水平和广州市的经济发展水平，参考国家相关方面的标准而确定的。

"四级服务"是指市、区、街镇三级公共图书馆（分馆）服务以各种形式向第四级即社区（村）延伸。广州市的社区图书馆包括了分馆、城市街区 24 小时自助图书馆、流动图书馆等方式。

广州市基层图书馆建设理念也有部分与嘉兴模式的"建设主体上移"理念较为一致之处。广州图书馆也参与了街镇图书馆（分馆）的建设，目前中心图书馆改造分馆达到 12个，ATM 共 7 部，流动图书馆服务点共 20 个。中心图书馆的直属分馆相对于各区域总馆参与建设的分馆获得更多的支持与优势，各直属分馆获得中心图书馆物流不定期的文献更换与更新。

目前还有半数街镇图书馆没有建设或没有被纳入全市的公共图书馆服务体系，未来中心图书馆与区域总馆的体系建设任务还非常繁重，广州市图书馆的发展模式实际应用与效果检验还有很大的空间。

4 广州市基层图书馆的发展模式的建议

4.1 贯彻《广州市图书馆条例》，加强服务体系建设

《条例》的颁布从基本上确定了基层图书馆必须发展与建设的法律保障，只要贯彻实施并执行《条例》，建设完整的服务体系，加强政府与图书馆的联系和沟通，形成办好基层图书馆的共识，广州市基层图书馆终将会日趋规范，形成适应本地经济文化发展的高效发展模式。

4.2 充分发挥中心图书馆和区域总馆的作用

基层图书馆建设需要充分发挥中心图书馆的作用，建立区域总馆建设分馆的保障制度，调动基层图书馆的积极性。在目前近半数街镇图书馆没有纳入服务体系的情况下，中心图书馆应该把工作重点放在区域总馆，而区域总馆应该将工作重点放在对未纳入服务体系的街镇图书馆进行升级改造。

4.3 加强物流系统建设

参考广东图书馆流动图书馆发展模式，建立全市统一的物流系统，加强文献更新频率，提高文献信息的利用率。通借通还服务体系的物流服务可由中心馆建设。各区域总馆服务物流由于地域跨度太大，各个离中心图书馆比较远的区比如从化、增城、南沙、花都等应建立自己的物流服务系统。

4.4 解决人力资源问题

目前基层图书馆馆员的管理模式必须改进，采取集中式管理，把人事权交给中心图书馆或区域总馆。总馆对基层馆员在业务上加强管理与监督，提供更多更好的培训、学习的机会，可强制要求各基层图书馆馆员定期到总馆反馈情况或进行业务学习[5]。

4.5 加强社区图书馆建设

广州不乏非常成功的社区分馆，比如光大花园图书馆、万科都市华庭图书馆、广州图书馆芳村花园借阅处等。社区分馆的建设可以配合多种建馆技术和方法，培养读者的图书馆意识和阅读习惯。在中心图书馆或者区域总馆经费允许的条件下可以考虑先从自助图书馆或者流动图书馆的模式切入，条件成熟时再建设分馆。尤其是广州市的越秀区、荔湾区等老城区，因为用地紧张，这两种模式提供的服务显得更加灵活高效。

4.6 做好阅读推广工作

阅读推广是图书馆服务的重要任务。培养市民的阅读习惯与图书馆意识是提高公共图书

馆效益的最佳手段。目前广州市基层图书馆的阅读推广工作必须加强与总馆的合作，双方共同出人出力，以社区（村）为推广活动范围，形成制度，规范工作流程，定期进行。

　　综上所述，广州市基层图书馆的建设日渐显示出重要作用，其发展模式尚处于摸索阶段，形成高效的发展模式还需要各级政府的支持和各图书馆之间更多的合作与探索，不断提高基层图书馆服务质量，形成良性发展的服务模式。

参考文献

[1] 章明丽．图书馆总分馆建设的嘉兴模式［J］．图书馆杂志，2009（10）．

[2] 沈艺红．社区图书馆现状与思考［J］．黑龙江史志，2014（22）．

[3] 肖鹏，等．广州区域总分馆制实施路径探索：以基层管理者为中心的研究［J］．中国图书馆学报，2016（5）．

[4] 方家忠．广州公共图书馆服务体系构建的制度设计与及相关主体责任［A］//广州图书馆：公共图书馆服务体系建设的培训讲义［C］．2016：7．

[5] 罗湘君．基层图书馆发展模式探讨——以广州市海珠区图书馆为例［J］．晋图学刊，2015（2）．

镇街图书馆建设之探索

——以广州市增城区为例

靳桂荣①

（广州市增城区图书馆　广州　511300）

摘　要：随着《广州市公共图书馆条例》的颁布实施，广州市各区镇街图书馆建设提上议事日程，如何依据《广州市公共图书馆条例》建设镇街图书馆成为当前的工作重心。本文从镇街图书馆建设的背景、必要性、存在问题、建设模式等方面进行论述，探索镇街图书馆建设发展途径。

关键词：增城区　镇街图书馆　建设

从党的十八大报告"开展全民阅读活动"，到2014年政府工作报告"倡导全民阅读"，再到2015年政府工作报告"倡导全民阅读，建设书香社会"，全民阅读正受到社会关注，图书馆建设也越来越受到重视。公共图书馆是收集和保存文化典籍、传播科学文化知识和信息、开展全面阅读和信息素质教育、丰富公众的文化和精神生活的场所。而通过建立镇街图书馆来实现保障公民无障碍、平等享受阅读、享用文献资源、享受图书馆服务的权利的目标，对于提高百姓素质，促进城乡经济和社会发展有着十分重要的作用。近年来，"全国文化信息资源共享工程""送书下乡工程""农家书屋工程"等全国性文化工程的实施，对推动基层图书馆，特别是镇街图书馆建设起到了巨大的作用。

1　镇街图书馆发展的必要性

1.1　实施《广州市公共图书馆条例》的重点

随着《广州市公共图书馆条例》及《广州市"图书馆之城"建设规划（2015—2020）》的颁布实施，广州市在全市范围内开展广州市公共图书馆总分馆服务体系建设试点工作，并将其列入广州市2016年改革要点工作（穗改革办督字〔2016〕4号）。《广州市公共图书馆条例》第十二条明确规定，区人民政府负责建设镇、街道公共图书馆，建立公共图书馆总分馆体系[1]。《广州市"图书馆之城"发展规划（2015—2020）》也提出了实施镇（街）图书馆专业化改造项目，明确规定常住人口达到十万以上的镇应当设立面积不少于1 000平方米的公共图书分馆，常住人口少于十万的镇应设立面积不少于500平方米公共图书馆分馆[2]。应充分利用广州市推行《广州市公共图书馆条例》契机，结合"图书馆之城"建设政策优势，积极推进增城区镇街公共图书馆建设。

1.2　基层图书馆服务的迫切需要

区级图书馆作为区域总馆，一般位于市中心，主要服务于附近城区居民，辐射面积小，

① 作者简介：靳桂荣，女，广州市增城区图书馆助理馆员。

兼顾不到各镇街居民。以广州市增城区图书馆为例，近年来无论是在藏书量、馆舍面积，还是在总流通量上都有了较大发展。增城区图书馆建筑面积 32 800 平方米，配置 RFID 自助借还书系统，藏书量 38 万册，年借阅图书量 25 万册，年服务读者 40 万人次。由于地理位置、交通、居民阅读习惯等影响，该馆目前大部分读者为荔城街、增江街及区中心几个村落的居民，而居住地偏远的居民由于出行不便，借阅成本不断上升，借阅积极性随之下降。虽然增城区图书馆设有一辆流动书车，但目前仅专门服务偏远山区的中小学校，且服务频率低。每个流通点只能每两周服务一次，每次仅能满足 100 名学生的借阅需求，偏远镇街的居民还不能普遍享受到流动书车的服务。

2 镇街图书馆发展存在的问题

镇街图书馆发展存在诸多问题，如发展不均衡、运行绩效偏低、服务保障水平不高、人均藏书量和年人均新增藏量都偏低。镇街图书馆藏书少、服务人员短缺、服务方式单一，基本服务无法保障，严重影响本地区的社会文化发展。以增城区为例，总面积为 1 616 平方千米，共有 11 个镇街。因增城区图书馆位于荔城街，荔城街无须再建镇街图书馆；新塘镇已建立图书馆，目前共有藏书 11 万册；其余 9 个镇街都没有独立的公共图书馆，只有依附于镇街文化站的图书室，此类型的图书室由镇街共同提供场所、人员和设备，由镇街文化站进行管理，增城区图书馆提供业务指导。各镇街图书馆（室）的详细情况见表 1。

表 1 增城区图书馆及其镇街图书馆（室）建设情况一览表

区、镇街	人口（万人）	现有面积（平方米）	现有藏书量（万册）
区图书馆	106.97（全区）	32 800	38
荔城街	19	—	—
新塘镇	28.37	5 000	11
石滩镇	12	200	4
中新镇	8	200	1.9
派潭镇	8	200	1.6
永宁街	6	200	1.8
增江街	5.8	200	1.3
朱村街	4	200	1.5
仙村镇	5.3	300	2
小楼镇	5	200	1.8
正果镇	5.5	200	1.5
合计	106.97	39 700	66.4

增城区各镇街图书馆（室）发展存在以下问题。

2.1 规模小、条件差

现有的镇街图书馆（室）大多只有 200 平方米左右的空间，且与镇街文化站其他娱乐设施共用场地，只摆几个书架和座椅。阅读空间狭小，不注重环境布置，很难吸引读者的阅读兴趣，形成了没有读者的图书室。

2.2 管理不规范

现有镇街图书馆（室）的管理人员大部分是由文化站职工来兼任，主要精力不在图书馆，难以保证开放时间；图书不分类、不编目，借阅手续也不规范，造成很多图书流失。图书室管理混乱，服务水平低。

2.3 缺乏专业人员

镇街图书馆（室）缺乏专业人才，大部分图书管理员是由文化站职工来兼任，缺乏专业知识，对图书馆工作的掌握只停留在传统的借还书阶段，对图书编目、OPAC 检索、参考咨询等专业知识知之甚微，不能提供专业化、系统化、深层次的文化信息服务。

2.4 后续投入经费少

镇街图书馆（室）是公共文化事业，但不能带来经济效益[3]，社会效益也不会立马呈现，反而要加大镇街的财政投入。由于各种原因，目前镇街图书室利用率低下，导致领导看不到建图书室的社会效益，进而不重视图书室的建设，只是被动应付。图书室建成后大部分作为镇街的形象工程，但后续不愿再投入资金增加馆藏资源，导致镇街图书馆没有足够经费购置图书。

2.5 藏书量不足，图书配置不合理，更新频率低

大多数镇街迫于文化考评的压力而建设了图书室，但购置的图书数量较少，品种单一，复本较多。且政府投入资金多为一次性的，缺乏后续资金支持，不能及时补充新书，导致图书配置不合理、内容陈旧，图书流通量和读者到馆量低，硬件规模滞后，服务效果不佳，不能满足广大群众阅读需求。

2.6 网络服务体系不完善，文献信息资源不能通借通还

目前增城区图书馆与镇街公共图书馆之间没有统一的区域服务网络，没有建立统一的数字门户网站，没有统一的业务管理系统，文献信息资源未实现共享，不能通借通还。

3 镇街图书馆发展建议

3.1 区政府承担落实发展公共图书馆事业的主体责任

作为纯公益性质的单位，公共图书馆建设和运行的经费完全依靠政府财政拨款，政府对图书馆事业的有力支持是公共图书馆科学、健康发展的必要前提。根据《广州市公共图书馆条例》规定及《广州市"图书馆之城"发展规划（2015—2020）》的要求，区政府将镇街公共图书馆建设纳入区国民经济和社会发展规划和年度计划、所需经费列入本级财政预算。随着国民经济的发展逐步增加投入，使财政投入与经济社会发展和公共图书馆的服务人口、服务范围、服务需求、服务功能等相适应。各镇街应充分利用当前的大好政策，坚持区政府的主导作用，由区政府设立镇街图书馆发展扶持专项资金。专项资金应包括设施、设备、人员、文献信息资源、图书馆运行与维护等方面的费用，落实经费保障计划，并保证专款专用。区政府也要把镇街图书馆建设纳入对镇街政府精神文明建设的考核中，纳入镇街领导政绩考核中[4]。

3.2 实行"六统一"总分馆管理模式

区域总馆与镇街图书馆实行"六统一"总分馆管理模式。在广州图书馆中心馆的业务

指导下，由区域总馆的区馆负责所属分馆统一管理。区域总馆负责整个区域公共图书馆（室）人员统一聘用、文献的统购统编、镇街图书馆内软硬件建设，实现统一标识、统一管理、统一业务管理系统、统一规章制度、统一人员配置、统一文献资源的配置[5]。

3.3 按照建设标准建设宽敞舒适的镇街图书馆

建设镇街图书馆的真正目的是提高基层群众素质，丰富其精神文化生活。随着经济建设和科技信息技术的飞速发展，人们对馆舍宽敞、阅读环境舒适的现代图书馆更有兴趣，也只有这样的图书馆才能吸引更多群众走进图书馆，满足他们就近获取知识的愿望，因此要提高镇街图书馆的建设标准[6]：选址时选择交通便利、人流量大的地方，建设规模要依据镇街人口，并要对镇街未来 10 年的人口有科学的预计。在镇街图书馆的建设中还要注重图书馆内部的环境建设，保证馆舍宽敞、明亮，阅读环境舒适。

按照《广州市公共图书馆条例》及《广州市"图书馆之城"发展规划（2015—2020）》关于镇街图书馆专业化改造项目的要求，常住人口超过十万的镇，所建图书馆（室）面积应当不少于 1 000 平方米，其中阅览面积不少于 600 平方米。常住人口十万以下的镇和街道，所建图书馆（室）面积不少于 500 平方米，其中阅览面积不少于 300 平方米。根据增城区各镇街基本情况，各镇街图书馆（室）建设标准见表 2。

表 2 增城区各镇街图书馆（室）建设标准

镇街	人口（万人）	图书馆（室）面积标准（平方米）
荔城街	19	辖区有增城区图书馆，无须设立
新塘镇	28.37	5 000（已达标）
石滩镇	12	1 000
中新镇	8	1 000
派潭镇	8	1 000
永宁街	6	超过 500
增江街	5.8	超过 500
朱村街	4	超过 500
仙村镇	5.3	超过 500
小楼镇	5	超过 500
正果镇	5.5	超过 500

3.4 实施"统一平台""一卡通"，构建"通借通还"体系

发展镇街图书馆事业，要重视网络布局，坚持以方便广大人民群众作为出发点来提高和改善网络通信服务质量，共享网络体系，使用统一的业务网络平台、统一的服务规范、统一的物流，实现图书通借通还，资源共建共享。创立方便、快捷、一证通行的借阅方式。采用由区域总馆统一采购，联合编目形式，统一调配镇街图书馆图书，实现全区读者享受到"一卡通"的通借通还网络服务。

3.5 统一配置及管理人员，加强业务培训

各镇街图书馆人员配置取消由文化站人员兼职的形式，由区域总馆负责本馆和所属分馆工作人员的统筹调配，每建立一个镇街分馆增加 3 个编制（包含一名专业技术人员），分馆

馆长等领导职务选拔一批具备较高综合文化素质的专业技术人员担任，管理员实行公开招聘，聘用一批既具有传统的图书馆专业知识，又具备计算机、知识产权等复合型人才。加强工作人员的业务培训，由中心馆、区域总馆负责镇街图书馆（室）的专业继续教育，每年至少提供48个学时的培训课程，强化和考核图书馆专业技能，引导员工提高自身的职业素质；经常派遣馆员去镇街图书馆建设走在前沿的地区交流学习，吸收新理念、新知识、新技术，学习好的服务方式和经验，逐步完善专业人才的综合素质，提高读者服务能力。

根据《广州市公共图书馆条例》《公共图书馆建设标准》和《公共图书馆服务规范》规定的标准，常住人口每1万人至1.5万人配备一名工作人员，镇（街）图书馆至少配备1名专业技术人员。增城区常住人口106.97万人，公共图书馆总分馆需配置71～107名工作人员，根据增城区镇街图书建设规划，需配置80名工作人员（包括专业技术人员）。增城区镇街图书馆人员配置情况见表3。

表3　增城区镇街图书馆人员配置标准一览表

镇街图书馆	面积标准（平方米）	藏书量标准（万册）	标准配备人员（名）
新塘镇图书馆	5 000	28	8
石滩镇图书馆	1 000	12	4
中新镇图书馆	1 000	8	4
派潭镇图书馆	1 000	8	4
永宁街图书馆	500	6	3
增江街图书馆	500	5	3
朱村街图书馆	500	4	3
仙村镇图书馆	500	5	3
小楼镇图书馆	500	5	3
正果镇图书馆	500	5	3
合计	11 000	86	38

3.6　结合镇街经济社会文化发展特征，创建镇街特色分馆

镇街图书馆在共享资源、消除数字鸿沟及知识鸿沟等大的发展趋势的前提下，应结合当地经济、人文特色，建成特色分馆，让镇街图书馆转型成为具有活力、拥有特色、深受群众喜爱的阅读场所，而不仅仅成为形式上的区域总馆的流通服务点。比如南部新塘镇，素有"新兴的汽车产业基地"及"牛仔服装名城"的美誉，分馆应当配置汽配类、服装类的图书；北部正果镇、小楼镇、派潭镇风景秀丽，是都市型农业和生态旅游休闲区，应配置养殖类及旅游类的书籍，加强地方文献的收集、保管，建立专题馆藏或专题图书馆。

综上所述，镇街图书馆的建设离不开政府的主导作用，离不开政府在人力、物力、财力上的大力支持，也离不开区域总馆的总分馆管理模式。镇街图书馆应在政府的主导下，在中心馆的业务指导和协调下和区域总馆的带领下，逐步构建普遍均等、惠及全民、健康、可持续发展的图书馆服务体系，满足大众对文化信息资源的需求。

参考文献

[1] 广州市人民代表大会常务委员会.广州市公共图书馆条例［EB/OL］.（2015 - 01 - 26）［2016 - 07 - 18］.http://www.rd.gz.cn/page.do? pa ＝ ff8080814501d8df01450782375e311f&guid ＝ 9d110388 bab7415592a4e28aa29051aa&og＝ff8080813f79425b013fd0f2dacd0711.

[2] 广州市文化广电新闻出版局.关于征求《广州市"图书馆之城"建设规划征求意见稿》修改意见的函.

[3] 刘小斌.浅谈东莞农家书屋工程的可持续发展之路［J］.图书馆论坛,2011（8）：76 - 78.

[4] 罗艳芳.浅谈基层图书馆的可持续发展［J］.经营者管理,2014（6）：250 - 251.

[5] 李保东.论镇街图书馆公共文化服务体系的构建——以东莞市厚街镇为例［J］.图书馆,2011（1）：105 - 106,112.

[6] 王晓东.总分馆体制在瑞安市图书馆实施的可行性探讨［J］.河南图书馆学刊,2012（5）：36 - 39.

镇街图书馆发展之路初探

——以广州市白云区为例

冯欢珊①

（广州市白云区图书馆　广州　510410）

摘　要：随着《广州市公共图书馆条例》的实施，广州市公共图书馆服务体系的发展迎来前所未有的机遇。镇街图书馆作为体系的基层单位，对于实现公共图书馆的服务均等化有重大意义。本文以广州市白云区图书馆及其分馆为例，结合《广州市公共图书馆条例》的相关规定，从发展现状、发展模式、发展经验、发展建议四个方面入手，探讨镇街图书馆的发展之路。

关键词：镇街图书馆　发展之路　广州市白云区

2015 年 5 月 1 日起实施的《广州市公共图书馆条例》（下称《条例》）以及广州市人民政府 14 届 195 次常务会议审议通过的《广州市"图书馆之城"建设规划（2015—2020）》都为广州市公共图书馆事业的发展带来前所未有的机遇。立法意味着公共图书馆的发展走向法治化、规范化，也意味着财政、人员、场地、设施等得到保障。《条例》中明确、细致的多项指标，对于镇街一级的小型图书馆而言，有了成文的统一标准和指南，对于其持续发展有着深远的意义。

镇街图书馆作为广州市公共图书馆服务体系的基层单位，促进镇街图书馆的发展，对于完善服务网络、分担服务压力、提高利用效率、扩大服务群体等都有重要作用，有利于实现公共图书馆的服务均等化，让更多居民平等、便捷地享受图书馆的各种服务。卜文以广州市白云区图书馆及其分馆为例，结合《条例》的相关规定，探讨镇街图书馆的发展之路。

1　广州市白云区镇街图书馆发展现状

广州市白云区图书馆现有 22 个分馆，均已开通广州市公共图书馆的通借通还服务，读者可以免费在市、区、街道（镇）各馆之间借还图书，各分馆平均每周开放 5 天以上，开放时间超过 40 小时。

2015 年 6—7 月，白云区图书馆开展辖区内镇街图书馆人才队伍情况摸底调查，总体来看，白云区公共图书馆工作人员配备不足，综合素质偏低。一是从业人员数量偏少，全区所有镇街图书馆共有从业人员 28 人，专职人员 12 人，兼职人员 16 人，设专职人员的图书馆只有 10 间。二是综合素质不高，镇街图书馆本科以上学历 8 人，其中专职人员 1 人；大专学历 14 人，其中专职人员 8 人；高中及以下 6 人，其中专职人员 3 人。在职称方面，镇街

---

① 作者简介：冯欢珊，女，广州市白云区图书馆工作人员。

图书馆工作人员均未取得相应的专业技术资格证书。

《条例》颁布以前，镇街图书馆未纳入实际性的政府保障范围，也不参与文化部四年一次的对区、县以上图书馆的评比定级工作，所以一直以来不受硬性指标的约束，发展形式比较粗放。白云区内的镇街道图书大多馆依附于家庭综合服务中心、文化站而设，普遍存在馆舍面积小、服务设施旧、馆藏资源少等硬件问题，还有长期以来管理水平参差不齐、员工专业知识缺乏、经费常态投入不足等软件问题。

2 广州市白云区镇街图书馆发展模式

2.1 明确责任

《条例》第五条规定，市、区人民政府应当将公共图书馆事业纳入国民经济和社会发展规划和年度计划、所需经费列入本级财政预算，公共图书馆经费包括设施、设备、人员、文献信息资源、图书馆运行与维护等方面的费用。《条例》第十二条强调，区人民政府负责建设区和镇、街道公共图书馆，建立公共图书馆总分馆体系，区公共图书馆为区域总馆，镇、街道公共图书馆为分馆[1]。因此，镇街图书馆作为区域总分馆体系的一部分，区政府对镇街图书馆的建设具有主体责任，应当因地制宜积极推动其发展，并且按照规定制定经费预算，保障经费能持续按时按量到位。

2.2 建设保障

在选址方面，《条例》第十条明确规定，市文化行政主管部门应当根据国民经济和社会发展规划、城市总体规划以及土地利用总体规划编制公共图书馆事业建设规划。这一规定有效保障了土地利用规划预留了图书馆建设用地，为镇街图书馆的新建和扩建留下了空间。《条例》第十一条要求公共图书馆选址应当位于人口相对集中、交通便利、市政设施配套良好的区域，对于已经建成但不符合规定的，政府应当逐步完善公共图书馆的配套公共交通、市政设施。便利是评价图书馆服务的重要指标之一，交通方便和配套设施良好有利于更多人享用图书馆资源，提高资源利用效率，实现共享的目的。

在设施方面，《条例》第十五条指出，镇、街道分馆或者村、社区图书室可以与其他文化设施合建，或者利用其他现有建筑建设。结合《广州市城市规划管理技术标准与准则》的规定，小型馆与其他建筑合建时，必须满足图书馆的使用功能和环境要求，并自成一区，单独设置出入口[2]。这一规定能保证镇街图书馆的独立性，从而能够相对独立运行、自主提供服务，阅读环境保持舒适安静，提高小型合建图书馆整体的专业水平和服务质量。

2.3 量化指标

《公共图书馆建设标准》第二十条规定，小型公共图书馆每千人建筑面积应达到23~27平方米，人均藏书1.2~1.5册[3]。《条例》不仅把发展保障目标落实到镇街一级，还依据《公共图书馆建设标准》《公共图书馆服务规范》等文件，明确规定了镇街图书馆的量化保障标准。一是规定区域分馆和镇、街分馆每千人均建筑面积合计达到37.5平方米；二是规定图书馆纸质信息资源基本藏量和年新增藏量标准，区域总馆和镇、街分馆人均馆藏量及年人均新增藏量合计分别在2册（件）、0.14册（件）以上；三是规定了工作人员的配备，按照常住人口1万到1.5万人配备1名工作人员，新进管理人员和专业技术人员应当具备大学本科以上学历和相应专业知识与技能，图书馆还应建立和健全工作人员的业务培训和继续教育制度[4]。《广州市"图书馆之城"建设规划（2015—2020）》提出：到2018年，完成

80%以上的镇、街道图书馆改造；到2020年，全市公共图书馆实现通借通还，常住人口达到10万以上的镇设立面积不少于1 000平方米的公共图书馆[5]。这些规定有助于镇街图书馆的规范化：面积和馆藏的标准可以保障镇街图书馆满足周边居民的基本阅读需求，定期更新图书能够保持对读者的吸引力；工作人员的数量和质量要求，保障了图书馆运营的专业化，确保读者享受到优质的服务；镇街图书馆从业人员纳入到继续教育和职称评聘的范围后，给员工提供了更大的发展空间，有利于个人的职业化发展，减少人才流失，形成稳定的职工队伍，使得员工的整体素质和业务能力不断提高。

3 广州市白云区镇街图书馆发展经验

近年来，广州市白云区图书馆一直推进镇街图书馆建设工作，区辖内22个镇街，全部建有分馆，纸质藏书超过47万册，各镇街图书馆的平均面积为175平方米。根据实际情况，大多数分馆采取与街道办、文化站共同建设的形式，由区图书馆主导，对镇街图书馆所需的馆藏文献进行采购、加工编目、物流配送，将分馆纳入全市通借通还系统，共享网络数字资源，并持续对分馆进行业务指导和专业管理。街道办和文化站负责提供场地、设施、管理人员、运营经费等。此外，还注重创新合作模式，与各类型社会机构采取不同形式合作建设分馆，例如学校、机关单位等。

3.1 特色分馆

广州市白云区图书馆的镇街图书馆大多数分布在人口密集的社区，读者群体主要是周边的居民，镇街图书馆对他们而言最大的优势是距离近，服务便利，最大的缺点是可提供的服务有限，馆藏资源的种类和数量较少。因此，为了更好地为读者服务，镇街图书馆在现实条件制约的情况下，不宜面面俱到，可以集中力量，有所侧重地发展本馆特色，首先了解本馆读者群体最迫切的阅读需求，然后有针对性地加强该方面的建设。

由于太和镇和永平街的少儿读者群体庞大，占据读者总量比例较高，所以太和镇分馆特别设立了少儿阅览室，永平街设立永平少儿分馆。太和镇分馆的少儿阅览室拥有独立的阅览区域，充满童趣的桌椅和摆设营造出浓厚的阅读氛围，吸引了大批周边居住的孩子常驻，每天放学后都座无虚席。永平少儿分馆是专门针对少儿读者成立的镇街图书馆，全部文献为少儿读物，专注于满足少儿读者的需求。

为了促进辖区内机关单位等集体的终身学习，针对同一集体读者有相似阅读需求的特点，区馆也创新分馆的合作建设形式，根据每个集体的个性化需求，建立了区直机关分馆、京溪小学分馆。区馆主要提供文献资源和技术指导，分馆的场地、人员、运作全部由单位自行解决。读者群体主要是内部人员，馆藏文献的类别相对单一，但更有针对性，同一类型文献的种数和册数相比其他分馆而言更有优势。

老人也是镇街图书馆的主力读者群体。退休老人时间相对充裕，但行动相对不便，散落在家门口的镇街分馆是他们自我增值、休闲娱乐的好去处。进入互联网时代，老人学习、使用网络的需求也是愈发突出，景泰街、同和街等镇街图书馆顺应时代发展设立电子阅览室，让老年读者也走在科技生活的前沿，充分利用网络获取各种各样的资讯，大大丰富了他们的晚年生活。

3.2 特色主题书架

白云区各镇街图书馆虽然面积不大，但都有各自的藏书特点，不少镇街图书馆利用现有的特色馆藏，开拓特色书架。例如三元里街分馆设立"好书推介"专架，景泰街分馆设立"党建书刊"书架，京溪街分馆设立"新书连连看"书架，这些书架放在镇街图书馆的显眼位置，醒目的标识容易吸引读者的眼球。通过特色书架，能够把新书、好书有效地推荐给读者，倡导读者多读书、读好书，关注社会热点，从而更加充分挖掘馆藏资源的价值，提高借阅量。

3.3　特色活动

白云区各镇街有各自不同的文化积淀，镇街图书馆充分结合辖区特色和读者需求，不断突破服务内容，创新形式，定期举办阅读、讲座、征文、摄影、书画展览等各类文化活动。目前，各镇街图书馆的讲座、书画展等活动已成规模，成为吸引民力、发挥民智的重要平台。永平街分馆举办"中医养生和保健"健康知识讲座，人和镇分馆举办书画展，同和街分馆在每年春节前都会举办迎春挥毫活动，这些活动贴近实际、贴近生活、贴近群众，大大提升了镇街图书馆的人气。

4　镇街图书馆发展建议

经过近年来的实践，白云区各镇街图书馆的建设硕果累累，取得了可喜的成绩和长足的进步。目前 22 个镇街图书馆已初步形成规模，各具特色，镇街图书馆的开放时间、文献资源、经费投入等都得到保障，发展态势良好。展望未来镇街图书馆事业的持续发展，可从图书资源共享、人员技能培训、场地利用突破、推广方式创新四个方面着手开展。

4.1　图书资源共享

由于镇街图书馆普遍面积不大，馆藏图书的数量受到场地条件的制约，为了满足更多读者差异化的阅读喜好，镇街图书馆可以定期开展"图书漂流"活动，促进各镇街图书馆和区图书馆之间图书流动，让镇街图书馆的读者有机会阅读更多图书。此外，在条件成熟的情况下开展"图书专递"服务，镇街图书馆读者在所在馆找不到想要的书籍，但是通过检索系统发现其他分馆有该书，可以上网订阅该书。该书通过"图书专递"服务的物流途径，被送到读者指定的分馆，最后读者前往指定的分馆即可借阅。

4.2　人员技能培训

由于镇街图书馆的工作人员多为兼职人员或者志愿者，专业知识匮乏，影响服务水平的提升。为了打造更加高效、专业的镇街图书馆，工作人员的上岗培训和继续教育必不可少，区图书馆应该定期组织镇街图书馆的新员工入职培训和全体员工继续教育，保证每个员工都掌握该岗位专业技能。

4.3　场地利用突破

目前白云区内的镇街图书馆都建设在居民住宅区范围内，还没有一个景区内的图书馆，景区人流量大，是人们周末休闲的重要场所，未来可以探索在景区内设立镇街图书馆，例如白云山、白云湖等区内著名景点，读者可以在游玩过程中顺便借还书，不用特意再去一趟图书馆，也可以在累了的时候进去休息，顺便读书。

4.4　推广方式创新

各镇街图书馆虽然偶尔举办阅读推广活动，但是由于活动数量较少，没有常态化开展，所以一直以来活动的社会影响力有限，活动效果不够理想。未来应当创新推广的方式，探索"品牌活动进社区"。区图书馆和各镇街图书馆的活动之中，知名度高、成熟可复制的活动可以办成品牌活动，定期在各镇街图书馆之间巡回举办，把品牌活动送进社区，从原来吸引读者来参与变成走到读者家门口，化被动为主动，使阅读受到更多人关注。

参考文献

［1］广州市人民代表大会常务委员会．广州市公共图书馆条例［EB/OL］．（2015 - 01 - 26）［2016 - 07 - 18］．http：//www. rd. gz. cn/page. do？-pa ＝ ff8080814501d8df01450782375e311f&guid ＝ 9d110388bab7415592a4e28aa29051aa&og ＝ ff8080813f79425b013fd0f2dacd0711.

［2］广州市规划局．广州市城市规划管理技术标准与准则（修建性详细规划篇）［EB/OL］．（2005 - 12 - 01）［2016 - 07 - 18］．http：//sfzb. gzlo. gov. cn/sfzb/file. do？fileId ＝ 6A8091E94DB84F0CAC0870D3833C4931.

［3］中华人民共和国文化部．公共图书馆建设标准（建标 108 - 2008）［S］．北京：中国计划出版社，2008.

［4］中华人民共和国国家质量监督检验检疫总局，中国国家标准化管理委员会．公共图书馆服务规范：GB/T 28220—2011［S］．北京：中国标准出版社，2012.

［5］广州市人民政府．五年后全城公共图书馆通借通还［EB/OL］．（2015 - 12 - 29）［2016 - 07 - 18］．http：//www. gz. gov. cn/2015cwhy/s21235ffdc/201601/b93224ae2bad45a1a8378706bbc4aca7. shtml.

论公共图书馆的管理外包

陈雪梅　尹　梅　蔡庆芳①

(广州医科大学图书馆　广州　511436)

摘　要：本文总结国内外公共图书馆管理外包实践经验，分析公共图书馆管理外包的优势及存在的问题。

关键词：公共图书馆　管理外包　业务外包

1　图书馆管理外包概念及研究背景

"管理外包"一词源自于英文专著 *Managing Outsourcing in Library and Information Services*，与一般传统意义上的图书馆外包有所不同。图书馆管理外包（以下简称"外包"）是指图书馆界参照工业企业外包模式，通过签约特定时间的方式，将图书馆全部（大部分）管理和服务委托给私营团体的做法，是一种新型管理模式，体现了图书馆现代化经营战略和管理理念，又称为总体外包或整体外包。管理外包通常适用于面临文化基础设施建设不足和专业人员编制极度匮乏等发展困境的基层公共图书馆。

20 世纪 90 年代，国外公共图书馆开始出现管理外包的案例[1]。此后，管理外包开始广泛应用，尤其是在欧美、日本等发达国家和地区，期间虽饱受争议，却始终没有停止发展，并不断在实践中得到成功运用。1983 年，美国白宫管理与预算办公室（Office of Management and Budget）宣布联邦系统的图书馆可以进行私有化[2]。1990 年，Gary Hamel 和 Prahalad 在《哈佛商业评论》上发表《企业的核心竞争力》（*The Core Competence of the Corporation*），首次正式提出"外包"（Outsourcing）这一概念[3]。1995 年，芝加哥 Baker & McKenzie 法律事务所将图书馆的全部业务进行外包[4]，这是管理外包的雏形。1997 年 7 月，马里兰州日耳曼敦的图书馆系统和服务公司（Library System & Services, LSSI）作为私人供应商接管了加利福尼亚州河滨县（Riverside County）图书馆的全部业务及管理，是美国最早正式实行管理外包的图书馆[5]。截至 2014 年 6 月底，图书馆管理外包服务提供商 LSSI 运作有 20 个图书馆系统的 83 个图书馆[6]。

2011 年，我国尝试将管理外包模式引入图书馆，此后不断有图书馆结合实际情况尝试管理外包。截至目前，国内共出现 5 例管理外包案例，分别为广州市南沙区图书馆、广州市增城区新塘镇图书馆、滨湖世纪社区图书馆、芜湖市镜湖区图书馆及无锡新区图书馆。南沙区图书馆是广州行政区域调整后应运而生的新馆，2009 年 6 月试运行，面临一穷二白的文

---

①　作者简介：陈雪梅，女，广州医科大学图书馆助理馆员；尹梅，女，广州医科大学图书馆馆长；蔡庆芳，女，广州医科大学图书馆副研究馆员。

化基础设施和极度缺乏专业人员的现状，南沙区图书馆开始尝试文化服务外包[7]。增城区新塘镇图书馆于 2011 年 9 月开馆，以服务外包的形式，委托中标的深圳市粤图图书服务有限公司和深圳市拓新图书销售有限公司共同管理。这种"政企合作"形式既弥补了政府在图书馆管理方面经验的不足，又缓解了政府在开办图书馆首期资金匮乏的压力[8]。滨湖世纪社区图书馆是合肥首个尝试外包运作的图书馆，也是安徽儒林图书馆咨询服务有限公司在合肥地区承接的首个外包运作的图书馆，标志着合肥市首家社区图书馆外包的正式开始[9]。芜湖市镜湖区图书馆也是与安徽儒林图书馆咨询服务有限责任公司合作，率先尝试"服务外包"的图书馆，自 2014 年 3 月 23 日正式运行以来颇有成效[10]。2011 年，无锡新区图书馆建成后，由于编制紧张、人才匮乏，开始尝试服务外包模式，将图书馆管理、运行和服务全权委托给艾迪讯电子科技有限公司[11]，这种形式突破了传统管理模式的四大瓶颈。一是解决了公共文化服务规模扩大与政府直接提供能力有限的矛盾；二是解决了制约新区图书馆建设机构设置困难、编制紧张、人才匮乏等问题；三是解决了图书馆运行效益不佳问题；四是解决了新区公共服务供给不足的问题，并取得了十分显著的成效[12]。

2 图书馆管理外包的优势

图书馆管理外包与传统的图书馆管理办法相比存在许多优势，包括能提升服务质量、提高服务效率等。从目前的理论和实践研究来看，其优势主要包括以下四个方面：

2.1 有利于提升服务质量

在图书馆管理外包过程中，企业代替图书馆直接提供服务，政府上升为监管者的角色。一方面，将服务的提供者和监管者分开，有利于提升服务质量。未实行管理外包以前，政府直接提供图书馆服务，缺乏行之有效的监管，难以保证服务质量。无规矩不成方圆，图书馆服务在有人监管的情况下，自然比政府直接提供服务而无人监管时更能保证质量。另一方面，管理外包充分发挥了企业的优势。企业的优势在于丰富的资源、技术、资金以及激烈的竞争机制和优胜劣汰的制度等。外包商一旦采用企业化的管理方式，在图书馆中引入竞争机制，必定会激励外包商尽全力为之，保证各项政策的高效实施，对服务质量的改善也是有一定的促进作用。

2.2 有利于提高工作效率

管理外包有利于提高图书馆的工作效率，通常也是与企业化的管理方式有关，我们可以从单位性质、薪酬计算方式、工作时间等角度来分析。首先，图书馆属于事业单位，工作人员稳定性高，缺乏竞争意识，容易导致工作效率低下。而外包以后，外包商属于私营企业，采用优胜劣汰的竞争机制，外包人员通常具有较强的危机意识和竞争意识，这样的意识只能通过高水平的工作效率来体现。其次，图书馆的薪酬水平主要取决于工作人员的职务和职称，与工作业绩的关系不大。而外包商的薪酬计算方式往往直接与工作业绩挂钩，这自然对外包人员产生直接激励，促使他们通过不断提高工作效率来获取更高的报酬。最后，工作时间长短同样会影响工作效率。图书馆编制内工作人员按国家法定节假日享受假期，缺乏加班的动力。而多起案例表明，图书馆实行管理外包以后服务时间均有所延长，为此，外包人员通常需要轮班，甚至加班也属正常现象，稳定的工作时间自然有利于保证工作效率。

2.3 有利于解决图书馆人员编制不足问题

近年来，我国推行事业单位人事制度改革，破除干部终身制，引入竞争机制，全面推行聘任制度，编制大幅缩减[13]。因此，图书馆事业编制人员的名额也正逐年减少，尤其是新的基层公共图书馆，编制名额更加不足。图书馆实行管理外包以后，外包商代替政府为图书馆提供人力资源，一方面解决了图书馆人员编制不足的问题，另一方面，也节省了人力资源成本。例如，南沙区图书馆建成时仅配备 1 名人员编制，名额远远不足，实行外包以后，外包商给图书馆配备 10 名工作人员。南沙区文管新局副局长鲁辉表示，如果将这 10 名工作人员按编制人员的薪资水平计算，已然超出图书馆外包服务的金额[14]。

2.4 有利于增强竞争意识

竞争意识是一种渴望胜过竞争对手的心理状态，有助于促进事物的发展，在市场经济背景下必不可少。图书馆属于事业单位，单位性质决定了该行业内竞争意识淡薄，在图书馆事业中引入竞争意识犹如注入了生机和活力，催生出图书馆事业随时保持发展的动力。图书馆管理外包有利于增强竞争意识，可以从以下几个方面体现出来。首先，在招标过程中，符合条件的投标人需要相互竞争，最终服务质量和投标价格综合考虑性价比最高的一方胜出。其次，外包商中标以后，并非一劳永逸，如果提供的服务质量不达标，随时可能面临终止合同的危险。最后，工作人员在提供服务的过程中，与其他工作者也形成了一定的竞争关系，并且他们的薪酬及晋升机会往往与工作表现有直接关系，这都需要他们随时保持竞争意识，为在竞争中获得优势，不断激励自己提升工作水平。

3 图书馆管理外包存在的问题

图书馆管理外包作为一种新兴的管理办法，存在诸多问题，这也是其自出现以来饱受争议的原因所在。根据当前的理论知识和实践经验，管理外包主要会出现以下几个方面问题：

3.1 传统观念根深蒂固

图书馆管理外包在国内迟迟不能推广开来，其主要原因在于传统观念的根深蒂固，社会各界不了解也不愿接受外包理念。对于政府部门，他们习惯于直接提供公共服务，往往担心外包会损害自身的利益，不愿推广和接受外包行为；对于企业，由于大多缺乏管理外包的理论知识和实践经验，鲜有企业敢为人先，尝试这一没有任何保障的新理念；对于广大读者，他们习惯于政府提供的服务，倘若短时间内管理外包没有取得明显成效，也容易产生质疑的态度[15]。针对以上情况，应加强对图书馆管理外包的推广宣传，使他们熟悉管理外包的真正内涵，了解到管理外包与政府和社会大众的利益并不冲突。

3.2 相关法律法规制度不健全

图书馆管理外包与传统的政府直接提供服务的方式有所不同，因此迫切需要制定并实行一系列配套的法律法规制度与之相对应，明确双方的权利和义务，使图书馆管理外包有法可依，有章可循。然而现状是，我国的图书馆管理外包主要是借鉴国外的做法，每个国家的国情不同，国外的理论政策不足以直接指导我国的实践，而我国相关的法律法规制度又不健全，导致现实中图书馆管理外包实践容易出现诸多问题。2002 年，国家颁布《政府采购法》[16]，但主要针对的是对货物、工程的购买[15]。2009 年 9 月，国家财政部等九个部门联合出台了《关于鼓励政府和企业发包促进我国服务外包产业发展的指导意见》，鼓励政府和企业通过购买服务的方式，促进我国服务外包产业更好地发展[17]。但是，对于一种新生事物而言，仅仅颁布一系列不成系统的指导意见或暂行办法远远不够，缺乏强制约束力，因此还需要建立更健全的全国性法律法规体系，并且要将这些法律法规制度落到实处，此间还有很长的一段路要走。

3.3 监督评估机制不完善

在具体实践中，管理外包在我国尚处于初期探索阶段，监督评估机制不完善是制约其发展的大问题，也是造成许多其他问题的主要原因，必须引起重视。外包商是营利性质的私营企业，它们的目标是利益最大化，政府的目标是公众利益最大化，两者本就存在利益冲突，如果缺乏有力的监督评估机制，外包商很有可能存有侥幸心理，一味追求自身利益，降低服务质量。因此，建立完善的监督评估机制始终是管理外包中的重点和难点。监督评估机制涵盖监督和评估两个方面，二者缺一不可，共同保障图书馆管理外包的顺利运行。完善的监督评估机制，不仅仅是对图书馆服务质量的保证，也是对社会大众利益的保证，更是对图书馆管理外包产业健康发展的保证。

3.4 外包商的选择存在风险

图书馆在招标过程中需要选择外包商，服务外包商直接关系图书馆日后的服务水平，显得极为重要，但其中往往隐藏一定的风险，主要包括以下几个方面：首先，图书馆在短时间内难以全面了解外包商，且处于被动地位，只能依靠外包商提供的信息以及其他渠道可搜寻到的信息辨别外包商的企业实力、服务水平、企业信誉等，难以确保信息的真实性和全面性[18]。其次，图书馆与外包商之间存在信息不对称的风险。外包商为满足私利，可能刻意隐瞒不利于自己的信息，或提供不真实的信息，而图书馆在短时间内难以甄别其真实性，这种不正当的竞争手段可能会为日后图书馆服务留下巨大的隐患[19]。最后，若将图书馆服务长期承包给同一家外包商，可能造成图书馆过分依赖某家外包商，容易导致政府失去主导地位；若频繁更换外包商，则更换过程带来的损失更是难以估量，同时也难以保证其服务质量，进而可能是以读者的利益为代价。

3.5 外包服务的延续性难以保证

图书馆实行管理外包，服务由外包商直接提供，容易造成外包服务中断的问题，无法保证图书馆服务的延续性。一种情况是提前终止合同。造成此结果的原因可能是外包商未按合同内容执行，提供的服务未达到政府的要求，或外包商自己经营不善，或因为其他意外情况。这种情形下，政府没有充足的准备时间，难以在短时间内找到合适的外包商，很可能破坏服务的延续性。另一种情况是正常的外包商更替，不同外包商提供的服务需要一定的衔接时间，这一衔接时间即图书馆服务中断的时间。根据合同内容，外包商为图书馆提供服务是有期限的，期限虽有长有短，但没有哪家外包商能永远只为一家图书馆服务。若外包商与图书馆不能续约时，就需要更换新的外包商，而新的外包商必定需要一段时间去熟悉、了解和适应一个新的图书馆，这同样会造成外包服务难以保证延续性的问题[18]。

3.6 可能出现新的垄断风险

众多研究表明，公共服务外包有助于打破政府垄断现象，殊不知，管理外包也可能导致新的垄断现象。政府将图书馆进行外包，需要物色优秀的外包商，而现实情况是，能够提供图书馆管理外包业务的外包商并不多，这就可能产生新的垄断现象，即实力庞大的外包商垄断图书馆外包市场。在国外，提到图书馆服务外包商，就不得不提起 LSSI。LSSI 是美国最早尝试图书馆外包业务的，也是目前最大的图书馆服务外包商。它作为一家图书馆私人运营商，已位列美国第五大图书馆系统，已然造成对图书馆服务外包项目的垄断。LSSI 虽然改善了很多公共图书馆运营不善的问题，但也给政府带来了新的顾虑，即 LSSI 以如此惊人的速度飞速发展，是否会给政府的公共图书馆系统带来挑战和危机。在国内，虽然到目前为止，还没有专门的图书馆服务供应商，尚未出现具有垄断地位的外包商，但以美国作为前车之鉴，我们应提前预防和控制。目前国内的一些图书服务公司、图书销售公司等在初尝外包业务带来的好处之后，已表现出对图书馆管理外包的浓厚兴趣。它们由于已经积累了一些经验，在参加招标的外包商竞争者中，难免不具备一些优势。因此，政府应充分发挥自己的宏观调控作用，一方面鼓励和支持有实力的企业尝试图书馆管理外包业务，培养优秀的外包商；另一方面，也要及时预防垄断现象，随时保持政府的主导地位。

参考文献

[1] 朱梅芳，徐文贤. 社区图书馆管理外包探究 [J]. 图书馆论坛，2014 (10)：63 - 67，23.

[2] MARTIN R S, BROWN S L, CLAES J, et al. The impact of outsourcing and privatization on library services and management [R]. Texas：Texas Woman's University，2000.

[3] PRAHALAD C K, HAMEL G. The core competence of the corporation [J]. Harvard business review, 1990, 68 (3)：79 - 91.

[4] KEVIN M. Outsourcing in private law libraries since the Baker & McKenzie action [J]. Managing library finances, 1996, 9 (2)：10 - 13.

[5] KARTMAN J. Riverside County outsources library—again [J]. American libraries, 1997, 28 (7)：19.

[6] LSSI. Community libraries operated by LSSI [EB/OL]. [2016 - 07 - 13]. http：//www. lssi. com/communities/communities - list/.

[7] 许琛. 南沙区图书馆外包走出新路 [N]. 羊城晚报，2012 - 01 - 11 (AⅡ2).

[8] 永辉. 政企合办图书馆 让群众享受丰富文化资源 [N]. 增城日报，2011 - 10 - 13 (3).

[9] 方偲. "儒林" 书房为居民添 "智" 气——合肥首尝社区图书馆服务外包新模式 [N]. 合肥日报，2014 - 06 - 13 (A01).

[10] 中安在线. 芜湖镜湖区图书馆率先尝试公共图书馆 "服务外包" ——省城区级图书馆也有意请 "管家" [EB/OL]. [2016 - 04 - 23]. http：//ah. anhuinews. com/system/2014/04/23/006403301. shtml.

[11] 赵锋. 从办文化到管文化——以无锡新区图书馆 "服务外包" 模式为样本 [J]. 群众，2014 (2)：62 - 63.

[12] 薛海燕，陈莹莹. 政府买来的图书馆 [N]. 经济日报，2014 - 02 - 13 (08).

[13] 中华人民共和国人力资源和社会保障部. 关于印发《关于加快推进事业单位人事制度改革的意见》的通知 [EB/OL]. [2016 - 07 - 13]. http：//www. mohrss. gov. cn/gkml/xxgk/201407/t20140717_ 136290. htm.

[14] 南沙图书馆. 南沙区图书馆 "外包" 走出新路 [EB/OL]. [2016 - 07 - 13]. http：//www. nslibrary. com. cn/news_ display. asp？keyno =44.

[15] 刘晓婷. 图书馆服务的政府购买研究 [D]. 保定：河北大学，2013.

[16] 中国政府采购网. 中华人民共和国政府采购法 [EB/OL]. [2016 - 07 - 13]. http：//www. ccgp. gov. cn/zcfg/gjfg/201310/t20131029_ 3587339. htm.

[17] 中华人民共和国中央人民政府. 关于鼓励政府和企业发包促进我国服务外包产业发展的指导意见 [EB/OL]. [2016 - 07 - 13]. http：//www. gov. cn/zwgk/2009 - 10/20/content_ 1444298. htm.

[18] 康媛媛. 地市级以下公共图书馆服务外包研究 [D]. 合肥：安徽大学，2014.

[19] 杨淑琼. 我国高校图书馆业务外包与核心能力构建研究 [D]. 成都：四川大学，2007.

清远地区图书馆"联盟馆—总分馆"建设模式探讨

史秋雨 黄小梅 江 杰①

（清远市少年儿童图书馆 清远 511518）

摘 要：本文结合清远地区图书馆发展现状，提出在本地区开展"联盟馆—总分馆"建设模式，并对模式建设的必要性、概念目标进行分析，得出清远地区图书馆开展"联盟馆—总分馆"模式的保障措施：坚持政府主导，提升成员馆参与积极性；制订战略规划，并适时调整完善；成立专职部门，确保人才到位；各级成员馆、总分馆之间互助、平等、自由；适时、恰当、积极吸收社会力量参与建设。

关键词：公共图书馆 联盟馆—总分馆 欠发达地区 清远

文化部、国家发展改革委、国家民委、财政部、新闻出版广电总局、体育总局、国务院扶贫办七部委共同印发的《"十三五"时期贫困地区公共文化服务体系建设规划纲要》指出，公共文化管理体制和运行机制建设取得突破，公共图书馆、文化馆总分馆制初步建立并推广，公共文化服务设施种类齐全，规模质量达到国家建设标准，通过固定场馆、流动设施和数字服务，全面有效覆盖服务人群。除此之外，我国还出台了许多公共文化相关建设服务规范、纲要，都为图书馆建设总分馆制指明了方向，提供了政策支持。

图书馆是一个地区政治、经济、科学、文化教育建设的重要精神支柱，代表了城市的精神面貌，对城市的发展有着举足轻重的作用。整合全市图书馆资源，推动信息资源共知共建共享，实现图书馆服务网络全覆盖，是丰富清远市民精神文化生活，打造智慧城市，实现文化富民、文化惠民的重要举措。

279

1 清远地区图书馆的发展现状

2015 年，清远地区图书馆采取偶遇调查、随机调查和网络问卷发放相结合的方式对市民精神文化发展情况进行调查。此次问卷发放的主要目的是调查与收集服务区域内读者的文化需求与反馈信息，共回收有效问卷 200 份。调查结果显示：调查对象中 49.06% 的市民表示清远地区目前的文化氛围一般；43.4% 的市民年均阅读数量为 10 本及以上；37.74% 的市民阅读时间减少的原因是找不到喜欢的书刊；对于阅读来源，57.86% 的市民是图书馆借阅，

---

① 作者简介：史秋雨，女，清远市少年儿童图书馆馆员；黄小梅，女，助理馆员，清远市少年儿童图书馆馆长；江杰，女，清远市少年儿童图书馆助理馆员。

34.59%市民的阅读主要类型是纸质书，31.45%是以电子书为主、纸质书为辅；68.55%的市民表示，最需要图书馆提供纸质书刊，31.45%的市民最需要数字资源，但仅有10.06%的市民对图书馆提供的数字资源表示满意。

通过对调查结果的分析得出，本服务区域内，市民对图书馆的主要需求大部分仍然表现在纸质资源和数字资源需求两方面。但本地区的文化发展水平难以满足市民日益增长的精神文化需求，图书馆亟须寻找一个有效的建设模式来缓解自身资源匮乏与市民日益增长的精神文化需求之间的矛盾。

清远市级、区县级公共图书馆共有10个，综合文化站（室）近千个，总藏书量约97.4万册。目前，各级公共图书馆均存在购书经费少、人才紧缺、服务资源少等问题，无法全面满足服务范围内读者日益增长的精神文化需求，且相互之间联系较少、各自建设。清远地区高校图书馆相对来说资源和人才较多，但不对社会开放，而本地区文化站的图书馆（室）等均隶属于不同行政管辖机构，普遍各自为政，形成图书馆"孤岛"，缺乏统一管理与交流互助。

纵观清远地区，图书馆数量少、资金紧张、人才匮乏、纸质资源与数字资源均无法满足本地区发展的需要，无法发挥规模效应，藏书数量与质量均无法达到行业标准，各项指标与国内许多同级城市相比差距较大。

此外，清远地区人口400余万，土地总面积1.9万平方千米，占全省总面积的1/10，是广东省陆地面积最大的地级市，下辖清城区、清新区、英德市、佛冈县、阳山县、连山县、连州市、连南瑶族自治县8个区县市，各区县之间距离远，加上清远市图书馆条件限制，还没有发挥出市级馆应有的指导帮扶作用。

2 "联盟馆—总分馆"模式建设的必要性

2.1 实现社会效益、资源效益最大化的有效手段

"联盟馆—总分馆"模式将本地区的人力、物力等资源全部调动起来，人尽其才、物尽其用，各馆互相支持、补齐短板、共同前进，通过资源的共知、共建、共享，打破各自为政的局面，减少重复建设，实现资源优化配置，形成规模效应，进而实现图书馆社会效益、资源效益最大化。

2.2 实现普遍均等、惠及全民服务目标的重要保障

2015年，清远市图书馆对200位市民进行了阅读情况调查，其中一个问题："影响您不再利用清远市图书馆的主要原因是什么？"54.72%的人选择了"距离远、交通不便"，可见位置因素对市民是否选择使用图书馆的服务具有极大的影响。而泛在图书馆、流动图书室、24小时自助图书馆、流动书车、通借通还等模式是解决距离远的有效方式。

3 "联盟馆—总分馆"模式概述

3.1 清远地区"联盟馆—总分馆"建设模式概念

以"联盟馆—总分馆"模式建立清远市、县（市、区），乡镇街道，延伸点三级跨系统图书馆服务网络：各地区市馆、区馆、少儿馆、高校馆紧密合作、切实沟通，形成清远地区"图书馆联盟"；市馆、区馆作为各服务区域内总馆，负责管理指导本区域内分馆的建设工

作；乡镇、街道、综合文化站图书馆（室）作为分馆，流动图书室及城市街区 24 小时自助图书馆作为延伸服务点，构建"联动互助、全面发展、统一规划、协商采购、联合编目、资源互补共享、通借通还"的服务体系，打破各馆自成体系的局面，减少重复建设，充分调动各馆的人才资源、馆藏资源、地方特色资源，实现本地区图书馆建设的专业化、系统化全面发展，达到图书馆服务网络全覆盖。

3.2　清远地区"联盟馆—总分馆"模式建设目标

在"补齐短板、稳步推进、全面提升、打通'最后一公里'"总目标的指导下，清远地区"联盟馆—总分馆"模式分目标可包括以下六点：①政府主导、财政支持，实现清远地区图书馆建设的联动互助、统一规划、通借通还、优化资源配置；②提供惠及全民、普遍均等的公共文化服务，普及城市街区 24 小时自助图书馆，在公交站、城轨沿线、社区街道、企事业单位、学校等人口密集区域为居民提供借阅服务；③实现文献资源类型协商采购、联合编目，统一配送，采用统一或可通用的业务管理系统，总馆对分馆的人、财、物实行统一管理，分馆是总馆派出的一个机构，专门从事读者服务工作[1]，各地区总馆负责将资源配送到下辖分馆及流动点，实现通借通还、服务网络全覆盖；④联盟成员馆指导和培训各分馆（室）读者服务工作，包括但不局限于图书通借通还业务技能、工作人员职业道德培养等；⑤围绕本地区社会政治、经济、科技、文化等方面，共建共享数字资源，开发本土特色资源，激活现有信息资源，实现各类型图书馆资源的优化重组及共享；⑥将联盟成员馆开展的读者活动定期延伸至分馆，鼓励分馆充分吸纳社会力量参与建设。

4　"联盟馆—总分馆"模式建设保障措施

4.1　坚持政府主导，提升成员馆参与积极性

通过对杭州"中心馆—总分馆"、嘉兴总分馆、上海中心图书馆、首都图书馆联盟、苏州总分馆、广东流动图书馆、东莞图书馆集群、深圳图书馆之城等各地区建设模式的实践研究，可以得出政府主导在各模式中所起的作用是至关重要的，突破"一级政府建设一所图书馆"的体制离不开政府强有力的支持，如"嘉兴模式"在构建公共图书馆服务体系时成功步入了政府主导的通道，因而"政府主导"被认为既是嘉兴模式成功的主要原因，也被认为是嘉兴模式的特点之一[2]。

4.2　制定战略规划，并适时调整完善

深入调研各地区，尤其是同级别图书馆相关模式的建设实践，学习总结建设经验，并根据本地区的实际情况，统筹全局，宏观调控，制定长期的战略规划、布局，明确各阶段的任务目标，并根据发展需要、建设情况适时进行调整及完善，包括明确各级馆的职责分工、权利义务，根据服务人口确定分馆、流动点个数，馆舍位置、面积，藏书数量，藏书重点，馆员配备，开馆时间等内容。

4.3　成立专职部门，确保人才到位

"联盟馆—总分馆"模式建设是一项庞大、长期、复杂的工作，需要协调、沟通好各方面的需求，兼职人员很难有足够的精力承担本项工作的巨大压力，成立专职部门，选好相应人才，尤其是技术人员专职负责，长期跟进，是本项目能否顺利长远进行的重要保障。

4.4　各级成员馆、总分馆之间互助、平等

一所坚固房屋的建成需要每一块砖、每一条钢筋等各种材料的互相配合。同样，每一个

图书馆都有自己的价值，各级成员馆、总分馆之间要相互尊重，联动互助，承认对方的价值，保证各馆的平等需求。不能采取总馆或市馆高高在上、独断专行，分馆或下级馆言听计从的相处模式。在保证各级图书馆互助、平等地位的同时，也要在宏观战略规划范围内，保障各馆根据实际情况，调整相应措施的自由。

4.5 适时、恰当、积极吸收社会力量参与建设

根据建设模式需要及本地区社会发展现状，恰当引入社会力量参与建设，如与志愿服务机构合作，培养固定志愿者队伍，与企业、私人书店、社区合作，共享场地资源、人力资源，积极利用包括公屋、空置学校、空置房屋、祠堂、活动中心等社会公共设施。又如与客运公交系统合作，减少物流运输成本等。

5 结语

图书馆"联盟馆—总分馆"建设模式已经成为公共图书馆领域发展的大趋势，其优点不言而喻，各级图书馆应与时俱进，克服困难，积极参与其中，不断学习建设经验，并大力寻求各界帮助，同时引进人才、技术，在实践中摸索出真正适合本地区现实情况、发展需要的建设模式。

参考文献

[1] 刘兰，黄国彬. 国外公共图书馆总分馆制典型案例分析及其启示——以洛杉矶公共图书馆总分馆制为例 [J]. 图书馆建设，2010 (8): 2–6.

[2] 李超平. 嘉兴模式的延伸与深化：从总分馆体系到图书馆服务体系 [J]. 中国图书馆学报，2012 (5): 12–19.

论山区公共图书馆服务模式的完善与创新

招燕飞①

（云浮市图书馆　云浮　527300）

摘　要： 公共图书馆服务体系的建设是保证公众基本文化权利的重要举措。山区公共图书馆受地域、经济、文化和思想观念等因素的制约，在资源建设、服务设施、服务方式等方面发展相对滞后。本文通过分析山区公共图书馆的发展现状，论述完善和创新山区公共图书馆服务模式的重要性，分析存在的问题，并提出建议。

关键词： 山区公共图书馆　服务模式　完善　创新

21 世纪是知识经济与知识创新的时代，作为蕴藏知识资源的重要存储地——图书馆，必须提高和转变自身的服务理念、服务内容和服务手段，不断增强服务能力，以人为本地为广大读者服务。随着信息技术的快速发展，传统的公共图书馆面临着前所未有的挑战。但山区公共图书馆还未能跟上前进的步伐，在文献资源、网络技术、资源共享等方面发展相对滞后。在新形势下，公共图书馆的价值是图书馆通过服务为社会创造社会效益和经济效益。山区的地域条件、经济发展水平和社会文化观念等因素不同程度地制约着图书馆价值的体现。在当前知识经济社会中，为满足人们对知识、信息、文化日益增长的需求，改革创新图书馆的服务模式，充分发挥山区图书馆的作用是时代的需要和社会的要求。

1　完善和创新山区公共图书馆服务模式的重要性

随着知识经济社会的不断发展，人们利用图书馆进行学习研究，提高自身学习能力的意识不断增强，学习热情不断提高。山区公共图书馆要更好地为广大基层读者服务，更好地发挥其文化核心价值作用，必须努力提高积极性、主动性和创造性，实现服务模式的创新，肩负起塑造山区人民美好心灵和不断提升其适应社会发展的重要任务。

1.1　山区公共图书馆服务模式创新有利于公共文化服务能力的提升

图书馆是公共文化服务体系的重要载体和平台，承担着保存人类知识资源、开展社会教育、提供信息服务、开发智力资源等职能，是实现公众基本文化权利的重要途径与保障。随着经济、社会和信息技术的发展，公众的信息、知识和文化需求与日俱增，对公共文化的服务能力要求也来越高。山区公共图书馆作为基层文化单位，直接客观反映基层群众的文化需求，是解决群众的基本文化权益、提升公众文化素养的重要机构，是公共文化系统的最主要部分。山区公共图书馆与时俱进，主动转变服务观念，改革创新原有的单一服务模式，拓展

①　作者简介：招燕飞，女，馆员，云浮市图书馆副馆长。

283

服务范围，不仅有利于提高公共文化服务效能，更好地满足公众日益增长的精神文化需求，同时也是图书馆事业发展和公共文化体系建设的必然要求。

1.2 山区公共图书馆服务模式的完善有益于精神文明的升华

对于偏远山区的人们来说，山区公共图书馆是进行继续教育及终身学习的重要渠道。而随着社会城市化进程的加快，山区的人民希望通过提升自我，走进城市，在城市中立足。因此，山区人民对知识的渴望越来越强。在大时代的驱动下，越来越多的人选择去图书馆进行学习和休闲，提升自身知识水平以便更好地适应社会的发展，山区公共图书馆的地位也因此逐渐提高。人们将图书馆作为信息收集与人际交往的平台，因此提升图书馆服务体系，创新山区图书馆服务模式，有益于山区人民精神文化的进一步提升。

1.3 山区公共图书馆服务模式创新有助于图书馆服务质量的提高

社会的发展不仅仅是科技的进步，服务业的发展亦紧跟时代的步伐，日新月异。图书馆的功能从单一的藏书楼变成人们的终身学习中心，大众的校园。图书馆是推动社会文化建设的重要载体。图书馆功能的不断扩大，有利于创造学习型的社会。因此，加强对山区公共图书馆服务体系建设与创新拓展，有助于使其社会教育职能以及传播信息职能更好地在偏远地方发挥。同时，通过山区公共图书馆服务模式的创新，调动馆员的工作积极性，开展对外延伸服务，从而提供图书馆的服务质量。

2 山区公共图书馆服务模式存在的问题

由于山区经济发展状况等因素的制约，山区公共图书馆大多处于传统图书馆的状态，只从事单一的借还图书及文献资料管理工作。主要表现为"以书为本"的封闭式管理和经验管理模式，处于被动服务状态。不能充分地开发和利用山区公共图书馆的资源，导致图书馆资源利用率低，甚至造成有些资源的极大浪费。

主要问题如下：

（1）人们利用图书馆增长知识的观念薄弱。地处山区，人们忽视了对自己孜孜不倦终身学习的要求，未能主动利用图书馆进行学习研究，提升自己的能力。

（2）山区图书馆规模小、经费投入不足。信息资源建设和更新跟不上时代发展的步伐，服务设备设施落后。同时，图书馆也未能最大限度地开放馆藏资源，使许多有价值的文献未能发挥应有的作用。

（3）山区图书馆人员队伍的服务质量较低。当前山区图书馆的馆员服务工作只停留在购书、编书、借书、还书等最基本的工作上，缺乏参考咨询与组织对外阅读推广活动的工作经历。

（4）山区图书馆服务体系建设落后。服务模式僵硬不变，未能在主动服务上下功夫，只应付到馆的读者对象，未能很好地开展馆外延伸服务。

3 山区公共图书馆服务模式的完善与创新建议

3.1 转变服务观念

山区公共图书馆要充分发挥其作为公共文化服务机构的作用，承担起满足公众知识文化发展需求、提升公众知识水平和文化素养的重要职能，必须充分整合现有的馆藏资源，加快构建和完善图书馆服务体系，拓展图书馆服务的广度与深度，建立乡镇、学校和社区联动的服务点，深入调查研究，了解广大市民读者的需求，变被动服务为主动服务。众所周知，山区大多村民受交通、经济、时间等因素影响，他们利用图书馆学习研究的时间和机会很少，因此图书馆馆员应主动地破除那种只守在馆内的传统服务模式，积极实行内外开放，遍及城乡，把广大读者所需送出去，让他们能够获取更多的知识服务于生产和生活。设立流动图书馆（室）是山区图书馆服务创新和体系完善的重要措施。通过流动图书馆定期送书下乡，到达乡镇、自然村开展服务，让信息资源流动起来，快捷而多渠道地实现流通价值。同时优化借阅手续，实现"以人为本"的良好借阅流通服务，让更多有需要的人享受公共文化服务。

3.2 开展个性化主题服务

面对山区的落后状况，图书馆的服务工作更应积极创新，开展专业化主题和个性化专题的服务。在多元化和个性化的社会生活方式和生产方式演变潮流中，公共图书馆应该向广大市民读者展示服务工作的专业性，让更多的读者利用图书馆资源，使图书馆产生更大的效益。在专业化主题的服务管理上，如种养业、加工制造业等，对专业化主题相同的读者做好造册管理跟踪服务、知识挖掘拓展服务、问题解决方案优先服务等工作，定期或不定期地把最新、最全面的信息资源送到读者的手中，让读者及时了解信息，服务生产，提高效率。在个性化专题的服务管理上，开设少年、青年、中年、老年读者这四个专题的个性化服务，使服务工作真正做到尊重、理解、保护和支持，让各类读者均能享受读书的快乐。让图书馆真正成为广大市民心目中的精神家园，促进图书馆事业的发展，不断地推动地区经济文化的发展。

3.3 加强图书馆对外宣传力度

在山区公共图书馆管理工作中，对外宣传往往容易被忽视。由于山区经济、社会和信息科技发展相对欠发达，公众利用图书馆观念意识较薄弱，公共图书馆更要扩大在山区民众中的影响，培养山区民众的图书馆意识，提升服务效益，而主动的宣传和营销必不可少。因此，服务创新工作重点之一是重视对自身资源和服务的宣传和营销，并成为常规化、专业化。在宣传的过程中，要善于把馆藏资源进行整理、优化、组合，结合山区特点挖掘切合本地实际需求的新知识、新资源，充分利用广播电视、报业、新闻媒体、网站、微信等方式广而告之，推介图书馆服务，增加图书馆资源的知晓度，让广大市民更多更好地利用图书馆。

3.4 科学规划开放时间

过去，图书馆在开放时间上对读者的需求考虑不够，忽视了人性化管理。很多时候，读者利用节假日或工作之余到图书馆，但图书馆往往闭馆。开放时间合理了，读者到馆获取信息资源和学习研究的热情就会更高。因此，图书馆科学合理地规划开放时间，能够使更多的读者得到便利，有利于使图书馆成为偏远山区人民提高综合素质的学习场所。

3.5 建立数字图书馆

文献信息资源建设体系能够有机地组成公共图书馆体系。在知识信息经济不断深化发展的时代，数字化信息的应用越来越广泛，数字图书馆的建设是时代所趋。因此，山区公共图书馆也应根据地区经济条件，分步实施，逐步完成数字图书馆的建设。最大限度地拓宽图书馆知识的传播范围，打破传统图书馆的地域限制，更好地为山区的经济文化发展做出应有的贡献。

4 结语

随着社会的飞速发展，人们的需求已不仅仅是经济上的飞速发展，还有素质文化方面的提升，和谐社会不仅需要衣食住行的满足，还要有足够的文化知识作为滋养。公共图书馆作为文献信息资源的集散地，是传播文献信息资源的枢纽，更是广大市民读者继续学习、终身学习的场所。图书馆肩负着引导和帮助市民树立正确的世界观、人生观、价值观和掌握科学文化知识技能，推动社会经济文化发展的重任。图书馆服务质量的高低和服务模式的优劣直接影响着图书馆事业的发展。山区公共图书馆应根据本地区的经济文化发展情况，充分利用现有的馆藏资源，开展创新服务，把服务做到家，让图书馆最大限度地发挥作用。

参考文献

[1] 李天贺 . 公共图书馆实现信息公平的策略研究 [D] . 长春：吉林大学，2011 .

[2] 贾东琴 . 基于科学发展观的公共图书馆评估研究 [D] . 保定：河北大学，2010 .

[3] 李莉 . 浅析公共图书馆在公共文化服务体系中的作用 [J] . 德州学院学报，2012（S1）：23 - 25 .

[4] 蔡冰 . 论图书馆读者服务的艺术 [J] . 图书馆理论与实践，2009（7）：15 - 17，74 .

[5] 要红 . 以人为本的图书馆管理与服务 [J] . 图书馆工作，2006（3）：7 - 9 .

[6] 富平 . 从传统图书馆到数字图书馆 [M] . 北京：北京图书馆出版社，2007 .